Erich Schiffers
Logistische Budgetierung

Schriftenreihe
"Integrierte Logistik und Unternehmensführung"
Herausgegeben von Prof. Dr. Werner Delfmann

In dieser Reihe sind bereits erschienen:

Willi Darr
Integrierte Marketing-Logistik
ISBN 3-8244-0093-6

Sebastian Ehrensberger
Synergieorientierte Unternehmensintegration
ISBN 3-8244-0159-2

Richard Wegener
Strategische Bewertung von Prozeßinnovationen
ISBN 3-8244-0215-7

Erich Schiffers

Logistische Budgetierung

Ein Instrument prozeßorientierter Unternehmungsführung

 Springer Fachmedien Wiesbaden GmbH

Die Deutsche Bibliothek — CIP-Einheitsaufnahme

Schiffers, Erich:
Logistische Budgetierung : ein Instrument prozeßorientierter
Unternehmungsführung / Erich Schiffers.

(DUV : Wirtschaftswissenschaft) (Schriftenreihe Integrierte Logistik
und Unternehmensführung)
Zugl.: Köln, Univ., Diss., 1993
ISBN 978-3-8244-0225-0   ISBN 978-3-663-12221-0 (eBook)
DOI 10.1007/978-3-663-12221-0

© Springer Fachmedien Wiesbaden 1994
Ursprünglich erschienen bei Deutscher Universitäts-Verlag GmbH, Wiesbaden 1994

Lektorat: Gertrud Bergmann

ISBN 978-3-8244-0225-0

Geleitwort

Seit vielen Jahren wird in der Unternehmenspraxis zur Steuerung dezentraler organisatorischer Einheiten das Konzept des "Management by Objectives" herangezogen. Weithin etabliertes Instrument einer solchen Steuerung durch quantitative Zielvorgaben ist die Budgetierung. Verstanden als formalzielorientierte Steuerungs-, Kontroll- und Koordinationsmethode findet sich die Budgetierung vornehmlich als kurz- bis mittelfristige Kosten- und Leistungsbudgetierung praktiziert. In ihrer traditionellen vertikalen und hierarchischen Form führt die Budgetierung zu einem mehrstufigen, von oben nach unten zunehmend engmaschigem Netz von Einzelbudgets für organisatorische Einheiten. Diese vertikale Ausrichtung stellt ein Grundproblem der Budgetierung dar, führt sie doch zu einer strikten Zerschneidung horizontaler Interdependenzen zwischen den betroffenen Organisationsbereichen. Insbesondere aus logistischer Sicht ist hierin ein grundlegender Mangel der traditionellen Budgetierung zu erkennen. Die Logistik als flußorientiertes Konzept der Unternehmensführung richtet ihr besonderes Augenmerk auf die durchgängige, schnittstellenübergreifende Gestaltung der Leistungsprozesse in und zwischen Unternehmungen. Diesem Anliegen wird die traditionelle Budgetierung ganz offensichtlich nicht gerecht.

Das Anliegen der vorliegenden Arbeit ist es, ein Budgetierungskonzept zu entwickeln, daß dem Fluß- und Prozeßcharakter betrieblicher Leistungserstellung Rechnung trägt und damit der schnittstellenübergreifenden Perspektive entspricht. Dieses Vorhaben ist sowohl wissenschaftlich innovativ als auch von hoher praktischer Relevanz.

Werner Delfmann

Vorwort

Traditionelle hierarchisch aufgebaute Budgetsysteme passen nicht mehr in den Kontext integrierter Unternehmungsführung, da sie die vielfältigen Interdependenzen und Kosten-Trade-Offs zwischen den Budgetbereichen nur ungenügend berücksichtigen. Häufig führen sie sogar zu kontraproduktiven Auseinandersetzungen zwischen den Budgetbeteiligten und rufen damit Verhaltensweisen hervor, die diametral dem in der Logistik verwurzelten prozeßorientierten Gedanken der Überwindung interner und externer Unternehmungsgrenzen gegenüberstehen.

In der vorliegenden Arbeit wird ein Konzept zur Neuausrichtung der Budgetierung entwickelt. Nur durch konsequente Ausrichtung auf Aktivitäten und abteilungsübergreifende Prozesse, insbesondere durch den Einsatz einer prozeßorientierten Grenzplankostenrechnung und einer darauf aufsetzenden Leistungsplanung und -kontrolle, läßt sich das Ziel der Budgetierung, nämlich Effizienz und Effektivität von Mittelvergabe bzw. Mittelverwendung bei gleichzeitiger Gewährleistung hoher dezentraler Kostenverantwortung realisieren.

Ich bedanke mich bei Prof. Dr. Werner Delfmann für seine ständige Gesprächs- und Diskussionsbereitschaft sowie für seine konstruktiven Anregungen. Er hat mich für das Thema begeistert und mir die logistische Perspektive im Sinne eines prozeßorientierten Führungskonzeptes vermittelt. Auch gilt mein Dank Prof Dr. Josef Kloock für die Übernahme des Zweitgutachtens.

Bei meinen Freunden, Arbeitskollegen und insbesondere bei der Familie bedanke ich mich für die vielfältigen Hilfeleistungen in Wort und Tat.

Diese Arbeit widme ich meinen Eltern.

Erich Schiffers

Inhaltsangabe

Abbildungsverzeichnis

Abkürzungsverzeichnis

Abb.	Abbildung
Anm. d. Verf.	Anmerkung des Verfassers
Aufl.	Auflage
Bd.	Band
BddW.	Blick durch die Wirtschaft
BDE	Betriebsdatenerfassung
BFuP	Betriebswirtschaftliche Forschung und Praxis
bspw.	beispielsweise
BVL	Bundesvereinigung Logistik
CLM	Council of Logistics Management
d.h.	das heißt
DBW	Die Betriebswirtschaft
DM	Deutsche Mark
DV	Datenverarbeitung
e.V.	eingetragener Verein
Ed.	Edition
EDV	Elektronische Datenverarbeitung
et. al.	et alii
etc.	et cetera
f.	folgende
FB/IE	Fortschrittliche Betriebsführung & Industrial Engineering
ff.	fortfolgende
ggf.	gegebenenfalls
HBR	Harvard Business Review
Hrsg.	Herausgeber
i.d.R.	in der Regel
inkl.	inklusive
IV	Informationsverarbeitung
Jg.	Jahrgang
km	Kilometer
krp	Kostenrechnungspraxis
MbO	Management-by-Objectives
No.	Number
Nr.	Nummer
o.J.	ohne Jahresangabe
o.T.	ohne Titelangabe
PuK	Planung und Kontrolle
RGH	Rationalisierungsgesellschaft des Handels
S.	Seite
Sp.	Spalte
TDM	1000 Deutsche Mark
to	Tonnen
u.a.	unter anderem

u.U.	unter Umständen
vgl.	vergleiche
VLB	Versuchs- und Lehranstalt für Brauerei in Berlin
Vol.	Volume
vs.	versus
WiST	Das wirtschaftswissenschaftliche Studium
z.B.	zum Beispiel
z.T.	zum Teil
ZBB	Zero-Base Budgeting
ZfbF	Zeitschrift für betriebswirtschaftliche Forschung
ZfL	Zeitschrift für Logistik
ZfO	Zeitschrift für Organisation

Symbolverzeichnis

A	Anspruchsniveau
Abw.	Abweichung
ABW	Auftragsabwicklung
AfA	Abschreibung für Anlagen
AP	administrativer Prozeß
ccm	Kubikmeter
CD	Cost-Driver
CS	Customer service
dez.	dezentral
FZ	Formalziel
hl	Hektoliter
h	Stunde
K	Kosten
K_a	abbaufähige Kapazität
KA	Kostenart
k_F	fixe Kosten
K_{na}	nicht abbaufähige Kapazität
KST	Kostenstelle
k_v	variable Kosten
KW	Kilowatt
L	Leistung
lmi	leistungsmengeninduziert
lmn	leistungsmengenneutral
log.	logistisch
LP	Transferprozeß
M	Menge
m	Meter
n	Anzahl
OPP	order-penetration-point
P	Preis
PKS	Prozeßkostensatz
PP	Postponement
qm	Quadratmeter
RB	Restkostenblock
S	Sendung
sec	Sekunde
Seg	Logistiksegment
St.	Stück
t	Tonne
T	Lieferzeit
TP	Transformationsprozeß
V	Vorgabehöhe
ZE	Zeiteinheit

Teil A: Einleitung

1. Problemstellung der Untersuchung

"Vor der Kostenverantwortung habe ich keine Angst, aber ich muß wissen, wofür die Kosten anfallen."[1]

Diese Feststellung eines Logistik-Managers spiegelt treffend das Dilemma wider, in dem sich die Unternehmungsführung bei der Budgetierung befindet.[2] Die Ursachen der Kostenentwicklung sind in vielen Unternehmungsbereichen oft unbekannt oder so wenig konkretisiert, daß bei der Planung der Budgets Intuition und Fingerspitzengefühl überwiegen und damit die Entscheidung zur Übertragung bzw. zur Übernahme von Kostenverantwortung zu einem Quell ständiger Auseinandersetzungen zwischen den Budgetbeteiligten wird.[3]

Dies gilt insbesondere für Tätigkeitsbereiche, in denen (Transfer-)Prozesse zur Raum-/Zeitüberbrückung von Sachgütern wie z.B. Transport-, Lager- oder Umschlagsprozesse vollzogen werden, also für den traditionellen Objektbereich der Logistik.[4]

Hier gelangen häufig noch Budgetierungstechniken[5] zum Einsatz, die den geplanten Ressourcenbedarf am Verbrauch der Vorperiode, gegebenenfalls korrigiert um einen Zu- oder Abschlag, ausrichten (*"Fortschreibungsbudgetierung"*),[6] bzw. die ihn als fixen Prozentsatz einer Bezugsgröße ermitteln, wie z.B. als Prozentsatz des progno-

---

1   Kieninger 1991, S.131.

2   Unter Budgetierung wird im Rahmen dieser Arbeit die Aufstellung eines aus der (Maßnahmen-)Planung abgeleiteten formalzielorientierten Plans verstanden, der für eine bestimmte zumeist ein- oder unterjährige Planperiode Kosten- und Erlöswerte aufweist, an die der jeweilige Verantwortungsträger innerhalb enger Grenzen gebunden ist und für deren Einhaltung er durch eigenverantwortliche Maßnahmen Sorge zu tragen hat; vgl. dazu Horváth, Dambrowsky, Jung, Posselt 1985, S.139; Dilger 1991, S.16; Weber 1991b, S.65; Göpfert 1993a, Sp.589f.. Zur umfassenden Herleitung dieser Definition vgl. die Ausführungen in Kap. C.2.

3   Vgl. u.a. Novack, Dunn, Young 1991, S.1f.

4   Der Terminus "traditionell" ist vor dem Hintergrund des Bedeutungswandels bzw. -zuwachses der Logistik zu verstehen. Wird die Logistik nach klassischem (heute noch vielfach vertretenem) Verständnis lediglich als betriebliche Funktion bezeichnet, in deren Aufgabenbereich alle "Transport-, Lager- und Umschlagsvorgänge im Realgüterbereich in und zwischen sozialen Systemen" fallen (vgl. stellvertretend für Autoren des traditionellen Logistik-Verständnisses Arnold 1988, Sp.170), kennzeichnet die "moderne" Logistik eine Philosophie bzw. Konzeption der Unternehmungsführung, die den ganzen Prozeß der Planung, Steuerung, Realisation und Kontrolle aller unternehmungsweiten und -übergreifenden Güter- und zugehörigen Informationsflüsse umfaßt; vgl. stellvertretend für viele Delfmann 1989a, S.95. Zu den wesentlichen Merkmalen der Logistik-Entwicklung vgl. Ihde 1987, S.703ff.; Fey 1989, S.12ff.; Weber 1992, S.884ff. sowie die Ausführungen im Teil B.2. dieser Untersuchung.

5   Die Budgetierungstechnik beschreibt die bei der Planung und Kontrolle von Budgets eingesetzten Verfahren, Instrumente und Modelle; vgl. Jung 1985, S.32; Posselt 1986, S.56; Troßmann 1992, S.516.

6   Vgl. Kirsch, Bamberger, Gabele, Klein 1973, S.143; Ernst & Whinney 1983, S.XXI; Küpper 1991a, S.15f.

stizierten Umsatzes ("*Umsatz-Prozent-Methode*")[7] oder als Zuschlagssatz auf die Budgets anderer Aufgabenbereiche ("*Zuschlagsbudgetierung*").[8]

Aus dieser unzureichend exakten Ermittlung des Budgetbedarfs, bei der allenfalls ein indirekter Bezug zwischen den Budgets und den Aktivitäten, die im Rahmen der Kostenvorgaben durchgeführt werden sollen, hergestellt wird, resultiert jedoch die Gefahr ineffizienter Leistungserstellung. Denn diese ist immer dann gegeben, wenn die Höhe der zugestandenen Mittel über dem Wert liegt, der bei einem wirtschaftlichen Einsatz der Ressourcen erzielbar ist.

Angesichts der Tatsache, daß in vielen Unternehmungen die Logistikkosten[9] 10% - 25% der Gesamtkosten (bei steigender Tendenz)[10] ausmachen, kann diese Art der Budgetermittlung erheblichen negativen Einfluß auf deren Wettbewerbsfähigkeit ausüben.

Um der Gefahr der Budgetverschwendung entgegenzuwirken, sind auch die in der Praxis beobachtbaren pauschalen, alle Verantwortungsbereiche gleich betreffenden Budgetkürzungen um sogenannte "*Rationalisierungs-Prozentsätze*"[11] wenig geeignet.

Angesichts der immer größer werdenden Bedeutung logistischer Leistungen[12] zur Erzielung strategischer Wettbewerbsvorteile[13] führen solche Pauschalkürzungen höchstens kurzfristig zur Verbesserung der Ertragslage der Unternehmung; bereits mittelfristig aber kann die undifferenzierte Berücksichtigung unterschiedlicher Rationalisierungspotentiale mit der möglichen Folge von Kürzungen bei wichtigen logistischen Aufgaben dazu führen, daß strategisch bedeutsame Lieferserviceziele nicht mehr erreicht werden und sich die Ergebnissituation der Unternehmung gegenüber der Ausgangslage sogar noch verschlechtert.

---

7   Vgl. u.a. Martin 1983, S.168; Barzen 1990, S.175f.

8   Vgl. Pfohl, Hoffmann 1984, S.44.

9   Hier werden Logistikkosten verstanden als bewerteter (auf Preisen des Beschaffungsmarktes, also auf Ausgaben basierender) sachzielbezogener Einsatz an Produktionsfaktoren in Logistiksystemen während einer Periode; vgl. Delfmann, Darr, Simon 1990, S.20. Zu den Abgrenzungs- und Bewertungsschwierigkeiten von Logistikkosten kommen wir ausführlich in Kap. D.2.2.

10 Vgl. u.a. Bäck 1984, S.78ff.; Weber 1987, S.36ff. und die dort angegebene Literatur; Pfohl 1990, S.41ff.; Schulte 1991, S.6f.; Kearney Management Consultants 1992a, S.2f.

11 Vgl. Weber 1991a, S.42.

12 In der Literatur werden zwei Dimensionen von Logistikleistung unterschieden (vgl. stellvertretend Reichmann o.J., S.120), und zwar die *quantitative Logistikleistung*, verstanden als Menge der erbrachten Aktivitäten zur Raum-/Zeitüberbrückung, und die *qualitative Logistikleistung*, verstanden als Erfüllungsgrad bestimmter Anforderungen an die Qualität der logistischen Aktivitäten, also an die aus der Sicht des Leistungsnachfragers "richtige" Bereitstellung "richtiger" Güter zur "richtigen" Zeit am "richtigen" Ort in der "richtigen" Menge. Dieser Erfüllungsgrad läßt sich in dem Indikatorenbündel "Lieferservice" zusammenfassen. Vgl. dazu die Ausführungen in Kap. B.2.1. und Kap. C.2.2. und die dort referierte Literatur.

13 Vgl. stellvertretend für viele Delfmann 1992, S.185ff.

Nicht nur bei der Budgetplanung und -allokation bestehen vielfältige und zumeist auf die mangelnde kostentheoretische Durchdringung zurückführbare Probleme, sondern auch bei deren *Anwendung* im Verlaufe der Budgetierungsperiode.

Dieses Problem betrifft sämtliche güterwirtschaftlichen Wertschöpfungsbereiche der Unternehmung, also gleichermaßen die traditionell logistischen Objektbereiche der *Transfersysteme* und *-prozesse* wie auch diejenigen Wertschöpfungsbereiche, in denen die betriebliche Leistungserstellung durch *die Transformation von Sachgütern* erfolgt.[14]

"Unfortunately, in many firms, the budget is a game to play and to beat. Performance systems are set to discourage positive variances in the budget to concentrate on functional, rather than on firm, performance. Logistics budgets are no exception to these games and inefficiences."[15]

Viele dieser Anwendungsprobleme lassen sich auf eine Ursache zurückführen, und zwar auf die *hierarchische und bereichsorientierte Struktur von Budgetsystemen*[16].[17]

So wird bei der Budgetierung das Gesamtbudget der Unternehmung gemäß den bestehenden Sub- und Subsubsystemen der Organisation in Teilbudgets aufgespalten, wobei qua definitione vorausgesetzt wird, daß die Einhaltung (bzw. Unter-/Überschreitung) der in finanziellen Größen dimensionierten Planvorgaben zur Gesamtzielerreichung beitrage, daß also im Resultat legitimer Bereichsoptimierung das Unternehmungsziel optimiert werde.

Die Gültigkeit dieser Annahme einer *Zweck-Mittel-Beziehung*[18] zwischen Budget- und Gesamtunternehmungszielen ist aber bei der Budgetierung keineswegs von vorneherein gewährleistet.

Denn zum einen stellen Budgets durch ihre Kostenvorgaben nur den maximalen Verbrauch an Ressourcen dar, die den jeweiligen Organisationseinheiten in der Planungsperiode zugestanden werden. Sie markieren also nur einen mehr oder minder

---

14 Transferprozesse bilden zusammen mit Transformationsprozessen, welche eine materiell-stoffliche und/oder eigentums-/besitzrechtliche Veränderung an Gütern (durch Produktion, Ein- und Verkauf oder Konsumtion) bewirken, die ökonomischen Basisprozesse von Unternehmungen; vgl. Ihde 1991, S.1ff.

15 Novack, Dunn, Young 1991, S.1.

16 Das Budgetsystem beschreibt die übergeordnete Gesamtheit aller aufeinander abgestimmter Teilbudgets; vgl. Petsch 1985, S.23ff.; Jung 1985, S.31; Posselt 1986, S.56.

17 Auf die systembedingte Problematik der hierarchischen und bereichsorientierten Struktur von Budgets haben bereits Cyert, March 1963, S.272ff. und Bamberger 1971, S.90ff. hingewiesen; für die Logistik-Budgetierung vgl. Farmer, Ploos van Amstel 1991, S.8.

18 Zu Zweck-Mittel-Beziehungen in Zielsystemen vgl. u.a. Hauschildt 1980, Sp.2020.

weiten Handlungsfreiraum, der die Handlungen der budgetverantwortlichen Manager nicht vollständig determiniert und der nicht garantiert, daß mit den zugestandenen Mitteln auch die erforderlichen Leistungen, wie z.B. die Erfüllung bestimmter Qualitätsanforderungen, die Gewährleistung eines vorgesehenen Lieferserviceniveaus oder die Erbringung einer erforderlichen Leistungsmenge, erzeugt werden. Die Budgetierung erfüllt also nur dann ihren sachlogischen Zweck, wenn mit dem Erreichen der Budgetziele auch gleichzeitig ein Einhalten der jeweiligen Leistungsziele in den Verantwortungsbereichen einhergeht.

Zum anderen bestehen im Unternehmungsgesamtsystem zahlreiche *Kosten-Interdependenzen*[19] bzw. *Kosten-Trade-Offs* zwischen den Subsystemen, deren gesamtoptimale Abstimmung durch die Festsetzung und Allokation der Budgets allein nicht vollzogen werden kann, da innerhalb der Budgetierungsperiode aufgrund der verbleibenden Handlungsfreiräume weiterhin vielfältige Möglichkeiten zur Beeinflussung der Kosten bestehen.

Dies betrifft insbesondere die Kosten-Interdependenzen und -Trade-Offs zwischen Subsystemen, die jeweils als Glieder einer gemeinsamen, die Unternehmung durchziehenden, güterwirtschaftlichen *Prozeß*- bzw. *Wertschöpfungskette* untereinander verbunden sind. So können bspw. Bestandssenkungsmaßnahmen in einem Verantwortungsbereich zu erhöhten Transporterfordernissen und damit zu erhöhten Transportkosten (Transferkosten) in einem anderen Verantwortungsbereich führen, ebenso wie Maßnahmen zur Losgrößenoptimierung in Transformationsbereichen (bspw. Beschaffungs- oder Fertigungsbereichen) einen Bestandskostenanstieg in nachgelagerten Bereichen bewirken können.[20]

Die zur Gesamtkostenreduktion notwendige Abstimmung aller im Unternehmungssystem relevanten Kosten-Interdependenzen, welche in der Literatur von Vertretern eines "modernen" Logistikverständnisses im Zusammenhang mit dem "*total-cost-approach*" bereits seit langem gefordert wird,[21] kann im Rahmen der traditionellen Budgetierung nicht nur unvollständig vollzogen werden, sie kann sogar vollständig ausbleiben.

Dies geschieht, wenn der einzelne Budgetverantwortliche - bspw. "motiviert" durch eine vollständige Kopplung von Prämien an die Unterschreitung von Kostenzielen oder "verleitet" durch inexakte und leicht manipulierbare Budgetplanungs- und -

---

19 Allgemein lassen sich Interdependenzen verstehen als gegenseitige Abhängigkeitsbeziehungen zwischen Teilplanungen bzw. als Wirkungsbeziehungen zwischen Elementen eines Systems; vgl. Schmidt 1973, S.15; Koch 1982, S.20f.

20 Zum Problem der Kosten-Trade-Offs in Logistiksystemen vgl. u.a. Shapiro, Heskett 1985, S.61ff.; Ballou 1985, S.28ff.; Bowersox, Closs, Helferich 1986, S.7f.; Pfohl 1990, S.23ff.; Delfmann, Darr, Simon 1990, S.22ff.

21 Vgl. u.a. Schary 1984, S.12f.; Ballou 1985, S.28ff.; Fey 1989, S.45ff.; vgl. ebenso die Ausführungen in Kap. B.2.1.

kontrollmethoden bzw. "abgeschreckt" durch dauernde Rechtfertigungszwänge und Repressionen bei Budgetüberschreitungen etc. - die von ihm in der Budgetierungsperiode zu treffenden Maßnahmen nicht mehr im Hinblick auf die Vorteilhaftigkeit für das Gesamtsystem auswählt, sondern lediglich danach, inwieweit sie sich für das Budget des eigenen Bereiches positiv auswirken.

Bereichspartikularismus und Abteilungsdenken wird dann im Wege eines unsachgemäßen Einsatzes dieses Instrumentes gefördert und damit eine Verhaltensweise hervorgerufen, die diametral dem in der Logistik verwurzelten (holistischen) Gedanken der schnittstellenübergreifenden Überwindung interner und externer Unternehmungsgrenzen durch die Koordination und Integration sämtlicher güterwirtschaftlicher Wertschöpfungsprozesse gegenübersteht. Dieser holistische Gedanke der Logistik bzw. diese *logistische Perspektive* wird heute vielfach zur Begründung der Managementphilosophie bzw. zur Begründung einer ganzheitlichen, integrierten Führungskonzeption herangezogen, die den ganzen Prozeß der Planung, Steuerung, Realisation und Kontrolle aller Güter- und zugehöriger Informationsflüsse einer Unternehmung von seinen Beschaffungsmärkten durch die Produktionsstufen bis zu den Absatzmärkten umfaßt.[22]

Das folgende auf empirischen Beobachtungen basierende Zitat stellt diese Problematik bezeichnend dar: "When superiors continually focused on budget variances beyond the control of the department heads, they adopted a parochial stance and moved to improve their perfomance, regardless of any detrimental effects on other departments. They also blamed other units for budget variances. Consequently, cooperation, so vital to interdependent activities, gave way to rivalry and conflict."[23]

Die durch die Budgetierung angestrebte Ausrichtung der Budgetbereiche auf übergeordnete Unternehmungsziele kann folglich nur erreicht werden, wenn bisher praktizierte, traditionelle Gestaltungspraktiken der Budgetierung überdacht werden und an die Erfordernisse eines "modernen", die logistische Perspektive umsetzenden, Führungsinstrument angepaßt werden.[24]

---

22 Vgl. u.a. Ihde 1987, S.703ff.; Fey 1989, S.30ff.; Delfmann 1989a, S.95.; Weber 1992, S.877ff.; vgl. ebenso die Ausführungen in Kap. B.2.
23 Macintosh 1985, S.18.
24 Allgemein sind Führungsinstrumente alle Methoden, Techniken, Verfahren und Modelle, die zur Lösung von Führungsproblemen herangezogen werden können; vgl. z.B. Steinle 1978, S.153; zur Budgetierung als Führungsinstrument vgl. Grimmer 1980; Dilger 1991.

Es ist also ein _logistisches_ Budgetierungssystem[25] zu konzipieren und zu implementieren, welches insbesondere folgenden Erfordernissen entspricht:

* Die Anbindung der Budgetierungstechniken an die im Rahmen der Kostenvorgaben zu erbringenden Leistungen; sie soll die Sicherung einer gleichzeitig _effizienten_ und _effektiven Ressourcenvergabe_ gewährleisten.[26]

* Die Integration der Budgetierung in ein übergeordnetes kosten- _und_ leistungsorientiertes Planungs- und -kontrollsystem; diese soll eine an beiden Zielkriterien ausgerichtete und der logistischen Perspektive entsprechende Leistungserstellung in den Budgetbereichen sichern.

* Die Ausrichtung sämtlicher Gestaltungselemente der Budgetierung auf das Ziel der gesamtoptimalen Abstimmung aller entlang der güterwirtschaftlichen Wertschöpfungskette vorherrschenden Kosten-Interdependenzen und -Trade-Offs.

   Diese hat durch den Einsatz _präventiv wirkender Gestaltungselemente_ zu erfolgen, welche die Verfolgung von Partikularinteressen innerhalb der verbleibenden Handlungsfreiräume von vorneherein "unattraktiv" machen, welche also am Verhalten der Budgetempfänger ansetzen und es auf die übergeordneten Ziele ausrichten, oder durch den Einsatz _korrigierend bzw. reaktiv wirkender Gestaltungselemente_, welche Zielverletzungen bzw. gesamtlogistisch suboptimale Verhaltensweisen erfaßbar und evident machen und damit Ansatzpunkte für korrigierende Gegensteuerungsmaßnahmen liefern.

Obwohl die Logistik in der betriebswirtschaftlichen Wissenschaft in den letzten Jahren insbesondere hinsichtlich ihrer Anwendbarkeit als Konzept der Unternehmungsführung außerordentlich viel Beachtung gefunden hat, hält die Literatur weder konzeptionelle noch unmittelbare Vorschläge zur Gestaltung eines entsprechenden Budgetierungssystems bereit:

So finden sich in Standardwerken der deutschen und anglo-amerikanischen Logistikliteratur keine[27] oder lediglich stichwortartige[28] Erörterungen. Dies ist umso

---

25 Unter einem Budgetierungssystem soll hier jenes Subsystem des übergeordneten Planungs- und Kontrollsystems verstanden werden, mittels dessen die dezentralen Verantwortungsbereiche formalzielgerecht, d.h. durch die in Kostengrößen ausgedrückten Vorgaben, auf die Ziele ausgerichtet werden sollen. Das logistische Budgetierungssystem bildet wiederum den Bezugsrahmen zur Beschreibung und Analyse beliebiger Gestaltungselemente, wie z.B. dem System der Budgetierungsorgane, dem Budgetierungsprozeß, der budgetierungstechnischen Informationsgrundlage, dem Budgetsystem etc., die in ihrer Gesamtheit der zulässigen Konkretisierungsmöglichkeiten den realen Gestaltungsspielraum von logistischen Budgetierungssystemen aufspannen; vgl. u.a. Szyperski, Winand 1980, S.110f.; Horváth, Dambrowski, Jung, Posselt 1985, S.139.

26 Zum logistischen Effizienz- und Effektivitätsdenken vgl. die Ausführungen in Kap. B.2.1.1. und B.2.2.

27 Vgl. Heskett, Glaskowsky, Ivie 1973; Magee, Copacino, Rosenfield 1985; Shapiro, Heskett 1985; Coyle, Bardi, Langley 1988; Pfohl 1990; Schulte 1991.

erstaunlicher, als daß vor dem Hintergrund einer in der Praxis zunehmend zu verzeichnenden Dezentralisierung logistischer Führungsaufgaben auf weitgehend eigenverantwortlich gesteuerte Organisationseinheiten[29] der Bedarf am Einsatz solcher Führungsinstrumente gestiegen ist, die einerseits dezentrale Kosten- und Leistungsverantwortlichkeit so weit wie möglich zulassen, die andererseits aber die Sicherstellung schnittstellenübergreifender, gesamtlogistisch wirksamer Konzepte gewährleisten.[30] Gerade aber die Budgetierung als ein ebensolches Führungsinstrument kann in diesem Kontext wertvolle Einsatzmöglichkeiten bieten.

Einzelne Publikationen hingegen, die sich mit dem Thema "Logistik-Budgetierung" befassen, widmen sich nur einzelnen Teilaspekten, wie z.B. den Methoden zur bedarfsgerechten Ermittlung einzelner Transport[31]- oder Lagerbudgets[32], der Frage nach der Berücksichtigung veränderter logistischer Rahmenbedingungen durch flexible Logistik-Budgets[33] oder dem Problem des festzulegenden Partizipationsgrades bei der Budgetplanung.[34]

Dagegen hat die Frage nach der Einsatzfähigkeit und den konzeptionellen Einsatzvoraussetzungen vor dem Hintergrund eines *umfassenden Logistikverständnisses* noch keine hinreichende Beachtung gefunden. Hierbei mangelt es an verwertbaren Vorschlägen zur Integration des logistischen Budgetierungssystems in ein übergeordnetes Planungs- und Kontrollsystem, zur Berücksichtigung der Verhaltenswirkungen einzelner Gestaltungselemente im Rahmen des Budgetierungsprozesses und insbesondere zur Gestaltung einer logistischen Budgetierungstechnik, die einerseits die Leistungsanbindung von Budgets ermöglicht und die andererseits die Kosten-Interdependenzen zwischen den Budgetbereichen berücksichtigt und erfaßbar macht.

Zusammenfassend läßt sich also festhalten, daß das Thema "Logistische Budgetierung" hinsichtlich der konzeptionellen Grundlagen und hinsichtlich der Einbindung in ein umfassendes logistisches Führungskonzept erhebliche Forschungslücken aufweist.

---

28 Vgl. Kirsch, Bamberger, Gabele, Klein 1973, S.143; Ballou 1985, S.557; Bowersox, Closs, Helferich 1986, S.324-327; Stock, Lambert 1987, S.581-583.

29 Vgl. Wildemann o.J., S.223ff.; Zäpfel 1989b, S.200; Delfmann 1990b, S.174f.; Fuhrberg-Baumann, Müller 1992, S.24; Pfeiffer, Weiß 1992; Fieten 1992, S.309ff. Vgl. dazu ebenso die Ausführungen in Kap. B.4.2.

30 Vgl. u.a. Wildemann 1988, S.198ff.; Lindner 1991, S.835; zu grundsätzlichen Überlegungen hinsichtlich des Einsatzes von Führungsinstrumenten in dezentral geführten, "schlanken" Organisationen vgl. Eiff 1992, S.32ff.

31 Vgl. Ernst & Whinney 1983, S.57ff.; Novack 1984, S.609ff.; Schmidt 1987, S.259ff.

32 Vgl. Countryman, Miller, Busher 1984, S.114ff.; Ernst & Whinney 1985, S.115ff.

33 Vgl. u.a. Pfohl, Hoffmann 1984, S.45; Wingefeld 1987, S.302.

34 Vgl. u.a Bowersox, Closs, Helferich 1986, S.327; Weber 1991a, S.40ff.

2. Zielsetzung und Gang der Untersuchung

Vor diesem Hintergrund ist es die Zielsetzung der vorliegenden Untersuchung, die skizzierten Forschungsdefizite zu beseitigen und ein logistisches Budgetierungssystem zu gestalten,

*   das eine enge Anbindung zur Leistungsplanung und -kontrolle aufweist und damit gewährleistet, daß die Budgetverantwortlichen einerseits auch tatsächlich die Mittel erhalten, die notwendig sind, um die erforderlichen Aufgaben zur Leistungserstellung kosteneffizient zu vollziehen, bzw. daß sie andererseits mit den zugestandenen Mitteln auch tatsächlich die strategisch erforderlichen Leistungen erzeugen und
*   das zum zweiten die Budgetempfänger dazu motiviert, innerhalb der verbleibenden Handlungsfreiräume in einer mit dem holistischen Gedanken der Logistik konsistenten Weise zu handeln bzw. das bestehende Inkonsistenzen und suboptimale Verhaltensweisen erfaßbar macht und dadurch Ansatzpunkte für Gegensteuerungsmaßnahmen liefert.

Damit soll die Budgetierung Einsatz finden als Führungsinstrument im Kontext einer umfassenden Logistik-Konzeption, mit deren Hilfe eine Unterstützung der zielbezogenen und zukunftsgerichteten Steuerung der Budgetbereiche sowie der für sie verantwortlichen Handlungsträger erreicht wird.

Zur Realisierung der gesetzten Ziele wird folgende Vorgehensweise gewählt:

(1) Den Ausgangspunkt bildet die Erläuterung der Logistik als Konzept der Unternehmungsführung. Sie spannt den Rahmen auf für kommende Budgetierungsüberlegungen bzw. bildet deren "philosophische", "materielle", "organisationstheoretische" und "planungstheoretische" Grundlage:

Hierbei geht es zunächst um die Darstellung der holistischen Denkweise der Logistik, die zur Begründung einer prozeßorientierten[35] und ganzheitlichen Führungskonzeption herangezogen wird und die ihren Ausdruck in der Flußori-

---

35 Die Prozeßorientierung verkörpert eine ganzheitliche, schnittstellenübergreifende Sichtweise, die sich auf die unternehmungsinterne und -externe Wertschöpfungskette (im Sinne einer Prozeßkette) bezieht. Hierbei steht die Steuerung der vollständigen Wertschöpfungskette im Vordergrund, und einzelne Funktionen treten in den Hintergrund zugunsten des Gesamtsystems; vgl. stellvertretend für viele Striening 1989, S.324ff.

entierung[36] findet. Diese Denkweise wird die *"philosophische Grundlage"* unserer Budgetierungsüberlegungen bilden.

Anschließend wird die strategische, erfolgswirtschaftliche Bedeutung der Logistik dargelegt, und zwar im Hinblick auf die durch sie ausschöpfbaren Rationalisierungspotentiale in der Unternehmung und im Hinblick auf ihren hohen Stellenwert als strategisches Marketing-Instrument. Diese Sichtweise wird die *"materielle Grundlage"* unserer Budgetierungsüberlegungen bilden.

Eine Hauptschwierigkeit für das Verständnis der logistischen Budgetierung liegt in ihrer engen Verknüpfung mit den angewandten Organisationsprinzipien. Logistische Budgetierung ist von der Strukturierung arbeitsteiliger, der logistischen Perspektive folgender, Handlungssysteme nicht zu trennen. Die Ausführungen zur prozeßorientierten Organisationsgestaltung der Logistik bezwecken deswegen zwei Dinge:
Zum einen soll durch die Kennzeichnung der vielfältigen logistischen Aufgaben, die vor dem Hintergrund des logistischen Integrationsansatzes in einem prozeß- bzw. kundenauftragsorientierten Organisationsbereich (Logistiksegment) zusammengefaßt werden, deutlich gemacht werden, welches die Objekte der Budgetierung sind. Zum anderen soll durch die Analyse der Interdependenzen[37] zwischen den Logistiksegmenten dargelegt werden, welche unterschiedlichen Arten von Wirkungsbeziehungen mit welcher Intensität zwischen den Verantwortungsbereichen vorliegen und demzufolge welche Probleme eine auf die segmentübergreifende Abstimmung der Organisationsbereiche ausgerichtete Budgetierung zu bewältigen hat.
Die Ausführungen zur Strukturierung der logistischen Aufgaben werden also die *"organisationstheoretischen Grundlagen"* unserer Budgetierungsüberlegungen begründen.

Die Umsetzung der prozeßorientierten, ganzheitlichen Logistikperspektive stellt Anforderungen an den über die organisatorischen Maßnahmen hinausgehenden Einsatz von Koordinationsinstrumenten und damit an das logistische Controlling. Dieses wird verstanden als Entwicklung und Anwendung von analytisch-methodischen Planungs-, Kontroll- und formalen Informationssystemen zur Sicherung einer ganzheit-

---

36 "Flußorientierung gilt als Kennzeichen wettbewerbsfähiger ... logistischer Systeme. Hierbei werden im Extrem bestandslose ... Logistiksysteme angestrebt." (Darr 1992, S.4); zur Flußorientierung in der Logistik vgl. ebenso Knolmayer 1987, S.53ff.; Fey 1989, S.39ff.; Pfohl 1991, S.4 und die Ausführungen in Kap. B.2.2.

37 Es lassen sich nach Frese drei Arten der Interdependenzen zwischen Organisationseinheiten unterscheiden, und zwar Ressourceninterdependenzen, innerbetriebliche Leistungsverflechtungen und Marktinterdependenzen; vgl. Frese 1980, S.77ff.

lich integrierten und zielgerichteten Steuerung der arbeitsteiligen Handlungssysteme und der sie tragenden Handlungsträger entlang der Wertschöpfungskette.[38]

Die Ausführungen hierzu verdeutlichen, welche methodische Struktur logistische Controlling-Instrumente haben sollten und welche Position die Budgetierung innerhalb dieser einnimmt. Die logistische Budgetierung wird deshalb in ein System hierarchischer Logistikplanung eingeordnet, in dem sie als ein Subsystem der operativen Segmentplanung ein Verbindungselement zwischen der übergeordneten strategischen Logistikplanung und der untergeordneten logistischen Prozeßplanung darstellt.

Die Darstellung des prozeßorientierten Controlling wird also die "*planungs- bzw. controllingtheoretischen Grundlagen*" für die darauf folgenden Gestaltungsüberlegungen zur logistischen Budgetierung bilden.

(2) Diese Gestaltungsüberlegungen erfolgen in Teil C und werden aus dem Blickwinkel verschiedener Betrachtungsdimensionen formuliert:

Zunächst geht es in Kap. C.2. um die, das bisherige Schrifttum zur Unternehmungsbudgetierung kritisch analysierende, *Abgrenzung des logistischen Budgetierungsbegriffs*. Hierbei erfolgt die definitorische Abgrenzung von Budgetierung und anderen Planungssubsystemen und die Kennzeichnung des dem Führungsinstrumentes "Budgetierung" zugrundeliegenden Führungsverständnisses. Desweiteren wird die Notwendigkeit begründet, beim Einsatz dieses Instrumentes eine integrierte Betrachtung sach-"logischer" und sozio-psycho-"logischer" Aspekte vorzunehmen;[39] es wird gezeigt, daß die Budgetierung ihren sachlogischen Zweck nur erreicht, indem bei ihrem Einsatz gleichzeitig die damit verbundenen Verhaltenswirkungen berücksichtigt werden, genauso wie Verhaltenswirkungen der Budgetierung auch erst dann bewertbar sind, wenn sie im Kontext ihrer sachlogischen Implikationen betrachtet werden.

Anschließend werden die in verschiedenen Ausprägungen auftretenden Koordinations- und Motivationsfunktionen der logistischen Budgetierung analysiert und die spezifisch *logistischen Aspekte der Budgetierungsfunktionen* herausgestellt (Kap. C.3.).

99

---

38 Zur Entwicklung dieser eigenständigen Controlling-Definiton vgl. die Ausführungen in Kap. B.5.1. und die dort behandelte Literatur.

39 Die sach-"logische" Dimension der Budgetierung befaßt sich mit Fragen der - vom Verhalten des Einzelnen abstrahierenden - Koordination und Kontrolle der budgetierten Organisationseinheiten im Sinne der Lenkung von technischen Handlungssystemen; die sozio-psycho-"logische" Dimension der Budgetierung befaßt sich mit Fragen der Leistungsmotivation der budgetverantwortlichen Mitarbeiter, also mit der Verhaltenssteuerung sozialer Systeme; vgl. dazu Kap. C.2.1.3. und die dort referierte Literatur.

Die konkreten Gestaltungsüberlegungen zur logistischen Budgetierung werden im Zusammenhang einer prozeßphasenorientierten, einer strukturbezogenen und einer budgettechnischen Betrachtungsweise vorgenommen:

Im Rahmen einer *prozeßphasenorientierten Betrachtungsweise* werden einzelne Gestaltungsvorschläge im Kontext der verschiedenen Teilphasen des Budgetierungsprozesses erbracht, und zwar im Kontext der *Budgetplanung*, die vor der Budgetierungsperiode beginnt und die in die *Budgetvorgabe*, den eigentlichen Beginn der Budgetierungsperiode, mündet, der *Budgetkontrolle* während und am Ende der Budgetierungsperiode und der, evt. auf Abweichungsinformationen reagierenden, *Budgetrevision* (Kap. C.4.).

Das Hauptanliegen dieses Kapitels ist es, die Vielzahl der in der traditionellen Budgetierungs-Literatur gestellten Gestaltungsforderungen kritisch zu hinterfragen und auf ihre Haltbarkeit im Rahmen einer logistischen Budgetierung hin zu untersuchen. Die damit verbundenen Probleme werden unter Berücksichtigung sachlogischer und sozio-psychologischer Aspekte konzeptualisiert und jeweils Ansätze zur Problemlösung entwickelt.

Daneben erfolgen differenzierte Vorschläge zur Anbindung von logistischen Leistungsvorgaben an die Budgetvorgaben in den einzelnen Prozeßphasen und damit der Versuch der Integration des logistischen Budgetierungssystems in ein übergeordnetes kosten- *und* leistungsorientiertes Planungs- und Kontrollsystem.

Auf Fragen, die über die prozessuale Aspekte hinaus *strukturbezogene Sachverhalte* innerhalb des logistischen Budgetsystems und innerhalb des Gesamtunternehmungs-Budgetsystems ansprechen, wird in Kap. C.5. eingegangen. Hierbei geht es darum, die sich aus den bereichsübergreifenden Kosten-Interdependenzen ergebenden Strukturbeziehungen zwischen den Budgetsubsystemen darzulegen, um daraus Anforderungen zur strukturellen Gestaltung der Schnittstellen zwischen den Budgetbereichen abzuleiten.

Den Abschluß des Teils C bilden Überlegungen zur logistischen *Budgetierungstechnik*, die im Rahmen des Budgetierungsprozesses bzw. innerhalb des Budgetsystems zum Einsatz kommt, und demzufolge daran zu messen ist, wie sie die hierbei gestellten Gestaltungsanforderungen konzeptionell umsetzen kann (Kap. C.6.). Auf der Basis der Analyse nicht-analytischer, wertanalytischer und kostenanalytischer Verfahren der Kostenplanung und -kontrolle wird nachgewiesen, daß die Verfahren entweder die konzeptionellen Anforderungen an eine logistische Budge-

tierungstechnik nicht hinreichend erfüllen können, oder spezifische Anwendungs-
bzw. Umsetzungsprobleme mit sich bringen.

Hierbei erfahren insbesondere die kostenanalytischen Verfahren der Prozeßkostenrechnung und der Grenzplankostenrechnung eingehende Untersuchungen. Bei
der Prozeßkostenrechnung wird deutlich gemacht, daß sie aufgrund ihres prozeßorientierten Aufbaus gute Ansätze zu einer auf Aktivitäten und Leistungen aufbauenden, "outputorientierten" Budgetierungstechnik[40] liefern könnte, daß sie aber aufgrund ihres Vollkostenansatzes bei Beschäftigungsschwankungen innerhalb der
Budgetierungsperiode zwangsläufig zu einer falschen Verteilung der für die Unternehmung bedeutsamen Fixkosten führt und somit keine adäquaten Informationen für
ein logistisches Budgetkontrollsystem liefert. Bei der Grenzplankostenrechnung wird
herausgestellt, daß sie aufgrund der differenzierten Einbeziehung vielfältiger, auch
die Kosten indirekter Leistungsbereiche erfassender, Bezugsgrößen und aufgrund der
differenzierten Zurechnung sowohl variabler als auch fixer Kosten insbesondere die
Koordinations- und Kontrollfunktion logistischer Budgets wirksam unterstützen
kann; es wird gezeigt, daß die Grenzplankostenrechnung auf den aktivitätsorientierten Grundlagen gemäß der Prozeßkostenrechnung basiert[41] und damit ebenso hinreichende Ansätze für den Einsatz "outputorientierter" Budgetierungstechniken liefert,
daß sie aber aufgrund ihrer Darstellung des Produktionsfaktorverbrauchs in Kostenarten statt in Prozessen in der Praxis Anwendungsprobleme mit sich bringt, weil bei
einer auf Kostenarten basierenden Budgetierungstechnik bei Budgetierenden wie
auch bei Budgetempfängern vielfach der Blick lediglich auf die benötigten Einsatzgüter und Mittel gerichtet und somit die Gefahr der "Inputorientierung" gefördert
wird.

(3) Die Entwicklung einer *Prozeßplankostenrechnung auf Teilkostenbasis*, bei der
die innerhalb und zwischen den Logistiksegmenten ablaufenden Wertschöpfungsprozesse zum Bezugspunkt der Kostenplanung und -kontrolle werden, gleichzeitig aber eine Trennung von variablen und fixen Prozeßkosten erfolgt, ist der Gegenstand der Ausführungen in Teil D.

Die logistische Prozeßplankostenrechnung auf Teilkostenbasis kann als eine *moderne Version der Grenzplankostenrechnung* verstanden werden, die das Gedankengut einer prozeßorientierten Kostenrechnung übernimmt und eine Weiterentwicklung traditioneller Teilkostenrechnungen zur Lösung spezifisch logistischer Budgetierungsprobleme vollzieht:

---

40   Zum Begriff "inputorientierter" bzw. "outputorientierter Logistik-Budgetierungstechniken"; vgl. Küpper 1991a, S.16.
41   Vgl. dazu Kloock 1992a, S.184ff.

* Sie setzt an den Prozessen an, die in den jeweiligen Verantwortungsbereichen vollzogen werden und führt dazu, daß sich die in der Budgetierung formulierten Ressourcenvorgaben am geplanten Output ausrichten und nicht, wie bei traditionellen inputorientierten Budgetierungstechniken üblich, an den benötigten Einsatzgütern. Damit unterstützt sie nachhaltig das Ziel der oben geforderten Gewährleistung einer gleichzeitig effektiven und effizienten Mittelvergabe.

* Aufgrund ihrer Trennung von variablen und fixen Prozeßkosten gibt sie auch bei einer außerplanmäßigen Veränderung einzelner, in den Prozeßbezugsgrößen[42] berücksichtigter, Kostenbestimmungsfaktoren Auskunft darüber, wie hoch die in den Budgetbereichen verursachten Kosten sein sollten. Dadurch verbessert sie die Aussagefähigkeit der Budgetkontrolldaten und erhöht die Anpassungsfähigkeit der Budgets an veränderte Rahmendaten.

* Aufgrund der Erfaßbarkeit der Beziehungszusammenhänge zwischen verflochtenen Teilprozessen verschiedener Logistiksegmente vereinfacht sie zudem die segmentübergreifende und an den Kosten-Trade-Offs ansetzende Budgetplanung und -kontrolle. Dadurch fördert sie das Entstehen einer schnittstellenübergreifenden, gemeinschaftlichen Ergebnisverantwortung bzw. wirkt der Verfolgung von Partikularinteressen innerhalb der zugestandenen Handlungsfreiräume entgegen.

* Nicht zuletzt liefert sie durch ihre Berücksichtigung von Prozessen und Prozeßbezugsgrößen vielfältige Ansätze zu einem auf Aktivitäten basierenden Leistungs-Controlling und trägt damit zur Integration des logistischen Budgetierungssystems in ein übergeordnetes kosten- und leistungsorientiertes Planungs- und Kontrollsystem bei.

Zur konzeptionellen Entwicklung der Prozeßplankostenrechnung auf Teilkostenbasis werden zunächst *Grundlagen* erarbeitet, die insbesondere der Klärung der unscharfen Begriffe "Prozesse", "Prozeßkosten" und "Prozeßkostenkategorien" dienen (Kap. D.2.).

Anschließend erfolgt die Darstellung der bei der prozeßbezogenen Budgetplanung angewandten Kostenrechnungsmethodik (Kap. D.3.). Hier werden zunächst konzeptionelle Vorschläge zur *Art* und *Anzahl* der in der Budgetierungsperiode planmäßig zu erfassenden Prozesse und Prozeßbezugsgrößen erbracht und die verschiedenen, bei der Zurechnung der Kostenarten auf Prozesse und Prozeßbezugsgrößen zur An-

---

42 Prozeßbezugsgrößen stellen im System der prozeßorientierten Kostenrechnung als Soll- oder Ist-Werte die Bezugsgrößen dar, auf die die einzelnen Kostenarten bezogen werden und auf deren Basis die Soll-Kosten ermittelt werden; vgl. dazu die Ausführungen in Kap. D.3.2.2.

wendung kommenden, *Kostenzurechnungsprinzipien* analysiert. Daraufhin werden Implementierungs- und Anwendungsvorschläge erbracht, die insbesondere auf das Problem des segmentübergreifenden prozeßorientierten Abgleichs der (Teil-)Budgetpläne im Rahmen einer logistischen Gegenstrombudgetierung eingehen.

Auf Basis dieser prozeßbezogenen Budgetplanung werden die unterschiedlichen Möglichkeiten einer im Verlaufe oder am Ende der Periode durchzuführenden *Budgetkontrolle* diskutiert (Kap. D.4.).

Es wird gezeigt, daß durch die konsequente Berücksichtigung von Prozessen und Prozeßbezugsgrößen der Einsatz bereits klassischer Methoden bereichsbezogener Wirtschaftlichkeitsanalyse (Abweichungsanalysen zum Zweck der Ermittlung von Verbrauchsabweichungen, Kapazitätsauslastungsanalysen, Fixkosten-Controlling etc.) möglich und darüber hinaus nachhaltig vereinfacht wird.

Die Aussagefähigkeit segmentübergreifender Kontrollen wird anhand der hier entwickelten *Budget-Trade-Off-Matrix* belegt; diese führt in ihren Spalten die Kosten einzelner Prozesse in den jeweiligen Verantwortungsbereichen auf, während sie in horizontaler Richtung das Wirksamwerden von Kosten-Trade-Offs zwischen den Segmenten wertmäßig darstellt.

Abschließend werden Möglichkeiten eines auf den erfaßten Prozessen und Prozeßbezugsgrößen aufbauenden Leistungs-Controlling aufgeführt und damit Ansätze zur Integration des logistischen Budgetierungssystem in ein übergeordnetes logistisches Segmentplanungs- und -kontrollsystem geliefert.

Damit wird in Teil D der Nachweis erbracht, daß der Einsatz einer Prozeßplankostenrechnung auf Teilkostenbasis im Rahmen des logistischen Budgetierungsprozesses bzw. innerhalb des logistischen Budgetsystems die hier gestellten konzeptionellen Gestaltungsanforderungen wirksam umsetzen und dadurch zur Realisierung der oben gesetzten Ziele nachhaltig beitragen kann.

In Teil E werden abschließend Einführungsstrategien und Weiterentwicklungsperspektiven diskutiert, die bis zur Anwendung einer *unternehmungsübergreifenden Budgetierung von ganzen Prozeß- bzw. Wertschöpfungsnetzwerken*, welche sich im Rahmen strategischer Kooperationen zwischen verbundenen Unternehmungen bilden, reichen.

B. Logistik als Konzept der Unternehmungsführung

1. Einführung

Der Bedingungsrahmen der Unternehmungsführung für die 90er Jahre hat sich vor dem Hintergrund gestiegener Komplexität und Dynamik gewandelt und zu ständig wachsenden Entscheidungs- und Organisationsgestaltungsproblemen geführt.[1]

Vor diesem Hintergrund ist eine intensive Beschäftigung mit neuen Führungs-konzeptionen erfolgt, wobei vor allem solche Konzepte an Bedeutung gewonnen ha-ben, die eine *"integrierte"*, *"vernetzte"* oder *"systemische" Perspektive* einnehmen.[2]

Viele dieser Konzepte widmen dem Leistungsaustausch bzw. dem Güterfluß in ar-beitsteiligen Unternehmungen besondere Aufmerksamkeit und betrachten die Füh-rungsprobleme vornehmlich aus dem *Blickwinkel der Koordination und Integration der güterwirtschaftlichen Wertschöpfungsprozesse.*[3]
Hierbei geht es um eine Abkehr vom traditionellen vertikalen Denken in Funktions-, Bereichs- oder Abteilungsdimensionen hin zu einem prozeßorientierten, ganzheitli-chen Denken, das den gesamten Wertschöpfungsprozeß von der Beschaffung bis hin zum Vertrieb einschließlich der externen Partner der Unternehmung einschließt.[4]

Zunehmende Verbreitung findet auch die Einschätzung der *Logistik-Konzeption* als prozeßorientiertes Führungskonzept.[5]

Grundlegend für die Logistik-Konzeption ist die ganzheitliche (holistische) Be-trachtungsweise, derzufolge die Logistik ein integriertes Führungskonzept ist, das den ganzen Prozeß der Planung, Steuerung, Realisation und Kontrolle aller Güter- und zugehörigen Informationsflüsse einer Unternehmung von seinen Beschaffungs-märkten durch die Produktionsstufen bis zu den Absatzmärkten umfaßt.[6]

---

1 Vgl. stellvertretend für viele Henzler 1990, S.53; Pohle 1990, S.8.
2 "Gemeint ist damit ein integrierendes zusammenfügendes Denken, das auf einem breiten Horizont beruht, von größeren Zusammenhängen ausgeht und viele Einflußfaktoren berücksichtigt, das weniger isolierend und zerlegend ist als das üb-liche Vorgehen. Ein Denken, das mehr demjenigen, das viele Dinge zu einem Gesamtbild zusammenfügenden Generali-sten als dem analytischen Vorgehen des auf ein enges Fachgebiet beschränkten Spezialisten entspricht." (Ulrich, Probst 1988, S.11); vgl. ebenso Delfmann 1989a, S.95ff.; Bleicher 1991; Probst, Gomez 1990, S.903ff.
3 "...the company can be viewed as a number of interlinked sub-systems which must somehow be united if overall ef-fectiveness is to be maximized." (Christopher 1976, S.40).
4 Vgl. Striening 1989, S.324; Pfeiffer, Weiß 1992, S.50f.
5 Vgl. u.a. Lück 1984, S.81ff.; Pfohl 1987, S.140f.; Ihde 1987, S.703ff.; Knolmayer 1987, S.53ff.; Fey 1989, S.30ff.; Delfmann 1989a, S.95.
6 Vgl. u.a CLM o.J., S.1f.; Duerler 1990, S.33; Delfmann, Darr, Simon 1990, S.2.

"Logistik" in ihrer ursprünglichen begrifflichen Abgrenzung[7] beinhaltet zunächst Tätigkeiten der Raum- und Zeitüberbrückung (Transferprozesse), durch deren Zusammenwirken ein Güterfluß in Gang gesetzt werden soll, der einen Lieferpunkt mit einem Empfangspunkt möglichst kosteneffizient verbindet.[8] Ihre Bedeutung als Führungskonzept geht aber weit über die mit der Raum-Zeitüberbrückung verbundenen Servicefunktion hinaus; Logistik-Führung kennzeichnet mehr als das Management von Transferprozessen.

In ihr kommt eine Denkhaltung zum Ausdruck, die zum einen die Führungsprobleme aus dem Blickwinkel der *Integration der güterwirtschaftlichen Wertschöpfungsprozesse* betrachtet[9], die zum anderen den hohen *wettbewerbsstrategischen Stellenwert* der Logistik im Rahmen der Unternehmungsplanung einbezieht[10] und die zum dritten die organisatorische *Zuständigkeit für alle damit verbundenen Güterbewegungen und -bestände* beinhaltet.[11] "Die Logistik verkörpert eine breite ganzheitliche Sichtweise und bezieht sich auf die unternehmensinterne und unternehmensübergreifende Wertschöpungskette, die als 'Prozeßkette' verstanden wird. Entsprechend steht hier die logistische Lenkung der Material- und Informationsflüsse in der vollständigen Wertschöpfungskette im Vordergrund. Einzelne Funktionen treten hierbei in den Hintergrund zugunsten des Gesamtsystems."[12]

"Logistik" in einem weiten Begriffsverständnis stellt also eine spezifische paradigmatische Ausrichtung der Unternehmungsführung dar.[13] "Logistics represents new management thinking - a new order of things."[14]

---

7   Etymologisch betrachtet läßt sich der Logistik-Begriff auf mehrere Wortstämme zurückführen, und zwar auf die griechischen Wörter "lego" (=denkbar) und "logik" (=berechnend) und das französische Wort "loger" (=hineinbringen, einquartieren). Ursprünglich wurde Logistik als Sammelbegriff für alle diejenigen Aufgaben benutzt, die der Versorgung der Streitkräfte mit den notwendigen Mitteln und Dienstleistungen dienten; vgl. Krulis-Randa 1977, S.37ff.; Ihde 1978, S.2f.; Lochthowe 1990, S.8ff.; Ihde 1991, S.24; Wassermann 1992, S.36.
8   Vgl. Pfohl 1990, S.12.
9   Aus dieser Perspektive wird deshalb die güterwirtschaftliche Wertschöpfungskette auch als logistische Wertschöpfungskette, Logistikkette oder Logistikpipeline bezeichnet; vgl. u.a. Farmer, Ploos van Amstel 1991; Klöpper 1991, S.82.
10 Vgl. u.a. Magee, Copacino, Rosenfield 1985, S.38f.; Shapiro, Heskett 1985, S.7ff.; Fey 1989, S.58ff.; Delfmann 1990b, S.159ff.
11 Vgl. u.a. Ihde 1987, S.703; Felsner 1987, S.1ff.; Darr 1992, S.5.
12 Klöpper 1991, S.82.
13 Vgl. Staude 1987, S.32ff.; Fey 1989, S.32; Rühle von Lilienstern 1989, S.6; Solaro 1990, S.98; Klaus 1993, S.60f.
14 Ballou 1987, S.1.

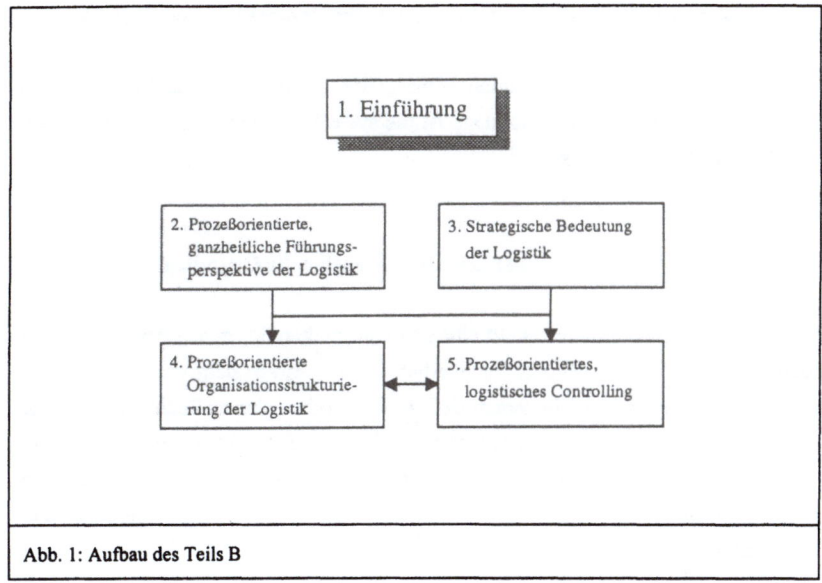

Abb. 1: Aufbau des Teils B

Damit stellt sich die Frage, welche Kennzeichen die logistische Denkhaltung gegenüber anderen aufweist bzw. welche Grundprinzipien und Gestaltungsbausteine hinter
der hier zugrundegelegten Logistik-Konzeption stehen.

Diese sollen im folgenden dargestellt werden. Dabei wird zunächst (1) die prozeßorientierte und ganzheitliche Perspektive der Logistik erläutert und die Übertragbarkeit dieser Denkhaltung zur integrativen Handhabung von Führungsproblemen
diskutiert. Darüber hinaus erfolgt (2) eine Ergänzung des Denkmodells einer integrierten, durchgängigen Logistik um die strategische Dimension. Aus beiden
Aspekten werden (3) organisatorische Überlegungen abgeleitet, die eine prozeßorientierte und strategieadäquate strukturelle Gestaltung der Logistik diskutieren. Den
Schlußpunkt bilden (4) Überlegungen zur instrumentellen Unterstützung der Logistik durch das Logistik-Controlling (Abb. 1).

2. Die prozeßorientierte und ganzheitliche Perspektive der Logistik

Der Logistik liegt eine unternehmungsübergreifende, ganzheitliche Sichtweise zugrunde. Ihre konzeptionelle Grundlage ist die systemtheoretische Betrachtungsweise oder kürzer das *Systemdenken*.[15]

2.1. Das Systemdenken als konzeptionelle Grundlage

Die allgemeine Systemtheorie stellt einen formal-methodologischen Ansatzpunkt zur Analyse betriebswirtschaftlicher Sachverhalte dar.[16] Ein System wird im allgemeinen als eine Menge von Elementen definiert, zwischen denen Beziehungen bestehen,[17] wobei das System "Unternehmung" sich als zielgerichtetes, offenes und äußerst komplexes Verhaltenssystem definieren läßt, das sozio-technischen Charakter hat, da sowohl Menschen als auch Sachmittel zum Zwecke der Zielerreichung in einem komplexen Leistungsverbund stehen.[18]

Auch die Logistik läßt sich als ein System beschreiben, innerhalb dessen (Transfer-)Prozesse zur Raum-/Zeitüberbrückung von Sachgütern in und zwischen sozialen Systemen zielgerichtet durchgeführt werden.[19] Hierbei können je nach Betrachtungsebene in Anlehnung an die Volkswirtschaft meta-, makro- und mikrologistische Systeme unterschieden werden;[20] Im Rahmen dieser Arbeit allerdings sollen lediglich Ausgestaltungsformen mikro-logistischer Systeme interessieren, insbesondere die industrieller Unternehmungen. Diese soll im folgenden kurz als Logistik-Systeme bezeichnet werden.

Logistiksysteme bestehen wiederum aus Teilsystemen, wenn zum Zwecke der Komplexitätsreduktion eine Differenzierung des Systems erfolgt;[21] dabei können verschiedene Differenzierungskriterien Anwendung finden, wie z.B. die Phasen des Güterflusses[22] (Beschaffungs-Logistik, Produktions-Logistik, Marketing-Logistik,

---

15 Vgl. u.a. Kirsch, Bamberger, Gabele, Klein 1973, S.41ff.; Rüegge 1975, S.23ff.; Krulis-Randa 1977, S.34ff.; Behrendt 1977, S.30ff.; Ballou 1987, S.30ff.; Pfohl 1990, S.19; Slomka 1990, S.39ff.

16 Zur Einführung der Systemtheorie in die Betriebswirtschaftslehre vgl. Ulrich 1970, S.100ff.

17 Vgl. Ulrich 1970, S.105.

18 Vgl. Kirsch 1984, S.42; Hügler 1988, S.29.

19 Vgl. stellvertretend für viele Volk 1980, S.23.

20 Vgl. Kirsch, Bamberger, Gabele, Klein 1973, S.153ff.; Krulis-Randa 1977, S.74ff.; Pfohl 1990, S.13ff.; Kleer 1991, S.6.

21 Vgl. Kirsch, Bamberger, Gabele, Klein 1973, S.269; Ihde 1991, S.186ff.

22 Vgl. zu dieser Einteilung Kirsch, Bamberger, Gabele, Klein 1973, S.269ff.; Bowersox 1978, S.17ff.; Felsner 1981, S.18; Pfohl 1990, S.16.

Entsorgungs-Logistik), die Art der logistischen Leistungserstellung (Transport-, Lager-, Verpackungs-, Umschlagslogistik etc.)[23] oder aus kybernetischer Sicht die verschiedenen logistischen Leistungsebenen (Führungsebene, Transaktionsebene)[24].

Kennzeichnend für das Logistiksystem sind *Interdependenzen*, die - verstanden als Wirkungsbeziehungen zwischen Systemelementen[25] - in unterschiedlichen Ausprägungsformen auftreten bzw. nach verschiedenen Kriterien unterschieden werden können:

Nach den *Inhalten der Wirkungsbeziehungen* kann man z.B. Kosten-Interdependenzen, Leistungs-Interdependenzen oder Kosten-Leistungsinterdependenzen unterscheiden. Diese bestehen allerdings nicht nur innerhalb und zwischen den logistischen Subsystemen, sondern auch zwischen ihnen und nicht-logistischen Systemen.

Deswegen unterscheidet man nach dem *Umfang der Wirkungsbeziehungen* Interdependenzen, die zwischen den Elementen bzw. Subsystemen des Logistiksystems bestehen, von solchen, die zwischen der Logistik und anderen nicht-logistischen Subsystemen der Unternehmung bestehen, und von solchen, die zwischen Elementen des Logistiksystems und unternehmungsexternen Systemen (wie z.B. Unternehmungen des Absatz- oder Beschaffungsmarktes) bestehen.[26]

Aus einer organisationstheoretischen Perspektive kann man zudem *innerbetriebliche Leistungsverflechtungen, Ressourcen- und Marktinterdependenzen* zwischen logistischen Subsystemen unterscheiden; während die ersteren die Tatsache kennzeichnen, daß entlang der Logistikkette Entscheidungen einer Einheit die interne Umwelt (Angebots- und Nachfragesituation) einer anderen Einheit zielrelevant verändern[27], entstehen Ressourceninterdependenzen bei der gemeinsamen Nutzung knapper Ressourcen durch mehrere Logistiksubsysteme und Marktinterdependenzen, wenn mehrere Teilsysteme ihre logistische Leistungen an einem gemeinsamen Markt anbieten.[28]

Die Existenz dieser Interdependenzen prägt entscheidend die Aufgaben der Führung und die damit verbundenen Führungsprobleme.[29] Sie bewirkt, daß Entscheidungen bezüglich eines Systemelementes oder Subsystems nicht mehr "sub(system)optimal",

---

23   Vgl. Bowersox, Closs, Helferich 1986, S.20ff.; Delfmann, Darr, Simon 1990, S.2f.

24   Vgl. Lochthowe 1990, S.33f.

25   Vgl. Schmidt 1973, S.15.

26   In Analogie zu Feierabends Klassifizierung dreier logistischer Schnittstellen könnte man von Interdependenzen 1., 2. und 3. Ordnung sprechen; vgl. Feierabend 1987, S.57ff.

27   Vgl. Frese 1980, S.77; Delfmann, Darr, Simon 1990, S.50.

28   Vgl. Frese 1980, S.80ff.

29   Vgl. Fey 1989, S.77ff.

sondern nur noch unter dem Aspekt ihres Beitrages zur Leistung des Gesamtsystems getroffen werden dürfen.

Eine dieser Perspektive folgende Führung erfordert demnach eine holistische Sichtweise, also die Erkenntnis, daß für die Erklärung der Ganzheit die Erklärung ihrer Elemente nicht ausreicht, sondern daß dazu die Erklärung der Beziehungen zwischen den Elementen treten muß.[30] Logistische Führung bezieht sich also auf die zielorientierte Abstimmung sämtlicher logistikrelevanter Interdependenzen[31] und die konsequente Realisierung von Synergieeffekten.[32]

Damit stellt sich konsequenterweise die Frage, welche formalen Ziele[33] im Zusammenhang mit der ganzheitlichen Steuerung des Logistiksystems bzw. mit dessen Abstimmung innerhalb des Unternehmungsgesamtsystems verfolgt werden.[34]

Die dominanten *logistischen Ziele*[35] bestehen aus den interdependenten und nur in ihrem gegenseitigen Zusammenwirken zu verfolgenden Größen (1) der Minimierung der logistisch relevanten Kosten, (2) der Erzeugung von Lieferserviceleistungen und (3) der Sicherung der langfristigen Flexibilität des logistischen Leistungserstellung.[36]

(1) Unter *logistisch relevanten Kosten* versteht man zunächst die Kosten, die bei der Planung, Steuerung, Realisation und Kontrolle zielgerichteter Raum- und Zeitüberbrückungsaktivitäten (Transferprozesse) anfallen, also die Logistikkosten selbst.[37]

Zusätzlich zu diesen Logistikkosten müssen aber noch die Kosten solcher Wertschöpfungs- bzw. Transformationsprozesse berücksichtigt werden, die mit den logistischen Transferprozessen unmittelbar zusammenwirken, die also aufgrund von lo-

---

30 Vgl. Pfohl 1990, S.19.

31 Fey spricht auch vom Management der Interdependenzen; vgl. Fey 1989, S.111ff.

32 Hierdurch wird implizit postuliert, daß die Gesamtheit infolge der vielfältigen Interdependenzen zwischen den Teilbereichen immer mehr darstellt als die Summe ihrer Teilbereiche; vgl. u.a. Krulis-Randa 1977, S.35; Ihde 1991, S.21f.

33 Gemäß Hahn oder Grochla werden als Formalziele solche Präferenzen zusammengefaßt, anhand derer die Auswahl aus den verschiedenen zur Sachzielerreichung möglichen Handlungsalternativen vorzunehmen ist; vgl. Hahn 1974, S.66; Grochla 1978, S.38ff.

34 "Voraussetzung für jede Steuerung von Logistiksystemzuständen ist das Vorhandensein von Logistikzielen." (Lochthowe 1990, S.39).

35 Hierdurch soll zum Ausdruck kommen, daß zwar eine Fülle logistischer Einzelziele besteht, diese sich aber auf drei Kerngrößen zurückführen lassen; vgl. dazu Volk 1980, S.63ff., der allerdings nur von zwei dominanten Zielen ausgeht.

36 Vgl. ähnlich Kirsch, Bamberger, Gabele, Klein 1973, S.288ff.; Shapiro, Heskett 1985, S.57f.; Bowersox, Closs, Helferich 1986, S.27f.; Schulte 1991, S.4ff.

37 Zu den mit der Erfassung von Logistikkosten verbundenen Abgrenzungsschwierigkeiten kommen wir ausführlich in Kap. D.2.2.; vgl. auch Weber 1987, S.68.

gistischen Entscheidungen in anderen nicht-logistischen Subsystemen (Beschaffung, Produktion, Absatz etc.) anfallen.

Denn die gleichen Interdependenzen, die zwischen den Elementen eines Logistiksystems und zwischen der Logistik und nicht-logistischen (auch unternehmungsexternen) Systemen bestehen, sind auch bei den Kosten vorhanden. Deshalb erfordert eine auf Gesamtkostenreduktion ausgerichtete Logistik die Erfassung aller entlang der Logistikkette vorliegenden Kostenbeziehungen, also ein "Totalkosten-Denken", ganz gleich, ob sie im unmittelbaren oder im mittelbaren Zusammenhang mit logistischen Entscheidungstatbeständen stehen.[38]

Ein klassisches Beispiel für den "total-cost-approach" der Logistik ist die simultane Beachtung der Transport- oder Produktionskosten auf der einen Seite und der Lagerkosten auf der anderen Seite. "The object is to reduce the total cost through balancing both transportation and the other costs, accepting more than the minimum in any one area in order to minimize the cost for the whole."[39]

(2) Unter dem Begriff *Lieferservice* subsumiert man ein Bündel von heterogenen Indikatoren unterschiedlicher Dimension, mit denen die - aus verschiedenen, materiell unterschiedlichen Komponenten bestehende - logistische Leistung einer Unternehmung dargestellt werden soll. Im wesentlichen unterscheidet man die Einzelindikatoren Lieferzeit, -flexibilität, -zuverlässigkeit und -beschaffenheit.[40]

Zur Erzeugung von Lieferservice-Leistungen gilt es, alle an der Leistungserstellung beteiligten Systemelemente aufeinander abzustimmen, so daß die empfangenden Stellen nachfragegerecht[41] mit Gütern und Informationen versorgt werden. Dabei beschränkt man die Orientierung nicht allein auf die Abstimmung von Transfersubsystemen bzw. -prozessen; ebensowenig beschränkt man sie lediglich auf die logistische Endleistung in Form des Lieferservice, den der Kunde erfährt. Vielmehr muß man sie auf den gesamten logistischen Wertschöpfungsprozeß bzw. auf die gesamte Logistikkette beziehen. Im Hinblick auf den ganzheitlichen Charakter der Logistik ist die Serviceleistung jeder Bedarfssenke zu erbringen.[42]

---

38 Vgl. u.a. Shapiro, Heskett 1985, S.61ff.; Ballou 1985, S.28ff.; Bowersox, Closs, Helferich 1986, S.7f.; Fey 1989, S.45.

39 Schary 1984, S.13; vgl. auch Fey 1989, S.45f.

40 Auf die Definition der einzelnen Komponenten soll hier verzichtet werden und auf die einschlägige Literatur verwiesen werden; vgl. u.a. Pfohl 1972, S.177ff.; Stock, Lambert 1987, S.115ff.; Coyle, Bardi, Langley 1988, S.85ff.; Delfmann, Darr, Simon 1990, S.15ff; Darr 1992, S.50ff.

41 Dieser Begriff wird in der Literatur häufig mit den - auf die Komponenten des Lieferservice abzielenden - vier "r's" charakterisiert (vgl. z.B. Pfohl 1990, S.25), wobei man allerdings der mit dem Terminus "richtig" verbundenen qualitativen Aussage kritisch gegenüberstehen sollte, da er nur eine, und zwar die Kundenperspektive widerspiegelt; vgl. dazu Hlubek 1988, S.242.

42 Pfohl unterscheidet in diesem Zusammenhang den Lieferservice vom Versorgungsservice (vgl. Pfohl 1990, S.25f.), Fey zusätzlich dazu den Bereitstellungsservice (Fey 1989, S.47f.). Im folgenden soll der Begriff 'Lieferservice' stellvertretend für alle logistischen Serviceleistungen stehen.

(3) Unter der langfristigen *Flexibilität logistischer Leistungserstellung* versteht man die Fähigkeit, die Prozeßstrukturen innerhalb der logistischen Wertschöpfungskette schnell und kostengünstig an sich ändernde Rahmenbedingungen (z.B. bei starkem Unternehmungswachstum, geographisch sich ändernden Beschaffungs- oder Absatzmärkten oder Produktinnovationen) anzupassen.[43] Dieses Leistungskriterium setzt sich im wesentlichen aus den beiden oben genannten logistischen Zielen zusammen und ist nur um den Aspekt der Langfristigkeit erweitert.[44] Flexibilitätsziele werden vor allem im Rahmen der logistischen Struktur- bzw. Systemplanung verfolgt, bei der es um die langfristige Festlegung der Struktur der betrieblichen Transfer- und Transformationssysteme und der darin ablaufenden Prozesse geht.[45]

Die Vielzahl der Zieldimensionen, insbesondere die Vielzahl unterschiedlicher Leistungsziele macht deutlich, daß sich die der ganzheitlichen logistischen Perspektive folgende Führung bei der zielorientierten Gestaltung und Steuerung der betrieblichen Leistungserstellung nicht einzig an einer Zielkategorie orientieren kann; vielmehr hat sie die Beziehungen zwischen den Zielen, vor allem die konfliktionären Zielbeziehungen (*Trade-Offs*) zu beachten. "The modern integrated approach to logistics management suggests that customer-service should be satisfied only to with reasonable cost limits. That is, the costs of establishing a given level of logistics customer-service should be balanced with the sales potential for that service to give maximum profit contribution."[46]

Kein logistisches System kann einseitig auf das Ziel der Kostenminimierung oder der Servicemaximierung ausgerichtet werden, wenn ihm auf der einen Seite keine entsprechende Leistung bzw. auf der anderen Seite eine "Explosion" logistisch relevanter Kosten gegenübersteht.[47] Ihre Gestaltung und Steuerung verlangt eine simultane Berücksichtigung beider Zielgrößen, die sich z.B. in der Suche nach der kostengünstigsten Erfüllung einer bestimmten Lieferserviceleistung, also nach der günstigsten logistischen Output/Input-Beziehung, ausdrückt (*logistisches Effizienzdenken*).[48] "Logistiksysteme sind effizient, wenn bei ihrer Gestaltung die Logistikko-

---

43 Vgl. Slomka 1990, S.54; Delfmann 1990a, S.13.
44 Vgl. Volk 1980, S.115.
45 Vgl. u.a. Ballou 1985, S.36; Magee, Copacino, Rosenfield 1985, S.414.
46 Ballou 1987, S.60.
47 Vgl. Schary 1984, S.12; Bowersox, Closs, Helferich 1986, S.28.
48 Vgl. dazu die Ausführungen von Delfmann, Darr, Simon 1990, S.21f.

sten (Input) und die Logistikleistungen (Output) als Gestaltungsziele berücksichtigt wurden."[49]

Darüber hinaus erfordert logistisches Effizienzdenken auch die Berücksichtigung zukünftiger Output/Inputrelationen. Bspw. lassen sich bei langfristigen Änderungen logistischer Rahmenbedingungen (wie etwa einem dauerhaften Nachfragerückgang) durchaus andere Service-Kosten-Relationen vorstellen, die innerhalb des bestehenden Systems nicht mehr erzielbar sind; deswegen sind bei der Gestaltung einer effizienten Leistungserstellungsstruktur auch zukünftige Umweltzustände und damit das Flexibilitätskriterium hinzuzuziehen.

Allerdings ist die alleinige Orientierung an Effizienzzielen sinnlos, wenn nicht ein *effektives und mit den anderen Unternehmungssubsystemen abgestimmtes Logistiksystem* gestaltet wird, das fähig ist, die Kundenbedürfnisse nachfragegerecht zu befriedigen.[50] Es kommt also nicht einzig darauf an, "logistische Aufgaben richtig zu erledigen" (und z.B. das kostengünstigste Logistiksystem zu gestalten), sondern entscheidend ist es, die "richtigen Logistikaufgaben zu erledigen" und kritische logistische Erfolgsfaktoren (wie z.B. ein bestimmtes hohes Lieferserviceniveau) zu identifizieren, deren Umsetzung dann die Frage effizienter Vorgehensweise ist.[51]

Demnach erfordert die Umsetzung der logistischen Ziele eine ganzheitliche Betrachtung aller Systemelemente, wobei die Gewichtung der logistischen Ziele jedoch eine der Zielumsetzung vorgelagerte Problematik kennzeichnet, die Gegenstand der wettbewerbsstrategischen Planung der Logistik ist.

Auf den strategischen Aspekt der Logistik, der die zweite Dimension ganzheitlicher logistischer Führung kennzeichnet, kommen wir in Kap. B.3.; vorher allerdings soll die Flußorientierung als eine spezifisch logistische Ausprägungsform holistischen Denkens dargestellt werden, die nachhaltigen Einfluß auf die prozeßorientierte Gestaltung und Steuerung sämtlicher Wertschöpfungsprozesse in der Unternehmung ausübt.

---

49   Pfohl 1990, S.31; es wäre nur konsequenter, auch beim Effizienzdenken auf den "total-cost-approach" zu rekurrieren und die Logistikleistungen in Beziehung zu den logistisch relevanten Kosten zu setzen, und nicht allein zu den Logistikkosten.

50   Denn "... nothing is more wasteful than doing with great efficiency that, which should not be done!" (Levitt 1989, S.8).

51   "The critical success factor in this category may be new to some logistics managers. Painstaking efforts to develop a highly efficient operation are useless if this set of factors is ignored." (Campbell, Nishi 1983, S.11); vgl. ebenso Ballou 1985, S.36f.; Fey 1989, S.53f.; Klöpper 1991, S.41.

2.2. Das Flußdenken als eine Ausprägungsform der prozeßorientierten und ganzheitlichen Sichtweise

Das Flußdenken (alternativ: Flußoptimierung[52], Prinzip des Fließens[53] oder Flußorientierung[54]) ist eine Ausprägungsform der logistischen Perspektive, die einen Paradigmawechsel[55] hinsichtlich der Gestaltung des Leistungserstellungspro-zesses kennzeichnet.[56] "In very real sense, logistics management is management of flow."[57]

In ihr kommt die Vorstellung zum tragen, daß entlang der Wertschöpfungskette der Produkte - sie wird in der Literatur auch Logistikpipeline[58], Logistikkette[59], Pro-zeßkette[60] oder logistische Wertschöpfungskette[61] genannt - ein steter Fluß von Materialien und Informationen realisiert wird und damit der logistische Leistungser-stellungsprozeß ohne Stockungen und Diskontinuitäten verläuft.[62]
Hinter dem Flußdenken stehen also die Ziele der *Reduktion von Material- und Gü-terbeständen* und der *Verkürzung von Durchlaufzeiten*.[63]

Zur Umsetzung des Flußdenkens ist eine Abstimmung sämtlicher am logistischen Leistungserstellungsprozeß beteiligten Systeme erforderlich.

Sie wird zum einen dadurch erreicht, daß alle am Wertschöpfungssprozeß beteiligten Elemente ihre *Verhaltensgrundsätze* revidieren und sich nicht mehr einseitig an der Optimierung ihrer jeweiligen Bereichsfunktionen ausrichten; diese auch als *"vertikale Sichtweise"* apostrophierte Ausrichtung wird als ursächlich für stockende Material- und Informationsflüsse angesehen.[64] Sie äußert sich darin, daß die einzel-nen Abschnitte der Logistikkette eine möglichst große Auslastung ihrer Kapazitäten anstreben und daß sie sich durch den Aufbau von Zeit- und Materialpuffern vonein-ander entkoppeln, um unabhängig voneinander autonome Entscheidungen treffen zu

---

52 Vgl. Pfohl 1987, S.151.
53 Vgl. Fey 1989, S.39ff.
54 Vgl. Pfohl 1991, S.4.
55 Vgl. Knolmayer 1987, S.53ff.
56 Vgl. Hall 1983, S.10ff.
57 Shapiro, Heskett 1985, S.1.
58 Vgl. u.a. Shapiro, Heskett 1985, S.7; Duerler 1990, S.178.
59 Vgl. u.a. Pladerer 1985, S.128; Gattorna, Day 1986, S.32; Augustin 1986, S.486; Houlihan 1987, S.55.
60 vgl. u.a. Giehl 1993, S.291ff.
61 vgl. Klöpper 1991.
62 Zur Übertragung des Flußprinzips auf logistische Informationen; vgl. Darr 1992, S.278ff.
63 Vgl. u.a. Bäck 1984, S.122; Wildemann 1986, S.98ff.; Eidenmüller 1987, S.49; Knolmayer 1987, S.64f.; Pfohl 1987, S.151.
64 Vgl. u.a. Schary 1984, S.12ff.

können.[65] Dies führt zu Stillständen und Ineffizienzen im Materialfluß und zur Abschottung der einzelnen Subsysteme untereinander. Die hinter dieser Verhaltensweise stehende Bestandsorientierung ("buffer management") kommt aber nicht nur bei Logistiksubsystemen, wie z.B. an den Schnittstellen zwischen Transport- und Lagerbereichen zum Ausdruck; auch im Losgrößendenken des Produktions- (Ziel der großen Fertigungslose) oder des Beschaffungsbereiches (Ziel der großen Einkaufslose) führt das Bereichsdenken zu Lagerbeständen vor und hinter den Bereichen und damit zu ungleichförmigen, den kontinuierlichen Fluß hemmenden Systemzuständen.[66] Ähnliche Effekte auf den Material- und Informationsfluß können aber auch schon von zeitlich vorgelagerten, langfristigen Entscheidungen in nichtlogistischen Subsystemen ausgehen - wie z.B. Entscheidungen im Marketing (z.B. Ausweitung des Produktprogramms), in der Forschung und Entwicklung (z.B. Teilevielfalt) oder in der Beschaffung (z.B. Lieferantenstruktur).[67]

Deswegen verspricht man sich von einer unternehmungsweiten *"horizontalen"* bzw. *"prozeßorientierten Sichtweise"* und damit von einer Abkehr von der Bestandsorientierung innerhalb der einzelnen Bereiche einen Ansatzpunkt zur Umsetzung des Flußdenkens (vgl. Abb.2). Sie soll die Abschottung der einzelnen Funktionsbereiche gegeneinander verhindern und die Harmonisierung und Synchronisation des betrieblichen Ablaufgeschehens fördern.[68] In der weitesten Auslegung des Flußprinzips ist die Revision der Verhaltensgrundsätze auch auf die unternehmungsexternen Systeme entlang der Logistikkette anzuwenden.[69]

---

65 Vgl. Farmer, Ploos van Amstel 1991, S.7.
66 Vgl. Knolmayer 1987, S.65.
67 Vgl. Stübig, S.549ff.; Pfohl 1987, S.151.
68 Vgl. Bäck 1984, S.350; Fey 1989, S.42.
69 Vgl. Wildemann 1986, S.107ff.; Pfeiffer, Weiß 1992, S.50.

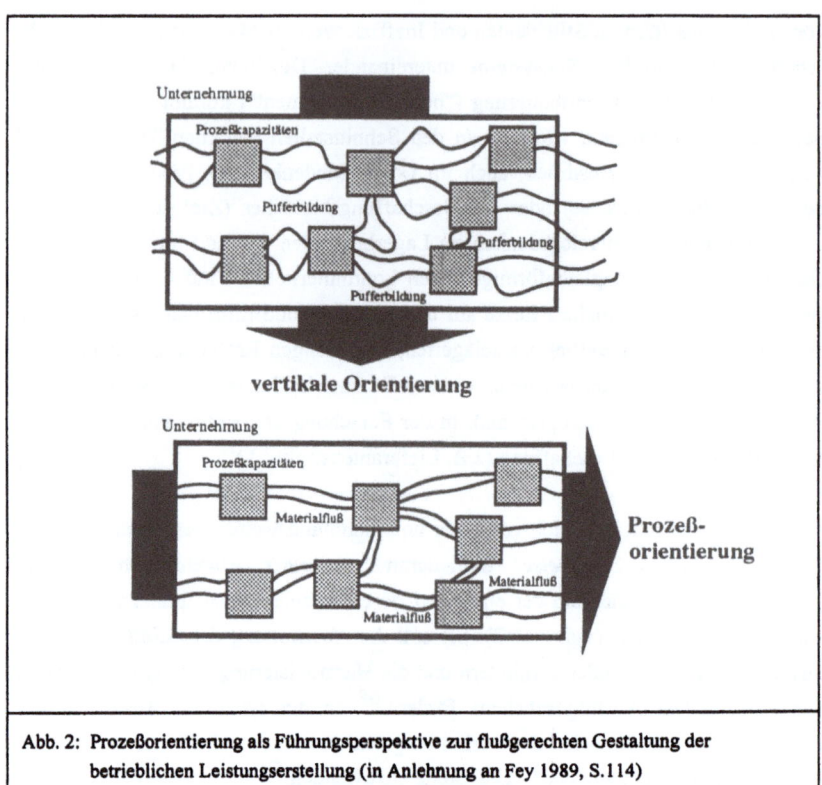

Abb. 2: Prozeßorientierung als Führungsperspektive zur flußgerechten Gestaltung der betrieblichen Leistungserstellung (in Anlehnung an Fey 1989, S.114)

In diesem Fall entspricht die Flußorientierung dem Prinzip der logistischen Kooperation, welches auf einem partnerschaftlichen Verhältnis zwischen Lieferant und Abnehmer bzw. zwischen Unternehmung und Spedition oder Kunde basiert.[70]

Über die Änderung der Verhaltensgrundsätze aller Beteiligten - zuweilen als *"Logistikkultur"* bezeichnet[71] - hinaus sind koordinative Maßnahmen notwendig, die die Wertschöpfungsaktivitäten bereichsübergreifend und prozeßorientiert auf die zu erstellende Gesamtleistung ausrichten.

Hierbei wird zunächst jede Form der Puffer als unerwünschte Unterbrechung des Güterflusses hinterfragt und wertanalytisch auf ihre Funktion hin durchleuchtet. Werden dabei "Verschleierungsfunktionen" von Beständen[72] aufgedeckt (z.B. Verschleierung des Problems unabgestimmter Kapazitäten, unzuverlässiger Lieferanten, schlechter Qualitäten, etc.), erfolgen i.d.R. strukturelle und prozessuale Koordinati-

---

70   Vgl. exemplarisch Bochum, Meißner 1990, S.22ff.
71   Vgl. Duerler 1990, S.197.
72   Vgl. Suzaki 1989, S.17; Pfohl 1991, S.4; Pfeiffer, Weiß 1992, S.117f.

onsmaßnahmen; sie beziehen sich auf die materialflußgerechte Layoutgestaltung der Fertigung, der Läger und der Umschlagsstationen, auf die Entflechtung und Harmonisierung der jeweiligen Kapazitäten, auf die informatorische Vernetzung der Systeme und reichen bis hin zur Durchführung zusätzlicher Qualitätssicherungsmaßnahmen und zur Etablierung bereichsübergreifender, prozessualer Ablaufregeln.[73]

Viele Autoren legen das Flußdenken derart extrem aus, daß sie Bestände als generellen Managementfehler einstufen und lagerlose Logistiksysteme als ein Ideal bzw. als das Optimum der Logistik darstellen.[74] Dieser extremen Auffassung kann aber nicht uneingeschränkt gefolgt werden, denn einer zunehmenden Flußorientierung sind von mehreren Seiten her Grenzen auferlegt.

Sie liegen zum einen dort, wo den Kosteneinsparungen im Bereich des Umlaufvermögens überproportionale Kostenanstiege in anderen Bereichen gegenüberstehen, und damit das Ziel der Totalkostenminimierung nicht mehr verfolgt wird. Die Umsetzung des Flußprinzips erfordert vor allem Investitionen im Anlagevermögen (hochwertige und flexible Produktions- oder Logistikkapazitäten, leistungsfähige Informationsysteme, dezentrale Qualitätssicherung etc.) und erhöhte Ausgaben im Personalbereich, da mit der Erweiterung des logistischen Aufgabenspektrums auch die Aufgabenträger tendenziell höherqualifiziert sein müssen und diese mehr Zeit für dispositive Tätigkeiten aufbringen.[75] Die notwendigen Investitionen im Sach- und Humanvermögen der Unternehmung nehmen bei steigendem Flußgrad[76] zu, während die zusätzlichen Kosteneinsparungen immer weiter abnehmen, weil der Wert der Bestände flußaufwärts immer geringer wird. Je weiter also der Flußgrad erhöht wird, desto stärker birgt deren Umsetzung die Gefahr, daß die Gestaltung des Wertschöpfungsprozesses nicht mehr kosteneffizient ist.

Aber auch über die Frage des effizienten Flußgrades hinaus wird einer zunehmenden Flußorientierung Grenzen gesetzt, und zwar durch wettbewerbsstrategische, also effektivitätsgerichtete Zielsetzungen. Denn mit einer 'zero-inventory-policy' verbunden sind auch eine zunehmende Störanfälligkeit der Leistungserstellungssysteme und tendenziell längere Lieferzeiten, die bei Variablität des Nachfragevolumens zu Ter-

---

73   Vgl. dazu die überwiegend auf die Produktionslogistik ausgerichteten Vorschläge von Knolmayer 1987, S.64ff.; Wildemann o.J., S.223ff.; Eidenmüller 1987, S.23ff.; Wildemann 1988, S.20f.; Slomka 1990, S.79ff.

74   Vgl. u.a. Hall 1983; Bäck 1984, S.149.

75   Vgl. Wildemann o.J., S.251ff.

76   Der Flußgrad für Güter- und Warenströme entlang der logistischen Kette läßt sich definieren als Verhältnis von Bearbeitungs- und Durchlaufzeit; vgl. Eidenmüller 1987, S.35.

minüberschreitungen, Fehlmengen und somit zu elementaren Verletzungen der verfolgten Strategie führen können.[77]

Demzufolge soll hier das Flußdenken als eine *generelle Denkhaltung* und *Vision* interpretiert werden, die die partielle Reduktion von Lagerbeständen und damit die effiziente Gestaltung von Wertschöpfungsprozessen anstrebt, diese aber immer im Rahmen der mit der Logistik verfolgten Lieferserviceziele und des Totalkosten-Denkens behandelt.[78]

3. Die strategische Bedeutung der Logistik

Die bisherigen Ausführungen zur Logistikkonzeption kennzeichnen nur einen Aspekt bzw. eine Dimension der Logistik, und zwar die der Ausschöpfung des in der Logistik ruhenden Integrationspotentials und damit der Effizienzsteigerung betrieblicher Leistungserstellungsprozesse.

Eine einseitige, einzig dieser Dimension folgende Sichtweise "beschwört allerdings die Gefahr herauf, allzu 'eindimensional' in Richtung der Logistikkette zu denken"[79] und lediglich die kostengünstigste Erfüllung vorgegebener Servicestandards als Effizienzkriterium für die Steuerung des Abläufe heranzuziehen;[80] vielmehr aber muß auch - wie bereits oben vielfach angedeutet - die strategische Bedeutung der Logistik und damit ihr Beitrag zur Effektivitätssteigerung der Unternehmung im Hinblick auf die gewandelte Wettbewerbslage Beachtung finden.[81] "Many companies have not fully recognized nor incorporated the logistics function as a full participant in the strategic planning process ... it can play an important role in strategic planning."[82]
Deswegen sollen im folgenden alternative Möglichkeiten der Einbindung (*strategischen Integration*[83]) der Logistik in die Wettbewerbsstrategie diskutiert werden.

---

77   Vgl. Kromschröder 1988, S.250f.; Ihde 1989, Sp.989.
78   Vgl. auch Darr 1992, S.279; ähnlich Pfohl: "Bei der Flußorientierung ... dominiert das Ziel der Reduzierung der Durchlaufzeiten unter Berücksichtigung eines zu geringen Lieferservicegrades ..."; Pfohl 1987, S.151.
79   Delfmann 1990b, S.158.
80   Ähnlich argumentieren Farmer, Ploos van Amstel: "It is worth emphasizing that the purpose of all pipelines must be to meet the needs of the customer ..."; (Farmer, Ploos van Amstel 1991, S.9).
81   Vgl. Busher, Tyndall 1987, S.37f.; Delfmann 1992, S.188f.; Shapiro, Heskett prägen in diesem Zusammenhang den Begriff der 'two faces of logistics', denen das Logistikmanagement gleichzeitig Beachtung schenken muß; vgl. Shapiro, Heskett 1985, S.20f.
82   Magee, Copacino, Rosenfield 1985, S.413; dieser Einschätzung widerspricht allerdings eine 1990 bei 350 Logistik-Managern durchgeführte Umfrage, wonach bereits 94% der Befragten der Logistik eine wachsende bzw. stark wachsende strategische Bedeutung voraussagten; vgl. Baumgarten, Kornak 1990, S.4.
83   Vgl. Delfmann 1990b, S.161.

3.1. Logistische Wettbewerbsstrategien im Spannungsfeld zwischen Ressourcenorientierung und Marktorientierung

Aufgrund dreier Eigenschaften - der akquisitorischen Wirkung eines branchenweit überdurchschnittlichen Lieferservice[84], des hohen Anteils beeinflußbarer Logistikkosten an den Gesamtkosten[85] und des Kopierschutzes logistischer "Spitzenleistungen"[86] - stellt die Logistik einen der potentiellen strategischen Erfolgsfaktoren dar, der als wirkungsvoller Bestandteil in die Wettbewerbsstrategie der Unternehmung eingebunden werden kann.[87]
Die strategische Integration der Logistik kann verschiedenen wettbewerbsstrategischen Stoßrichtungen folgen, je nachdem, ob dem Erfolgsfaktor (1) "Logistikkostenreduktion" oder dem Erfolgsfaktor (2) "Lieferservice" eine dominierende Bedeutung innerhalb der Wettbewerbsstrategie zugesprochen wird.

(1) Bei einer konsequent auf Kostenreduktion ausgerichteten Wettbewerbsstrategie (*Kostenführerschaftsstrategie*) werden alle Kostensenkungs- und Rationalisierungspotentiale ausgeschöpft und sämtliche kostentreibenden Faktoren kontrolliert, um über einen branchenweit unterdurchschnittlichen Preis oder über eine maximale Ausschöpfung der Konsumentenrenten Wettbewerbsvorteile zu realisieren.[88]

Die Logistik und die in ihr ruhenden Kostensenkungspotentiale können zum Ausgangspunkt wettbewerbsstrategischer Überlegungen werden; hierbei gilt es, ein Logistiksystem zu gestalten, das bei Einhaltung eines durchschnittlichen Lieferservice vor allem auf die optimale Nutzung der Ressourcen durch Vermeidung von Leerkapazitäten oder durch Vermeidung zu hoher Kapitalbindungen im Umlaufvermögen abstellt. Üblicherweise geht damit eine Automatisierung und Standardisierung ope-

---

84   Der Lieferservice ist aus Kundensicht mittlerweise zum zweitwichtigsten Einflußfaktor auf die Kaufentscheidung bzw. auf die Lieferantenauswahl avanciert; vgl. Christopher 1986, S.34ff.; Duerler 1990, S.203; Farmer, Ploos van Amstel 1991, S.150f.

85   Untersuchungen zufolge machen Logistikkosten 10%-25% der Gesamtkosten bei steigender Tendenz aus; vgl. u.a. Weber 1987, S.36ff.; Pfohl 1990, S.41ff.; Schulte 1991, S.6f.

86   So erfordert etwa die Erfüllung eines sehr hohen Lieferservice - neben der Entwicklung einer Logistikkultur in der gesamten Unternehmung (vgl. dazu u.a. Shapiro, Heskett 1985, S.16) - eine auf hohe Leistungserzeugung ausgelegte langfristige Strukturfestlegung der Transfer- und Transformationssysteme, also Entscheidungen, die nicht nur langfristige Auswirkungen haben, sondern auch lange vor dem Zeitpunkt der Realisation getroffen werden müssen. Vgl. Frank 1989, S.965ff.; Darr 1992, S.371ff.

87   Vgl. auch Coyle, Bardi 1984, S.443; Shapiro, Heskett 1985, S.7f.; oder die empirischen Untersuchungen von Kearney Management Consultants 1987.

88   Vgl. Porter 1983, S.34ff.; 1986, S.11ff.

rativer und dispositiver Logistikprozesse[89] und eine Konsolidierung logistischer Kapazitäten[90] einher.[91]

Ein derartiges, auf Kostenreduktion ausgerichtetes Logistiksystem schafft Rahmenbedingungen, auf die sich viele Unternehmungsaktivitäten auszurichten haben.[92] Beispielsweise muß im Einkauf die Lieferantenstruktur unter Beachtung logistischer Auswahlkriterien (wie etwa Lieferhäufigkeit oder Lieferungsbeschaffenheit) festgelegt werden, in der F&E bei der Konstruktion besonders logistische Anforderungen (z.B. Handlingseigenschaften des Produktes) beachtet werden oder im Marketing Maßnahmen zum Ziele der Nachfrageverstetigung geplant werden. Die Ausrichtung der Unternehmung auf logistische Anforderungen kann sogar so weit reichen, daß Aufgaben oder ganze betriebliche Funktionen an externe Partner (wie etwa Zulieferer, Veredler, logistische Dienstleister etc.) ausgelagert werden, um durch den Abbau von Leerkapazitäten Konsolidierungseffekte zu erzielen und fixe Kosten zu senken.[93]

Damit wird deutlich, daß die Einbindung der Logistik in die Unternehmungsstrategie mehr als lediglich die strategische Ausrichtung des logistischen Transfersystems auf die langfristige Erfüllung strategischer Logistikziele bedeutet. Aufgrund des interdependenten Beziehungszusammenhanges mit anderen Subsystemen der Unternehmung erfordert sie auch auf der strategischen Ebene eine integrative Betrachtung sämtlicher Funktionsbereiche. Beschaffungs-, Fertigungs-, Marketing-, F&E-, Logistikstrategien etc. bilden somit integrale Bestandteile einer abgestimmten Wettbewerbsstrategie, die aufgrund der zugrundegelegten logistischen Perspektive auch *logistikorientierte Wettbewerbsstrategie* genannt werden kann.

Eine Unternehmungslogistik im Rahmen einer Kostenführerschaftsstrategie ist im wesentlichen geprägt durch ihre Tendenz zur Standardisierung der Prozeßabläufe, ihr Bestreben zur Konsolidierung von Güter- und Informationsflüssen und ihre innenausgerichtete, effizienzorientierte Ressourcenperspektive. Der Grad ihrer Effektivität wird aber beeinflußt vom Vorliegen "begünstigender" Rahmenbedingungen (wie etwa eine hohe Stabilität der Nachfragerpräferenzen und Produkt-

89 Z.B. durch Produktstandardisierung oder durch Lieferservicestandardisierung wie etwa fehlende Möglichkeiten von Eilbestellungen, automatisierte Auftragsabwicklung, standardisierte Auftragsmodi etc.
90 Z.B. durch Zentralisation der Warenverteilungs- bzw. Auftragsabwicklungsstrukturen, durch Konsolidierung kostengünstiger Verkehre, Senkung der Transportfrequenz, Verringerung der Lagerkapazitäten, Konsolidierung der Lagerbestände etc.
91 Vgl. ausführlich Shapiro, Heskett 1985, S.39ff.; Delfmann 1990b, S.182f.; Darr 1992, S.382f.
92 Vgl. Kiel 1988, S.632f.
93 Dies kommt z.B. im Rahmen einer Just-In-Time-Strategie in Maßnahmen der Verringerung der Fertigungstiefe oder in der Auslagerung der Qualitätssicherung zum Ausdruck; vgl. u.a. Bäck 1984; Wildemann 1984.

spezifikationen und eine geringe Unsicherheit bezüglich des Absatzvolumens oder des Nachfragerverhaltens).[94]

Sie kennzeichnet deswegen nur eine mögliche und extreme Ausgestaltungsform von Logistikstrategien.

(2) Bei einer auf die Befriedigung hoher Lieferservicebedürfnisse des Marktes aus-gerichteten Unternehmungsperspektive kann die Logistik und die in ihr ruhendenen *Differenzierungspotentiale* die Wettbewerbsstrategie nachhaltig beeinflussen.[95]

So kann z.B. in umkämpften Märkten mit weitgehend homogenen Produkten (wie z.B. Möbel, Nahrungsmittel, Genußmittel etc.) ein branchenweit über-durchschnittlicher Lieferservice als Differenzierungsinstrument eingesetzt werden, der den 'hard core' der Güter durch die zusätzliche Sekundärleistung anreichert und somit eine differenzierte Marktbearbeitung und eine dauerhafte Abhebung von der Konkurrenz möglich macht.[96] Logistik, "the forgotten tool of marketing", wird da-durch mehr als zu einer Servicefunktion für das Marketing; der durch sie gewährlei-stete Lieferservice kann zum entscheidenden Einflußfaktor auf die Kaufentscheidung bzw. auf die Lieferantenauswahl avancieren und somit die Effektivität der Unter-nehmung nachhaltig steigern.[97]

Allerdings ist auch bei der Realisierung logistischer Differenzierungsstrategien eine integrative und strategische Abstimmung sämtlicher Subsysteme in der Un-ternehmung erforderlich. Nur in ihrem gegenseitigen Zusammenwirken (wie z.B. in einer auf die Gewährleistung hoher Lieferqualitäten ausgerichteten Lie-ferantenauswahl, in einer entsprechenden Qualitätssicherungsstrategie bei der Ferti-gung oder in einer darauf ausgerichteten Abstimmung aller Marketinginstrumente) ist die Erzeugung logistischer Spitzenleistungen und die vollständige Ausschöpfung von Differenzierungspotentialen im Wettbewerb möglich.[98]

Im Rahmen einer Differenzierungsstrategie ergeben sich hohe Anforderungen an das Logistiksystem, die sich häufig nur mit erheblichen Investitionen in das Human-

---

94 Vgl. Delfmann 1990a, S.15.

95 Vgl. u.a. Staude 1987, S.32f.; Kearney Management Consultants 1992a, S.2f.; Delfmann 1992, S.189.

96 Vgl. Fey 1989, S.63; Darr 1992, S.378ff.

97 Zwar vertrat Bowersox bereits vor über zwanzig Jahren die Einschätzung, daß die Logistik ein "forgotten tool" des Mar-keting sei (vgl. Bowersox 1969, S.69ff.), doch ist sie nach Delfmann auch heute noch aktuell: "Zwar wird allenthalben von der Logistik als strategischem Erfolgsfaktor und Instrument zur Realisierung von Wettbewerbsvorteilen gesprochen. Eine Einbeziehung der Logistik in das wettbewerbsstrategische Konzept ... findet jedoch selten statt." (Delfmann 1990a, S.11).

98 Vgl. Delfmann, Darr, Simon 1990, S.18f.

-32-

oder Sachkapital der Unternehmung erfüllen lassen.[99] Logistiksysteme können zwar theoretisch maximale Effektivität gewährleisten, wenn sie jede Nachfrage bedarfsgerecht erfüllen; doch dies setzt voraus, daß die dadurch induzierten Mehrkosten sich auf die Kunden abwälzen lassen, ohne daß der servicebedingte Nachfrageanstieg durch den preisbedingten Nachfragerückgang überkompensiert wird bzw. daß - bei gleichbleibenden Absatzpreisen - der Gesamtdeckungsbeitrag der Unternehmung trotz geringerer Spannen durch einen überproportionalen Nachfrageanstieg gesteigert wird.[100]

Demzufolge kann eine Integration der Logistik in die Wettbewerbsstrategie niemals allein anhand des Lieferservice erfolgen, sondern erfordert auch auf der strategischer Ebene eine Abstimmung zwischen den durch den Lieferservice angestrebten Wettbewerbsvorteilen und den mit ihrer Realisierung verbundenen Kosten; es geht nicht einzig darum, die strategischen Anstrengungen der Unternehmung allein dem Postulat des Marktes unterzuordnen - z.B. durch einseitige Verfolgung von Marktanteils- und Marktwachstumszielen -, sondern der Blick muß auch auf die damit verbundenen internen Prozesse und den Ressourcenverbrauch gerichtet werden.[101]

Logistikorientierte Wettbewerbsstrategien befinden sich also im Spannungsfeld zwischen einer innengerichteten Ressourcenorientierung und einer außengerichteten *Marktorientierung* (vgl. Abb.3), wobei die ausschließliche Berücksichtigung einer Perspektive nur in Ausnahmefällen effektiv ist und deswegen nur die jeweilige Antipode eines Kontinuums markiert, innerhalb dessen die Entwicklung unterschiedlicher strategischer Konzepte erfolgen kann.

Im folgenden sollen zwei Konzepte bzw. strategische Stoßrichtungen vorgestellt werden, die sich innerhalb des Spannungsfeldes zwischen logistischer Ressourcen- und Marktorientierung um eine integrative Berücksichtigung beider Perspektiven bemühen, und zwar das Konzept der *'logistics missions'* und das *Postponement-Prinzip*.

99   Zu den Anforderungen an ein Logistiksystem im Rahmen einer logistischen Differenzierungsstrategie vgl. ausführlich Delfmann 1990b, S.182f.
100   Die Effektivität einer strategiebedingten Verbesserung des Lieferservice hängt also einerseits ab von der "Serviceelastizität der Nachfrage" und andererseits von der "Preiselastizität der Nachfrage".
101   Vgl. Bender 1983, S.27f.; Ericsson 1984, S.21ff.; Kearney Management Consultants 1991, S.4f.

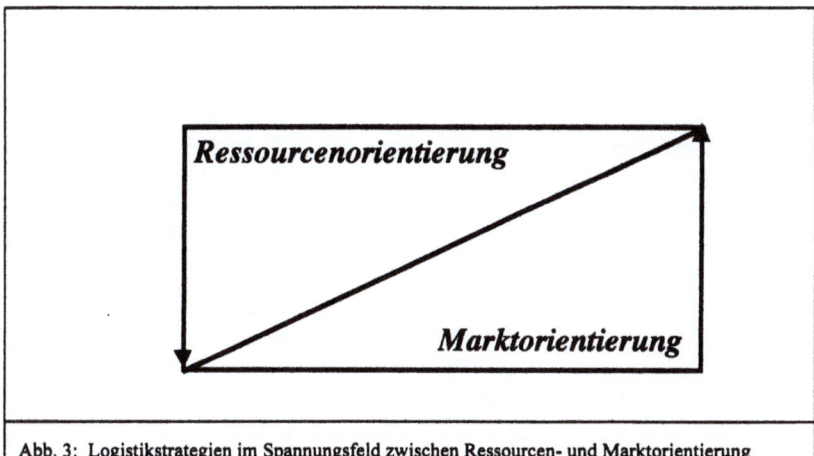

Abb. 3: Logistikstrategien im Spannungsfeld zwischen Ressourcen- und Marktorientierung

Sie haben in den letzten Jahren verstärkte Beachtung gefunden und sind im Rahmen dieser Arbeit von besonderem Belang, weil sie nachhaltigen Einfluß auf planerische und organisatorische Gestaltungsfragen haben.

3.2. Das Konzept der 'logistics mission'

Das Konzept der 'logistics mission' (auch Konzept der logistischen Marktseg-mentierung oder 'mission-approach' genannt[102]) spiegelt die konzeptionelle In-tegration zweier unterschiedlicher Perspektiven wider, einer kundengerichteten Mar-ketingperspektive, die darauf abzielt, immer enger definierten Kundensegmenten immer stärker differenzierte, segmentspezifische "Problemlösungen" anzubieten und einer logistischen Ressourcenperspektive, der es aus Kostengesichtspunkten um eine Konsolidierung der Güter- und Informationsflüsse und damit um eine Zielsetzung geht, die diametral zur - mit Entflechtung von Güter- und Informationsflüssen korre-spondierenden - Marketingperspektive steht (vgl. Abb. 4).[103] "Individual customers or customer groups may place unique demands on the same system: different pro-ducts, order sizes, service requirements and different ways to place orders. These in-dividual demands conflict with the central concept of integrated product flow."[104]

---

102   Vgl. u.a. Barrett 1982b, S.3ff.; Gilmour 1982, S.37ff.; Schary 1985, S.37ff.; Christopher 1986, S.46ff.; Lambert, Sharma 1990, S.19ff.; Delfmann 1990b, S.170ff.

103   Vgl. u.a. Delfmann 1990a, S.10f.; Remmel 1991, S.27ff.

104   Schary 1985, S.37f.

Strategic Unit:	Target Market	Logistics Mission
Focus:	Customers	Product Movement
Dimensions:	Customer Characteristics	Product Characteristics
		Product Volume
		Geographic Dispersion
		Order Characteristics
Inputs:	Marketing Mix	Logistics Functions
Output:	Revenues	Physical Volume
	Costs	Cost
		Service

Abb. 4: Die Zielmärkte der Unternehmung aus Logistik- und
Marketingperspektive (Quelle: Schary 1985, S.37)

Die Zielsetzung des Konzeptes ist die *Segmentierung des Marktes* nach Kriterien, die einerseits die differenzierten logistischen Anforderungen der Produkte für unterschiedliche Kundenbedürfnisse berücksichtigen, ohne auf der anderen Seite die differenzierungsbedingten Logistikkosten ins Unermeßliche wachsen zu lassen.[105] "The most important thing is the recognition that different customer types may have different customer service requirements and that it is rarely likely to be cost-effective to offer the same customer service package across the whole market. This is the message of market segmentation."[106] Diese logistischen Marktsegmente bzw. Missions (die durchaus nicht deckungsgleich mit den aus Marketingkriterien abgeleiteten Marktsegmenten sein müssen[107]) werden dann jeweils mit einem spezifischen logistischen Konzept, also mit einem individuellen 'customer service package' versorgt (vgl. Abb. 5).

---

105 Vgl. Anandarajan, Christopher 1987, S.63f.; Delfmann 1990b, S.172.

106 Christopher 1986, S.50.

107 So können innerhalb eines Marktsegmentes durchaus unterschiedliche Lieferservicevorstellungen bestehen (z.B. bei Kunden, die von der Unternehmung gleiche Produkte mit jeweils unterschiedlichen Serviceanforderungen beziehen); genausogut können Kunden unterschiedlicher Marktsegmente mit gleichen Serviceerwartungen identifiziert werden und somit als ein logistisches Marktsegment betrachtet werden; vgl. Delfmann 1990b, S.174.

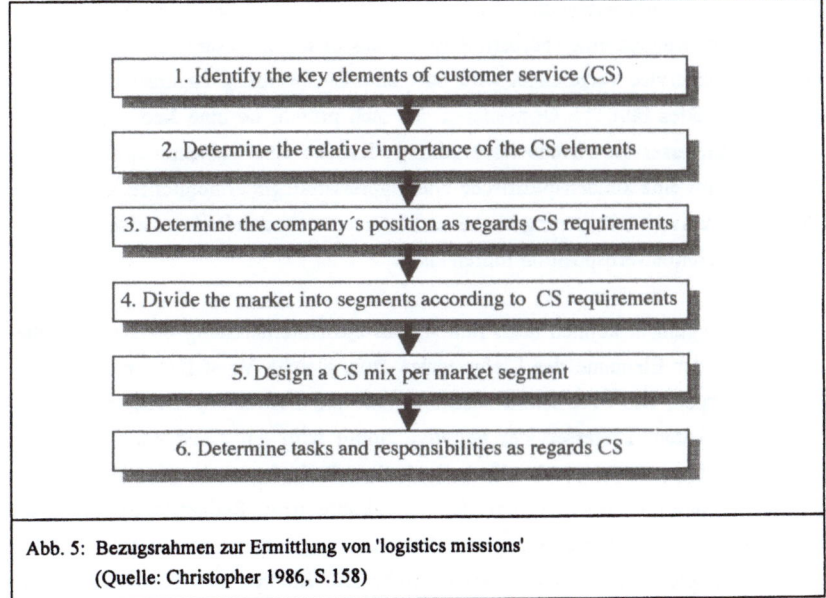

Abb. 5: Bezugsrahmen zur Ermittlung von 'logistics missions'
(Quelle: Christopher 1986, S.158)

Im ersten Schritt der Segmentierung wird ermittelt, welche Vorstellungen die aktuellen und potentiellen Kunden hinsichtlich des Lieferservice haben.[108] Da dieser aus
verschiedenen Bestandteilen besteht, kommt es vor allem darauf an, die Bedeutung
der einzelnen Serviceelemente für die verschiedenen Kundengruppen zu analysieren.
Dabei kann sich herausstellen, daß die verschiedenen Kundengruppen jeweils unterschiedlichen Serviceelementen (wie etwa der Lieferzeit oder der Lieferflexibilität)
besondere Bedeutung zumessen, andere hingegen aber nicht für so bedeutsam er-
achten; oder es kann herauskommen, daß bestimmte Kunden nur geringe Lieferservicebedürfnisse haben und stärker einen möglichst geringen Produktpreis präferieren.[109]

Die Kundenbedarfsanalyse wird ergänzt um eine Konkurrenzanalyse, in der überprüft wird, welche Wettbewerbsstellung die eigene Unternehmung hinsichtlich der
Befriedigung der Lieferservicebedürfnisse hat.[110]

Die Analyseergebnisse bilden den Ausgangspunkt für Überlegungen, ob bei der Belieferung von Kunden durch eine qualitative Reduzierung von einzelnen Lie-
ferserviceelementen mit geringer kundenspezifischer Bedeutung nicht Konsoli-

108   Vgl. dazu das analytische Verfahren von Barrett 1982b, S.11ff.
109   Vgl. dazu etwa die empirischen Studien von Gilmour 1982, S.39ff.
110   Vgl. Farmer, Ploos van Amstel 1991, S.159.

dierungseffekte realisierbar und somit Logistikkosten einsparbar sind, ohne daß aus
der Sicht der Kunden eine spürbare Senkung des in seiner Gesamtheit wahrgenommenen Lieferservice verzeichnet wird oder eine Entscheidung zugunsten des Kon-
kurrenzproduktes fällt.[111] Desweiteren läßt sich prüfen, ob eine Reduzierung des
gesamten Lieferservice-Niveau für bestimmte Kunden eine Kostenreduktion bewirken und somit eine kundenspezifische Niedrigpreisstrategie ermöglichen kann, oder
ob die qualitative Verbesserung einzelner Lieferservicebestandteile zu einer Verbesserung der Wettbewerbsposition führen kann.

Diese Überlegungen können dazu führen, daß die Unternehmung die Kunden, die
hinsichtlich der Elemente des Lieferservice etwa gleiche Vorstellungen haben, zu
Kundengruppen, also zu *Missions* zusammenfaßt und diese mit spezifischen, jeweils
"kosteneffizienten" Lieferservices beliefert. Somit wird ein effektives Logistiksystem geschaffen, das einerseits die individuellen Bedürfnisse der Kunden berücksichtigt und den Lieferservice (bzw. den durch konsequente Reduktion der Logistikkosten bedingten Niedrigpreis[112]) als Differenzierungsinstrument einsetzbar macht,
das aber andererseits durch das systematische Durchführen von Konsolidierungsmaßnahmen alle möglichen Rationalisierungspotentiale ausschöpft und damit effizient ist.

3.3. Das Postponement-Prinzip

Der Begriff "Postponement" kennzeichnet die Verschiebung der Grenze spekulativer
Wertschöpfungstätigkeiten in Richtung der Urproduktion (upstream) und damit die
zeitliche Verzögerung der materiellen und raum-zeitlichen Spezifizierung von Produkten.[113]

Für die Produktion bedeutet dies, daß die Fertigstellung eines Produktes erst nach
Kenntnis des definitiven Kundenbedarfs vorgenommen wird und die Lagerung der
spekulativ gehaltenen Materialien oder Zwischenerzeugnisse upstream erfolgt. Für
die Beschaffung bedeutet das Postponement, daß keine Materialbestände gehalten
werden, sondern die Beschaffungsaktivitäten erst bei Vorliegen eines von der Produktion angemeldeten Bedarfs ausgelöst werden. Postponement im Bereich der Mar-

111 Vgl. Anandarajan, Christopher 1987, S.63ff.
112 Auch eine Strategie der Kostenführerschaft kann im Extrem als eine spezifische Differenzierungsstrategie interpretiert
     werden, bei der das Differenzierungsmerkmal der Preis ist; vgl. Delfmann 1990b, S.165f.
113 Vgl. dazu Gill, Isoma 1985, S.699; Ballou 1985, S.279f.; Shapiro, Hekett 1985, S.52; Bowersox, Closs, Helferich 1986,
     S.57f.; Darr 1992, S.283.

keting-Logistik (auch "geographisches Postponement genannt"[114]) wird z.B. dann vollzogen, wenn die Waren nur auftragsbezogen aus zentralen Lägern verteilt werden, also eine raum-zeitliche Spezifizierung der Produkte erst bei Vorliegen eines Kundenauftrages erfolgt.[115] "In brief the two notions of postponement are: (1) postpone changes in form and identify to the latest possible point in the distribution system; and (2) postpone changes in inventory location in the latest possible point in time."[116]

Die Entwicklung von Postponement-Strategien erstreckt sich insbesondere auf die Wahl des Postponement-Punktes bzw. *order-penetration-point*[117], der die Grenze zwischen auftragsbezogenen (reaktiven) und erwartungsbezogenen (antizipativen) Wertschöpfungsprozessen darstellt und dessen Kennzeichen die Haltung von Lagerbeständen ist. Werden bis dahin die Materialien, Zwischen- oder Endprodukte auf der Basis von Plänen und Prognosen gelagert, beginnt ab diesem der durch den Kundenauftrag ausgelöste Materialfluß.[118]

Der order-penetration-point kann an verschiedenen Stellen der Logistikkette angesiedelt sein (vgl. Abb. 6) und reicht von der kundennahen Ansiedlung in dezentralen Regionallägern ("schwaches geographisches Postponement") bis hin zum Ursprung der Wertschöpfungskette, also bis zur lagerlosen Beschaffung, Produktion und Vertrieb ("totales Postponement").[119] Dabei muß nicht zwangsläufig nur ein order-penetration-point für das gesamte Logistiksystem gebildet werden; vielmehr ist es zu erwarten, daß Unternehmungen je nach Produkt- oder Kundenanforderungen unterschiedliche Postponementstrategien innerhalb der Logistik anwenden, bspw. im Wege einer kundennahen Lagerung von Personalcomputern einerseits und einer Baukastenfertigung von Großrechnern andererseits.[120]

---

114 Vgl. Delfmann 1990b, S.175f.

115 Vgl. Darr 1992, S.284ff.

116 Christopher 1986, S.32.

117 In der Literatur finden sich hierfür synonyme Begriffe, wobei je nach Betonung eines spezifischen Kennzeichens dieses Punktes von betrieblicher Hauptlagerstufe (vgl. Wagner 1978, S.191), Bevorratungsebene (vgl. Wildemann 1984, S.73), decoupling-point bzw. ontkoppel-punt (vgl. NEVEM-Workgroup 1989, S.11; Hoekstra, Romme 1985, S.78; van Hees 1987, S.59), split off point (Henning 1992, S.95) oder von der Grenze zwischen dem push- und dem pull-Prinzip (vgl. Fey 1989, S.174f.) gesprochen wird.

118 "... the one key variable in every logistics configuration is the point at which the product becomes earmarked for a particular customer. Downstream of the order-penetration (OP) point, customer orders drive the system that control materials flow; upstream, forecasts and plans do the driving. In most cases, the OP point is where product specifications get frozen. More important, it is also the last point at which inventory is held." (Sharman 1992, S.7); vgl. Hoekstra, Romme 1987, S.20f.; NEVEM-Workgroup 1989, S.10.

119 Zum ausführlichen Vergleich der verschiedenen Postponement-Grade vgl. Eicke 1992, S.96ff.

120 Vgl. dazu mit einigen Beispielen aus der Praxis Sharman 1992, S. 8ff.

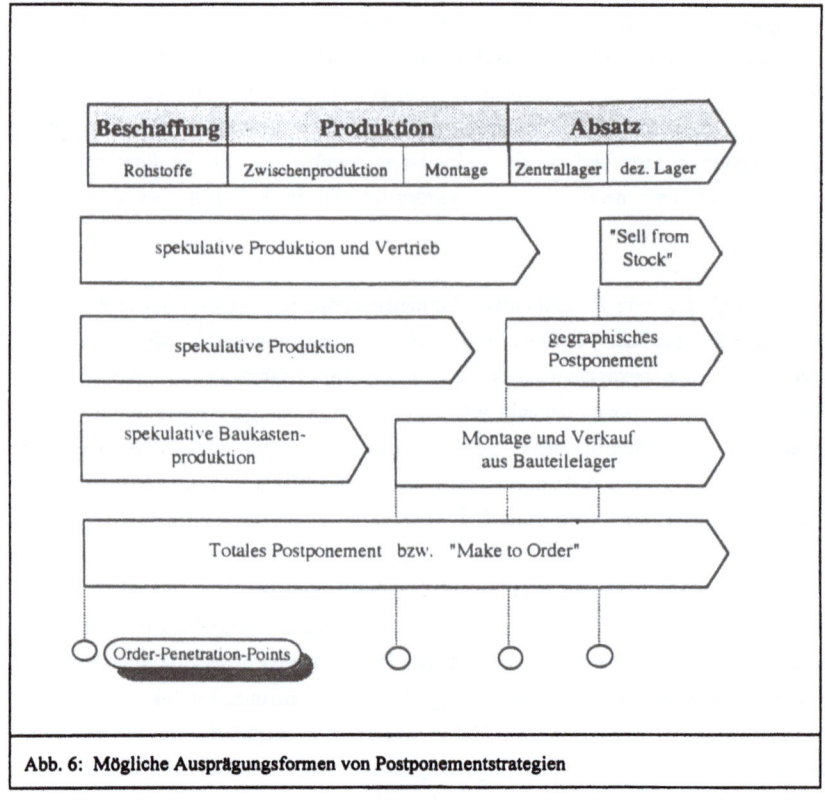

Abb. 6: Mögliche Ausprägungsformen von Postponementstrategien

Hinter dem Postponement-Prinzip steht vor allem das logistische Ziel der systematischen Ausschöpfung von Kostensenkungspotentialen, die bei einer Verlagerung des Postponement-Punktes stromaufwärts zu einer Bestandssenkung hochwertiger, in ihrer Wertschöpfung weit vorangeschrittener Güter führen und damit zu einer Reduktion von Kapitalkosten.[121] Darüber hinaus soll durch die Verzögerung der materiellen bzw. raum-zeitlichen Spezifizierung das Risiko der Bevorratung nicht nachgefragter Produkte und Mengen verringert bzw. die Kosten potentieller kompensatorischer Maßnahmen (wie z.B. der Rücktransport "falsch" angelieferter Waren zum Zentrallager) vermieden werden.[122]

Allerdings ist die Frage der Grenzziehung und damit die Ausgestaltung des Postponement-Prinzips davon abhängig, wie groß das durch das Postponement ausschöpf-

---

[121] "A company that can successfully postpone its commitment of resources to inventories, without losing a sale because of poor service can often increase its profits." (Shapiro, Heskett 1985, S.52); vgl. ebenso Wildemann 1984, S.73; Hoekstra, Romme 1992, S.8f.

[122] Vgl. u.a. Wildemann 1984, S.73; Ballou 1985, S.279f.; Delfmann 1990b, S.176; Ihde 1991, S.194.

bare Bestands- und Risikokostensenkungspotential ist und wie hoch die mit ihrer Umsetzung verbundenen Kosten sind; denn der durch die zeitliche Verzögerung der Wertschöpfungsaktivitäten bedingten Reduktion der Bestands- und Risikokosten stehen tendenziell höhere Koordinations- und Transaktionskosten sowie höhere Kosten des (hochwertigeren, flexibleren) Anlagevermögens gegenüber.

Ebenso stehen die kostenbezogenen Ziele im Trade-Off zu Lieferzeit-Zielen, denn mit einer zunehmenden Verlagerung des Postponement-Punktes warenflußaufwärts und damit mit einer zunehmenden Verlagerung der Lagerbestände weg vom Bedarfspunkt können auch längere Lieferzeiten für einzelne Produkte verbunden sein. Deswegen ist die Frage, wie weit der Postponement-Punkt nach hinten verlagert werden soll, auch davon abhängig, welche Lieferzeiten maximal in Kauf genommen werden können bzw. wie die Prozesse jenseits des Punktes so koordiniert werden können (bspw. im Wege der Baukastenfertigung[123]), daß eine bestimmte Höchstlieferzeit nicht überschritten wird.[124] Somit kann die Wettbewerbsstrategie, falls kurze Lieferzeiten entscheidende strategische Bestandteile von ihr sind, Einfluß auf das Postponement-Prinzip ausüben und dafür sorgen, daß die Grenze der spekulativen Lagerhaltung stärker in Richtung des Kunden verschoben wird.[125]

Hier sollen nicht alle das Postponement-Prinzip beeinflussende Entscheidungskriterien aufgeführt werden, zumal eine Fülle von produkt-, kunden- und prozeßspezifischen Einflußfaktoren auf sie wirken.[126]
Es soll lediglich festgehalten werden, daß entlang der Logistikkette gleichzeitig an verschiedenen Stellen und für unterschiedliche Produkte bzw. Kunden Postponement-Punkte errichtet werden können und daß somit ein Logistiksystem begründet werden kann, das an unterschiedlichen Grenzen innerhalb des Systems einen Wechsel von erwartungs- zu auftragsbezogenen Tätigkeiten vornimmt.

Vergleicht man abschließend das Konzept der 'logistics mission' und das Postponement-Prinzip, läßt sich folgendes feststellen:

(1) Beide Konzeptionen befinden sich im *Spannungsfeld zwischen Ressourcen- und Marktorientierung* und vollziehen jeweils innerhalb des Logistiksystems eine Differenzierung der logistischen Leistung. Während es beim 'Mission approach' um eine

---

123 Vgl. Ihde 1991, S.194.
124 "In balancing these factors, the position of the logistics performance within the marketing mix must continuously be taken into account." (NEVEM-Workgroup 1989, S.13).
125 "Short delivery time ... push the decoupling point in the direction of the customer." (NEVEM-Workgroup 1989, S.11).
126 Vgl. dazu NEVEM-Workgroup 1989, S.11ff.; Sharman 1992, S.7ff.

kundengruppenbezogene Differenzierung des Lieferservice, also um eine - aus dem Blickwinkel des logistischen Flusses - vertikale Strukturierung des Logistiksystems geht, erfolgt beim Postponement-Prinzip eine materialflußbezogene Differenzierung der logistischen Leistungsstruktur, die demnach zu einer horizontalen Strukturierung des Logistiksystems führt.[127]

(2) Desweiteren spielt bei beiden der *Kundenauftrag* bzw. der dadurch ausgelöste Auftragszyklus eine zentrale Bedeutung. Während der Postponement-Punkt die Grenze kennzeichnet, wie weit der Kundenauftrag in die Unternehmung hineinreicht, und die Länge des Auftragszyklus festlegt, innerhalb dessen auftragsbezogen das Flußprinzip umgesetzt wird, werden durch die Zuordnung von Kunden zu Missions deren in das Logistiksystem hineinreichenden Aufträge mit bestimmten missionspezifischen Merkmalen versehen und lösen bestimmte missionspezifische Prozesse bzw. Prozeßabfolgen aus. Somit werden hierdurch die qualitativen Dimensionen des Auftragszyklus festgelegt.[128]

(3) Beide Konzepte lassen sich zusammenfassen[129] und führen zu einem Logistiksystem, welches durch die Berücksichtigung beider strategischer Logistikperspektiven, also der Ressourcen- und der Marktorientierung, einen *hybriden Charakter* aufweist.[130]

Bis zum Postponement-Punkt (bzw. den Postponement-Punkten) weisen die Logistikstrategien den Charakter von Ressourcenstrategien auf, denen es in erster Linie um die *Konsolidierung* der Material- und Informationsflüsse geht.[131] Ab diesem (diesen) kommt es zu einem Perspektivenwechsel bei der Strategieformulierung und zu einer Missionorientierung, die auf Individualisierung der logistischen Leistung und damit auf eine *Dispersion* der Material- und Informationsflüsse ausgerichtet ist. (vgl. Abb. 7)

"At some point in most logistics systems, there is a change in management focus ... Management requirements change from managing and integrating functional activities within a unified product and material flow to balancing individual service requirements against costs for these customer groups."[132]

---

127 Vgl. Wildemann 1988, S.242ff.; NEVEM-Workgroup 1989, S.10ff.

128 Vgl. ausführlich Kap. B.4.2.

129 Vgl. Delfmann 1990b, S.175ff.

130 Vgl. zur Hybrideigenschaft der Logistik Fey 1989, S.174f.

131 "Consolidation refers to the process of grouping together inventory, orders or shipments to gain greater cost economies." (Christopher 1986, S.30).

132 Schary 1985, S.38.

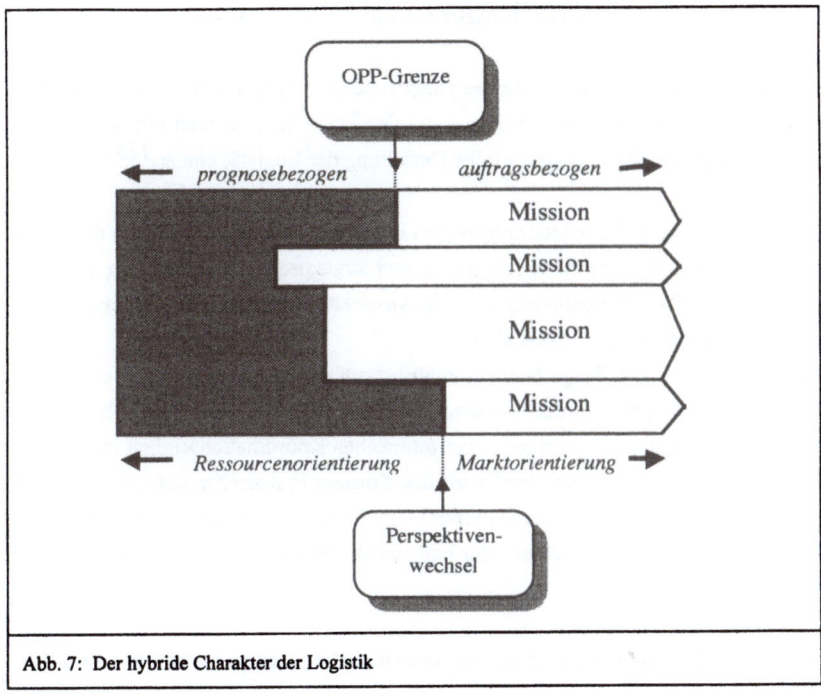

Abb. 7: Der hybride Charakter der Logistik

Das Konzept der 'logistics missions' und das Postponement-Prinzip sollen zusammen mit der prozeßorientierten und ganzheitlichen Perspektive der Logistik den Ausgangspunkt für kommende organisatorische (Kap. B.4.) und instrumentale Gestaltungsüberlegungen (Kap. B.5.) bilden.

4. Organisatorische Gestaltung der Logistik

Kein Logistikkonzept kann ohne die entsprechende Organisationsstruktur durchgesetzt werden. Mit dem Bedeutungswandel der Logistik geht auch ein Wandel der Anforderungen an die organisatorische Gestaltung der Logistik einher.[133]

Vor dem Hintergrund der hier dargelegten Logistik-Konzeption stellt sich deswegen die Frage, inwieweit die hohe integrative und strategische Bedeutung der Logistik, die durch die Prozeßorientierung und die Ausrichtung auf Missions geprägt ist, organisatorisch umgesetzt werden kann.

Die Erörterung dieser Frage baut (1) zunächst auf der Kritik an der in vielen Logistikveröffentlichungen vorzufindenden Forderung auf, nach der sämtliche logistischen Aufgaben in einer einzigen organisatorischen Koordinationseinheit zu zentralisieren seien.[134] (2) Anschließend wird das Konzept logistischer Segmentierung als eine Form dezentraler, prozeßorientierter Organisationsstrukturierung vorgestellt und seine Tauglichkeit zur Umsetzung der logistischen Perspektive herausgearbeitet.

4.1. Kritische Anmerkungen zur organisatorischen Zentralisation der Logistik

Ausgangspunkt vieler Publikationen zur organisatorischen Gestaltung der Logistik bilden empirische, vornehmlich zu Beginn der 80er Jahre durchgeführte, Untersuchungen zum Status Quo der Logistik-Organisation, die belegen, daß bei einem Großteil der Industrieunternehmungen logistische Aufgaben aufgesplittert in verschiedenen Organisationseinheiten oder nur rudimentär in einem Logistik-Ressort wahrgenommen werden.[135] So wird z.B. festgestellt, daß vielfach die Materialdisposition vom Einkauf, die Fertigungssteuerung und Materiallagerung von der Fertigung und sämtliche außerbetrieblichen Transport- und Lagervorgänge vom Marketing vollzogen werden.[136]

---

133 Vgl. Felsner 1987, S.43ff.

134 "Bilden die logistischen Einrichtungen einen vergleichsweise großen Kostenblock und hängt der Absatzerfolg entscheidend vom Lieferservice ab, bietet sich die Erfüllung der Schlüsselaktivitäten durch eine einzige organisatorische Einheit an ..." (Pfohl 1992, S.1265); ähnlich undifferenziert u.a. Endlicher 1981 oder Felsner 1987.

135 Nach einer Untersuchung von Liebmann bzw. von Pfohl, Kleer werden nur bei 10% bzw. bei 25% der befragten Industrie-Unternehmungen sämtliche logistische Aktivitäten von einer zuständigen und verantwortlichen Stelle wahrgenommen; vgl. Liebmann 1982, S.4; Pfohl, Kleer 1986, S.1ff. Vgl. ebenso die Ergebnisse einer empirischen Untersuchung von Poth 1970, S.209; Pfohl 1980, S.1204f.; Heinrich, Fehlhofer 1984, S.16ff.; Gerstenberg 1987, S.28ff. Neuere Studien weisen aber daraufhin, daß der Logistik künftig mehr Funktionen zugeordnet werden; vgl. u.a. Baumgarten, Kornak 1990, S.12f.; Kearney Management Consultants 1992b, S.6.

136 Vgl. dazu Ihde 1980, Sp.1226f.; Bowersox, Closs, Helferich 1986, S.305f.

Zwei Gründe werden im wesentlichen dafür angegeben, daß die Wahrnehmung logistischer Einzelfunktionen durch verschiedene Organisationseinheiten (*Desintegration logistischer Aufgaben*) dem Integrationsgedanken der Logistik sowie deren strategischen Bedeutung der Logistik nicht genügend Rechnung tragen kann:

Zum einen bestehen starke Zielkonflikte zwischen den Organisationseinheiten, denen Logistikaufgaben zugeordnet sind.[137] Sie können sich in unterschiedlich verfestigten Problemsichten bzw. Problemlösungsschemata, welche der Perspektive der jeweiligen Organisationseinheit entsprechen, äußern, aber auch in Mißtrauen, Statuskämpfen und Abschottungsmaßnahmen voneinander.[138] "Such conflicts arise not only through differences between the goals of the various functions concerned but also through different perceptions of what is important. The view of the world is heavily influenced by the place in which one stands and this is nowhere more true than within a business organisation."[139] Diese Zielkonflikte führen dazu, daß logistische Entscheidungen nicht auf der Grundlage des holistischen, logistischen Denkens getroffen werden, sondern auf der Grundlage der Zielsetzungen der Organisationseinheiten, in denen logistische Aufgaben wahrgenommen werden.[140] Ein Beispiel ist etwa das Bestreben des Leiters des Ressort "Beschaffung", durch hohe Beschaffungslose und niedrige Beschaffungsfrequenzen Konsolidierungseffekte und Mengenrabatte zu erzielen, ungeachtet der Tatsache, daß dadurch hohe Materialbestände oder Fehlmengen und damit hohe Kosten im Fertigungsbereich verursacht werden.

Zum anderen wird eingewandt, daß nicht nur der logistische Gesamtzusammenhang und damit das logistische Integrationspotential durch diese Fragmentierung vernachlässigt werde; logistische Aufgaben könnten selber vernachlässigt werden, weil sie aufgrund ihrer formalen Unterordnung im Vergleich zu den "eigentlichen" Aufgaben der Bereiche als Hilfsdienste angesehen werden und weil ihnen bei Zielkonflikten (z.B. bei Absatzzielen vs. logistischen Bestandszielen oder bei Fertigungskostenzielen vs. logistischen Flexibilitätszielen) in der Regel nur eine untergeordnete oder überhaupt keine Bedeutung beigemessen wird.[141] Somit fänden im Rahmen

---

137 Beispiele für logistisch relevante Zielkonflikte finden sich u.a. in Magee, Copacino, Rosenfield 1985, S.33; Ballou 1987, S.11; Eidenmüller 1987, S.34; Fey 1989, S.38.

138 Pfohl unterscheidet in diesem Zusammenhang sozio-emotionale Ursachen (für Mißtrauen und Ablehnung) von aufgabenorientierten Ursachen (für unterschiedliche Problemsichten); vgl. Pfohl 1990, S.175f.

139 Christopher 1986, S.53.

140 Vgl. Felsner 1981, S.35; Bäck 1985, S.88; Stock, Lambert 1987, S.614.

141 Dies liegt vor allem daran, daß in den einzelnen Bereichen funktionale Spezialisten arbeiten, die ihre Denkschemata enwickelt haben, welche den Anforderungen ihrer hauptsächlich wahrzunehmenden Aufgaben und ihrer Ausbildung entsprechen; vgl. Pfohl 1980, S.1205f.; Pfohl 1992, Sp.1257.

des Leistungserstellungsprozesses logistische Ziele keine genügende Bedeutung und die in ihr ruhenden strategischen Potentiale würden nicht ausgeschöpft.

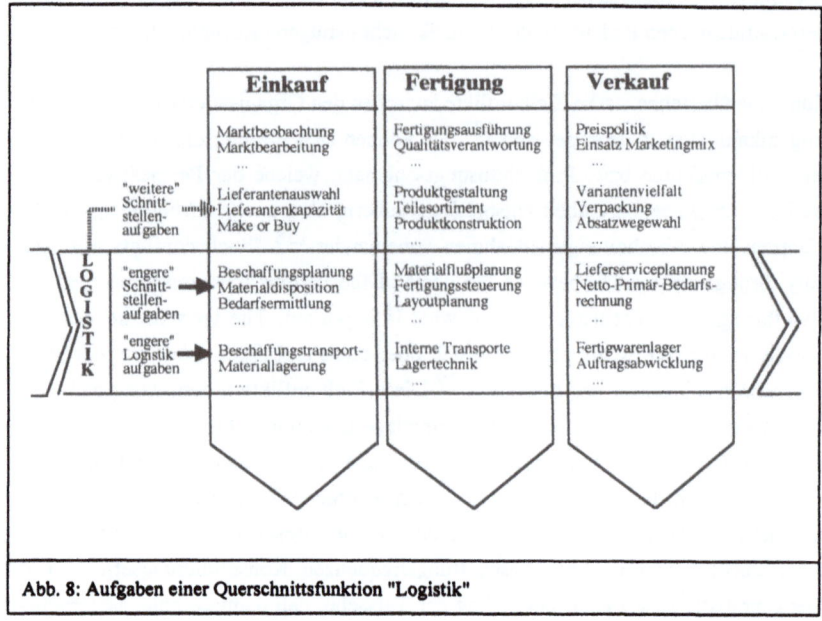

Abb. 8: Aufgaben einer Querschnittsfunktion "Logistik"

Aus dieser Erkenntnis wird die Forderung nach der Verankerung eines Zentralressort "Logistik" in der Unternehmungsorganisation abgeleitet, das als *Querschnittsfunktion* die Verantwortung für sämtliche logistischen Aufgaben übernimmt und bei dessen Realisierung keine willkürlichen, durch Abteilungsbildung nach nicht-logistischen Kriterien hervorgerufene Schnittstellen mehr vorhanden sind (vgl. Abb.8). Diese Zentralisierung verspreche die Realisierung von Synergieeffekten durch die Berücksichtigung bereichsübergreifender Interdependenzen, erleichtere die Vereinheitlichung von Planungsmethoden und erhöhe die Flexibilität des gesamten Logistiksystems.[142]

Hinsichtlich der mit der Bildung eines solchen zentralen Logistikbereiches verbundenen Probleme der Kompetenzen- bzw. Aufgabenabgrenzung an den Schnittstellen[143] zu nicht-logistischen Organisationseinheiten[144] wird die Diskussion zu-

---

142 Vgl. u.a. Ihde 1985, S.726; Pfohl 1992, Sp.1257.
143 Unter Schnittstellenaufgaben versteht man nach Pfohl "solche Aufgaben, die eine enge Zusammenarbeit der Organisationseinheit "Logistik" mit anderen Organisationseinheiten erfordern." (Pfohl 1980, S.1216). Hierbei kann man "weitere", d.h. langfristige Planungsprobleme betreffende, und "engere", d.h. kurzfristige Planungsprobleme betreffende Schnittstellenaufgaben unterscheiden.

meist auf die Fragestellung gerichtet, ob das Logistikressort (1) mit Linienkompetenz zu versehen, (2) als Stabsstelle zu organisieren oder (3) in einer Matrixorganisation einzugliedern sei.[145]

(1) Im Falle der Übernahme sämtlicher operativer und strategischer Planungs-, Steuerungs- und Kontrollkompetenzen[146] durch ein *zentrales Logistik-Management* wird trotz der postulierten Koordinationsvorteile die Gefahr gesehen, daß die Funktionsbereiche oder Sparten quasi zu "Handlangern degenerieren" und ihr spezifisches Know-how oder ihre Problemlösungsfähigkeit keinerlei Berücksichtigung mehr finden.[147] Beispiele für ein falsches Übergewicht an logistischem Einflußpotential wären etwa Produktkonstruktionen, die nach Materialflußkriterien optimal, fertigungstechnisch aber äußerst problematisch sind; oder Verpackungen, die zwar minimale Handlings- und Transportkosten verursachen, aber keinesfalls Marketingerfordernissen wie z.B. der Formschönheit oder der Ästethik entsprechen.

(2) Im Falle der Organisation der Logistik als *Stabsstelle*, bei der dem Logistik-Management lediglich die Planung des Produktionsprogramms, des Layouts, der Distributionsstruktur sowie das Materials Handling und das Bestandsmanagement obliegt, währenddessen das "daily operating" des Materialflusses und dessen Kontrolle weiterhin in die Kompetenz traditioneller Ressorts fällt, wird zwar der Vorteil der Entwicklungsfähigkeit langfristiger Systemlösungen aufgrund der Zusammenfassung von Planungsaufgaben in einer zentralen Stabsstelle hervorgehoben. Doch wird diese Strukturierungsform zumeist abgelehnt, da aufgrund des begrenzten Einflusses der Logistik auf der Prozeßebene keine integrative Abstimmung des Material- und Informationsflusses gewährleistet werden kann.[148]

---

144 Solche Schnittstellen entstehen sowohl in funktional als auch in divisional und regional gegliederten Unternehmungen und beziehen sich nicht nur auf operative, prozeßablaufplanende, sondern auch auf strategische Fragestellungen, die die langfristige Gestaltung der Leistungserstellungsstruktur betreffen. So durchzieht in einer funktional gegliederten Organisation der Logistikbereich als Querschnittsfunktion die anderen Funktionsbereiche und umfaßt Aufgabeninhalte, die auch die der anderen "vertikalen" Bereiche betreffen, wie z.B. die Produktionsprogramm-, Layout- und Fertigungsablaufplanung oder die Distributionsstruktur- oder Lieferserviceplanung. Auch in einer divisionalisierten Unternehmung durchkreuzt die Logistik, wenn sie als Zentralbereich organisiert ist, die nach Produkten oder Produktgruppen gegliederten Sparten; typische Schnittstellenbereiche stellen hierbei etwa Entscheidungen zur produktspezifischen Teilevielfalt, Gestaltung oder Verpackung etc. dar.

145 Nach Felsner ist eine mangelnde Abgrenzung der Kompetenzen an den Schnittstellen ein entscheidender Grund dafür, daß die Vorteile, die durch eine integrierte Leitung aller logistischer Einzelfunktionen in der Unternehmung nutzbar gemacht werden, durch Kompetenzstreitigkeiten wieder zunichte gemacht werden; vgl. Felsner 1987, S.43f.; ähnlich Born 1984, S.141ff.

146 Also im Falle der Übernahme sämtlicher in Abb.8 aufgeführter "enger" und "weiter" Schnittstellenaufgaben.

147 Vgl. Schary 1984, S.343; Felsner 1987, S.59ff.

148 Vgl. Lück 1984, S.154ff.; Coyle, Bardi, Langley 1988, S.534; Pfohl 1990, S.184f.; diese Einschätzung scheinen auch empirische Untersuchungen zu belegen, wonach nur bei 10% von 161 amerikanischen Unternehmungen die Logistik einzig Stabsstellen umfaßt; vgl. LaLonde, Emmelhainz 1985, S.46.

(3) Als alternative Form der Aufteilung der Steuerungskompetenzen wird häufig die Eingliederung des Zentralbereiches Logistik in eine (produktionsfaktor-funktionsbezogene oder produktgruppen-funktionsbezogene) *Matrixorganisation* vorgestellt.[149] Hierbei werden die Aufgabenträger sowohl der Logistik als auch den jeweiligen Funktionsbereichen bzw. Sparten unterstellt und somit die aus den Kompetenzüberschneidungen resultierenden Kompetenzkonflikte bewußt institutionalisiert. Man erhofft sich dabei eine verstärkte Zusammenarbeit an den Schnittstellenbereichen, eine Förderung des mehrdimensionalen Denkens und eine offene, produktive Austragung der Interessenskonflikte.[150]

Doch wird darauf hingewiesen, daß bei dieser Form der Doppelunterstellung sämtliche Schnittstellenaufgaben ohne zusätzliche Kompetenzregelungen kaum zu bewältigen seien, zumal klare widerspruchsfreie Zielvorgaben für die Mitarbeiter aufgrund der differierenden Vorstellungen der Vorgesetzten nur schwer möglich sind.[151] Vor allem im "operativen Tagesgeschäft" bei der Vielzahl zu treffender Routine-Entscheidungen benötige diese Organisationsform differenzierte Kompetenzregelungen, die formal regeln, welche Teilkompetenzen - z.B. Entscheidungs-, Beratungs- oder Informationskompetenzen - eine Organisationseinheit bei der gemeinsamen Aufgabenerfüllung hat. Würden den nicht-logistischen Bereichen auf der Prozeßebene zu umfangreiche Steuerungskompetenzen zugesprochen, nähere sich die Matrixstruktur einer eindimensionalen Stablinienorganisation an mit der damit unmittelbar verbundenen Gefahr für die zentrale Umsetzung des logistischen Integrationspotentials.[152] Lediglich bei innovativen und strategischen Entscheidungen (wie etwa bei der Planung des Produktdesigns, der Gestaltung des Kundenportfolios, der Lieferantenauswahl etc.) sei es sinnvoll, die enge Zusammenarbeit zwischen der Logistik und den anderen Organisationseinheiten durch eine bewußte Kompetenzüberlappung zu fördern.[153]

Jene einzig vor dem Hintergrund der logistischen Integrationspotentiale abgeleiteten organisatorischen Implikationen weisen aber eine *verkürzte Sichtweise* auf; denn das mit der Übernahme von zusätzlichen Abstimmungsfunktionen verbundene logistische Aufgabenspektrum ist aufgrund der unterschiedlichen Vielfalt zu beachtender

---

149 Vgl. u.a. Pfohl 1992, Sp.1260f.
150 Vgl. Grochla 1972, S.205ff.; Pfohl 1980, S.1216f.
151 Vgl. Felsner 1987, S.63.
152 Vgl. Stock, Lambert 1987, S.616f.
153 So solle die Logistik bereits in der Forschung und Entwicklung bzw. der strategischen Produktionsplanung auf Fragen der Produktgestaltung, der Produktkonstruktion etc. oder im Marketing auf Fragen der Variantenvielfalt, der Verpackung, des Marketingmixes etc. einwirken und die verschiedenen Zusammenhänge und Auswirkungen auf die Güter- und Informationsflüsse aufzeigen; Rupper zählt diese Einwirkungsaufgaben der Logistik im Rahmen strategischer Entscheidungen zu den "weiteren Logistikaufgaben"; vgl. Rupper 1991, S.32ff.

-47-

Produkt-, Markt- und Prozeßparameter so *komplex*[154], darüber hinaus die Anforderungen des Käufermarktes an die *Flexibilität* der Logistik so hoch, daß deren Bewältigung durch ein für sämtliche Prozeßsteuerungen zuständiges, zentrales Logistik-Management trotz verbesserter Steuerungs- und Informationstechnologien unrealistisch ist.[155] "All diese Aufgaben können niemals in einer Stelle oder in einem Bereich zusammengefasst und zentral wahrgenommen werden."[156]

In einer "Anmaßung von Wissen"[157] erheben solche Koordinationszentralen lediglich den Kompetenzanspruch zur Herstellung von Synergien; faktisch aber stellen sie aufgrund der großen Distanz zum Wertschöpfungsprozeß und ihrer entsprechend unzulänglichen Information über die Vorgänge vor Ort ein ständiges Quell für Friktionen und Störungen entlang der Logistikkette dar.[158] Angesichts der hohen wettbewerbsstrategischen Bedeutung der Logistik werden die Opportunitätskosten, die aus solchen Friktionen und Störungen entstehen, zusammen mit der Kostenlast, die mit der Existenz einer solchen Instanz verbunden ist, die potentielle Nutzeneffekte einer zentralen Abstimmung bei weitem übersteigen.[159]

Diese Erkenntnis scheint sich auch in der modernen Management-Literatur durchzusetzen: "Die Erzeugung von Synergien durch zentrale Koordination ist in Frage zu stellen. Allzusehr wurde bis heute, unter dem Deckmantel einer falschen Hoffnung auf Synergien, die Akkumulation von Organisationsmacht bei solchen Zentralstellen versteckt. Nicht beachtet wurde dagegen, daß, wer unter den Bedingungen von sich immer schneller verändernden Märkten an einer starken Zentralisierung festhält, letzlich am Markt höhere Verluste erleidet, als ihn die Zentralbereiche an Synergien einbringen können."[160]

Vor dem Hintergrund der gestiegenen logistischen Komplexität und Flexibilität ist das *Konzept der logistischen Segmentierung* entwickelt worden.[161] Es führt die Dis-

---

154 Die Komplexität einer Aufgabe wird bestimmt durch die Zahl der zu berücksichtigenden Variablen und der Beziehungen zwischen den Variablen; zur Komplexität in der Logistik vgl. Heskett 1985, S.822ff.; Fey 1989, S.84ff.; Ihde 1991, S.186ff.

155 Vgl. Germain 1989, S.23; Zäpfel 1989b, S.200; Fuhrberg-Baumann, Müller 1992, S.24; Giehl 1993, S.293ff.

156 Rupper 1991, S.31.

157 Vgl. dazu Hayeks Analyse von zentralen planwirtschaftlichen Lenkungsinstitutionen, aus deren "Anmaßung von Wissen" und den damit erzeugten Friktionen der Volkswirtschaft eine gigantische Ressourcenverschwendung und damit eine totale Verletzung der postulierten Ziele resultiert; vgl. Hayek 1975, S.12ff.

158 Vgl. Fieten 1992, S.312ff.; Baecker 1992, S.1; Pape 1992, S.9f.

159 Vgl. dazu u.a. die MIT-Studie "The Machine that Changed the World", die der europäischen Automobilindustrie, die bis dahin nach ebendiesen zentralisierten Koordinationsmechanismen gesteuert worden ist, erschreckende Defizite hinsichtlich der Beherrschung der heute im internationalen Wettbewerb entscheidenden Erfolgsfaktoren Qualität, Zeit und Kosten attestiert; Womack, Jones, Raas 1991; vgl. ebenso Delfmann, Darr, Simon 1990, S.48; Fieten 1992, S.314f.

160 Pfeiffer, Weiß 1992, S.201; vgl. ebenso die dort referierte Literatur.

161 Dieses Konzept soll allerdings nicht mit dem von Bäck diskutierten und ebenfalls gleichlautendem (und verwandtem) Konzept der logistischen Segmentierung verwechselt werden, das für Controlling-Zwecke eine Segmentierung aller Ar-

kussionen weiter, die für logistische Teilbereiche bereits intensiv geführt werden - für die Produktions-Logistik z.B. im Zusammenhang mit den Begriffen "Fertigungssegmentierung"[162], "Toyotismus"[163] oder "lean production"[164] oder für die Marketing-Logistik im Zusammenhang mit den Begriffen "Management in Vertriebsinseln"[165] bzw. "Physical Distribution Missions"[166] - und wendet sie auf die gesamte Logistikkette an.[167]

Dabei hebt es neben dem Aspekt der Übertragung und Integration von dispositiven Aufgaben in überschaubaren, entsprechend der Folge des Arbeitsablauf geordneten (prozeßorientierten) Verantwortungsbereichen insbesondere die Notwendigkeit zu einer differenzierten, den jeweiligen Zielsetzungen entsprechenden Ausrichtung der logistischen Organisationseinheiten hervor. Dies soll im folgenden dargestellt werden.

4.2. Prozeßorientierte Organisationsstrukturierung: Bildung von Logistiksegmenten

Logistiksegmente lassen sich verstehen als Verantwortungsbereiche bzw. organisatorische Regelkreise, die entlang der logistischen Wertschöpfungskette durch geplante Schnittstellen nach außen hin abgegrenzt sind und die bereichsintern nach homogenen Kriterien koordiniert werden, während die bereichsübergreifende Koordination auf die Vorgabe von Schlüsselgrößen und auf die Abstimmung an den Schnittstellen beschränkt ist.[168]

Sie entstehen dadurch, daß nach bestimmten Segmentierungskriterien die logistische Wertschöpfungskette vertikal in einzelne logistische Ketten und horizontal in einzelne Prozeßabfolgen bzw. Wertschöpfungsstufen segmentiert wird und für diese Abschnitte jeweils ein Verantwortungsbereich gebildet wird, der mit spezifischen

---

tikel zu Artikelgruppen anstrebt, die ein vergleichbares logistisches Verhalten hinsichtlich ausgewählter Kennzahlen aufweisen und die mit vergleichbaren Steuerungs-Parametern behandelt werden können; vgl. Bäck 1989, S.957ff.

162 Vgl. u.a. Skinner 1985; Schonberger 1988, S.24ff.; Wildemann 1988; Bochum, Meißner 1990, S.108ff.

163 Vgl. Dohse, Jürgens, Malsch 1984, S.43ff.

164 Vgl. Womack, Jones, Roos 1991; Wassermann 1992, S.36; Reichwald 1992, S.354ff.

165 Vgl. Fuhrberg-Baumann, Müller 1992, S.24; Blank diskutierte bereits 1980 die Segmentierung von Warenverteilungssystemen, dies allerdings primär aus der Perspektive organisatorischer Rationalisierungsmaßnahmen; vgl. Blank 1980, S.3 und S.72ff.

166 Vgl. u.a. Gattorna 1988, S.85f.

167 Vgl. Delfmann 1990b, S.170ff.

168 Systemtheoretisch betrachtet stellt die Segmentierung eine Strategie der Komplexitätsreduktion dar. Sie ist eine Form der Systemsteuerungsstrategie "Abgrenzung" (d.h. Ein- und Ausgrenzung) und zielt auf die sachliche Grenzziehung innerhalb des Gesamtsystems bzw. auf die Definition von Relevanzbereichen ab; vgl. ausführlich Türk 1976, S.21ff.

Entscheidungskompetenzen, also mit spezifischen Zielvorgaben, Handlungsfreiräumen und Ressourcenausstattungen versehen ist.[169]

Innerhalb ihrer Bereiche nehmen die Logistiksegmente die Abwicklung von internen oder externen Aufträgen durch die Verknüpfung aller für die Leistungserstellung notwendigen Wertschöpfungsprozesse vor. Die dezentralen Stellen haben somit den "Status teilautonomer prozeßverantwortlicher Einheiten"[170], die jeweils als "interne Kunden" oder "Lieferanten" einer logistischen Leistung entlang der Logistikkette untereinander verbunden sind.[171]

Logistiksegmente lassen sich insbesondere durch drei Merkmale kennzeichnen, und zwar (1) die *Prozeßorientierung* bei der organisatorischen Integration von Aufgaben, (2) die hinter der Leistungserstellung bzw. Auftragsabwicklung stehende Ausrichtung auf externe und interne Kunden (*Kundenorientierung*) und (3) die weitgehende *Autonomie* bei der operativen Prozeßplanung.

(1) Allgemein beschreibt die "prozeßorientierte Organisationsgestaltung" eine Form aufbauorganisatorischer Strukturierung, bei der die Stellenbildung entsprechend der Ablauffolgen betrieblicher, im Rahmen der Leistungserstellung eng miteinander verbundener, Prozesse erfolgt.[172]

Diese Prozeßabfolgen - auch *Prozeßketten* genannt[173] - rücken somit als mögliche Bezugsobjekte der Aufgabenintegration in den Blickpunkt der Organisationsstrukturierung.

Betrachtet man die Logistikkette, die die Unternehmung durchzieht und vom Kunden bis zu den Beschaffungsmärkten der Unternehmung reicht, erkennt man das Vorliegen einer Vielzahl einzelner logistischer Prozeßketten. Sie werden auch als *Logistikzyklen*[174] oder *Auftragszyklen*[175] bezeichnet und kennzeichnen den Kreislauf der durch einen Auftrag[176] ausgelösten Informations- und Güterflüsse zwischen der güternachfragenden und der güteranbietenden Stelle.[177] "... the order cycle is

---

169 Zu den Merkmalen horizontaler und vertikaler Segmentierung im Bereich der Fertigung vgl. Wildemann o.J., S.235ff.
170 Vgl. Zäpfel 1989b, S.201.
171 Vgl. Giehl 1993, S.293f.
172 Vgl. Gaitanides 1983, S.62.
173 Vgl. u.a. Lindner 1991, S.833f.; Giehl 1993, S.293.
174 Vgl. Volk 1980, S.192.
175 Vgl. Darr 1992, S.14.
176 Nach Darr läßt sich ein Auftrag allgemein "als die Veranlassung einer Tätigkeitsfolge definieren." (Darr 1992, S.18).
177 Vgl. allgemein Ballou 1985, S.55; Bowersox, Closs, Helferich 1986, S.15ff.; Lochthowe 1990, S.35; zu einer produktionsorientierten Auslegung des Auftragszyklus vgl. Wildemann 1987, S.7.

defined as the elapsed time and activities that occur between the placement of a customer order or a purchase order, and the receipt of the order by the customer."[178]

Ein Auftragszyklus reicht bei externen Aufträgen vom Kunden bis zum order-penetration-point bzw. bei internen Aufträgen von der internen Bedarfssenke bis zur vorgelagerten Bevorratungssenke, also bis zu der Stelle im Logistiksystem, von der aus ein Güterfluß zur Befriedigung der Güternachfrage in Gang gesetzt wird.

In seiner idealtypischen Auslegung umfaßt er folgende (Haupt-)Prozesse:[179]

* Die *Auftragsübermittlung*, bei der die abgesendeten Aufträge bzw. eingehenden Bestellungen an die auftragsabwickelnde Organisationseinheit übermittelt werden,

* Die *Auftragsaufbereitung*, bei denen die Auftrags- bzw. Bestellinformationen auf ihre Vollständigkeit und Richtigkeit hin untersucht werden, die Produktverfügbarkeit im Lager, die Lieferfähigkeit zum gewünschten Termin und evt. die Bonität des Kunden überprüft wird,

* die *Auftragsdisposition*, bei der spezifische Maßnahmen im Bereich der Bestandsdisposition und evt. der Fertigungsplanung in Gang gesetzt werden, also die konkrete Auslösung des Güterflusses erfolgt,

* die *Auftragszusammenstellung*, bei der die gewünschten Güter zu kompletten Auftragseinheiten kommissioniert und evt. verpackt oder fakturiert werden und

* die *Auftragszustellung*, bei der die Auftragseinheiten zu Transporteinheiten zusammengestellt und zum in- oder externen Kunden versandt werden.

Auftragszyklen umfassen jedoch nicht immer alle der beschriebenen Prozesse. Sie haben je nach Lage des order-penetration-point bzw. nach Abstand der Bevorratungsstellen voneinander eine unterschiedliche Reichweite und lösen demzufolge eine unterschiedliche Anzahl von Wertschöpfungsaktivitäten aus. Reicht z.B. ein Kundenauftrag nur bis in ein dezentrales Auslieferungslager der Marketing-Logistik, löst er neben den zugehörigen Informationsprozessen lediglich Kommissionier- und Transportprozesse aus; reicht er bis in die Produktions-Logistik, löst er zusätzlich zu den raum-zeitlichen auch materielle Wertschöpfungsprozesse aus; im Falle des "Make to order" durchzieht der Auftrag die gesamte logistische Kette und umfaßt sämtliche zur Abwicklung des Auftrages notwendigen Transformations- und Transferaktivitäten von der Beschaffung der erforderlichen Materialien bis zur Zustellung des Auftrages an den Kunden.

---

178 Novack 1989, S.10; vgl. auch Ballou 1985, S.55.
179 Vgl. u.a. Klee, Türks 1970, S.70f.; Türks 1971, S.65ff.; Volk 1980, S.192; Lambert, Stock 1987, S.36; Pfohl 1990, S.77ff.; Darr 1992, S.312.

Denkbar sind auch Auftragszyklen, bei denen der externe Auftrag zwar bis in die Unternehmung (z.B. bis in die Fertigung) hineinreicht bzw. bei der ein interner Auftrag mehrere Wertschöpfungsstufen durchzieht, bei denen aber einzelne operative Prozesse von unternehmungsexternen Partnern bzw. Dienstleistern vollzogen werden, wie z.b. der Versand von Gütern durch Spediteure oder die produktionssynchrone Anlieferung von Zwischenprodukten durch Zulieferunternehmungen.[180]

Neben der Unterscheidung von Auftragszyklen nach *Art der Kunden* (interner oder externer Kunden) ist als zweites Hauptdifferenzierungsmerkmal in der treibenden Kraft des logistischen Leistungsflusses bzw. in der *die logistische Prozeßkette auslösenden Informationsbasis* zu sehen. Dabei kann das auftragsauslösende Moment auf realen Ist-Werten oder auf prognostizierten Zukunftswerten basieren:[181]

Bei der Anwendung des *Push-Prinzips* als Ablaufstrategie[182] gründet sich die Leistungserstellung vollständig auf Prognosedaten, die bspw. mittels der Marktforschung gewonnen werden oder am Durchschnittsverbrauch vergangener Perioden ausgerichtet sind. Sie werden am Anfang der Planungsperiode erstellt und liefern die Rahmendaten für die Ablaufplanung, die während der Periode völlig losgelöst von der aktuellen Kundenauftragslage vollzogen wird.
Bei einer unplanmäßigen Änderung des prognostizierten Bedarfs allerdings führt die Anwendung von Push-Strategien zwangsläufig zu Beständen oder Fehlmengen entlang der Logistikkette; bei Nachfrageinstabilitäten steht das Push-Prinzip demnach dem logistischen Ziel der Realisierung steter und ohne Diskontinuitäten verlaufender Material- und Informationsflüsse entgegen.

Wird hingegen der Materialfluß durch reale Werte, also durch konkret eingehende in- oder externe Kundenaufträge ausgelöst, spricht man von der Realisierung des *Pull-Prinzips*.[183] Hierbei erfolgt die Initiierung der logistische Prozeßkette durch eine Informationseinspeisung am Ende des logistischen Flusses.

Die Anwendung des Pull-Prinzips ist maßgeblich für die Umsetzung von Postponement-Strategien, bei denen es - wie oben bereits bereits dargestellt[184] - um die zeitliche Verzögerung der materiell und raum-zeitlichen Spezifikation von Gütern geht. Hierbei werden die Leistungserstellungsprozesse durch den bis zum order-pe-

---

180 Dieses Vorgehen ist z.B. in der Automobilindustrie gang und gäbe, wie etwa bei der produktionssynchronen Lieferung von Autositzen durch verbundene Zulieferunternehmungen; vgl. dazu u.a. Pretzsch 1992, S.255f.
181 Vgl. zum folgenden Dempsey 1986, S.179ff.; Fey 1989, S.167ff.; Zäpfel 1989b, S.213ff.; Hoekstra, Romme 1992, S.8f.
182 Sie wird deswegen auch "Push-Strategie" oder "Just-in-case-Strategie" genannt; vgl. Dempsey 1986, S.180.
183 Sie wird auch "Pull-Strategie" oder "Just-in-time-Strategie" genannt; vgl. Dempsey 1986, S.180.
184 Vgl. dazu die Ausführungen in Kap. B.3.2.

netration-point hineinreichenden externen Kundenauftrag initiiert und ein von dort aus steter und ohne Stockungen verlaufender Materialfluß zum Kunden realisiert.

Aber auch diesseits des (bzw. der) Postponement-Punkte(s) kommen immer stärker Ablaufstrategien zum Einsatz, deren Dispositionspraktiken sich auf die planmäßige Berücksichtigung zukunftsorientierter Bedarfszahlen ausrichten (*programmgesteuerte Disposition*) und die versuchen, durch explizite Berücksichtigung von aktuellen Kundenaufträgen eine Reduktion von Materialbeständen entlang der Logistikkette zu bewirken.[185] Heute schon klassische Beispiele für diese Art der programmgesteuerten Disposition stellen z.B. die Verfahren des "Material Requirement Planning" (MRP), des "Distribution Requirement Planning" (DRP) oder des "Manufacturing Resources Planning" (MRP II) dar,[186] die unter dem Eindruck der Mängel der bedarfsgesteuerten Planungssysteme[187] entstanden sind und die einen *Mittelweg zwischen einer Push- und einer Pullstrategie* kennzeichnen.[188] Sie führen dazu, daß die Leistungserstellungsprozesse immer stärker synchronisiert und auf die Endproduktnachfrage ausgerichtet werden und die Regelkreise entlang der Logistikkette immer mehr aneinander gekoppelt werden.[189]

Damit werden die Durchlaufzeiten zwischen den Leistungserstellungseinheiten entlang der logistischen Wertschöpfungskette, also die jeweiligen Bearbeitungs- und Liegezeiten, zu einem entscheidenden Faktor für organisatorische Gestaltungsüberlegungen, so daß prozeßorientierte Segmentierungsformen immer mehr an Bedeutung gewinnen.[190] Denn sie setzen gedanklich auf diesen logistischen Prozeßketten bzw. Auftragszyklen auf und integrieren alle Prozeßelemente, die zur Abwicklung eines ex- oder internen Auftrages notwendig sind.[191] Ihre Schnittstellen zu vor- oder nachgelagerten Logistiksegmenten ergeben sich durch eine aus Sicht des Materialflusses *horizontal erfolgende Segmentierung der Logistikkette*. Somit ist jeweils ein Verantwortungsbereich verantwortlich für die auftragsspezifischen Prozeßabfolgen, ohne daß innerhalb dieser organisationsbedingte Schnittstellen gebildet werden und die jeweiligen Informations- und Güterflüsse von mehreren Prozeßverantwortlichen[192] gesteuert werden.[193]

---

185 Vgl. Fey 1989, S.244ff.
186 Vgl. dazu ausführlich Sohal, Howard 1987, S.3ff.
187 Zu diesen zählen bspw. die klassischen Bestellpunkt- und Bestellrhythmussysteme; vgl. dazu Ihde 1991, S.206ff.
188 Sie werden deshalb in Abgrenzung zur just-in-time- und zur just-in-case-Stoßrichtung zu "just-in-between-strategies" gezählt; vgl. Dempsey 1986, S.180; Fey 1989, S.166f.
189 Vgl. Sohal, Howard 1987, S.13; Ihde 1991, S.191.
190 Vgl. u.a. Pape 1992, S.9f.; Pfeiffer, Weiß 1992, S.43ff.
191 Frese spricht in diesem Zusammenhang von der Integration kritischer Interdependenzen, und zwar der innerbetrieblichen Leistungsverflechtungen in einem Teilsystem; vgl. Frese o.J., S.180.
192 Striening spricht in diesem Zusammenhang von "Process Owner"; vgl. Striening 1988, S.327; Lindner spricht von "Prozeßketten-Manager"; vgl. Lindner 1991, S.834.

Hinter der Integration aller für die Auftragsabwicklung notwendigen Aufgaben steht die Überlegung, daß die Koordination von Prozessen innerhalb eines Verantwortungsbereiches effizienter ist als zwischen den Bereichen, weil eine einheitliche Zielsetzung besteht und die Kommunikation innerhalb des Bereiches besser verläuft.[194] "Doppelarbeiten, verursacht durch Defizite im Informationsfluß, sowie das Einarbeiten vieler Mitarbeiter in den gleichen Auftrag werden ebenso abgebaut wie Übergangs- und Liegezeiten ... Rückfragen und Unklarheiten lassen sich in Teams sehr viel einfacher klären als zwischen Mitarbeitern wenig kooperierender Bereiche. Die verbesserte Informationsqualität bewirkt zugleich eine höhere Qualität der Auftragsbearbeitung."[195]

Durch den Wegfall der Schnittstellen können Schwachstellen der überkommenen Organisationsstruktur beseitigt werden, wie etwa:
* redundante, in verschiedenen Bereichen angesiedelte, Tätigkeiten,
* Medienbrüche aufgrund nicht kompatibler Informationssysteme,[196]
* nicht aufeinander abgestimmte Prozesse, mit der Folge, daß die Leistung einer vorgelagerten Funktion zu spät eintrifft,
* nicht bedarfsgerechte Leistungen, mit der Folge, daß auch die nachgelagerte Funktion keine optimale Leistung erbringen kann, usw..[197]

Insgesamt bewirkt diese prozeßorientierte und konsequent auf die Auftragsabwicklung ausgerichtete Organisationsform eine Verkürzung der Durchlaufzeiten.[198] Sie macht den Einsatz von Ablaufstrategien möglich, deren Stoßrichtung sich nicht mehr auf Prognosedaten gründen muß und zu Bestandsbildungen führt, sondern bei denen der Materialfluß durch die konkret eingehenden Kundenaufträge ausgelöst wird und ohne Stockungen bis zur Lieferung an den Kunden realisiert wird. Sie ermöglicht es, daß Pufferbildungen über die verschiedenen Stufen der Wertschöpfungskette so weit wie möglich minimiert bzw. Lagerbestände warenflußaufwärts verschoben werden können und somit die Effizienz der betrieblichen Leistungserstellung nachhaltig gesteigert wird.

193 "The division of a pipeline into segments enables responsibilities to be defined clearly ..."; (Farmer, Ploos van Amstel 1991, S.42).
194 Vgl. Bochum, Meißner 1990, S.113; Laventz 1992, S.51.
195 Vgl. Fuhrberg-Baumann, Müller 1992, S.24.
196 Daß durch die Beseitigung von Medienbrüchen entlang der Logistikkette gewaltige Effizienzreserven ausgeschöpft werden können, liegt angesichts der Tatsache, daß z.B. "in vielen Distributionssystemen Informationsübermittlungs- und -bearbeitungszeiten häufig den Löwenanteil an der Lieferzeit ... (größer als 50%)" (Delfmann, Waldmann 1987, S.87) ausmachen, auf der Hand.
197 Vgl. Pawellek, Polensky 1988, S.55; Slomka 1990, S.92ff.; Giehl 1993, S.293f.
198 Vgl. Zäpfel 1989b, S.209; Fuhrberg-Baumann, Müller 1992, S.24.

(2) Doch die Effizienz der Aufgabenerfüllung kennzeichnet nur eine Leistungsdimension logistischer Segmente. Ein weiteres Leistungsmerkmal ist die Ausrichtung der Leistungserstellung auf die Lieferservicebedürfnisse der jeweiligen in-
oder externen Kunden, also die konsequente *Kundenorientierung*.[199]

Dies gilt insbesondere für Logistiksegmente, denen die Abwicklung externer, aus
den unterschiedlichen 'logistics misssions' in die Unternehmung hineinreichender,
Kundenaufträge obliegt. Dort sollen nicht mehr alle Kundenaufträge mit ihren in der
Regel unterschiedlichen wettbewerbsstrategischen Schwerpunkten in ein und das-
selbe logistische Subsystem reichen, sondern einzelne Segmente aufgebaut werden,
die auf spezifischen Missionstrategien ausgerichtet sind. "Clearly defined ... missions
should be the basis upon which a logistics organisation is structured."[200] Sie entstehen also dadurch, daß zusätzlich zur horizontalen Segmentierung im order-penetration-point eine *vertikale Segmentierung* nach Maßgabe missionspezifischer Kriterien
durchgeführt wird.

So können etwa in der Fertigung Segmente mit jeweils spezialisierten, hochflexiblen
Fertigungseinrichtungen aufgebaut werden, die in der Lage sind, auftragsspezifisch
kleine Lose in kurzen Durchlaufzeiten zu produzieren, weil die Abstimmung der
Rüsttakte einer einheitlichen Zielsetzung folgt und kein Ausgleich mit anderen -
möglicherweise völlig konfliktionären Fertigungszielen folgenden - Fertigungsaufträgen stattfinden muß.[201] Ähnlich können in der Distribution unterschiedliche Missions mit völlig unterschiedlichen Leistungsangeboten beliefert werden, wie z.B.
eine Mission mit kleinen Liefermengen und zu garantierten Höchstlieferzeiten während gleichzeitig einer anderen Mission Lieferungen zu minimalen Kosten angeboten
werden; diese unterschiedliche wettbewerbsstrategische Ausrichtung ist organisatorisch handhabbar, wenn das eine Logistiksegment die Möglichkeit hat, z.B. Eilauf-
träge problemlos in einen bestehenden Tourenplan einzuschleusen, dem anderen dagegen die Kompetenz zugestanden wird, sämtliche Auftragsmodalitäten und Waren-
verteilungspläne auf die Konsolidierung der Waren- und Informationsflüsse auszurichten.[202]

---

199 "The only way around this problem is through effective customer service management, which requires that all those acti-
     vities involved from the time the order is placed until the goods are delivered are managed as an integrated function."
     (Christopher 1986, S.55); vgl. ebenso Bullinger, Wasserloos 1992, S.6ff.
200 Gattorna 1988, S.85.
201 Bspw. kann mit der Fertigung eines bestimmtes Gutes eine Kostenführerschaftsstrategie verfolgt werden, deren Produk-
     tion demzufolge große Lose und keine Fertigungsunterbrechungen erfordert.
202 Vgl. u.a. Fuhrberg-Baumann, Müller 1992, S.24.

Die Kundenorientierung gilt aber auch für solche Logistiksegmente, deren "Kunde" ein nachgelagertes *unternehmungsinternes* Logistiksegment ist; für sie gilt es insbesondere, hohe Lieferserviceleistungen durch die konsequente Einhaltung zugestandener Lieferzeiten und Qualitätsnormen und durch die flexible Berücksichtigung ungeplanter Aufträge zu erzeugen und somit eine stockungsfreie Leistungserstellung entlang der gesamten Logistikkette zu ermöglichen.[203]

Kleinere auf kundenspezifische Aufgaben ausgerichtete Segmente sind nicht nur wegen des Wegfalls interner Zielkonflikte und des damit reduzierten Steuerungsaufwandes *flexibler*, sondern realisieren auch wegen der Überschaubarkeit zu vollziehender Aufgaben *Spezialisierungsvorteile*, die sich z.B. in einer verbesserten Gestaltung der Auftragsabwicklung oder in einer besseren Berücksichtigung von Kundenwünschen äußern.[204]

Zudem sind sie aufgrund ihrer Nähe zu den Vorgängen vor Ort mit den Problemen der von ihnen zu leitenden Bereiche eng vertraut, so daß die zur Umsetzung der holistischen Logistik-Perspektive notwendige Verknüpfung unterschiedlicher Transfer- und Transformationsfunktionen innerhalb des Segmentes eher gewährleistet wird als bei der Abstimmung durch eine zentrale Koordinationseinheit.[205]

(3) Die obigen Ausführungen machen deutlich, daß Logistiksegmente weitgehend *autonom* walten müssen, um die Erfüllung kundenspezifischer Ziele gewährleisten zu können.[206]

Die Dezentralisierung operativer Steuerungskompetenzen und damit die Übertragung planender Funktionen an die Logistiksegmente kennzeichnet zwar einen Aspekt der Autonomie, doch besteht diese de facto erst dann, wenn auch der Koordinationsbedarf hinsichtlich der *segmentübergreifenden Interdependenzen* erheblich reduziert wird.[207] Hierbei geht es vor allem um die Abstimmung innerbetrieblicher Leistungsverflechtungen, die zwischen Logistiksegmenten immer dann bestehen,

---

203 Dies entspricht der bereits oben formulierten Forderung, daß im Hinblick auf den ganzheitlichen Charakter der Logistik die Serviceleistung jeder Bedarfssenke entlang der Logistikkette zu erbringen ist; vgl. dazu die Ausführungen in Kap.B.2.1.

204 Vgl. Delfmann 1990b, S.175.

205 Pfeiffer, Weiß sprechen in diesem Zusammenhang vom "Subsidiaritätsprinzip" der Aufgabenverteilung, nach der jede Leistungseinheit entlang der Prozeßkette die Aufgaben übernehmen solle, die es am besten ausführen kann; vgl. Pfeiffer, Weiß 1992, S.201.

206 Wir stimmen Gaitanides zu, der "Autonomie" in arbeitsteiligen Organisationen nicht mit bedingungslosem bzw. prämissenfreiem Handeln oder Entscheiden gleichsetzt, sondern es so interpretiert, daß "vom Handlungsträger das Erkennen von Interdependenzen gefordert wird und diesem ihre Berücksichtigung und Abstimmung übertragen werden." (Gaitanides 1983, S.171).

207 Striening spricht von dem zur "Machtpromotion" notwendigen Komplement der "Sachpromotion"; vgl. Striening 1989, S.324. Zum Promotorenmodell im Rahmen von Entscheidungsprozessen vgl. Witte 1976, S.319ff.

"wenn der Output eines Prozeßsegmentes handlungsauslösend für ein anderes wirkt"[208] und um die Abstimmung der Ressourceninterdependenzen, die vorliegen, "wenn bei Durchführung unterschiedlicher Prozeßsegmente auf gemeinsame Ressourcen zurückgegriffen werden muß"[209].

Zwei logistisch relevante Maßnahmen kommen in Betracht, den segmentübergreifenden Abstimmungsbedarf zwischen den Organisationseinheiten zu reduzieren und damit deren Autonomie zu wahren:

Zum einen können *Puffer* (Zeitpuffer oder Bestandspuffer) an den Schnittstellen zum vorgelagerten Logistiksegment angelegt werden, die darauf abzielen, den Grad der innerbetrieblichen Leistungsverflechtungen zwischen diesen zu reduzieren.[210] Durch sie werden die Logistiksegmente von den Ablaufschwankungen oder -störungen der verbundenen Bereiche entkoppelt und sind somit autonomer von diesen.
Hinsichtlich ihrer Leistungsfähigkeit ist dieser Aspekt für Logistiksegmente, deren Abläufe reaktiv, also nach dem Pull-Prinzip erfolgen, von strategischer Bedeutung; denn Fehlmengensituationen an den Schnittstellen zwischen den Leistungseinheiten führen zwangsläufig zu Lieferservicezielverletzungen oder zu überproportional teuren Kompensationsmaßnahmen.[211] In diesem Zusammenhang sind Puffer ein Ausdruck der "geplanten Vorsicht",[212] deren begrenzte Bildung auch bewußt akzeptiert wird, weil sie den Koordinationsbedarf zwischen den Logistiksegmenten reduziert, bzw. weil sie die Einhaltung segmentspezifischer Zielwerte garantiert.[213]
Die Festlegung der Höhe der Puffer zwischen den Logistiksegmenten muß allerdings ein Ergebnis logistischer Trade-Off-Analysen sein, bei denen einerseits Autonomiekosten und Koordinationskosten einander gegenübergestellt werden[214], andererseits die Kostenziele in Bezug zu logistischen Leistungsanforderungen gesetzt werden.

Eine weitere Maßnahme zur Sicherung der Autonomie stellt die *Entflechtung von Kapazitäten* bzw. die *physische Ressourcentrennung* zwischen den Segmenten dar, weil sie den Grad der Ressourceninterdependenzen zwischen den Logistiksegmenten reduziert. Ihr liegt die Überlegung zugrunde, daß die in einem Verantwortungsbereich zusammengefaßte Kompetenz über die Disposition von Ressourcen den zielkonformen Einsatz von Potential- und Verbrauchsfaktoren besser

---

208 Gaitanides 1983, S.160.
209 Gaitanides 1983, S.160; vgl. ebenso Frese 1980, S.76ff.
210 Vgl. Dierdonk, Miller 1981, S.64; Müller 1988, S.428f.
211 Vgl. u.a. Weber 1987, S.85ff.; Ihde 1991, S.237ff.
212 Vgl. Frese o.J., S.171.
213 Vgl. Poensgen 1980, Sp.1132; Zäpfel 1989a, S.219f.; Ihde 1991, S.185ff.
214 Vgl. dazu Pfohl 1991, S.4.

gewährleistet und die Verfügbarkeit der benötigten Ressourcen eher sicherstellt, als wenn mehrere Segmente um die knappen Einsatzfaktoren konkurrieren.[215] So können bspw. Fertigungssegmente mit hochflexiblen Fertigungssystemen von kleinem Kapazitätsquerschnitt eingerichtet werden, die in kleinen Losen unterschiedliche Produkte parallel oder große Mengen identischer Produkte in Tageslosen fertigen, ohne daß eine Abstimmungsnotwendigkeit mit anderen Segmenten besteht.[216] Oder "Vertriebsinseln" lassen sich mit einem eigenen Fuhrpark ausstatten, damit diese ihre Tourenplanung autonom von den Fahrzeugeinsatzdispositionen anderer Segmente vollziehen können.

Diese Maßnahmen machen deutlich, daß mit wachsender Autonomie der Logistiksegmente stark zunehmende Autonomiekosten verbunden sind, die im Konflikt zu logistischen Kostenzielen, respektive zum Ziel einer möglichst vollkommenen Nutzung vorhandener Kapazitäten stehen. Zwar ließe sich letztlich jedes Maß an Autonomie realisieren, wenn jeder Verantwortungsbereich uneingeschränkte Verfügungsmacht über die einzusetzenden Ressourcen hätte, doch ist diese extreme Form der Autonomie nicht immer ökonomisch vertretbar.[217] Sie zwingt zu Überlegungen, wie die Effizienz der Leistungserstellung gesteigert werden kann, ohne daß die Anforderungen des Käufermarktes an die Effektivität der Leistungserstellung nachhaltig verletzt werden.

Eine Möglichkeit der organisatorischen Handhabung dieses Trade-Off-Problems besteht darin, im logistischen System systematisch Stellen zu identifizieren, an denen einerseits durch Kapazitätskonsolidierung große Synergieeffekte realisiert werden können, andererseits aber das Abstimmungsproblem zwischen den Logistiksegmenten (aufgrund der dadurch bedingten Ressourceninterdependenzen) lösbar und die Erreichung missionspezifischer Lieferserviceziele gewährleistet bleibt.[218] Bspw. ist die gemeinsame Nutzung eines teuren Spezialtransporters oder die gemeinsame Zentrallagerung von Gütern für unterschiedliche 'logistics missions' in einem Lagergebäude sinnvoll, wenn dadurch Kostensenkungen realisiert werden, die Abstimmung um die knappe Ressource "Transportkapazität" bzw. "Lagerraumkapazität" aber problemlos erscheint. Die gemeinsame Nutzung von Ressourcen schränkt zwar den Grad der Autonomie der Logistiksegmente ein und erhöht den Bedarf an seg-

215 Frese o.J., S.179.
216 Vgl. Wildemann 1988, S.95ff.
217 Vgl. Frese o.J., S.182.
218 Vgl. Delfmann 1990b, S.175.

mentübergreifender Koordination, doch sie verringert den Aufbau von Leerkapazitäten und verhindert eine Explosion der logistischen Kosten.[219]

Eine andere (und in der Praxis immer häufiger angewandte) Möglichkeit besteht darin, kapitalintensive Wertschöpfungsaktivitäten auszulagern und extern ausführen zu lassen.

So können bspw. Transportaufträge bei "Auftragsspitzen" fremdvergeben werden, anstatt durch eine Kapazitätsaufstockung eine schlechtere Auslastung in Kauf zu nehmen, oder einzelne Produktmodule fremdgefertigt und in die Kundenauftragsfertigung just-in-time eingeschleust werden, um die Investition in teuere Spezialfertigungsanlagen zu vermeiden.[220] Im Extremfall können sogar komplette Prozeßketten eines Logistiksegmentes an einen Dienstleister ausgelagert werden, wie z.B. die gesamten Distributionaufgaben eines kundenauftragsfertigenden Segmentes, und dazu führen, daß große Abschnitte des Kundenauftragszyklus nicht mehr selber vollzogen sondern nur noch dispositiv gesteuert werden.[221]

Die Auslagerung von Wertschöpfungsaktivitäten an externe "Partner" setzt allerdings voraus, daß die betrieblichen Abläufe zwischen Zulieferer oder Dienstleister und dem Logistiksegment vollkommen synchron erfolgen bzw. daß die Partner sich verpflichten, zeitgleich den Auftragsdispositionen des Segmentes zu folgen und damit eine den jeweiligen Lieferservicezielen entsprechende Abwicklung der Kundenaufträge gewährleisten.[222]

Zusammenfassend läßt sich also festhalten, daß Logistiksegmente aufgrund ihrer Prozeßorientierung bzw. ihrer konsequenten organisatorischen Ausrichtung auf die Auftragsabwicklung eine geeignete Strukturierungsform darstellen, die die hohen Anforderungen des Käufermarktes an die Flexibilität und Leistungsfähigkeit der betrieblichen Wertschöpfung erfüllen kann und gleichzeitig die Gewährleistung effizienter Leistungserstellung garantiert.

Logistiksegmente können aufgrund der Kompetenz zur internen Koordination der unterschiedlichen, zur Erzeugung einer betrieblichen Leistung notwendigen, Wertschöpfungsprozesse und aufgrund der Verfügungsrechte über den Großteil der dazu

---

219 Fuhrberg-Baumann, Müller fügen als zusätzlichen Grund für zentralen Koordinationsbedarf unvorhergesehene Ereignisse bzw. Störungen hinzu; in diesem Zusammenhang übernimmt die Logistikzentrale die Funktion des Störungsmanagement; vgl. Fuhrberg-Baumann, Müller 1992, S.24.

220 Ein klassisches Beispiel für diese Form der Fremdfertigung ist die Partnerschaft zwischen Automobilfertigern und Produzenten von Autositzen; vgl. u.a. Pretzsch 1992, S.255ff.

221 Vgl. dazu stellvertretend für viele Delfmann, Waldmann 1987, S.74ff.

222 Vgl. u.a. Syson 1987, S.75ff.; Fey 1989, S.168ff.; Ihde 1991, S.210ff. Häufig wird die Zusammenarbeit zwischen den verbundenen Unternehmungen schon in der Produktentwicklungsphase eingeleitet; in dieser frühen Phase ist der Einfluß auf Funktion, Qualität und Kosten des Produktes bzw. der Dienstleistung noch maximal. Zur Integration der Zulieferer in die Produktentwicklungsphase vgl. ausführlich Clark, Fujimoto 1991, S.129ff.

benötigten Kapazitäten weitgehend autonom walten und ihre Leistungserstellung konsequent auf die Umsetzung spezifischer logistischer Wettbewerbsstrategien ausrichten.

Wie allerdings die genaue Ausgestaltung solcher Segmentformen aussehen soll, also z.B. wie viele Prozeßelemente bzw. Wertschöpfungsstufen in einem Verantwortungsbereich integriert werden sollten, kann nur unternehmungsindividuell beantwortet werden. Denn eine Vielzahl von *Produkt-, Markt- oder prozeßtechnischer Einflußfaktoren* (wie z.B. die Fertigungsstruktur, der Standardisierungsgrad der Fertigung, die technologische Unterschiede der Prozeßabläufe, die Beschaffungsart, der Anteil des Fremdbezugs etc.) und eine Vielzahl von *kontextabhängiger, situativer Einflußfaktoren* (wie z.B. vorhandene Finanz-, Personal- oder Managementressourcen, externe Marktchancen und Risiken etc.) wirken auf die Strukturierungsüberlegungen,[223] so daß generelle Gestaltungsempfehlungen nicht möglich bzw. nicht sinnvoll sind.

Für die kommenden Überlegungen ist hingegen folgendes entscheidend: Durch die Internalisierung "kritischer", d.h. bei der Leistungserstellung bzw. Auftragsabwicklung zu beachtender, Interdependenzen in dezentralen Verantwortungsbereichen wird der Bedarf an bereichsübergreifender Koordination erheblich reduziert. Er beschränkt sich auf die Vorgabe von Schlüsselgrößen und auf die Abstimmung der Leistungsprozesse an den Schnittstellen zwischen den Segmenten. Dies stellt differenzierte Anforderungen an den über die organisatorischen Maßnahmen hinausgehenden Einsatz von zentral und dezentral anzuwendenden Koordinations- bzw. Controllinginstrumenten und vor allem an die methodische Struktur der Planungs-, Kontroll- und Informationsversorgungskonzepte, die diesen neuen Logistikstrukturen angemessen sind.

5. Controlling als Funktion zur Unterstützung der logistischen Führung

Hinsichtlich der hohen Bedeutung des Controlling für die Logistik besteht in der Literatur zwar weitgehende Übereinstimmung; doch man stößt auf eine Vielzahl von Definitionsvorschlägen zum Controlling,[224] deren vielfältige Verwendung nur be-

---

223 Zu Einflußfaktoren auf mögliche Organisationsformen von Logistiksegmenten, speziell Fertigungssegmenten vgl. Scheer, Keller, Bartels 1989, S.7ff.; Scheer o.J., S.129; Wildemann o.J., S.236ff.

224 Vgl. u.a. Pfohl, Hoffmann 1984, S.43; Reichmann 1985, S.151f.; Hlubek 1988, S.242; Jünemann 1989b, S.89; Lochthowe 1990, S.36ff.; Weber 1991a, S.25; Schulte 1991, S.273f.

schränkt zur inhaltlichen Klärung beitragen kann und auf Abgrenzungs-schwierigkeiten hinweist.[225]

Zwei Gründe lassen sich für die unterschiedlichen Auffassungen anbringen:

(1) Eine Ursache für die Mißverständnisse findet man in der Ungenauigkeit im Zu-sammenhang mit der Wortetymologie von "*Controlling*".[226] So gehen viele Defini-tionen vom englischen Verb 'to control' aus, jedoch bieten deren vielfältigen Bedeu-tungsinhalte einen so großen Interpretationsspielraum, daß unter Bezugnahme auf 'to control' nahezu jede subjektive Vorstellung mit Controlling verbunden werden kann.[227]

Dies wird z.B. deutlich an den verschiedenen in der Literatur vorzufindenden Auf-fassungen bzgl. des Aufgabenumfangs von Controlling. Sie reichen von rechnungs-wesengestützten Informationslieferung- und Kontrollaufgaben[228], über Unterstüt-zungsaufgaben im Bereich erfolgszielorientierter, operativer Logistikplanung und -kontrolle[229] bis hin zu einer Zusammenfassung so vieler, auch strategischer Füh-rungsaufgaben, daß ein Unterschied zwischen Controlling und Führung kaum mehr feststellbar ist.[230] So bezieht etwa KÜPPER die Aufgaben des Logistik-Controlling auf die Koordination sämtlicher Führungssysteme, also nicht nur auf die der operati-ven und strategischen Planungs-, Kontroll- und Informationssysteme, sondern auch auf die der Logistik-Organisation und des Personalführungssystems;[231] in diesem Sinne würde dann Controlling verstanden als "... all devices that insure that it goes where its leaders want it to go".[232]

Gleichermaßen ist es unklar, ob Controlling eine Führungsfunktion ausmacht, die jede logistische Führungskraft auszufüllen hat, oder ob es zum Aufgabenbereich ei-ner speziell dazu eingerichteten Organisationseinheit gehört. Die in diesem Zusam-menhang auftretenden Mißverständnisse basieren dann zumeist auf einer institutio-nellen Begriffsdefinition von Controlling, bei der - ausgehend von der anglo-ameri-kanischen Controllership-Konzeption - Controlling zu dem wird, was der Controller tut.[233]

225 ähnliche Auffassungsunterschiede belegen auch empirische Untersuchungen und Befragungen zum Logistik-Con-trolling; vgl. Küpper, Hoffmann 1988, S.587ff.
226 Vgl. dazu Buchner 1981, S.16; Bramsemann 1987, S.42.
227 Vgl. Preissler 1980, S.2; Coenenberg, Baum 1987, S.1.
228 Vgl. Männel 1989, S.931ff.
229 Vgl. Brändle 1983, S.3ff.; Pfohl, Hoffmann 1984, S.43f.; Schulte 1991, S.273f.
230 Vgl. Frank 1989, S.972ff.; Weber 1991a, S.29ff.
231 Vgl. Küpper 1991a, S.4.
232 Anthony, Dearden 1980, S.22.
233 Vgl. Haase 1980, S.313; Ziegenbein 1986, S.18; Lochthowe 1990, S.46.

(2) Eine andere Ursache für die kontroversen Begriffsvorstellungen liegt in der unterschiedlichen Auffassung darüber, welche Aufgaben die *Logistik* innerhalb der Unternehmung übernimmt, und damit welches Aufgabenspektrum das Logistik-Controlling innerhalb des Gesamt-Controlling abdeckt.

Ein Großteil der Autoren, wie z.B. PFOHL, HOFFMANN oder HARTWIG hat ein "traditionelles" Verständnis von Logistik-Controlling, wonach es sich nur auf den ursprünglichen bzw. eigentlichen Objektbereich der Logistik bezieht, also nur auf die Systeme und Prozesse der Raum-/Zeitüberbrückung (Transfersysteme und -prozesse).[234]

Andere Autoren, wie z.B. LINDNER/PIRINGER, IHDE oder GIEHL verstehen Logistik-Controlling viel weiter. Ihrer Auffassung nach umfaßt es nicht nur den traditionellen Objektbereich der Logistik, sondern auch die Bereiche, deren Abläufe nach Maßgabe logistischer, also prozeßorientierter und ganzheitlicher Ziele zu steuern sind.[235] "Aufgabe des Logistik-Controlling ist daher nicht nur die laufende Wirtschaftlichkeitskontrolle logistischer Prozesse, sondern muß auch die informatorische Abbildung aller Interdependenzen mit anderen unternehmerischen Funktionen und Bereichen sein ..."[236]

Es läßt sich also festhalten, daß die Abgrenzungsungenauigkeiten hinsichtlich des Logistik-Controlling eine "zweidimensionale" Ursache haben, die auf der einen Seite in der unterschiedlich weiten Auffassung von Controlling und auf der anderen Seite in dem unterschiedlich weiten Logistikverständnis liegen.

Deswegen ist es sinnvoll, (1) den Ausführungen zum Logistik-Controlling einige grundsätzliche Überlegungen zu der dieser Arbeit zugrundeliegenden Controlling-Sichtweise voranzustellen. Sie dienen insbesondere der Klärung der Frage, wie die Controllingaufgaben von anderen Führungsaufgaben abgegrenzt werden können und welche Instanz Controllingaufgaben wahrnimmt. (2) Anschließend werden logistikcontrollingspezifische Ziele und Aufgaben dargestellt, von denen (3) ausgehend konzeptionelle Überlegungen zur strukturellen Neuausrichtung seiner Instrumente erfolgen, die eine Abkehr von der Überbetonung "vertikalen" Instrumenteneinsatzes hin zu einer prozeßorientierten, "horizontalen" Anwendung beschreiben.

234 Vgl. Pfohl, Hoffmann 1984, S.43ff.; Hartwig 1990, S.192ff.
235 Vgl. Lindner, Piringer 1990, S.219ff.; Ihde 1991, S.258ff.; Giehl 1993, S.296ff. Giehl spricht in diesem Zusammenhang vom Prozeßketten-Controlling als Weiterentwicklung des Logistik-Controlling.
236 Ihde 1991, S.258.

5.1. Abgrenzung der Führungsfunktion "Controlling"

Nach hier vertretener Auffassung ist Controlling zu verstehen als eine Funktion der Führung,[237] die der Sicherung einer zielgerichteten Steuerung arbeitsteiliger Handlungssysteme und der sie tragenden Handlungsträger dient und deren Aufgaben die Entwicklung und Anwendung von analytisch-methodischen[238] Planungs-, Kontroll- und formalen[239] Informationssystemen umfassen.[240]

(1) In dieser Sichtweise ist demnach das "eigentliche" Controlling eine Aufgabe, die von Führungspersonen bzw. Managern wahrgenommen wird; die Führung wendet Controlling an und übt somit eine Führungsfunktion im Wege der systematischen Planung und Kontrolle aus.[241]

Die Aufgabe eines organisatorisch verselbständigten Controllingbereiches (Controllership) hingegen, die in der Literatur auch häufig mit Controlling bezeichnet werden, sind durchaus nicht deckungsgleich mit denen der Controlling anwendenden Führung.[242] Denn die Aufgaben des Controllership liegen primär in der Entlastung der Führung durch die Übernahme von Serviceaufgaben (wie etwa der empfängerorientierten Aufarbeitung von Informationen, der Pflege von Planungs- und Informationssystemen, der Verwaltung von Hard- und Software etc.), also in Aufgaben, die zuvorderst dem "Getting controlling done by the manager"[243] dienen.[244] (vgl. Abb.9)

237 In der modernen Controlling-Literatur wird nahezu ausnahmslos der enge Bezug von Controlling zur Führung bescheinigt, wobei teilweise nur terminologische Unterschiede bestehen; vgl. zur "Führungsunterstützung" u.a. Ziener 1985, S.32; Schmidt 1986, S.44; zur "Komponente der Führung" vgl. Küpper, Weber, Zünd 1990, S.282; Weber 1991b, S.19; zum "Subsystem der Führung" vgl. u.a. Horváth 1990, S.154; zur "Hilfsfunktion der Führung" vgl. u.a. Hügler 1988, S.53; Kronast 1989, S.80.

238 Hierdurch soll insbesondere die technokratische Dimension der Planung zum Ausdruck kommen, die durch eine systematische, bewußte, geregelte und programmierte Vorgehensweise gekennzeichnet ist und sich - in grober Zweiteilung - von einer natürlichen, intuitiven, improvisierten und informalen Denkweise differenzieren läßt; vgl. u.a Schmidt 1986, S.45; Hügler 1988, S.63f.; Kronast 1989, S.92f.

239 Hierdurch soll zum Ausdruck kommen, daß das Controlling nicht sämtliche Informationen aus dem Gesamtspektrum der Informations- und Kommunikationsbeziehungen einer Unternehmung umfaßt, sondern sich auf solche Führungsinformationen bezieht, die für die Planung und Kontrolle relevant, quantifizierbar und verdichtet sind; vgl. Koreimann 1973, S.53ff.; Kronast 1989, S.109.

240 Zur Beschränkung der Controlling-Aufgaben auf Planungs-, Kontroll- und Informationsaufgaben vgl. u.a. Ziener 1985, Ziegenbein 1986, Welge 1988, Horváth 1990, Reichmann 1990.

241 Dem Controlling wird also ein funktionales Begriffsverständnis zugrundegelegt; vgl. dazu im Zusammenhang mit der Gegenüberstellung zum institutionalen Begriffsverständnis Harbert 1982, S.48ff.

242 "Der zur Beschreibung von bestimmten Management-Aktivitäten verwendete Controlling-Begriff darf nicht mit dem institutionalen Controlling gleichgesetzt werden." (Hügler 1988, S.53); vgl. ebenso Buchner 1981, S.29ff.; Harbert 1982, S.56ff.

243 Vgl. Deyhle 1991, S.105.

244 Um die Entlastungsfunktion des Controllership deutlich zu machen, werden in der Literatur eine Reihe anderer Begriffe verwendet, wie z.B. "Betreuung" (vgl. Horváth 1990, S.120), "Beratung" (vgl. Bramsemann 1987, S.69) oder "Servicefunktion" (vgl. Pfohl 1981, S.221ff.).

Allerdings sind die beiden Begriffspaare "Controlling" und "Controllership" nicht so eindeutig trennbar, wie es z.B. HORVATH darstellt ("Der Controller macht selbst kein "Control" bzw. "Controlling", er unterstützt vielmehr die Führung dabei"[245]), denn es muß vielmehr als ein empirisches und kontextabhängiges Problem angesehen werden, inwieweit die an eine Controlling-Stelle delegierten Funktionen nur Unterstützung für die führenden Aktoren sind und deren Entlastung dienen, oder inwieweit die Unterstützungsfunktion die Führungshandlungen bzw. das Führungsverhalten determiniert.[246] Genauso gut ist es vorstellbar, daß Teilaufgaben der Führung an eine Controlling-Instanz delegiert werden, wie z.B. spezielle Planungs-, Entscheidungs-, Durchsetzungs- oder Kontrollrechte, um die Leitungsinstanzen zu entlasten, welche aufgrund des gestiegenen quantitativen und qualitativen Aufgabenumfangs immer stärker der Gefahr der Überforderung gegenüberstehen.[247]

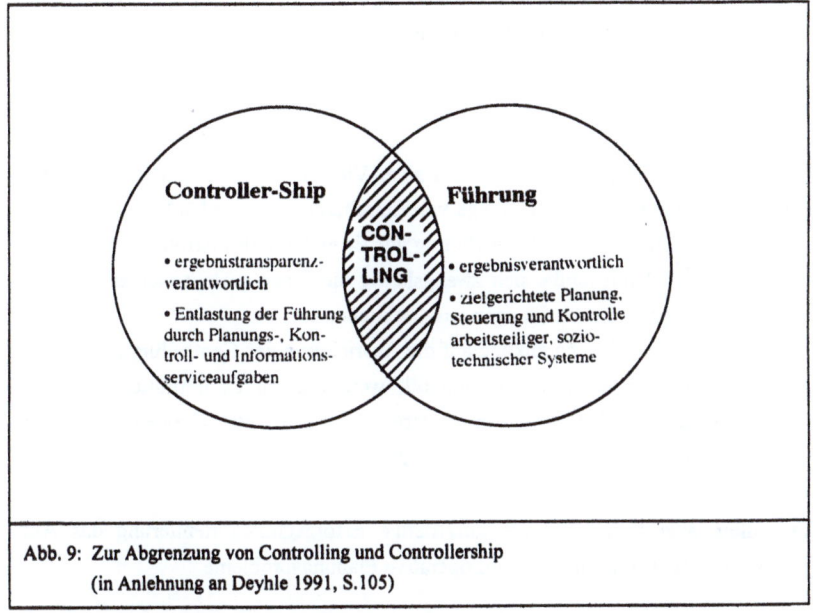

Abb. 9: Zur Abgrenzung von Controlling und Controllership
(in Anlehnung an Deyhle 1991, S.105)

Wir stimmen daher der Feststellung von WEBER bzw. KRONAST zu, daß der "Übergang von einer umfassenden Führungsunterstützung zur "eigentlichen" Unternehmensführung ... zwangsläufig fließend"[248] ist, gehen aber im Rahmen dieser Untersuchung nicht der Frage nach, ob und inwieweit ein Controllership direkte oder

245 Horváth 1990, S.27.
246 Vgl. Kronast 1989, S.81.
247 Vgl. dazu umfassend Harbert 1982, S.248ff.; Hügler 1988, S.54ff.
248 Weber 1988, S.172; Kronast 1989, S.81.

indirekte Führungsfunktionen wahrnehmen kann. Vielmehr vollziehen wir die zumindestens gedankliche Trennung von "Controlling" und "Controllership", nach der die ergebnisverantwortliche Führung Controlling anwendet, während das ergebnistransparenzverantwortliche Controllership das Controlling unterstützt, und stellen im folgenden die Frage, wie die Führungsfunktion "Controlling" von anderen Führungsfunktionen abgegrenzt werden kann.

(2) In der Literatur wird diese Abgrenzung vielfach dadurch vollzogen, daß dem Controlling nur solche Aufgaben zugeordnet werden, die im Hinblick auf die Beeinflussung des Erfolgsziels als wesentlich angesehen werden.[249] Danach übernimmt das Controlling operative Planungs- und Kontrollaufgaben (kurz/mittelfristige Ziel-, Maßnahmen-, Resourcenplanungsaufgaben, Budgetierung etc.) und folgt monetären Zielgrößen. "Controlling läßt sich auch schlagwortartig als erfolgsorientierte Unternehmenssteuerung oder als Gewinnmanagement bezeichnen."[250]

Diese Auffassung erscheint uns aber als zu eng und darüber hinaus auch nicht unproblematisch.

Denn zum einen ist der Erfolg eine aus einer Vielzahl von Einzeldaten aggregierte Größe und resultiert aus einer Menge von Entscheidungen, die häufig unzureichend operationalisierbar sind und deren Beitrag zur Erreichung des Erfolgsziels nicht bewertbar ist.[251] Damit müßte sich zwangsläufig die Frage gestellt werden, ob Controlling von solchen Entscheidungen auszuschließen sei.

Zum anderen ist die Einschränkung auf die Ausrichtung des Controlling auf das Gewinnziel schon deswegen wenig sinnvoll, weil dadurch ex definitione nicht-erwerbswirtschaftliche Betriebe (insbesondere öffentliche Unternehmungen und Verwaltungen) kein Controlling einsetzen könnten.[252]

Vor allem aber beschränkt die kurzfristige Erfolgsgrößenorientierung das Aufgabengebiet des Controlling nur auf operative Planungsprobleme.

Dieser Einschränkung wollen wir aber nicht folgen und stimmen der Vielzahl der Autoren zu, die dem Controlling auch eine Bedeutung im Bereich strategischer Planung einräumen (*strategisches Controlling*).[253]

---

249 Vgl. Pfohl, Zettelmeyer 1987, S.149; ebenso Reichmann 1990, S.3.
250 Pfohl, Zettelmeyer 1987, S.149.
251 Vgl. Welge 1988, S.23.
252 Vgl. Weber 1991b, S.16.
253 Vgl. u.a. Coenenberg, Baum 1987; Hügler 1988, S.33f.; Küpper, Weber, Zünd 1990, S.285; Horváth 1990, S.237ff.; Hinterhuber 1990, S.91ff.

Denn das strategische Controlling kann durch die Entwicklung und Anwendung analytisch-methodischer Planungs- und Kontrollverfahren (Kunden- oder Konkurrenzanalyse, Stärken/Schwächenanalyse, Portfolioanalyse etc.) und formaler strategischer Informationssysteme (environmental scanning, Frühwarnsysteme etc.) wesentlich dazu beitragen, daß bestehende Erfolgspotentiale systematisch gesichert und ausgeschöpft bzw. neue Erfolgspotentiale geschaffen werden. Es kann darauf abzielen, den Strategiefindungsprozeß systematisch zu organisieren, rational zu bewerten und ihn mit dem Ziel der Transparenz und Nachvollziehbarkeit auszuformulieren.[254]

Damit liefert das strategische Controlling eine wesentliche Unterstützungsleistung im Rahmen der strategischen Planung, sollte aber keineswegs mit ihr gleichgesetzt werden.

Vielmehr übernimmt das Controlling mit seiner analytisch-methodischen und formalisierten Vorgehensweise nur eine *komplementäre Teilfunktion* innerhalb des strategischen Planungsprozesses. Dieser ist durch ein hohes Maß an Unsicherheit und Komplexität der Planungssituation sowie durch Pluralität und geringe Operationalität der Zielsetzung gekennzeichnet und erfordert demnach ein hohes Maß an subjektiven Annahmen, Wertprämissen und informalen (sich der maschinellen Aufarbeitung entziehenden) Informationen,[255] sowie ein hohes Maß an Intuition und Fingerspitzengefühl, das durch die analytische Dimension des Denkhandelns allein nicht ersetzt werden kann. Zu Recht verweisen SZYPERSKI, WINAND auf den Tatbestand, daß im Rahmen der Systematik von Planungsprozessen Intuition, Erfahrung, Emotion und Fingerspitzengefühl ein wichtiges Komplement zur analytischen Dimension des Denkhandelns darstellen, auf die eine "gute" Planung nicht verzichten kann.[256]

Zusammenfassend kann man also festhalten, daß die hier vertretene Sicht von "Controlling" eine Art Mittelposition innerhalb der unterschiedlichen Controlling-Interpretationen einnimmt, daß Controlling sich nur auf einzelne Teilbereiche und nicht auf die Gesamtheit der Führungssysteme bezieht.
Es ist daher herauszustellen, daß das analytisch-methodische Vorgehen des Controlling nur einen Ausschnitt aus den Führungsfunktionen darstellt und nur eine Form

---

254 Vgl. u.a. Frank 1989, S.966.

255 Viele Autoren weisen in diesem Zusammenhang darauf hin, daß es gerade nicht verdichtete Informationen, sondern Gerüchte, Spekulationen und ähnliche sich einer maschinellen Aufarbeitung entziehenden Informationen sind, die hierzu herangezogen werden; vgl. u.a. Mintzberg 1983, S.184f.; Ulrich 1985, S.25.

256 Vgl. Szyperski, Winand 1980, S.32.

-66-

der Rationalität kennzeichnet, während ein Großteil der Controlling-Literatur[257] offenbar davon ausgeht, es handele sich hierbei um *die* Rationalität schlechthin.[258]

5.2. Die Weiterentwicklung des Logistik-Controlling zu einem umfassenden "logistischen Controlling"

Mit dem erweiterten Verständnis von Logistik bzw. mit deren Anwendung als prozeßorientierte und ganzheitliche Konzeption der Unternehmungsführung wächst auch das Aufgabenspektrum des logistischen Controlling. Dann umfaßt es nicht allein den traditionell-logistischen Objektbereich der Transferprozesse, sondern den gesamten logistischen Führungsbereich, also den Bereich, in dem die Verknüpfung von Transfer- und Transformationsprozessen (Auftragsabwicklungsprozessen) zur Erzeugung betrieblicher Leistungen erfolgt.

Es soll deswegen in Abgrenzung zum Begriff "Logistik-Controlling", der in der Literatur zumeist noch für den Sachverhalt der analytisch-methodischen Planung, Steuerung und Kontrolle von Transferprozessen reserviert ist,[259] "logistikorientiertes Controlling" oder kurz "logistisches Controlling" genannt werden.

Seine Aufgaben sind ebenso umfassend wie vielschichtig, denn es wird wegen der operativen und der strategischen Dimension logistisch relevanter Entscheidungen von verschiedenen Führungskräften auf unterschiedlichen Führungsebenen und in unterschiedlichen Problemkontexten ausgeübt.

Zur besseren Kennzeichnung der Aufgaben und der ihnen zugrundeliegenden Ziele soll das logistische Controlling deswegen in ein der Untersuchung zugrundeliegendes System integrierter und hierarchischer logistischer Planung und Kontrolle eingebettet werden, das aus zwei, seinerseits hierarchisch strukturierten Planungsebenen besteht, einer übergeordneten strategischen und einer daraus abgeleiteten operativen Planungsebene. Diese sollen im folgenden kurz dargestellt werden (vgl. Abb.10):

---

257 Vgl. u.a. Schmidt 1986, S.61ff. und die dort aufgeführte Literatur.
258 Vgl. Kronast 1989, S.93.
259 Vgl. u.a. Pfohl, Hoffmann 1984; Teichmann 1989; Hartwig 1990; Lochthowe 1990; Weber 1991a; Küpper 1991a; Göpfert 1993b.

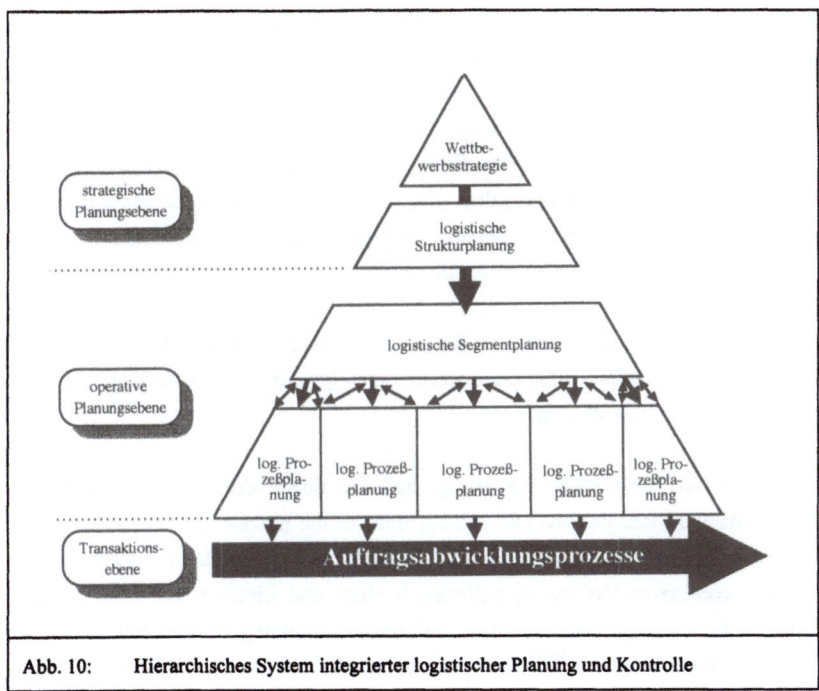

Abb. 10: Hierarchisches System integrierter logistischer Planung und Kontrolle

Die *strategische logistische Planung und Kontrolle* umfaßt zwei strategische Problemfelder, zum einen die Frage des langfristigen Aufbaus neuer Erfolgspotentiale durch die Identifizierung und Bedienung von 'logistics missions' (*Planung logistischer Wettbewerbsstrategien*) und zum anderen die der langfristigen Festlegung gesamtlogistischer Strukturen (*logistische Strukturplanung*).

Die Planung *logistischer* bzw. *logistikorientierter Wettbewerbsstrategien* erfordert - wie bereits oben dargestellt[260] - die integrative und und langfristig ausgerichtete Betrachtung sämtlicher Unternehmungsbereiche entlang der Wertschöpfungskette. Sie führt zu unternehmungsweit abgestimmten wettbewerbsstrategischen Konzepten, welche wiederum den Rahmen für die anschließende Ableitung der Funktionalstrategien bilden.[261]

Diese beziehen sich auf die Planung und langfristige Gestaltung der *Prozeßstrukturen* innerhalb der Unternehmung und umfassen Fragen wie z.B. der Standortwahl von Produktions- oder Distributionsstätten, der Reichweite des Logistiksy-

---

260 vgl. dazu die Ausführungen in Kap.B.3.1.
261 Vgl. Hinterhuber 1989, S.127; Frank 1989, S.997.

stems, der dauerhaften Auslagerung von Wertschöpfungstätigkeiten, der langfristigen kapazitiven Ausstattung der Logistiksegmente etc..[262]

Zur Umsetzung bzw. Konkretisierung der wettbewerbsstrategischen Logistikpläne werden globale Zielvorgaben formuliert, die - gegebenenfalls ergänzt um grobe Maßnahmen- und Ressourcenvorgaben - für die untergeordnete Ebene einen Rahmen abstecken, innerhalb dessen die operative logistische (bzw. der logistischen Perspektive folgende) Planung und Kontrolle erfolgt.[263]

Die *operative logistische Planung* ist ihrerseits hierarchisch strukturiert und wird auf zwei unterschiedlichen Führungsebenen mit jeweils unterschiedlichen Problemschwerpunkten vollzogen.

Die *logistische Segmentplanung* erfolgt auf der Ebene des zentralen, segmentübergeordneten Managements und bezieht sich auf die globale Steuerung der Logistiksegmente durch eine den jeweiligen strategischen Erfordernissen entsprechende Vorgabe von unterschiedlich detaillierten Kosten- und Lieferservicevorgaben und globalen Zeit-/Mengenvorgaben bzw. auf die Abstimmung an den Schnittstellen zwischen den Segmenten.[264] Sie hat also lediglich Rahmenbedingungen für die Ablaufplanung zu fixieren, so daß die Koordinierung des Materialflusses entlang der gesamten logistischen Wertschöpfungskette sichergestellt ist.
Damit stellt die Segmentplanung ein Verbindungsglied zwischen der übergeordneten strategischen Ebene und der untergeordneten Prozeß- bzw. Transaktionsebene dar und erfüllt eine Kopplungsfunktion, indem es die strategischen, häufig nicht an Verantwortungsbereichen anknüpfenden Planungsgrößen auf die operativen, an Organisationsbereichen ausgerichteten Größen überträgt.[265]

Innerhalb der durch die Zielvorgaben verbliebenen Entscheidungsfreiräume erfolgt in den Logistiksegmenten die operative Planung, Steuerung und Kontrolle der Auftragsabwicklungsprozesse, die im folgenden kurz als *logistische Prozeßplanung* bezeichnet wird. Hierbei geht es um die der logistischen Perspektive folgende Verknüpfung unterschiedlicher Transfer- und Transformationsprozesse zur Erzeugung betrieblicher Leistungen bzw. zur bedarfsgerechten und effizienten Abwicklung in- und externer Aufträge.

---

262 Vgl. exemplarisch Amberger 1985, S.56f.; Fey 1989, S.59ff.
263 Vgl. Lochthowe 1990, S.99ff.
264 Fey spricht in diesem Zusammenhang von "logistischer Bereichsplanung"; vgl. Fey 1989, S.239ff.
265 Zur allgemeinen Zuordnungsproblematik von Programmen auf Bereiche vgl. Lorange 1980, S.48.

Controlling wird auf allen Ebenen der hierarchischen logistischen Planung wahrgenommen.

Seine zentrale Zielsetzung besteht in der *Sicherung der Koordinationsfähigkeit der logistischen Führung*, welche insbesondere gewährleistet werden soll (1) durch eine bessere informatorische Fundierung logistisch relevanter Führungsentscheidungen und (2) durch die Integration und Abstimmung der logistischen Teilpläne auf den verschiedenen Planungsebenen.[266]

(1) Logistisch relevante Entscheidungen werden auf allen Ebenen der Logistik zentral oder dezentral getroffen und üben einen mittelbaren oder unmittelbaren Einfluß auf die Abläufe entlang der Logistikkette aus. Oft werden diese aber intuitiv gefällt und führen zu einer massiven Verletzung logistischer Formalziele, weil teils die Kenntnis über die Auswirkung einer einzelnen Entscheidung auf das Gesamtsystem fehlt, die logistische Perspektive also nicht besteht, teils aber auch die informatorische Voraussetzung zur Bewertung einzelner Entscheidungen nicht vorhanden ist.[267] Die Sicherung rationaler Entscheidungen[268] wird aber erst durch eine umfassende informatorische Versorgung der einzelnen Entscheidungsträger möglich.[269]

Deswegen besteht eine zentrale Aufgabe des Controlling in der *Entwicklung und Anwendung logistischer Informationssysteme*, die entscheidungsbezogen relevante Informationen für alle Phasen der Entscheidungsprozesse liefern und dadurch Entscheidungstransparenz schaffen.[270]

Von großer Bedeutung für die operative logistische Planung ist das Vorhandensein einer Logistikkosten- und leistungsrechnung, denn aus ihr werden viele wesentliche Informationen zur erfolgszielorientierten Steuerung der Wertschöpfprozesse gespeist.[271] Dabei ist bedeutsam, daß in der Logistik neben den Wertgrößen des Rechnungswesens Mengen- und Zeitgrößen eine maßgebliche Rolle spielen, die über ihre Datenlieferungsfunktion für die logistische Kostenrechnung hinaus strategisch

---

266 Die Aspekte der Entscheidungsorientierung und der Koordinationsunterstützung finden sich in nahezu allen Erörterungen zu Logistik-Controlling; vgl. exemplarisch Reichmann o.J., S.23ff.

267 Vgl. Weber 1991a, S.44.

268 Wie in Kap. B.5.1. bereits dargelegt, wird hierbei eine objektivierende, zweckbezogene und kognitiv-instrumentelle Rationalität angesprochen, wobei herauszustellen bleibt, daß das methodische und systematische Vorgehen durch Controlling nur *eine* Form der Rationalität kennzeichnet; vgl. exemplarisch Kronast 1989, S.92ff.

269 Vgl. Jünemann 1989b, S.89.

270 Vgl. u.a. Ellermeier 1983, S.38ff.; Bäck 1989, S.953; Reichmann, Palloks 1990, S.212; Delffmann, Darr, Simon 1990, S.26.

271 Vgl. u.a. Karp 1980, S.199f.; Prümper 1983, S.30ff.; Küpper, Hoffmann 1988, S.590; Männel 1989, S.931f.; Teichmann 1989; Weber 1991a, S.44ff.

bedeutsame Leistungsgrößen (wie z.B. Serviceniveau, Reichweiten, Flußgrad, Auslastung, Auftragsdurchlaufzeit etc.) indizieren.[272]

Diese Arten "logistikinterner" Informationen bilden aber nur einen Teil der Informationen ab, die für logistische Dispositionen benötigt werden. Der prozeßorientierten und ganzheitlichen Sichtweise der Logistik entsprechend sind aber
alle diejenigen Entscheidungen zu fundieren, die Transferprozesse in ihrem Zusammenwirken mit Transformationsprozessen im Rahmen der Leistungserstellung betreffen. Deswegen muß das logistische Controlling darüber hinaus auch beschaf-
fungs-, produktions- und absatzwirtschaftliche Daten bereithalten, sei es durch eine
Integration dieser Informationen oder durch die Bildung geeigneter Schnittstellen zu
anderen Funktions-Controllingsystemen, und diese zu einem aussagefähigen und
entscheidungstransparenzschaffenden Berichtssystem aufbauen.

Auch für die strategische logistische Planung ist das Vorhandensein eines strategischen Informationssystems von Bedeutung. Dieses baut allerdings auf anderen
Kategorien als das operative Informationssystem auf und hat nicht den gleichen
großen Einfluß auf die Entscheidungsfindung, da aufgrund der Komplexität und Unsicherheit strategischer Planungsprobleme[273] ein hohes Maß an informalen Informationen (Gerüchte, Spekulationen, subjektive Wertprämissen und sonstige, sich der
maschinellen Aufarbeitung entziehende Informationen) in den Planungprozeß mit
einfließt.[274]
Zu strategischen Controlling-Informationen zählen z.B. solche, die unterneh-
mungsinterne- und -externe Einflußfaktoren systematisch in Analysen zusammenfassen (Chancen-Risiken-Analysen, Stärken-Schwächen-Profile, environmental
scanning etc.), die zukünftige Entwicklungen in den 'logistics missions' prognostizie-
ren oder die die latenten Gefährdungen und Risiken aus der Unternehmungsinnen-
und -umwelt durch Frühwarninformationen signalisieren (Frühwarnsysteme).[275]

(2) Über die entscheidungsbezogene Zielsetzung hinaus, die auf der operativen
Ebene bei der Unterstützung der Vielzahl dezentral zu treffender Entscheidungen
insbesondere den Aspekt des "self controlling"[276] in den Vordergrund stellt, besteht
ein weiteres Ziel des logistischen Controlling in der Sicherung der Koordinationsfä-

272   Vgl. zu der Verwendungsvielfalt logistischer Leistungsinformationen u.a. Weber 1991a, S.63ff.
273   Vgl. dazu Fey 1989, S.84ff.
274   Vgl. u.a. Mintzberg 1983, S.184f.
275   Vgl. u.a. Frank 1989, S.970ff.; Solaro 1990, S.100; Ihde 1991, S.263f.; Klöpper 1991, S.189ff.
276   Vgl. dazu Deyhle 1991, S.104.

higkeit der Führung durch die *Integration und Abstimmung* der logistischen Teilpläne auf den verschiedenen Planungsebenen.

Denn trotz der Dezentralisierung von koordinativen Aufgaben besteht für die in den Logistiksegmenten aufgestellten Pläne ein zentraler Koordinationsbedarf. Dieser ist zum einen dadurch begründet, daß zwischen diesen weiterhin Interdependenzen bestehen (insbesondere Ressourceninterdependenzen und innerbetriebliche Leistungsverflechtungen), die aufgrund der potentiellen Zielkonflikte an den Schnittstellen nicht dezentral abgestimmt werden können (man spricht in diesem Zusammenhang auch vom *horizontalen Koordinationsbedarf*[277] zwischen den Leistungsbereichen entlang der Wertschöpfungskette[278]). Zum anderen ist dieser dadurch begründet, daß die bereichsbezogene Umsetzung der Logistikstrategien, also die Effektivität der Logistiksegmente durch eine entsprechende Ziel- und Mittelvorgabe sowie eine daran ansetzende Zielerreichungskontrolle gewährleistet bleiben muß (*vertikaler Koordinationsbedarf*[279] über alle hierarchischen Planungsebenen).[280]

Die Aufgabe eines logistischen Controlling besteht in der Schaffung koordinationsadäquater Planungs- und Kontrollstrukturen, innerhalb derer die laufende vertikale und horizontale Koordination erfolgen kann. Diese bezieht sich also auf den Aufbau eines integrierten Planungs-, Kontrolls- und Informationssystems,

* das einen Ausgleich zwischen den Subzielen und Teilplänen der Logistiksegmente einerseits und den übergeordneten strategischen Logistikplänen andererseits findet und in sich konsistent und kompatibel ist,[281]
* das in jeweils unterschiedlichen Abstraktionsgraden die Formalziele, Maßnahmen oder Ressourcen vorgibt, die zur Gewährleistung der strategischen Ziele notwendig sind und somit die Entscheidungsfreiräume, innerhalb derer dezentrale Entscheidungen getroffen werden, zielrelevant einschränkt,[282]

---

277 Allgemein liegt horizontale Koordination dann vor, wenn Pläne gleicher Rangordnung (z.B. gleicher Fristigkeit, Stufigkeit, Detailliertheit) bzw. Aufgaben gleichgeordneter Subsysteme aufeinander abgestimmt werden; vgl. Szyperski, Winand 1980, S.116.; Frese 1986, S.171; Hügler 1988, S.62.
278 Vgl. Göpfert 1993b, S.229.
279 Von vertikaler Koordination spricht man, wenn Pläne über- und untergeordneter Stellung bzw. Aufgaben eines Subsystems mit den Aufgabenteilen eines ihm untergeordneten Subsystems aufeinander abgestimmt werden; vgl. Szyperski, Winand 1980, S.116.; Frese 1986, S.172; Hügler 1988, S.62.
280 Zu den unterschiedlichen Koordinationsformen in der Logistik vgl. Weber 1991b, S.123; Göpfert 1993b, S.229.
281 Vgl. Flatten 1986, S.36.
282 Vgl. Lindner, Piringer 1990, S.216.

* das die Basis für die zentrale Überprüfung der Zielerreichung liefert und bei Abweichungen die Suche und Bewertung alternativer Korrekturmaßnahmen zur Zielerreichung unterstützt[283]

* und das durch Formalisierung und Standardisierung des Planungssystems die Verknüpfung der Teilaufgaben innerhalb der Planungs-, Kontroll- und Informationsversorgungsprozesse unter Raum-Zeit-Aspekten vornimmt und somit eine effiziente Abwicklung des Planungsprocedere innerhalb der Logistik gewährleistet.[284]

Zusammenfassend läßt sich also festhalten, daß das logistische bzw. logistikorientierte Controlling eine Funktion der Unternehmungsführung darstellt, welche bei dem *Prinzip eigenverantwortlicher Selbststeuerung* durch dezentrale Entscheidungsträger und der *Führung durch Ziele* die prozeßorientierte und ganzheitliche Steuerung der Logistiksegmente unterstützt und in diesem Sinne die Funktion eines strategischen Hilfsmittels, also eines Mittels zur Integration von strategischer logistischer Planung und operativer Segment- und Prozeßplanung erfüllt.[285]

5.3. Prozeßorientierte Struktur der logistischen Controlling-Instrumente

Mit der Beschreibung des erweiterten Aufgabenspektrums eines logistischen Controlling stellt sich die Frage, wie dieses vor dem Hintergrund der hier dargelegten Konzeption erfüllt werden kann und damit die Frage nach dem Einsatz adäquater Controlling-Instrumente.

In der Literatur wird eine Vielzahl von Instrumenten vorgeschlagen, die sich zur Gruppe logistischer Planungs- und Kontrollinstrumente oder zur Gruppe logistischer Informationsversorgungsinstrumente zählen lassen.[286]

Eine synoptische Darstellung soll hier nicht erfolgen, sondern vielmehr gefragt werden, welche *methodische Struktur* diese Instrumente aufweisen sollen, um einerseits die effiziente dezentrale Steuerung der Prozesse zu ermöglichen, um andererseits

283 Vgl. Reichmann 1985, S.151; Kiesel 1987, S.346; Novack 1989, S.24ff.; Lochthowe 1990, S.51f.
284 Vgl. Welge 1988, S.39f.; Weber 1991a, S.40.
285 Vgl. Zetersberg 1989, S.12; Frank 1989, S.967f.; Hartwig 1990, S.192.
286 Instrumente der Planung und Kontrolle - sie werden in der Literatur auch "Methoden", "Techniken" oder "Modelle" genannt - sind systematische Verfahren der Informationsgewinnung und -verarbeitung, die der Aufstellung, Umformung und Überprüfung informativer Aussagen dienen, während zu den Instrumenten der Informationsversorgung alle Verfahren gerechnet werden, die der Verbesserung des Informationsstandes der Planung dienen; vgl. dazu u.a. Horváth 1990, S.205f. und S.347f.

aber eine den jeweiligen strategischen Servicezielen entsprechende integrierte Abstimmung der gesamten Logistikkette zu gewährleisten und damit um die Probleme der logistischen Segmentplanung zu handhaben.

Hierzu stehen derzeit noch verstärkt *vertikal strukturierte Steuerungskonzepte* im Vordergrund, die tendenziell einer zentralen Planungslogik folgen und auf die Bedürfnisse einer zentralen logistischen Koordinationseinheit zugeschnitten sind.[287]

So stellt bspw. ein Großteil der vorgestellten Kennzahlen-Systeme[288] ein vielschichtiges Gefüge hierarchisch integrierter, über- und untergeordneter Kennzahlen dar, deren vertikalen Beziehungen die Annahme zugrundeliegt, daß die Verfolgung eines logistischen Unterzieles bzw. die Durchführung einer vorgegebenen Maßnahme ein geeignetes Mittel für das Erreichen eines logistischen Oberzieles sei (Zweck-Mittel-Relation) und daß - ungeachtet der sachlogischen Beziehungen zwischen den Kennzahlen einer Ebene - ein vertikales Herunterbrechen von strategischen auf eine Vielzahl operativer Zielgrößen ein geeignetes Instrument zur Steuerung der jeweiligen Bereiche und Teilbereiche sei.[289]

Ähnliches gilt für einen Großteil der konzipierten Logistik-Informations-Systeme, die sich vornehmlich an statischen Größen innerhalb definierter Bereiche ausrichten und keine bereichsübergreifende Verknüpfbarkeit der Informationen ermöglichen.
So spiegeln herkömmliche Kostenrechnungssysteme den Produktionsfaktorverbrauch nur in Form der benötigten Einsatzgüter (Kostenarten) in den einzelnen Kostenstellen wider (wie z.B. die Kosten der genutzten Kapazitäten, der eingesetzten Verbrauchsgüter, Personalkosten, Bestandskosten etc.) und lassen sich zwar kostenstellenbezogen einfach aggregieren; in ihrer Darstellung schaffen sie aber nur einen indirekten Bezug zur Leistungserstellung und erschweren damit eine segmentübergreifende Identifizierung von Kosten-Interdependenzen und -Trade-Offs, so wie es zur Umsetzung des logistischen Totalkosten-Denkens notwendig ist.
Auch Kennzahlen wie etwa der Kapazitätsausnutzungsgrad ("utilization"), die Produktivität ("productivity"), oder der Sparsamkeits- bzw. Ergiebigkeitsgrad ("Performance")[290] dokumentieren nur eine Form der Effizienz, sagen aber auch

287 Vgl. Helfrich 1989, S.69; Ploos van Amstel, Farmer 1990, S.19ff.
288 Vgl. Berg 1982, S.377ff.; Pfohl, Hoffmann 1984, S.47f.; Maus 1984, S.18ff.; Weber 1991a, S.208ff.; Küpper 1991a, S.17.
289 Dies macht z.B. folgendes Zitat deutlich: "Einzelkennzahlen (können; Anm. d. Verf.) ihre Steuerungsfunktion nur dann erfüllen ..., wenn sie in einem echten Zweck-Mittel-Verhältnis zu den Oberzielen stehen und für die Entscheidungsträger operationale Handlungsziele darstellen." (Maus 1984, S.33); vgl. ebenso Berg 1982, S.377ff.; Bentz 1983; Flatten 1986, S.101ff.
290 Vgl. dazu National Council of Physical Distribution Management 1978, S.8f.; Pfohl, Hoffmann 1984, S.48f.

dann wenig über segmentübergreifende Leistungen und Vorgänge aus, wenn sie - was häufig als Lösung propagiert wird[291] - zu einer gesamtlogistischen Spitzen-kennzahl (wie etwa zu einem in % angegebenem Gesamtlieferservicegrad) vertikal aggregiert werden. Denn hinter einer aggregierten Größe können sich aufgrund der sachlogischen Beziehungen zwischen den Kennzahlen einer untergeordneten Ebene mehr oder weniger starke Verschiebungen verstecken, so daß aus der Spitzenkenn-zahl allein keine validen Führungsinformationen abgeleitet werden können.

Eine einseitig vertikale Strukturierung der Controlling-Instrumente kann die vielfäl-tigen zentralen und dezentralen Koordinationserfordernisse, die sich aus den Pro-blemen der logistischen Segment- und Prozeßplanung ergeben, nicht erfüllen und somit nicht zur Erreichung der oben genannten Controlling-Zielsetzung beitra-gen.[292]

Denn für die dezentrale Steuerung der Leistungserstellungsprozesse im Rahmen der logistischen Prozeßplanung bieten sie geringe Anhaltspunkte, weil Größen wie Ka-pazitätsauslastung, Sparsamkeit oder Produktivität statisch sind, "Bewegungen ... nie zum Gegenstand haben"[293] und keine steuerungsrelevanten Parameter wie etwa die Auftragsdurchlaufzeit, Termintreue oder das Zugangs-Abgangsverhalten an segmen-tinternen Schnittstellen enthalten.[294] "Bei der vertikalen Blickrichtung wird indes klar, dass für die Fragen der Auftragsdurchsteuerung keine Orientierungen gewon-nen werden können."[295]

Ebenso ist ihr Einsatz für die Zwecke der Segmentplanung und -kontrolle pro-blematisch, auch wenn gerade hierbei die Sicherung der vertikalen Koordinati-onsfähigkeit im Vordergrund steht.
Als Zielvorgaben, wie z.B. als Budgets oder Lieferservicevorgaben, können sie ihre koordinative Wirkung verfehlen, wenn sie einzig von strategischen Zielgrößen be-reichsbezogen "heruntergebrochen" werden und keinen Bezug zu den Aktivitäten und Prozessen, die in den einzelnen Logistiksegmenten vollzogen werden müssen, herstellen.

---

291 So spricht z.B. Weber der logistischen Spitzenkennzahl die Funktion zu, bereichsübergreifend "alle Aspekte in einem Wert zusammenzufassen" und eine "ganzheitliche Beurteilung der Logistik zu ermöglichen"; vgl. Weber 1991a, S.215. Ähnlich aufgebaut ist auch das Logistik-Kennzahlensystem von Reichmann; vgl. Reichmann 1985, S.191ff; Reichmann o.J., S.289ff.

292 Vgl. zur Kritik an der "vertikalen Sichtweise" des Logistik-Controlling u.a. Helfrich 1989, S.69ff.; Ploos van Amstel, Farmer 1990, S.19ff.

293 Helfrich 1989, S.70.

294 Vgl. Bäck 1989, S.955ff.

295 Helfrich 1989, S.70.

Sind diese Größen - so wie es zuweilen in der Literatur gefordert wird[296] - zudem an logistischen Organisationseinheiten ausgerichtet, und ist die Erreichung der Zielgrößen an formale oder informale Anreiz- oder Sanktionsmechanismen gekoppelt, kann im Wege dieses Instrumenteneinsatzes Bereichsegoismus und Mißtrauen gefördert und damit eine der logistischen Denkhaltung völlig konträre Verhaltensweise quasi institutionalisiert werden.[297]

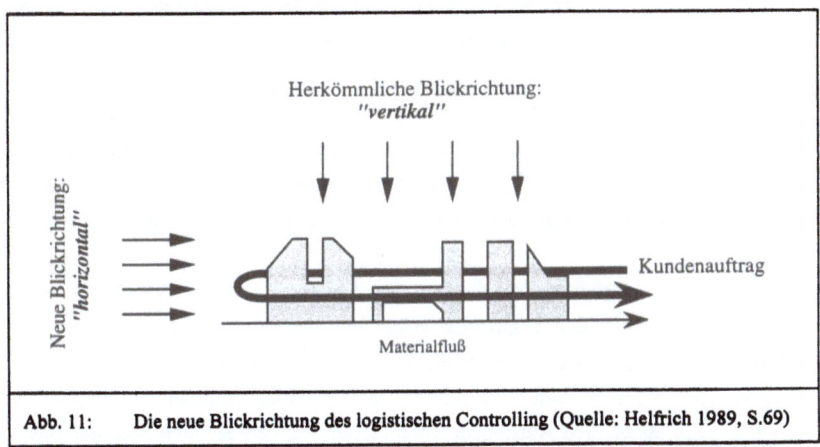

Abb. 11:   Die neue Blickrichtung des logistischen Controlling (Quelle: Helfrich 1989, S.69)

Aus diesen Gründen werden in der Literatur zunehmend solche Controlling-Instrumente gefordert, die an der logistischen Prozeßkette ansetzen und die vor allem horizontal d.h. *prozeßorientiert* strukturiert sind.[298] "Die neue, für die Logistik besser geeignete Blickrichtung jedoch ist 'horizontal'."[299] (Vgl. Abb. 11).

Auch für unsere Überlegungen kennzeichnet die Prozeßorientierung die geeignete Perspektive beim Einsatz des Controlling-Instrumentariums, die nicht nur (1) bei der dezentralen Steuerung der Auftragsabwicklungsprozesse sondern auch (2) bei der (vertikalen und horizontalen) Koordination der Logistiksegmente einzunehmen ist:

(1) So stellt der in den Logistiksegmenten abzuwickelnde *Auftragszyklus* eine segmentinterne Abfolge bzw. Kette von operativen und dispositiven Wertschöpfungsprozessen dar, welche einen Ansatz für die Auftragsdurchsteuerung liefert und damit ein geeignetes Planungs- und Kontrollobjekt für die Prozeßplanung in Logi-

---

296   Vgl. u.a. Flatten 1986, S.101ff.
297   Vgl. Farmer, Ploos van Amstel 1991, S.8.
298   Vgl. u.a. Helfrich 1989, S.69ff.; Ploos van Amstel, Farmer 1990, S.19ff.; Lindner 1991, S.835; Klöpper 1991, S.140ff.;
       Giehl 1993, S.291ff.
299   Helfrich 1989, S.69.

stiksegmenten ist.[300] Die wesentlichen Auftragsabwicklungs(teil)prozesse können unter Bezugnahme auf ihre Trade-Off-Relationen geplant, hinsichtlich erfolgszielrelevanter Merkmale wie Zeitdauer, Intensität, Qualität oder Kosten der Prozesse etc. definiert und auf ihre Realisierung hin kontrolliert werden.[301] Somit können Veränderungen in logistisch relevanten Größen wie Bestände, Kapazitätsauslastung, Durchlaufzeiten etc. als Folge von bearbeiteten Aufträgen und damit als Folge von Prozessen dargestellt werden, Abweichungen wie z.B. teure Liegezeiten vor Engpässen eher identifiziert und ihnen entsprechend entgegengesteuert werden.[302]

(2) Auch für die *logistische Segmentplanung* bieten sich die innerhalb und zwischen den Logistiksegmenten realisierten Prozesse als geeignete Objekte eines segmentübergreifenden Controlling an.[303] "... the division of a pipeline into segments enables responsibilities to be clearly defined while measurement is fasciliated."[304]

So kann auf Basis erfaßter Prozeßdaten das Zugangs-/Abgangsverhalten an den Schnittstellen zwischen den Segmenten erfaßt und der Grad der Entkopplung der Leistungeinheiten voneinander festgestellt werden;[305] bei Überschreitung kritischer Schwellenwerte können daraufhin zentrale Koordinationsmaßnahmen eingeleitet werden. Ebenso lassen sich Auftragsdurchlaufzeiten segmentbezogen oder auf Basis segmentübergreifender Prozeßketten planen und im Rahmen strategischer "Performance"-Kontrollen entsprechend überprüfen.[306] Werden Gesamtzeitabweichungen festgestellt, lassen sich die Abweichungsursachen durch eine prozeßbezogene Analyse entlang der logistischen Prozeßkette leichter "orten" und entsprechende zeitpufferbeseitigende Gegensteuerungsmaßnahmen durch das übergeordnete Management einleiten.

Von außerordentlicher Bedeutung für die logistische Segmentplanung ist die prozeßorientierte Gliederung der relevanten Kosteninformationen. Stellen diese den bewerteten Güterverzehr der jeweiligen in den Segmenten zu vollziehenden Prozessen dar, lassen sich auf dieser Basis die Kosten prozeß- und damit leistungsbezogen planen und entsprechend *budgetieren*.

---

300 Vgl. Ploos van Amstel, Farmer 1990, S.27.
301 Vgl. Novack 1989, S.12; Lindner 1991, S.835.
302 Vgl. Helfrich 1989, S.71.
303 " The focus of the logistics control system is on the process to be regulated. This process might be a single activity ... or it might be a combination of all activities ..." (Ballou 1985, S.548).
304 Ploos van Amstel, Farmer 1990, S.27.
305 Vgl. Bäck 1989, S.956.
306 Vgl. Ploos van Amstel, Farmer 1990, S.20.

Dies führt dazu, daß die in der Budgetierung formulierten Ressourcenvorgaben sich am geplanten (in Prozessen und Prozeßmengen darstellbaren) *Output* und nicht lediglich an den benötigten Einsatzgütern orientieren. Hierdurch wird insbesondere das Ziel einer effektiven Mittelvergabe im Rahmen der logistischen Segmentplanung unterstützt.

Darüber hinaus lassen sich durch eine prozeßorientierte Gliederung der Kosten die sachlichen Beziehungszusammenhänge zwischen verknüpften Teilprozessen entlang der logistischen Prozeßkette wertmäßig abbilden. Hierdurch wird eine an den Trade-Offs ansetzende logistische Kostenplanung und -kontrolle vereinfacht und es kommt bei der Budgetierung zu einer über die jeweiligen Segmentgrenzen hinausreichenden Analyse der Trade-Offs zwischen den Ressourcenallokationen, während im Rahmen der Budgetkontrolle die Segment-Manager gemeinsam für die Ergebnisse der Soll-Ist-Vergleiche zur Verantwortung gezogen werden können.

Durch die prozeßorientierte Gestaltung der logistischen Budgetierung als dem wichtigsten Instrument der Segmentplanung und -kontrolle wird das Entstehen einer querschnittsorientierten und schnittstellenübergreifenden Ergebnisverantwortung gefördert und der Verfolgung von Partikularinteressen entgegengewirkt. Somit verfügt das übergeordnete Logistik-Management über ein Controlling-Instrument, das es ihm ermöglicht, trotz der Bildung dezentral koordinierter Segment eine ganzheitlich abgestimmte Leistungserstellung entlang der logistischen Wertschöpfungskette zu sichern.

Welche Auswirkungen nun die Prozeßorientierung auf die konkrete Ausgestaltung der logistischen Budgetierung und der in diesem Rahmen eingesetzten Budgetierungstechnik hat, soll im folgenden erörtert werden.

Teil C: Konzeptionelle Überlegungen zur Gestaltung eines logistischen Budgetierungssystems

1. Einführung

Inhalt des Teils C dieser Untersuchung sind konzeptionelle Überlegungen zur Gestaltung eines *logistischen Budgetierungssystems* vor dem Hintergrund der hier dargelegten prozeßorientierten, ganzheitlichen Logistiksichtweise.

Dabei erfolgt (1) zunächst eine, das bisherige Schrifttum zur Unternehmungsbudgetierung kritisch reflektierende, Abgrenzung des *logistischen Budgetierungsbegriffes*. (2) Anschließend werden die beiden in verschiedenen Ausprägungen auftretenden *Hauptfunktionen der logistischen* Budgetierung dargelegt, wobei insbesondere der spezifisch *logistische Aspekt* der Budgetierungszwecksetzung herausgestellt wird.

Nach dieser Grundlegung werden Gestaltungsüberlegungen unter integrierter Berücksichtigung sachlogischer und sozio-psychologischer Aspekte formuliert, wobei die Vielzahl der in der traditionellen Literatur formulierten Gestaltungsanforderungen kritisch hinterfragt und auf ihre Übertragbarkeit auf die logistische Budgetierung hin untersucht werden.

Hierbei erweist sich (3) zunächst die Vornahme einer *prozeßphasenorientierten Betrachtungsweise* als vorteilhaft, denn von Budgets gehen in den verschiedenen Phasen des Budgetierungsprozesses unterschiedliche koordinative und verhaltenssteuernde Wirkungen aus, so daß eine Ableitung von Gestaltungsvorschlägen für die logistisch Budgetierung zweckmäßigerweise an den verschiedenen Teilphasen ansetzt.

(4) Auf Fragen, die über prozessuale Aspekte hinaus *strukturbezogene Sachverhalte* innerhalb des logistischen und des unternehmungsbezogenen Budgetsystems ansprechen, wird gesondert in dem darauffolgenden Kapitel eingegangen. (5) Den Abschluß des Teils C bilden Überlegungen zum Einsatz einer *Budgetierungstechnik*, die geeignet ist, die gestellten Gestaltungsanforderungen konzeptionell umzusetzen. Hierbei werden die in der Literatur bereits vorgestellten Budgetierungstechniken kritisch analysiert und erste Überlegungen zur Gestaltung einer prozeßorientierten und teilkostenbezogenen logistischen Budgetierungstechnik formuliert, deren Entwicklung dann im Teil D erfolgt.

Den Aufbau des Teils C stellt die Abb. 12 dar.

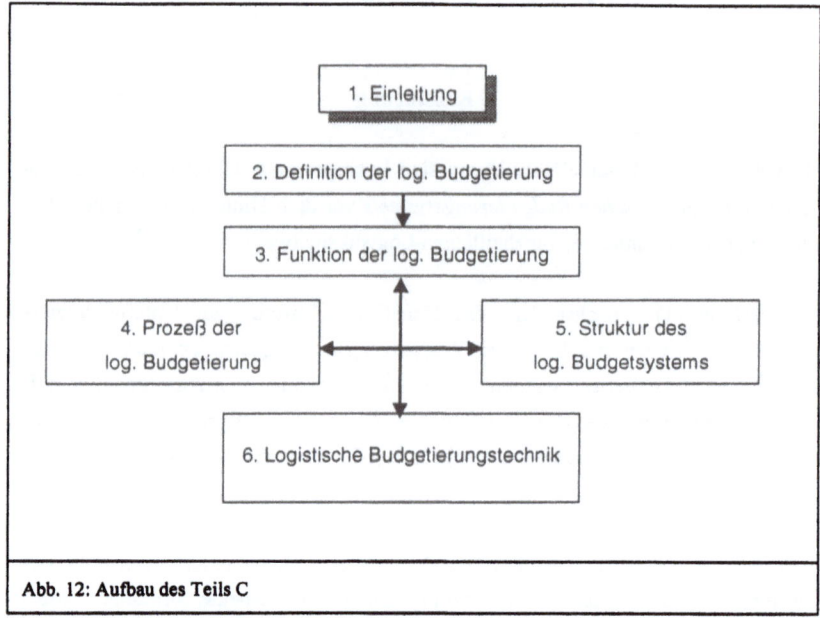

Abb. 12: Aufbau des Teils C

2. Grundlegendes zum logistischen Budgetierungs-Begriff

Der Begriff "logistische Budgetierung" ist nicht nur wegen der unterschiedlichen Bedeutungsextensionen des Präfix "logistisch" sondern auch wegen der unterschiedlichen Auslegung des Budgetierungsbegriffs schwer einzugrenzen. Deswegen soll vor der dieser Arbeit zugrundeliegenden Definition von logistischer Budgetierung eine intensive Auseinandersetzung mit dem allgemeinen Budgetierungsbegriff, so wie die Literatur ihn auffaßt, erfolgen.

2.1. Abgrenzung der in der Literatur vorzufindenden Begriffsvielfalt hinsichtlich der Budgetierung

Die Begriffe "Budget" und "Budgetierung" sind in zahlreichen volks- und betriebswirtschaftlichen Veröffentlichungen vorzufinden, wobei die vielfältige Verwendung bereits darauf hindeutet, daß unterschiedliche Inhalte der Begriffe Budget und Budgetierung existieren. Der Budgetbegriff[1] wird daher von annähernd jedem Benutzer anders abgegrenzt.[2]

Seiner Entstehungsgeschichte entsprechend entstammt die Budgetierung dem staatlichen, also öffentlichen Sektor[3], wobei sie als Synonym für die Ausgaben-Einnahmen-Planung öffentlicher Haushalte bis heute Anwendung findet.[4] Diesem Definitionsansatz folgend wurde mit der Übertragung dieses Begriffes in die Privatwirtschaft die Budgetierung der Finanzplanung zunächst gleichgesetzt und als die "klassische Budgetdefinition" entsprechend dargestellt.[5] Dennoch wurde bereits sehr früh auf die Notwendigkeit einer Differenzierung des Budgetierungsbegriffes in der öffentlichen Verwaltung und in der Privatwirtschaft hingewiesen. Ausgehend von der klassischen Budgetdefinition als Finanzplan begann man, in unterschiedlicher Weise und mit unterschiedlicher Zielsetzung den Begriff der Budgetierung zu erläutern.

Bei einer näheren Betrachtung der einzelnen Definitionen wird deutlich, daß sich diese meist nur an den dominierenden Merkmalen orientieren, welche aus der jeweiligen Funktion der Budgetierung abgeleitet werden.[6] Bei der Erläuterung des Budgetierungsbegriffs werden also vereinzelte Aspekte bzw. Beschreibungsmerkmale unterschiedlich gewichtet und führen somit zu teilweise stark kontroversen Interpretationen.

Dies gilt insbesondere (1) für das in der Literatur verschieden definierte Verhältnis von Budgetierung und Planung und für die unterschiedlichen Inhalte, die den Budgets zugeschrieben werden, (2) für das dem Führungsinstrument Budgetierung verschieden zugrundeliegende Führungsverständnis und (3) für die unterschiedliche

1 Ethymologisch betrachtet läßt sich der Budgetbegriff auf das gallische Wort "bulga" (= Sack, Beutel, Tasche) zurückführen, das sich im 11. Jahrhundert in England zu "budge" bzw. "budget" weiterentwickelt hat; vgl. Schanz 1926, S.84.
2 Vgl. Dilger 1991, S.11.
3 Vgl. Koch 1963, S.3; Camillus, Grant 1980, S.370f.
4 Vgl. Jung 1985, S.18.
5 Vgl. Grimmer 1980, S.7; Perridon, Steiner 1988, S.386ff.
6 Vgl. Steiner 1971, S.399; Dilger 1991, S.14.

Gewichtung von sachbezogenen und verhaltensbezogenen Aspekten im Rahmen der Budgetierung.

2.1.1. Budgetierung und Planung

In der Literatur herrscht zwar Einigkeit darüber, daß ein enger Zusammenhang zwischen den Tätigkeiten "Budgetierung" und "Planung" besteht; Differenzen treten jedoch dann auf, wenn es um die Konkretisierung dieses Zusammenhanges geht.

In weitergefaßten Auslegungen wird Budgetierung und Planung weitgehend gleichgesetzt, wobei diese Gleichsetzung in graduell unterschiedlichen Ausprägungen vorzufinden ist.[7] Sieht z.B. MELLEROWICZ keinen inhaltlichen Unterschied ("Betriebliche Planung: Sie entspricht der Budgetierung der amerikanischen Praxis."[8]), sind einige Autoren hingegen der Auffassung, daß die Budgetierung nur der kurzfristigen Unternehmungsplanung entspricht.[9]

Die Auffassung, Planung und Budgetierung gleichzusetzen, ist jedoch nicht umumstritten. WILD und KLOOCK lehnen eine Gleichsetzung ab und weisen darauf hin, daß die Budgetierung nicht der Planerstellung, sondern primär der Plandurchsetzung und -kontrolle dient.[10] Budgets stellen also das Ergebnis der abschließenden Phase des Planungsprozesses, bzw. das "Schnittende der Planung" dar.[11] Mittels der Budgetierung werden - dieser Interpretation folgend - die während des Planungsprozesses erstellten Planinhalte in quantitative Budgetinhalte übertragen. In dieser Auffassung wird Budgetierung folglich nicht mehr als Synonym der Pläne, sondern vielmehr als Instrument der Planung und Kontrolle verstanden, innerhalb derer die Funktionsfähigkeit von Budgets, also die Fähigkeit zur Plandurchsetzung und -kontrolle, im Vordergrund steht.[12]

Das unterschiedlich definierte Verhältnis von Budgetierung und Planung drückt sich auch in den unterschiedlichen Inhalten aus, die den Budgets zugeschrieben werden.

7   Vgl. Grimmer 1980, S.8.
8   Mellerowicz 1970, S.25; vgl. auch Foran 1976, S.9.
9   Vgl. Collard 1969, S.1263; Goronzy 1975, S.11; Shillinglaw 1982, S.5.
10 Vgl. Wild 1974b, S.40; Kloock 1980, Sp.379f.
11 Vgl. ebenso Steiner 1975, S.340; Schutte 1980, S.3; Eisenführ 1992, Sp.364.
12 Vgl. Jung 1985, S.21; Busse von Colbe 1989, Sp.177.

So wird in vielen Veröffentlichungen davon ausgegangen, daß als Ergebnis des Budgetierungsprozesses ausschließlich wertmäßige Größen in das Budget gelangen.[13] Ist für BUNGE und WELSCH die Budgetierung gleichbedeutend mit Gewinnplanung,[14] bezeichnet BUCHBINDER Budgetierung in einem engeren Verständnis als "kurzfristige und detaillierte finanzielle Unternehmungsplanung" und ordnet sie damit in den Bereich der Finanzplanung ein.[15]

Andere Ansätze verstehen Budgetinhalte nicht allein als wertmäßige Planungsgrößen, sondern subsumieren darunter alle quantifizierbaren Planvorgaben. So unterscheiden KOCH und DELFMANN Aktionsbudgets, die einen Katalog der im Budgetjahr zu ergreifenden operativen Maßnahmen (wie etwa Jahresabsatzmengen, Fertigungsmengen, etc.) umfassen, von Vollzugsziffernbudgets, die den Geschäftsbereichen in Form von Eckwerten vorgegeben werden und die beim Vollzug der Aktionsbudgets eingehalten werden sollen.[16]

Um eine stärkere Abgrenzung des Planungs- und Budgetierungsbegriffs bemüht sich eine andere Gruppe von Autoren, wie z.B. HAHN oder GROCHLA; sie gehen von einem übergeordneten Planungs- und Kontrollsystem aus und nehmen eine auf KOSIOL zurückgehende Aufspaltung nach *formalzielbezogenen und sachzielbezogenen* Aspekten[17] vor.[18]

Danach unterscheiden sie die sachzielorientierte (Maßnahmen-) Planung, welche das reale Leistungsprogramm der Unternehmung sowie die Einzelmaßnahmen zu seiner Erstellung inhaltlich und mengenmäßig konkretisiert, von der formalzielorientierten Planung, welche sich auf die Vorgabe von Kriterien bezieht, anhand derer die Auswahl aus den verschiedenen zur Sachzielerreichung möglichen Handlungsalternativen vorzunehmen ist.

Budgets beziehen sich nach dieser (engeren) Auffassung einzig auf *wertmäßige, monetäre Größen*, die sich klar von den sachzielgebundenen, quantifizierbaren Planungsgrößen (z.B. Mengenziele) und von den formalzielorientierten, zwar quantifizierbaren, nicht aber monetär bewertbaren Planungsgrößen (z.B. Qualitäts- oder Lieferservicevorgaben) unterscheiden.[19]

---

13   Vgl. u.a. Bamberger 1971, S.35; Jung 1985, S.20.

14   Vgl. Bunge 1968; Welsch 1976.

15   vgl Buchbinder 1978, S.16; Posselt 1986, S.50.

16   Vgl. Koch 1982, S.210; Delfmann 1989b, Sp.1371.

17   Vgl. zu Kosiols Einteilung in Formal- und Sachziele Kosiol 1961, S.130.

18   Vgl. Hahn 1974, S.5f.; Grochla 1975, S.14ff.; ebenso Pfohl 1981, S.116; Jung 1985, S.42ff.

19   Damit wird weitestgehend der Unterscheidung Hahns gefolgt, der innerhalb der formalzielorientierten Planung und Kontrolle "nicht monetär quantitative" und "quantitativ monetäre" Inhaltsgrößen unterscheidet; vgl. Hahn 1974, S.5.

Demzufolge wird das Budgetierungssystem - so wie in Abb. 13 dargestellt - in das Planungs- und Kontrollsystem der Unternehmung eingeordnet, wobei es neben der nicht-monetären, formalzielorientierten Planung ein Subsystem der formalzielbezogenen Planung und Kontrolle bildet, während die (Maßnahmen-) Planung ein Subsystem der sachzielorientierten Planung und Kontrolle ist.

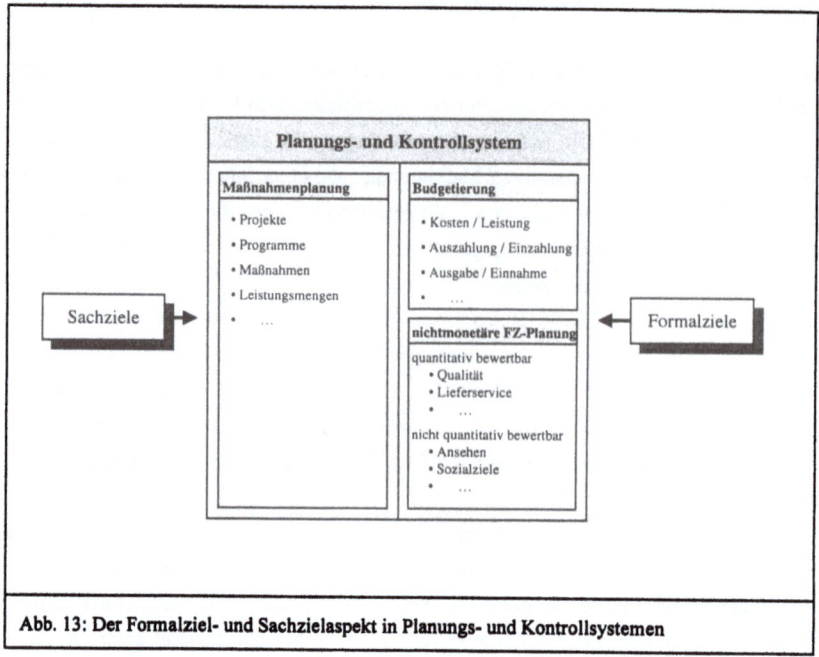

Abb. 13: Der Formalziel- und Sachzielaspekt in Planungs- und Kontrollsystemen

Dieser Abgrenzung wird im Rahmen dieser Arbeit nicht gefogt, denn sie erlaubt aufgrund ihrer Trennungsschärfe eine differenzierte Unterscheidung der einzel-nen Planungssubsysteme und verdeutlicht den Zielbezug der unterschiedlichen Planinhalte.

Die Inhaltsgrößen der Budgetierung stellen also formalzielorientierte und in finanziellen Größen dimensionierte Objekte dar, die das Ergebnis eines vorgelagerten Maßnahmenplanungsprozesses sind. Sie bauen auf Informationen über die mit bestimmten Aktivitäten zu erreichenden Zielereichungsgrade auf und legen die Verantwortung und den Maßstab für die tatsächliche Zielerreichung fest.[20]
Allerdings muß betont werden, daß eine ausschließliche Zuordnung der Budgetierung zur Planungsdurchsetzungsphase, also deren Positionierung als "Schnittende der Planung" nicht zweckmäßig ist, zumal enge und interdependente Beziehungen

20   Vgl. Posselt 1986, S.52, Rachlin 1991, S.5; Troßmann 1992, S.515.

zwischen der sachzielorientierten (Maßnahmen-) Planung und der Budgetierung bestehen.[21] So kann auch die Budgetierung relevante Fakten und Daten für die
(Maßnahmen-) Planung liefern, wenn sich z.B. die Verfolgung der Sachziele als
nicht kompatibel mit den angestrebten Formalzielen erweist. Deswegen werden die
(Maßnahmen-) Planungs- und Budgetierungsprozesse zwar als aufeinanderfolgende
Prozesse interpretiert, die aber je nach Vereinbarkeit von Formal- und Sachzielen
unterschiedlich eng durch Rückkopplungsschleifen miteinander verbunden sind und
demzufolge in unterschiedlichen Intensitäten über einen gegenseitigen Koordinationsbedarf verfügen.[22] "As budgeting implies planning, so planning in a business
implies budgeting."[23]

Hinsichtlich ihres Periodenbezuges werden zuweilen *operative* und *strategische*
Budgets unterschieden.[24] Während operative Budgets auf operativen Maßnahmenplänen aufbauen und eine Bewertung der Aktivitäten darstellen, die innerhalb
der, i.d.R. ein- oder unterjährigen, Planperiode von den Budgetbereichen vollzogen
werden sollen,[25] weisen strategische Budgets[26] einen längeren, i.d.R. fünf- und
mehrjährigen, Zeithorizont auf. Sie sind aufgrund der damit verbundenen Unsicherheit weniger detailliert und es fehlen ihnen die konkreten Anknüpfungsgrößen der
operativen Budgetierung, so daß bei der Budgetplanung weniger der optimale Einsatz bzw. die effiziente Allokation vorhandener Ressourcen im Vordergrund steht,
als vielmehr in ihnen zum Ausdruck kommt, welche Ressourcen zur Erschließung
zukünftiger Erfolgs- und Fähigkeitspotentiale eingesetzt werden sollen.[27]

2.1.2. Budgetierung im Kontext des zugrundeliegenden Führungsverständnisses

Bei vielen Vertretern wird die Budgetierung als Instrument *substantiv rationaler
Führung*[28] bezeichnet.[29]

---

21 Vgl. ebenso Jung 1985, S.62.
22 Vgl. u.a. Hügler 1988, S.94ff.
23 Hofstede 1970, S.23.
24 Vgl. u.a. Lehmann, Weber 1990, S.93ff.; Barzen 1990, S.18ff.; Lehmann 1991; Göpfert 1993a, Sp.591.
25 Vgl. Welge 1985, S.399ff.; Klotz 1986, S.242.
26 Sie werden zuweilen auch "globale Rahmenbudgets" genannt; vgl. Dambrowski 1986, S.27.
27 Vgl. Lehmann, Weber 1990, S.94f.
28 Allgemein wird im Kontext substantiv rationaler Führung von einem Führungsträger als "homo oeconomicus" ausge-
    gangen, der sämtliche Handlungsalternativen auf Basis von Grenznutzen und Grenzkosten bewertet und mittels des Ein-
    satzes mathematischer Modelle und Verfahren die extremale Lösung eines Führungsproblems bzw. das Nutzenmaxi-
    mum einer potentiellen Handlung ermittelt; vgl. dazu Simon 1978, S.2ff.; Delfmann 1989a, S.91f.
29 Vgl. u.a. Agthe 1963; Heiser 1964; Barber 1966; Lewis 1968, S.117ff.; Schick 1968, S.26ff.

So versucht z.B. HEISER oder BARBER, das Budgetierungsproblem als ein vollständig definiertes Entscheidungsproblem zu betrachten und mit Hilfe eines synoptischen, entscheidungslogischen Alternativenkalküls zu lösen.[30]

Hierbei wird die budgeterstellende Einheit als eine "ideale Budgetierungsinstanz"[31], eine Art "Budgetary Man"[32] ausgewiesen, die über vollkommene Informationen verfügt, alle Umweltsituationen, alternative Möglichkeiten der Ressourcenallokation und Konsequenzen der jeweiligen Alternativen kennt.[33] Es wird dabei nicht nur unterstellt, daß der Budgetierer im Sinne einer monolithischen Entscheidungseinheit über ein konsistentes Präferenzsystem verfügt, sondern daß auch alle Organisationsteilnehmer das gleiche Ziel verfolgen bzw. daß die individuellen Präferenzfunktionen zu einer einzigen Präferenzfunktion der Organisation zusammengefaßt werden können. In diesem Sinne ist das Unternehmungsbudget "ein Modell des Unternehmens, welches das Zusammenwirken aller unternehmerischen Funktionsbereiche unter Einfluß der zukünftigen internen und externen Einflußgrößen berücksichtigt."[34]

Das Modell des idealen Budgetierers, des "Budgetary Man" ist ein typisches Beispiel für geschlossene Modelle des Entscheidungsverhaltens, die Prämissen als gegeben angenommen und die Budgetierung als Lösung eines wohl-definierten und wohlstrukturierten Entscheidungsproblems betrachten.[35]

Andere, wie z.B. GRIMMER oder DELFMANN ordnen das Führungsinstrument Budgetierung in den Kontext eines gewandelten Führungsverständnisses ein.[36] Hierbei wird die Unternehmungsführung nicht mehr als substantiv-rationale Entscheidungseinheit im Sinne eines homo oeconomicus betrachtet, sondern erkannt, daß sie aufgrund der begrenzten kognitiven Kapazität (bounded rationality[37]) und aufgrund der Komplexität[38] und Unsicherheit[39] der Führungsprobleme gezwungen ist, Aufgaben zu verteilen und Entscheidungen zu dezentralisieren.

---

30 Vgl. Barber 1966; Heiser 1964.

31 Vgl. Barber 1966, S.34.

32 Vgl. Schick 1968, S.48.

33 Vgl. Lewis 1968, S.117ff.

34 Heiser 1964, S.389.

35 Vgl. Bamberger 1971, S.64.

36 Vgl. Grimmer 1980, S.7ff.; Delfmann 1989a, S.89ff.

37 "Bounded rationality" ist ein Ausdruck für die Einsicht, daß menschliche Handlungsträger stets nur über ein begrenztes Ausmaß an Können, Wissen, Zeit und Verarbeitungsfähigkeit von Informationen verfügen; vgl. Simon 1978, S.8ff.

38 Die Komplexität eines Führungsproblems wird bestimmt durch die Zahl der das Problem beschreibenden Variablen sowie durch die Zahl und Verschiedenartigkeit der Beziehungen zwischen diesen Variablen; vgl. Luhmann 1980, Sp.1064f.

39 Die Unsicherheit eines Führungsproblems äußert sich im wesentlichen als eingeschränkter Informationsstand über die Struktur des Entscheidungsfeldes im Realisationszeitpunkt; vgl. Frese 1980, S.80f.

Damit verlagert sich das Führungsproblem auf die *prozedural-rationale Auswahl von geeigneten Führungsmethoden*, die mit der häufig hohen Komplexität und Unsicherheit der Entscheidungsprobleme umzugehen erlauben. "Substantive rationality is concerned with what decisions are made and procedural rationality with how these decisions are made."[40]

Der Budgetierung wird in diesem Zusammenhang die Bedeutung eines richtigen, "komplexitätsbejahenden"[41] Führungsinstrumentes, das nicht mehr Ausdruck einer bereits getroffenen optimalen Entscheidung ist, sondern dessen Aufgabe darin besteht, durch Vorgabe genereller Richtwerte bzw. globaler Rahmendaten den notwendig verbleibenden Freiraum der internen Regelungen so zu begrenzen oder strukturieren, daß einseitig opportunistische Handlungsweisen möglichst eingegrenzt werden.[42] Die Schlechtdefiniertheit bzw. -strukturiertheit der Planungsprobleme sowie die verschiedenen Präferenzen der einzelnen Handlungsträger werden somit nicht geleugnet, sondern sind Ansatzpunkt des instrumentalen Einsatz des Koordinationsinstrumentes "Budgetierung".[43]

Angesichts der gestiegenen Komplexität und Dynamik der Unternehmungsinnen- und -umwelt ist dieser Sichtweise zu folgen, denn die Prämissen, die einer substantiven Rationalität im Rahmen der Führung zugrundeliegen, sind in realen Entscheidungssituationen so gut wie nie erfüllt. Vielmehr wirken eine Vielzahl von strukturellen Mängeln auf das Entscheidungsfeld (wie z.B. die mangelnde Abgrenzbarkeit des Entscheidungsfeldes, die Abschätzung der Handlungskonsequenzen, die Auswahl potentieller Handlungsalternativen etc.) und erfordern eine Dezentralisierung von Entscheidungen, wodurch gerade die Budgetierung ihre Bedeutung und Funktion als Koordinationsinstrument erhält.

2.1.3. Die sachlogische und sozio-psychologische Dimension der Budgetierung

Mindestens ebenso vielfältig und konträr wie die Aussagen zum Budgetierungsbegriff sind die konzeptionellen Gestaltungs- und Anwendungsempfehlungen zur Budgetierung.

---

40 Blanning 1983, S.71; Blanning hingegen ist der Ansicht, daß Budgetierung sowohl im Zusammenhang mit substantiv-rationaler als auch mit prozedural-rationaler Führung vorstellbar ist; er führt dies auf unterschiedliche Budget-planungssituationen und -objekte zurück; vgl. Blanning 1983, S.65ff.

41 Vgl. Kirsch 1988, S.221.

42 Vgl. Grimmer 1980, S.13ff.; Delfmann 1989a, S.105.

43 Vgl. Göpfert 1993a, Sp.394.

Diese lassen sich weniger durch eine lückenhafte theoretische Untermauerung der jeweiligen Konzeption erklären, als dadurch, daß mit der Budgetierung unterschiedlichen Zwecksetzungen gefolgt wird und dadurch verschiedene Gestaltungsaspekte unterschiedlich gewichtet oder konträr betrachtet werden.

Prägend hierfür ist insbesondere die zur Begründung der einzelnen Gestaltungsvorschläge eingenommene Sichtweise bzw. die dafür angewandte Argumentations-"Logik", wobei man im wesentlichen zwei Argumentations-Logiken unterscheiden kann:[44]

(1) Die erste befaßt sich mit *sach-"logischen" Aspekten* der Budgetierung, und zwar mit der Koordination und Kontrolle der budgetierten Organisationsbereiche im Sinne der Steuerung von Handlungssystemen; (2) die zweite dagegen analysiert *sozio-psycho-"logische" Aspekte* der Budgetierung, und zwar im Zusammenhang mit der Leistungsmotivation der budgetierten Mitarbeiter, also im Zusammenhang mit der Verhaltenssteuerung sozialer Systeme.[45]

Diese sollen im folgenden kurz skizziert werden. (3) Anschließend erfolgen Überlegungen zur integrierten, beide Aspekte beachtenden Anwendung der Budgetierung.

(1) *Sachlogisch* begründete Gestaltungsvorschläge versuchen Annahmen über Problemstrukturen innerhalb des Budgetierungssystems - wie etwa Annahmen über Strukturbeziehungen innerhalb des Budgetsystems oder zwischen den einzelnen Budgetierungsprozeßphasen - zu formulieren, aus ihnen Modelltypen zu entwickeln und für diese Modellklassen dann Lösungsvorschläge zu erarbeiten, die logisch mit den zugrundegelegten Annahmen kompatibel sind. Das Hauptaugenmerk dieser Argumentationslogik liegt in der möglichst vollständigen und logischen Analyse der aus den unterlegten Prämissen abgeleiteten Implikationen, während die empirische Validierung dieser Prämissen oder die Generierung von aus der Realität abgeleiteten Prämissen ausdrücklich nicht Gegenstand ihrer Überlegungen ist.[46]

Im Mittelpunkt der hier einzuordnenden Gestaltungsvorschläge stehen solche methodisch-technische Fragestellungen, die für die Inhaltsgrößen von Budgets ausschlaggebend sind.[47]

---

44 Diese Unterscheidung entspricht der Grimmers, der allerdings zwischen "Sachaspekten" und "Verhaltensaspekten" der Budgetierung unterscheidet; vgl. Grimmer 1980, S.2; Delfmann spricht in diesem Zusammenhang von der "formalen Dimension" und der "Verhaltensdimension" der Planung; vgl. Delfmann 1993, Sp.3234ff.

45 Zum Begriff und Inhalt von sachlogischen und sozio-psychologischen Aspekten im Rahmen der Unternehmungsplanung vgl. Schwaninger 1989, S.270ff.

46 Ähnlich Szyperski, Winand 1980, S.92.

47 Vgl. Grimmer 1980, S.2.

Diese beziehen sich bspw. auf das Problem, wie detailliert die Zielvorgabe- bzw. Kontrollgrößen sein sollen, welche Auswirkungen das auf die Handlungsspielräume bzw. die Entscheidungsautonomie der Organisationseinheiten hat und welche Koordinationswirkungen dadurch in dynamischen und welche in stabilen Umweltsituationen zu erwarten sind.[48] Oder sie beschäftigen sich mit den Strukturbeziehungen zwischen Inhaltsgrößen verschiedener Teilbudgets, die sich aufgrund von Ressourceninterdependenzen, Marktinterdependenzen oder innerbetrieblichen Leistungsverflechtungen ergeben und erörtern, wie diese innerhalb der Budgetplanungs- und -kontrollprozesse adäquat berücksichtigt werden können.[49]

Die wohl häufigsten und intensivsten Überlegungen sachlogischen Ursprungs gelten dem Einsatz einer geeigneten Budgetierungstechnik, die die Ermittlung der Inhaltsgrößen von Budgets ermöglicht. In unterschiedlicher Nähe zum traditionellen Rechnungswesen wird hierbei insbesondere die Tauglichkeit kostenanalytischer[50], wertanalytischer[51] simulativer[52] oder kombinierter[53] Budgetierungstechniken geprüft.

Die sachlogische Sichtweise ist zwar von großer Bedeutung für konzeptionelle Gestaltungsüberlegungen zur Budgetierung, weil sie vor allem durch ihre Strukturierungskonzepte für unterschiedliche Entscheidungssituationen und die weitgehende Ausdifferenzierung der Gestaltungselemente verwertbare Anregungen bringt. Doch sie ist in vielen Veröffentlichungen als unzureichend kritisiert worden, weil in der Praxis häufig völlig andere Ergebnisse konstatiert wurden als die "scheinbar" logisch abgeleiteten.

Diese aus der Praxis stammenden Vorbehalte führten - ausgelöst durch die wegweisende Untersuchung ("Human Problems with Budgets")[54] von ARGYRIS - zu einer Vielzahl empirisch angelegter Untersuchungen, die das Individual- und das Gruppenverhalten der Teilnehmer im Budgetierungsprozeß analysierten und aus den Ergebnissen teilweise völlig neue Gestaltungsüberlegungen ableiteten.

(2) Diese Überlegungen, auch *sozio-psychologisch* bezogene Gestaltungsüberlegungen genannt, setzen an zwei Teilbereichen an, dem individuellen und dem sozio-interaktiven bzw. kollektiven Bereich.[55]

---

48 Zur exakten Definition und Abgrenzung des Handlungsspielraumes, der im folgenden auch Handlungs- oder Entscheidungsfreiraum genannt wird, vgl. Müller-Bölling 1979, S.304f.
49 Vgl. z.B. Kloock 1980. Sp.382.
50 Vgl. exemplarisch Goronzy 1975, S.29ff.; Kleiner 1991, S.250ff.
51 Hier ist das sicherlich prominenteste Konzept das des "Zero-Base Budgeting"; vgl. exemplarisch Phyrr 1973.
52 Vgl. Dilger 1991, S.76ff.
53 Vgl. u.a. Blanning 1983, S.65ff.; Grebenc 1986, S.62ff.
54 Vgl. Argyris 1952.
55 Vgl. Grimmer 1980, S.32.

Auf der Ebene des Individualverhaltens zeigen sie unter Heranziehung der entsprechenden Kenntnisse aus der Psychologie die wichtigsten Kategorien (wie z.B. Einstellungen, Motive) auf, mit deren Hilfe sich das Verhalten einzelner Personen auf unterschiedliche Gestaltungsformen der Budgetierung erklären läßt.[56]

Sie machen z.B. durch die Behandlung des Phänomems "Motivation" im Rahmen von Gestaltungsüberlegungen zur Partizipation oder zur Anreizgestaltung deutlich, welche Bedürfnisse in Budgetplanungs- und -kontrollprozessen zu befriedigen sind.[57] Oder sie zeigen die unterschiedliche Wirkung verschiedener Kontrollinformationen auf die kontrollierten Personen auf, wie etwa potentielle Widerstände gegen die Implementierung von dezidierten Budgetkontrollen, durch die das funktionale oder dysfunktionale Verhalten von Personen und damit der "Erfolg" der Budgetierung wesentlich beeinflußt wird.[58]

Auf der Ebene des Kollektivverhaltens zeigen sie unter Heranziehung der entsprechenden Kenntnisse aus der Soziologie die wichtigsten Kategorien (wie z.B. Rollenverhalten, Machtverhalten etc.) auf, mit deren Hilfe sich das Gruppenverhalten im Rahmen der Budgetierung beschreiben läßt.[59]

So wird z.B. das Rollenverhalten der Budgetempfänger und -verteiler in der Planungsphase ("Budgetknetphase"[60]) analysiert, und bestimmte Forderungsstrategien der Budgetempfänger wie etwa die Gewinnung von Vertrauen[61], die Manipulation von Informationen[62] etc. oder bestimmte Verhaltensweisen der budgetbewilligenden Führungskräfte wie etwa der Einsatz von "demand-evaluation procedures"[63] oder das Auftreten von "risky shifts" in Gruppenentscheidungen[64] nachgewiesen.

(3) Sicherlich sind die Aussagen, die aus einer sozio-psychologischen Perspektive getroffen werden, bedeutend, zumal sie viele logisch abgeleitete und sachbezogene Implikationen widerlegen oder zumindestens relativieren.

Doch es wächst mittlerweile bei einigen Autoren wie z.B. GRIMMER, SIEGWART oder GÖPFERT die Einsicht, daß es falsch ist, die Bedeutung der Budgetierung ein-

56 Vgl. dazu Pfohl 1981, S.82; Frese 1986, S.258f.; Delfmann 1993, Sp.3243f.
57 Vgl. u.a. Welge 1988, S.205ff.; Dilger 1991, S.28ff.; Eisenführ 1992, Sp.368ff.
58 Vgl. u.a. Grimmer 1980, S.149ff.; Posselt 1986, S.115ff.
59 Vgl. dazu Pfohl 1981, S.98ff.; Frese 1986, S.263ff.; Delfmann 1993, Sp.3244ff.
60 Vgl. Horváth 1990a, S.267.
61 Vgl. Bamberger 1971, S.156ff.
62 Vgl. u.a. Bamberger 1971, S.160ff.; Höller 1978, S.228ff.; Posselt 1986, S.72ff.
63 Vgl. Cyert, March 1963, S.39f.
64 Vgl. Bamberger 1971, S.174ff.; Pfohl 1981, S.107f.

zig - wie es etwa bei KIRSCH anklingt ("In der privaten Wirtschaft wird dagegen die Budgetierung primär zum Zwecke der Leistungsmotivation eingesetzt."[65]) - auf die verhaltenssteuernde Funktion zu reduzieren.[66] Denn ohne die Einbeziehung von Sachaspekten bleiben Aussagen zur Gestaltung und Anwendung von Budgets unvollständig. "Ein solches "reduktionistisches" Vorgehen, bei dem alle Erkenntnisse ausschließlich im Rückgriff auf individuelles Verhalten und damit auf psychologische Ursachen abgeleitet werden, mißachtet somit u.U. wesentliche Einflußgrößen und bleibt daher fast zwangsläufig unvollständig."[67]

Führungsprobleme lassen sich nur dann umfassend behandeln, wenn beim Einsatz von Führungsinstrumenten *sowohl sachlogische als auch sozio-psychologische Dimensionen* berücksichtigt werden.[68]
So kommt der Handlungssteuerung bzw. der formalen Koordination durch Budgets zwar hohe Bedeutung zu, weil durch die autorisierten Vorgaben die Handlungsfreiräume für dezentrale Entscheidungen begrenzt werden; die durch den Einsatz von Budgets angestrebten Ziele lassen sich jedoch nur durch entsprechendes Handeln der Mitarbeiter erreichen, also nur dann, wenn die Budgetempfänger die "Freiheitsgrade des Verhaltens" im Sinne der übergeordneten Unternehmungsziele ausnutzen.[69]

Mit anderen Worten kann das Führungsinstrument Budgetierung nur dann seinen sachlogischen Zweck erreichen, indem bei seinem Einsatz die Verhaltenswirkungen berücksichtigt und nutzbar gemacht werden. Vice versa sind Verhaltenswirkungen der Budgetierung (, die "ihrerseits wiederum im Dienste der Erreichung der Budgetziele"[70] stehen) auch erst dann bewertbar, wenn sie Kontext ihrer sachlogischen Implikationen betrachtet werden.

Nach der Analyse und der Abgrenzung der in der Literatur vorzufindenden Begriffsvielfalt soll nun eine der Arbeit zugrundeliegende Budgetierungsdefinitition formuliert werden, wobei insbesondere der *logistische Aspekt* bei der Budgetierung weiter zu spezifizieren ist.

---

65 Kirsch 1990, S.105.
66 Vgl. Grimmer 1980, S.11ff.; Siegwart 1987, Sp.112; Göpfert 1993a, Sp.599.
67 Grimmer 1980, S.12.
68 "Bereits im Entwurfprozeß des Budgetierungssystems ist die dialektische Einheit zwischen sach- und verhaltensbezogenen Aspekten zu berücksichtigen." (Göpfert 1993a, Sp.599). Diese Aussage entspricht dem von z.B. Wild zugrundegelegtem Führungsverständnis, der Führung global als zielorientierte Steuerung und Gestaltung leistungsfunktionaler sozio-technischer Systeme zur unmittelbaren und mittelbaren Handlungs- und Verhaltensbeeinflussung versteht; vgl. Wild 1974a, S.153.
69 Vgl. Grimmer 1980, S.15.
70 Siegwart 1987, Sp.112.

2.2. Definition von logistischer Budgetierung

Die Definition von logistischer Budgetierung, die dieser Arbeit zugrundeliegen soll, setzt auf den oben angestellten Überlegungen zum Budgetierungsbegriff, zu den Logistiksegmenten und zum logistischen Controlling auf.[71] Demzufolge wird die logistische Budgetierung in ein übergeordnetes logistisches Planungs- und Kontrollsystem eingeordnet und als *formalzielorientiertes* und auf *Wertgrößen* beschränktes Subsystem von der sachzielorientierten logistischen Maßnahmenplanung und der Lieferserviceplanung abgegrenzt. Sie wird auf *Logistiksegmente* bezogen, deren (zu budgetierenden) Aufgaben in der Abwicklung in- oder externer Aufträge durch die Verknüpfung aller zur Erstellung der jeweiligen Leistung notwendigen Wertschöpfungprozesse liegt. Innerhalb des Systems hierarchischer logistischer Planung stellt sie als *Subsystem der logistischen Segmentplanung* ein Verbindungsglied zwischen der übergeordneten strategischen Planung und der untergeordneten logistischen Prozeßplanung dar.

Eine abschließende Definition von logistischer Budgetierung bedarf allerdings noch ergänzender Überlegungen zu den Budget-Inhaltsgrößen, zumal sich hierzu in der Literatur stark divergierende Ansichten feststellen lassen:

Als Inhaltsgrößen von Budgets werden in den meisten logistischen Veröffentlichungen Logistikkosten und Logistikleistungen genannt.[72] Diese Aussagen sind aber zu undifferenziert, denn man kann dem Begriff "Logistikkosten" unterschiedliche Bedeutungsextensionen und unterschiedliche Wertkomponenten zugrundelegen, ebenso wie der Begriff "Logistikleistung" vieldimensional auslegbar ist.

Es gilt deshalb zu prüfen, (1) welche Art von Kosten in ein logistisches Budget eingehen und (2) ob gemäß dem hier zugrundeliegenden Budgetierungsverständnis eine *Leistungsbudgetierung* sinnvoll ist und wenn ja, für welche Art logistischer Leistungen.

---

71 Die Logistikliteratur trägt wenig zur exakten begrifflichen Bestimmung der logistischen Budgetierung bei. Häufig werden nur die mit ihrem Einsatz verfolgten Zwecke dargelegt und den Erörterungen einzig implizit ein allgemeines Verständnis von Budgetierung zugrundegelegt, häufig führt man zur Kennzeichnung des Begriffes nur einige konstituierende Merkmale auf; vgl. exemplarisch die Ausführungen bei Ernst & Whinney 1983, S.34f.; Pfohl, Hoffmann 1984, S.44; Wingefeld 1987, S.34f.; Küpper 1991a, S.14f.; Fawcett, McLeish, Ogden 1992, S.250f.; Weilenmann 1993, S.78.

72 "Inhaltsgrößen von Logistik-Budgets sind Kosten und Leistungen." (Pfohl, Hoffmann 1984, S.44); vgl. ebenso Flatten 1986, S.105; Küpper 1991a, S.15.

(1) Grundsätzlich sind Kosten als bewerteter, sachzielbezogener Einsatz an Produktionsfaktoren zur Erstellung einer betrieblichen Leistung oder zur Erhaltung der betrieblichen Leistungsbereitschaft während eines Abrechnungszeitraums zu verstehen.[73]

Insbesondere zwei konstituierende Merkmale zeichnen Kosten aus, und zwar der Sachzielbezug der Kosten und ihre Wertkomponente.[74] Diese beiden Merkmale sind zur Abgrenzung des logistischen Kostenbudgetbegriffs heranzuziehen:

Der *Sachzielbezug*[75] der Kosten besagt, daß nur in solchen Fällen Kosten entstehen, in denen der Güterverbrauch der Herstellung und Verwertung der Leistung sowie der Erhaltung der Leistungsbereitschaft dient, und die Leistung wiederum dem Sachziel der Unternehmung dient.

Somit dürfen bei der Kostenbudgetierung von Logistiksegmenten nur solche Produktionsfaktoren kostenmäßig berücksicht werden, die unmittelbar sachzielbezogen sind, die also für die *Abwicklung von Aufträgen* innerhalb der Segmente notwendig sind bzw. ohne deren Einsatz eine Erbringung der logistischen Leistung nicht möglich ist. Hierzu zählen also sämtliche Güterverbräuche, die bei der *Planung, der Kontrolle und dem Vollzug von Auftragsabwicklungsprozessen* entstehen oder die der Gewährleistung der *Prozeß-* bzw. *Leistungsbereitschaft* unmittelbar dienen.

Kosten liegen allerdings erst dann vor, wenn die Menge des sachzielbezogenen Güterverzehrs bewertet wird.

Hinsichtlich der *Wertkomponente* von Kosten bestehen in der Literatur unterschiedliche Auffassungen; hierbei werden der pagatorische und der wertmäßige Kostenbegriff unterschieden.[76]

Der *wertmäßige Kostenbegriff* orientiert sich an individuellen subjektiven Nutzenvorstellungen; als Wert wird der (monetäre) *Grenznutzen* angesetzt, der außer dem Kaufpreis für das Gut den Grenzgewinn, der durch die Verfügbarkeit der letzten Einheit des Gutes erzielt wurde, umfaßt.[77]

Der *pagatorische Kostenbegriff* bewertet die sachzielbezogenen Güterverbrauchsmengen zu Marktpreisen (Ausgaben); hierbei ist es möglich, die derzeitigen

---

73   Zum betriebswirtschaftlichen Kostenbegriff vgl. stellvertretend für viele Kloock, Sieben, Schildbach 1993, S.27ff.

74   Der mengenmäßige Verzehr von Realgütern sowie der Bezug zur Abrechnungsperiode wird hierbei vorausgesetzt.

75   Das Sachziel einer Unternehmung besteht "in der planmäßigen Erstellung von Leistungen zur Befriedigung menschlichen Bedarfs" (Heinen 1983, S.26), bzw. es gibt die "Art, Zeitpunkt bzw. Zeiträume von zu fertigenden sowie abzusetzenden betrieblichen Gütern an." (Kloock, Sieben, Schildbach 1993, S.27f.).

76   Vgl. dazu Kilger 1988, S.16; Kloock, Sieben, Schildbach 1993, S.29ff.

77   Demzufolge weicht der Grenznutzen nur bei knappen Gütern von den Beschaffungspreisen ab.

Markt- bzw. Beschaffungspreise oder - zur Ermittlung von Plankosten - die zukünftigen geschätzten Marktpreise (Ausgaben) anzusetzen.

Im folgenden wird vom pagatorischen Kostenbegriff ausgegangen, denn bei dessen Zugrundelegung wird im Vergleich zum wertmäßigen Kostenbegriff das Verfahren der Kostenplanung und -kontrolle vereinfacht.

Bei der Zugrundelegung eines wertmäßigen Kostenbegriffs hinge eine exakte und eindeutige Bestimmung von der Nutzenvorstellung der jeweiligen Planungs- oder Kontrollträger in den jeweiligen Entscheidungssituationen bzw. vom Knappheitsgrad der betrachteten Einsatzfaktoren ab.[78] Eine Überprüfung der Plan- und Istwerte käme demnach zu unterschiedlichen Ergebnissen, je nachdem, ob sie zentral oder dezentral durchgeführt würde. Hingegen wird bei der Zugrundelegung des pagatorischen Kostenbegriffes eine in allen Segmenten nach *einheitlichen Kriterien* nachvollziehbare Plankostenermittlung und -kontrolle möglich, und zwar nach den in der Planung prognostizierten Markt- bzw. Beschaffungspreisen.

(2) Neben der Frage nach den Inhalten logistischer Kostenbudgets ist zu prüfen, ob gemäß der hier zugrundeliegenden Budgetierungsabgrenzung eine Leistungsbudgetierung sinnvoll ist, und wenn ja, für welche Art logistischer Leistungen.

Eine Möglichkeit der logistischen Leistungsbudgetierung bestände darin, den Inhaltsgrößen einen wertmäßigen bzw. *pagatorischen Leistungsbegriff*[79] zugrundezulegen, also den Logistiksegmenten Plan-Erlöse aus veräußerten logistischen Leistungen vorzugeben.

Dann müßte allerdings der logistische Leistungsbegriff sehr weit gefaßt werden, da i.d.R. "klassisch-logistische" Leistungen nicht isoliert veräußert werden, sondern nur im Zusammenhang mit der Primärleistung, also dem Produkt selbst. Die logistische Leistung schlösse demzufolge sowohl die erbrachte Sekundärleistung (also die bedarfsgerechten Versorgung des Kunden mit dem gewünschten Gut) als auch die erbrachte Primärleistung (also das Gut als Ergebnis betrieblicher Transformationsprozesse) mit ein.[80]

Zwar würde man somit den Kostenzielen ihr wertmäßiges Äquivalent, also die mit den festgesetzten Kosten zu erbringende bewertete "Güter"-Menge, gegenüberstellen und somit gewährleisten, daß bei der Segmentplanung eine gleichzeitige Vorgabe

---

78 Vgl. ebenso Kloock 1993, Sp.2353f.

79 Pagatorische Leistungen sind bewertete sachzielbezogene Gütererstellungen einer Periode einer Unternehmung, wobei der Wertansatz auf Preisen des Absatzmarktes basiert; vgl. Kloock, Sieben, Schildbach 1993, S.39.

80 Zum Begriff der logistischen Primär- und Sekundärleistung vgl. Pfohl 1990, S.25f.

von Inputs und von - mit diesen Inputs zu erstellenden - Outputs erfolgt ("Zweidimensionale Budgets"[81]); doch es sind mehrere Probleme mit der Zugrundelegung eines solchen wertmäßigen logistischen Leistungsbegriffs verbunden:

Zum einen ist eine schlüsselfreie und direkte Zuordnung von Erlösen nur möglich bei solchen Logistiksegmenten, die für die Abwicklung externer Kundenaufträge zuständig sind, die sich also am *Ende* der Logistikkette befinden; denn der Kaufpreis stellt das Äquivalent zur erbrachten und vom Kunden wahrgenommenen *Endleistung* dar und ist demzufolge nur dieser zurechenbar. Damit werden aber interne Logistiksegmente von dieser Form der wertmäßigen Leistungsbudgetierung ausgeschlossen, obwohl sie möglicherweise den Hauptanteil an der Erstellung der (Sekundär- oder Primär-) Leistung tragen (bspw. durch die Just-in-time-Beschaffung fehlerfreier Zulieferteile oder durch die Fertigung kundenbedarfsgerechter Endprodukte). Eine segmentübergreifende Vergleichbarkeit auf Basis erfaßter Leistungs(wert)größen wäre somit nicht möglich.

Zum anderen ist auch eine alleinige Zurechnung der Erlöse zu logistischen Segmenten nicht unproblematisch, da sie mögliche *Marktinterdependenzen* mit anderen nicht-logistischen Organisationseinheiten vernachlässigt.[82] So existieren in einer Unternehmung i.d.R. mehrere nicht-logistische Verantwortungsbereiche, die ebenfalls an der Erlöserzielung unmittelbar beteiligt sind, wie z.B. die Bereiche "Werbung", "Verkaufsförderung" oder "Kontaktpflege" (sie werden in der Marketing-Literatur in Abgrenzung zu der - dort als "umsatzabwickelnde Organisationseinheiten" bezeichneten - Logistiksegmenten "umsatzanbahnende Organisationseinheiten" genannt).[83] Bei einer nicht mehr eindeutigen Zurechenbarkeit von Erlösen müßte also auf die Leistungsbudgetierung eines Organisationsbereichs verzichtet werden oder eine Budgetierung von Gemeinerlösen für die verflochtenen Organisationeinheiten vorgenommen werden.

Es läßt sich also festhalten, daß eine Leistungsbudgetierung der Logistiksegmente auf Basis pagatorischer logistischer Leistungen, also eine Erlösbudgetierung, häufig nur eingeschränkt anwendbar ist, weil der Wert der zugrundegelegten outputbezogenen Inhaltsgrößen in vielen Logistiksegmenten nicht die tatsächlich erbrachten Leistungen widerspiegeln und somit keine wirksame leistungsbezogene Steuerungsfunktion ausüben kann. Ihr Einsatz soll deswegen lediglich auf Logistiksegmente beschränkt werden, deren nachgelagertes Glied der Prozeßkette ein externer Kunde ist.

81 Vgl. dazu Grimmer 1980, S.75f.
82 Marktinterdependenzen liegen vor, wenn mehrere Organisationseinheiten ihre Leistungen an einem gemeinsamen Markt anbieten; vgl. Frese 1980, S.80f.
83 Vgl. u.a. Barzen 1990, S.42f.

Fraglich ist, ob es mit unserem Begriffsverständnis von Budgetierung vereinbar ist, wenn bei der Leistungsbudgetierung auf einen anderen, nicht wertmäßigen Leistungsstandard als Hilfsmaßstab zurückgegriffen wird.[84]

FLATTEN oder LOCHTHOWE bspw. fordern, neben der Kostenvorgabe auch logistische Leistungsmengen zu budgetieren.[85] Sie gehen also von einem *quantitativen Logistikleistungsbegriff*[86] aus und verstehen Logistikleistung als die Menge der erbrachten Aktivitäten zur Raum-/Zeitüberbrückung.[87]

Unabhängig vom Problem, daß nach dieser Begriffsauffassung lediglich die logistischen Transferprozesse Objekte der Leistungsbudgetierung wären, ist die Budgetierung von Leistungsmengen abzulehnen. Denn diese würde eine Vorgabe sachzielorientierter Planungsgrößen und damit eine Ausweitung des logistischen Budgetierungssystems auf das (Maßnahmen-) Planungssystem bedeuten; dies widerspricht der oben vollzogenen Abgrenzung von sachzielorientierten Planungssubsystemen und dem formalzielorientierten Budgetierungssystem.[88]

PFOHL, HOFFMANN gehen sogar noch weiter und fordern über eine differenzierte Leistungsbudgetierung von "beabsichtigten Leistungsprogrammen" hinaus eine Budgetierung von "unterschiedlichen Leistungsniveaus".[89] Ihnen liegt also neben dem quantitativen Logistikbegriff ein *qualitativer Leistungsbegriff* zugrunde, wonach die logistische Leistung als Erfüllungsgrad bestimmter Anforderungen an die Qualität der Auftragsabwicklungsprozesse, also an die aus der Sicht des Nachfragers "richtige" Bereitstellung "richtiger" Güter zur "richtigen" Zeit am "richtigen" Ort in der "richtigen" Menge, verstanden wird.[90]

---

84 Vgl. zu dieser Diskussion auch Grimmer 1980, S.75f.

85 Vgl. Flatten 1986, S.105; Lochthowe 1990, S.276.

86 Weber unterscheidet drei Formen quantitativer Logistikleistung, wobei er aus einer faktoreinsatzbezogenen Perspektive Logistikleistung als Bereitstellung logistischer Produktionsfaktoren versteht, aus einer prozeßbezogenen Perspektive als vollzogene Transport- oder Lagerungsvorgänge und aus einer ergebnisbezogenen Perspektive als eine vollzogene Orts-/Zeitveränderung von Objekten; vgl. Weber 1987, S.111ff.; zur Unterscheidung von quantitativer und qualitativer Logistikleistung vgl. Reichmann o.J., S.110. Mittlerweile folgt auch Weber der dichotomen Unterscheidung logistischer Leistungen, die er allerdings in einen "volumenbezogenen" und einen "servicebezogenen" Teil differenziert; vgl. Weber 1991a, S.215ff. Keiner hingegen diskutiert die Möglichkeit, auch Transformationsprozesse in den logistischen Leistungsbegriff zu integrieren. Erste konzeptionelle Überlegungen dazu werden allerdings seit neuestem in der Diskussion zum "Total Quality Management" geführt; vgl. u.a. Ebeling 1991, S.489ff.; Kowalski 1992, S.118ff.; Kearney Management Consultants 1992c, S.6f.

87 In der Terminologie Webers handelt es sich hierbei um einen prozeßbezogenen Definitionsansatz von Logistikleistung; vgl. Weber 1987, S.111.

88 Vgl. Kap. B.3.1.

89 Vgl. Pfohl, Hoffmann 1984, S.45.

90 Zu diesem qualitativen Leistungsbegriff, der auch wirkungbezogene Leistung oder "service performance" genannt wird, vgl. u.a. Weber 1987, S.112ff.; Novack 1989, S.30ff.

Damit wäre zwar eine formalzielorientierte Planungsgröße Inhalt der Leistungsbudgetierung, und zwar der erbrachte Lieferservice als Maßstab für ein bestimmtes Qualitätsniveau der Leistungserstellung.

Doch sie ist als Hilfsmaßstab für eine wertmäßige Inhaltsgröße ungeeignet, denn ein direkter Zusammenhang zwischen Lieferserviceniveau und induzierten Umsatzerlösen, so wie ihn bspw. BUXTON darstellt,[91], ist nicht herstellbar. Dies liegt vor allem daran, daß der Lieferservice nur einen integralen Bestandteil innerhalb des gesamten Marketing-Mixes darstellt,[92] so daß es unmöglich ist, den Beitrag eines einzelnen Marketinginstrumentes für die Umsatzerzielung exakt zu quantifizieren.[93]

Die Vorgabe von lieferservicebezogenen Zielen zur Budgetierung zu zählen, wird deshalb hier ebenfalls abgelehnt. Damit liegt der Arbeit ein enges, dafür aber gut abgegrenztes Verständnis von logistischer Budgetierung zugrunde. Es läßt sich - wie in Abb. 14 graphisch dargestellt - in den Kontext der logistischen Segmentplanung einordnen, wobei es neben der logistischen Maßnahmenplanung und der Lieferserviceplanung ein formalzielorientiertes und auf Wertgrößen beschränktes Subsystem darstellt.

Alle drei Subsysteme bilden einen unterschiedlichen Bestandteil des übergeordneten kosten- *und* leistungsorientierten Planungssystems, wobei alle integriert aufeinander abzustimmen sind, damit eine an beiden Zielkriterien ausgerichtete logistische Leistungserstellung in den dezentralen Veranwortungsbereichen gewährleistet wird.

---

91 Vgl. Buxton 1975, S.35.
92 Vgl. dazu umfassend Delfmann 1990b, S.159ff.
93 Vgl. zu diesem Problem innerhalb der Marketing-Budgetierung Barzen 1990, S.45ff.

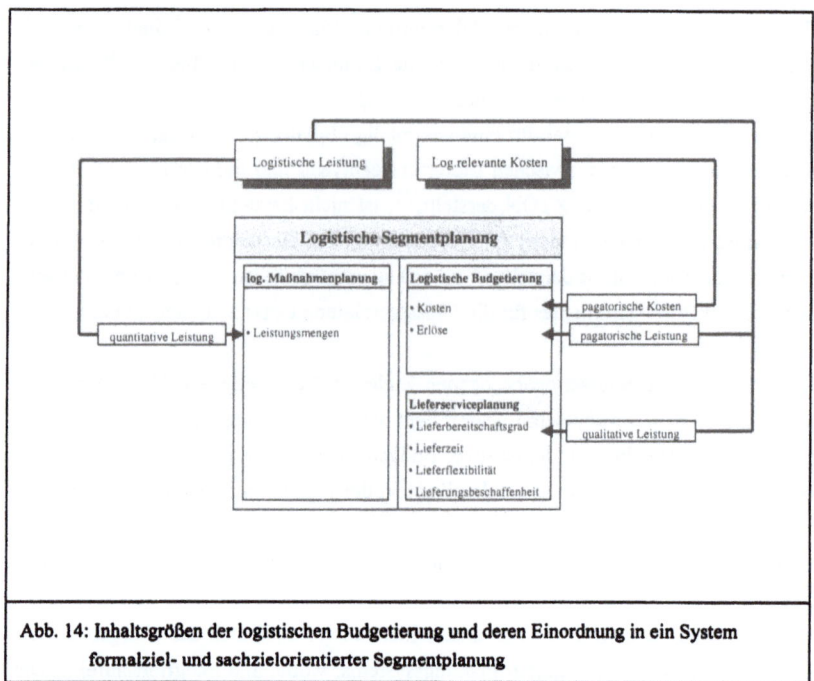

Abb. 14: Inhaltsgrößen der logistischen Budgetierung und deren Einordnung in ein System formalziel- und sachzielorientierter Segmentplanung

Aus dem bisher Aufgeführten läßt sich folgende Definition von logistischer Budgetierung ableiten:[94]

Unter logistischer Budgetierung wird die Aufstellung eines aus der logistischen (Maßnahmen-)Planung abgeleiteten formalzielorientierten Plans verstanden, der für die gesamte logistische Wertschöpfungskette und für die einzelnen Logistiksegmente für eine bestimmte zumeist ein- und unterjährige Planperiode Kosten- und Erlöswerte aufweist, an die die jeweiligen Verantwortungsträger, also das übergeordnete logistische Management und die Segment-Manager innerhalb enger Grenzen gebunden sind und für deren Einhaltung sie durch eigenverantwortliche Maßnahmen Sorge zu tragen haben.

Die logistische Budgetierung ist in diesem Sinne als ein Instrument der logistischen Segmentplanung und -kontrolle zu verstehen, mit dessen Hilfe eine Unterstützung der ganzheitlichen, zielbezogenen und zukunftsgerichteten Steuerung der logistischen Wertschöpfung, der Logistiksegmente sowie der sie tragenden Handlungsträger erreicht werden soll.

---

94 Vgl. dazu die sehr ähnlichen Budgetierungs-Definitionen bei Horváth, Dambrowsky, Jung, Posselt 1985, S.139; Dilger 1991, S.16; Weber 1991b, S.65; Göpfert 1993a, Sp.589f.; Küpper 1993, S.20.

3. Funktionen der logistischen Budgetierung

Welche Funktionen die logistische Budgetierung innerhalb der logistischen Segmentplanung und -kontrolle ausüben soll, ist der Inhalt der kommenden Überlegungen. Hierzu soll (1) zunächst ein Überblick über die in der Planungsliteratur der
Budgetierung zugeschriebenen potentiellen Funktionen verschafft werden; aus diesen werden (2) anschließend zwei Hauptfunktionen der logistischen Budgetierung abgeleitet, wobei herausgestellt wird, wie diese im Kontext der prozeßorientierten,
ganzheitlichen Perspektive der Logistik zu interpretieren sind.

3.1. Überblick über potentielle Budgetierungsfunktionen

Eine ähnliche Vielfalt wie hinsichtlich der Begriffsbestimmung von Budgetierung
läßt sich auch hinsichtlich der ihr zugesprochenen Funktionen feststellen.

Zwar besteht weitgehende Einigkeit in der Planungs- bzw. Planungsunterstüt-
zungsfunktion von Budgets: "Budgeting makes contributions to planning that can be
made by no other process."[95] Welchen Beitrag zum betrieblichen Planungsprozeß
die Budgetierung jedoch explizit bringen soll, führt zu teilweise unterschiedlichen
Interpretationen.
Die zahlreichen Varianten lassen sich größtenteils historisch begründen, denn das
Planungsverständnis hat sich mit der Zeit weiterentwickelt. Demzufolge haben ebenfalls die an die Budgetierung geknüpften Anforderungen zugenommen und einen
Funktionswandel bzw. eine Funktionserweiterung verursacht.[96]

Zunächst stand mit der Anwendung von Budgets die Budgetkontrolle und vor allem
die *Kostenkontrolle* im Vordergrund, welche später mit der zusätzlichen Kontrolle
der Unternehmungserlöse die *Gewinnüberwachungsfunktion* von Budgets betonte.[97]

Mit wachsender Beschäftigung von Praxis und Wissenschaft mit der Unternehmungsplanung[98] vergrößerte sich analog auch das Aufgabengebiet der Budgetierung

---

95 Ewing 1968, S.100.
96 Vgl. dazu ausführlich Jung 1985, S.25ff.
97 Vgl. Argyris 1952, S.6f; Welsch 1976.
98 Vgl. zur historischen Analyse der Entwicklung der Unternehmungsplanung im Kontext ihrer situativen Einflußfaktoren
    Welge 1985, S.97ff. und die dort referierte Literatur.

und damit die Anzahl der ihr zugeschriebenen Funktionen. Aus einem reinen Kontrollinstrument zur Kosten- und Gewinnüberwachung entwickelte sich die Budgetierung zu einem *Instrument der Unternehmungsführung.*[99]

Hierbei wird das Budget auf organisatorisch abgegrenzte Bereiche bezogen und erhält eine Planungs-, Steuerungs- und Kontrollfunktion, indem es die von den Organisationsbereichen anzustrebenden Soll-Zustände für eine definierte Periode vorgibt und deren Realisation in einem anschließenden oder auch zwischenzeitlichen Vergleich des Erreichten mit dem Geplanten überprüft.[100] "Eine solche Optik hat für den Inhalt, den Stellenwert und die Durchführung von Budgets konkrete Konsequenzen: Es (das Führungsinstrument "Budgetierung"; Anm. d. Verf.) wird damit in den Dienst der Führungsfunktion "Planung" und "Kontrolle" gestellt und ist damit als "management tool" bzw. als Instrument des "management control" aufzufassen."[101]

Mit diesem Verständnis vom Führungsinstrument "Budgetierung" kamen nach und nach weitere bedeutsame Funktionsaspekte hinzu.[102] Dabei wurde vor dem Hintergrund der Diskussionen zu Verhaltenswirkungen von Planungs- und Kontrollsystemen[103] die *verhaltenssteuernden Funktionen* von Budgets erörtert und neben der Kommunikations- und Anreizfunktion vor allem die leistungsmotivierende Wirkung dieses Führungsinstrumentes betont.[104]

---

99   Vgl. exemplarisch Poensgen 1973, S.158f.; Wild 1974b, S.325ff.
100 Vgl. Grimmer 1980, S.9.
101 Siegwart 1987, Sp.106.
102 "The basic concept of ... the practice of budgeting in the 1960s had changed dramatically from the previous decade." (Camillus, Grant 1980, S.371); vgl. ebenso Jung 1985, S.26.
103 Vgl. u.a. Stedry 1960, Hofstede 1970, Höller 1978.
104 Vgl. exemplarisch Grimmer 1980, S.32ff.; Eisenführ 1992, Sp.368ff.

zugeschriebene Budgetierungsfunktionen	Autoren (u.a.)	
Integrationsfunktion	Kloock 1980	Klotz 1986
Planungsfunktion	Grimmer 1980	Eisenführ 1992
Koordinationsfunktion	Heiser 1964	Spiegel 1975
Leistungsbeurteilungsfunktion	Posselt 1986	Eisenführ 1992
Informationsfunktion	Welge 1985	Klotz 1986
Kontrollfunktion	Posselt 1986	Dilger 1991
Anreizfunktion	Spiegel 1975	Jung 1985
Zielvorgabefunktion	Bamberger 1971	Klotz 1986
Kommunikationsfunktion	Grimmer 1980	Pizzey 1989
Mittelallokationsfunktion	Radke 1989	Dilger 1991
Prognosefunktion	Höller 1978	Wege 1985
Steuerungsfunktion	Spiegel 1975	Jung 1985
Zurechnungsfunktion	Dilger 1991	
Prioritätenfunktion	Barzen 1990	
Gewinnfestlegungsfunktion	Spiegel 1975	
Zeitfunktion	Barzen 1990	
Kooperationsfunktion	Siegwart 1987	
Motivationsfunktion	Buchner 1982	Eisenführ 1992
Entscheidungsfunktion	Siegwart 1987	
Entscheidungsvorbereitungsfkt.	Dilger 1991	
Funktion zur Ermittlung finanzieller Auswirkungen von Maßnahmen	Jung 1985	
Planungsdurchsetzungsfunktion	Kloock 1980	Grimmer 1980
Orientierungsfunktion	Siegwart 1987	
Ungewißheitsabsorptionsfunktion	Grimmer 1980	Kirsch 1990

Abb. 15: Überblick über potentielle Budgetierungsfunktionen

Demzufolge ist die Liste der in der Budgetierungs-Literatur genannten Einzelfunktionen sehr umfangreich. Die am häufigsten in der deutschsprachigen Literatur aufgeführten Einzelfunktionen werden überblickartig in Abb. 15 aufgelistet, wobei allerdings auf eine Erörterung jeder einzelnen Funktion hier verzichtet werden soll. Denn sie sind teilweise schwer abzugrenzen, teilweise bestehen ihre Differenzen nur in unterschiedlichen Formulierungen oder Konkretisierungen.

Vielmehr ist es aber von Interesse, welche Funktion einer *logistischen* Budgetierung zuzusprechen sind bzw. ob bei der Budgetierung logistischer Segmente schwerpunktmäßig anderen Zwecksetzungen zu folgen ist als bei der Unternehmungsbudgetierung allgemein.

Analysiert man auf diese Fragestellung hin die Logistikliteratur, erkennt man ebenso eine Fülle von, der Budgetierung zugesprochenen aber wegen ihrer häufig lediglich

graduellen und terminologischen Unterschiede nur schwer voneinander abgrenzba-
ren, Einzelfunktionen:

So betonen FLATTEN und KÜPPER die *Zielvorgabe-* und *Motivationsfunktion* von
Logistik-Budgetierung.[105] PFOHL, HOFFMANN fügen die Möglichkeit, mittels
Logistik-Budgets Verantwortungsrechnungen durchführen zu können, also die *Kon-*
trollfunktion der Logistik-Budgetierung hinzu.[106]

Die anglo-amerikanische Literatur hebt vor allem auf die *Koordinations-* und *Kon-*
trollfunktion ab.[107] So betont BALLOU deren Bedeutung als Instrument des Logistik-Controlling ("The most widely used aid for controlling logistics is the budget."[108]), während NOVACK die Logistik-Budgetierung in einen kybernetischen
Kontrollprozeß[109] einordnet und aus der Kontrollfunktion deren Steuerungsfunktion
ableitet.[110] BOWERSOX, CLOSS, HELFERICH bzw. ERNST & WHINNEY fügen zusätzlich die *"Trainings-"* bzw. die *"Kommunikationsfunktion"* von Logistik-
Budgets hinzu, weil die am Budgeterstellungsprozeß beteiligten dezentralen Verantwortungsträger veranlaßt bzw. "trainiert" werden, ihre bereichsspezifischen Ziele
untereinander zu kommunizieren und mit denen des gesamten Logistiksystems in
Einklang zu bringen.[111]

SCHMIDT oder auch FEY stellen vor allem auf die Bedeutung der Logistik-Budgetierung im Rahmen der strategischen Steuerung ab.[112] Hierbei sorgen Logistik-
Budgets (als kurzfristige Zielkalküle[113]) für die *Abstimmung zwischen den strategi-*
schen und operativen Planungsebenen, indem die Logistikstrategien bereichsbezo-
gen in quantitative Zielvorgaben transformiert werden bzw. indem von denen aus im
Wege der Rückkopplung ein strategischer Handlungsbedarf - wie z.B. eine Revision
der Finanzierungs- oder der Kapazitätsplanung - aufgeworfen wird.[114]

Offensichtlich werden in der Logistikliteratur der Budgetierung keine spezifischen,
d.h. von der Unternehmungsbudgetierung abweichenden, Funktionen zugesprochen.
Auch im Rahmen dieser Arbeit wird keine prinzipielle Unterschiedlichkeit gesehen.
Die Fülle der mit der logistischen Budgetierung auszuübenden Teilfunktion wird da-

105   Vgl. Flatten 1986, S.106; Küpper 1991a, S.15.
106   Vgl. Pfohl, Hoffmann 1984, S.44.
107   Vgl. u.a. Rose 1979, S.280; Countryman, Miller, Busher 1984, S.115; Novack 1989, S.29; Fawcett, McLeish, Ogden 1992, S.249f.
108   Ballou 1985, S.557.
109   Zum kybernetischen Lenkungsbegriff vgl. allgemein Mayer 1982, S.121.
110   Vgl. Novack 1989, S.27.
111   Vgl. Bowersox, Closs, Helferich 1986, S.327; Ernst & Whinney 1983, S.34ff.
112   Vgl. Schmidt 1987, S.252ff.; Fey 1989, S.240ff.; vgl. ebenso Novack, Dunn, Young 1991, S.5.
113   Vgl. Schmidt 1987, S.254.
114   Vgl. ähnlich Ernst & Whinney 1983, S.34.

her (in Anlehnung an FRESE[115]) auf zwei, der Budgetierung grundsätzlich zuzu-
schreibenden, Hauptfunktionen zurückgeführt, und zwar auf (1) die Koordinations-
und (2) die Motivationsfunktion. Hierbei ist allerdings herauszustellen, wie diese
Funktionen im *Kontext der logistischen Perspektive*, also der prozeßorientierten und
ganzheitlichen Sichtweise, zu interpretieren sind.

3.2. Koordination durch logistische Budgetierung

Die Bedeutung der logistischen Budgetierung als formales Koordinationsinstrument
wird besonders deutlich, wenn berücksichtigt wird, daß das Feld der operativen Planungsaktivitäten innerhalb der Logistik sachlich, personell und zeitlich
aufgespalten ist, die logistische Prozeßplanung und -kontrolle also dezentral und
sukzessive in den Logistiksegmenten erfolgt.[116] Damit besteht das Erfordernis der
Koordination dieser Planungsaktivitäten, welche gekennzeichnet ist "durch das
Bestreben, die einzelnen Planungsaktivitäten auf das übergeordnete
Unternehmungsziel auszurichten."[117]

Die mit der logistischen Budgetierung verfolgten Koordinationswirkungen können
in verschiedenen Dimensionen auftreten. Sie lassen sich nach Wirkungen unterscheiden, die (1) im Zusammenhang mit der Budgetplanung und -vergabe und die (2) im
Zusammenhang mit der Budgetkontrolle erzielt werden.

(1) Logistische Budgets lassen sich als operational definierte (Formal-) Ziele interpretieren, die - falls sie akzeptiert werden - zusammen mit anderen sachziel- und
formalzielbezogenen Planvorgaben (z.B. Mengen- oder Lieferservicevorgaben) zu
Entscheidungsprämissen der Organisationsteilnehmer werden und somit deren Verhalten determinieren. Sie vermindern "die Interpretationsbedürftigkeit der an den
Aufgabenträger gerichteten Verhaltenserwartungen, reduzieren den Komplexitäts-
grad der Aufgabensituation und wirken der Entstehung von Unsicherheiten
entgegen, die durch nicht ausreichend klare Verhaltenserwartungen entstehen
können."[118]
Aus dieser Perspektive kann man von einer *Koordination durch Ungewißheitsab-
sorption* reden, die allerdings nicht nur die budgetierten Organisationseinheiten betreffen; auch die budgetierenden Instanzen binden sich gegenüber den planausfüh-

---

115   Vgl. Frese 1986, S.170ff.
116   Vgl. dazu die Ausführungen in Kap. B.2.3. und Kap. B.2.4.
117   Frese 1986, S.171.
118   Höller 1978, S.89.

renden Organisationseinheiten und verpflichten sich auf ein bestimmtes Angebot an Mitteln, das jene zur Umsetzung der spezifischen Sach- und Lieferserviceziele benötigen.[119]

Spiegeln die Budgets die Aufgaben bzw. die geplanten *Aktivitäten* und *Prozesse* wider, welche zur Erzeugung strategisch relevanter Logistikleistungen bzw. zur Umsetzung segmentspezifischer Wettbewerbsstrategien notwendig sind, lassen sie sich als Instrumente der strategischen Steuerung interpretieren.[120] Sie erfüllen die Funktion der *vertikalen Koordination*[121] zwischen strategischer und operativer Logistikplanung,[122] d.h. sie gewährleisten, daß die Planausführenden auch tatsächlich die Mittel erhalten, die notwendig sind, um die strategisch notwendigen Leistungen zu erbringen bzw. sie signalisieren, wenn dies nicht der Fall ist, einen Handlungsbedarf an übergeordnete Stellen wie z.B. eine notwendige Revision von Finanzplänen oder eine Modifizierung von strategischen Vorgaben.[123]

Der Wirkungsgrad der Verhaltensdeterminierung bzw. Koordination ist allerdings begrenzt, denn die hinter den Budgets stehenden formalen Zielgrößen markieren nur die Grenzen eines mehr oder minder weiten *Handlungsspielraumes*, innerhalb dessen die Budgetverantwortlichen eigenverantwortlich für die Realisierung ihrer segmentspezifischen Sachziele Sorge tragen können.[124] Sie stellen also nur den maximalen Verbrauch an Mitteln dar, die den jeweiligen Organisationseinheiten für die von ihnen pro Periode durchzuführenden Wertschöpfungsprozesse zugestanden werden und determinieren nicht vollständig die Handlung der Segment-Manager.
Wie hoch nun der Wirkungsgrad der Koordination von logistischen Budgets ist bzw. wie eng die durch sie gesetzten Handlungsspielräume sind, hängt von der jeweiligen Gestaltung des Budgetplanungsprozesses und von spezifischen Merkmalen der Budgetvorgaben ab; auf diese Gestaltungsalternativen im Rahmen des logistischen Budgetplanungssystem wird in Kap. C.4.1. eingegangen.

Die Ausrichtung der logistischen Organisationseinheiten auf spezifische Kostenziele bzw. deren Ausstattung mit einem bestimmten Quantum an Ressourcen stellt aber nur eine, und zwar die vertikale Dimension der Koordination im Rahmen der logisti-

119 Vgl. Kirsch 1990, S.105.
120 Vgl. Schmidt 1987, S.250; Fey 1989, S.240ff.
121 Zur vertikalen Koordination im Rahmen hierarchischer logistischer Planung vgl. die Ausführungen in Kap. und die dort referierte Literatur.
122 "Ideally, the budgetary process commits resources to execute the strategic plan." Emmanuel, Otley 1985, S.73; vgl. ebenso Eisenführ 1992, Sp.364.
123 Ähnlich argumentieren Ernst & Whinney, die in diesem Zusammenhang von "effektiven Logistik-Budgets" sprechen; vgl. Ernst & Whinney 1983 S.33.
124 Dies können sowohl eigen erstellt als auch fremd vorgegeben sein.

schen Segmentplanung dar. Darüber hinaus erstreckt sich die koordinative Funktion der Budgets aber auch auf die *segmentübergreifende, horizontale Abstimmung* der Logistiksegmente.

Ihre Bedeutung als formalzielorientiertes Koordinationsinstrument wird deutlich, wenn man berücksichtigt, daß trotz der prozeßorientierten Segmentierung der Logistikkette weiterhin vielfältige Kosteninterdependenzen bzw. Kosten-Trade-Offs zwischen den logistischen Segmenten bestehen. Die Budgets der jeweiligen logistischen Segmente stehen deswegen in einem engen Beziehungszusammenhang ("Strukturbeziehung"[125]) und erfordern eine integrierte Betrachtung bei der Budgetplanung.[126]

So ist z.B. bei der Planung des Budget für ein Logistiksegment, das für die missionspezifische Distribution von Endprodukten zuständig ist, nicht allein die prognostizierte Güternachfrage und daraus abgeleitet das prognostizierte Volumen zu erbringender Transferleistungen kostenrelevant. Vielmehr wird die Anforderung an die zu erbringenden Logistikleistungen auch durch die Prozeßablaufplanung des vorgelagerten (bspw. des die betreffenden Endprodukte produzierenden) Segmentes determiniert; dies gilt umso mehr, je weniger das vorgelagerte Segment seine Leistungserstellung an den Bedarf des distribuierenden Segmentes anbindet (*reaktive Leistungserstellung*) und damit je stärker es diese an den zu Beginn der Planungsperiode aufgestellten Ablaufplänen ausrichtet (*antizipative Leistungserstellung*).[127]

Demzufolge spiegelt die Aufteilung knapper Ressourcen auf die verschiedenen Logistiksegmente die Vorstellung wider, wie die Interdependenzen der Ablaufpläne entlang der logistischen Wertschöpfungskette abgestimmt und wie im Budgetplanungsprozeß ein Ausgleich der um die knappen Mittel konkurrierenden Bereiche vollzogen werden soll; die logistische Budgetierung erfüllt also die Funktion der *horizontalen Koordination* zwischen den Logistiksegmenten.[128]

125 Strukturbeziehungen zwischen Teilbudgets kennzeichnen den Sachverhalt, daß innerhalb des Budgetsystems Interdependenzen zwischen den Subsystemen bestehen; vgl. Kloock 1980, Sp.382.
126 Diese Forderung erhebt auch Küpper, wobei er sich allerdings nur auf die Notwendigkeit der Koordination der Funktion Logistik mit der Planung und Budgetierung von Beschaffung, Fertigung und Absatz bezieht, er also noch von der klassischen Querschnittsfunktion Logistik ausgeht; vgl. Küpper 1991a, S.17.
127 Bei der Abstimmung der Prozeßpläne in den jeweiligen Logistiksegmenten geht es also um die Frage, welche Ablaufstrategie diese wählen (Pull-Prinzip, Push-Prinzip oder eine Kombination aus beiden); vgl. dazu die Ausführungen in Kap. B.3.2.).
128 Aber ebenso wie im Zusammenhang mit der vertikalen Ausrichtung der Organisationseinheiten auf übergeordnete Ziele ist der Wirkungsgrad der mit der Budgetvergabe beabsichtigten formalzielorientierten horizontalen Koordination begrenzt, denn die Budgets antizipieren nicht alle durch Interdependenzen auftretenden Konsequenzen; vgl. Küpper 1991a, S.15.

Darüber hinaus kann von der Budgetierung eine segmentübergreifende Koordinationswirkung ausgehen, wenn der Allokationsprozeß in der "Budgetknetphase" partizipativ, also unter der Beteiligung des übergeordneten Management und der Segment-Manager erfolgt.[129] Hierbei sind alle Beteiligten aufgefordert, ihre logistikspezifischen bzw. segmentspezifischen Ziele untereinander zu kommunizieren, Konflikte auszutragen und schließlich einen Konsens zu finden, durch den eine auf die gesamte Unternehmung bzw. auf das gesamte Logistiksystem bezogene "optimale" Ressourcenallokation erfolgt.[130] "The budget provides a communication link between management and those implementing the plan. Upon completion of the planning process, the budget imparts management's objectives, goals, strategies for the next year, throughout the organization."[131]

Welche alternativen Gestaltungen des segmentübergreifenden Ressourcenallokationsprozesses sinnvoll sind, wird im folgenden im Zusammenhang mit der logistischen Gegenstrombudgetierung (Kap. C.4.1.1.2.) und mit der zum Einsatz kommenden Budgetierungstechnik (Kap. C.6.) diskutiert; auf die gesonderte Problematik eines logistischen Budgetsystems, das die Strukturbeziehungen zwischen den Logistiksegmenten berücksichtigt, wird im Kap. C.5. eingegangen.

(2) Grundsätzlich ist die koordinierende Wirkung von Budgets erst dann gegeben, wenn sie von den jeweiligen Organisationseinheiten tatsächlich als handlungsspielraumbegrenzende Prämissen akzeptiert werden.[132] Da dies nicht garantiert ist und da unvorhergesehene Inkonsistenzen der Planung, unvorhergesehenes Verhalten der Organisationsmitglieder, Ereignisse der Umwelt etc. den Ablauf nach Anweisung der Formalziele stören können, ist die Vergabe von logistischen Budgets durch die *Budgetkontrolle* zu ergänzen, welche während der Realisationsphase oder am Ende der Budgetperiode durchgeführt werden kann.

Durch die Kontrolle der Einhaltung von Budgetvorgaben wird bewirkt, daß die ursprüngliche Budgetierung sorgfältig und realistisch durchgeführt und versucht wird, das autorisierte Budget einzuhalten. Ferner weisen Kontrollinformationen auf mögliche kompensierende Korrekturmaßnahmen bei der sachziel- oder der formalzielorientierten logistischen Planung bzw. auf notwendige Verbesserungen zukünftiger Budgetierungsprozesse hin.[133]

---

129 Vgl. Countryman, Miller, Busher 1984, S.129.
130 Emmanuell und Otley sprechen in diesem Zusammenhang von informaler Koordination; vgl. Emmanuel, Otley 1985, S.111.
131 Ernst & Whinney 1983, S.35.
132 Vgl. u.a. Bamberger 1971, S.35.
133 Vgl. Bamberger 1971, S.54ff.

Diese Hinweise können sowohl aus einer *segmentinternen* Abweichungsanalyse abgeleitet werden (bei der es primär um die Zerlegung der Abweichungen in aussagefähige Teilabweichungen geht, welche auf Unwirtschaftlichkeiten in den Segmenten hinweisen und eine klare Verantwortung erkennen lassen), als auch aus einer *segmentübergreifenden* Ursachenanalyse (bei der es insbesondere um die Identifizierung der Abweichungsursachen entlang der gesamten logistischen Prozeßkette geht).

Werden bereits in der Realisationsphase Abweichungsinformationen zur Einleitung von Gegensteuerungsmaßnahmen genutzt, bewirken die Budgets eine frühzeitige Revision logistischer Pläne und damit eine *"feed-forward-coordination"*; werden die Kontrollinformationen am Ende der Budgetperiode für Veränderungen in künftigen Planungsperioden verwendet, bewirken sie eine *"feed-back-coordination"*.[134]
Auch hier können unterschiedliche Wirkungsgrade der feed-back- bzw. feed-forward-Koordination erzielt werden. Sie hängen insbesondere von den *Toleranzgrenzen* ab, jenseits derer Gegensteuerungsmaßnahmen eingeleitet werden, von der *Art der Gegensteuerung* (Revision der Budgets, der Lieferserviceziele oder der Maßnahmenpläne) und vom *Kontrollträger* (Fremdkontrolle durch übergeordnete Kontrollinstanzen oder Selbstkontrolle durch die budgetverantwortlichen Segment-Manager). Auf unterschiedliche Gestaltungsalternativen für Budgetkontrollen und Gegensteuerungsmaßnahmen wird in Kap. C.4.2. und C.4.3. eingegangen.

Abschließend läßt sich also zur Koordinationsfunktion der logistischen Budgetierung folgendes festhalten:

---

134   Vgl. Novack 1989, S.24ff.; Pfohl spricht in diesem Zusammenhang vom Prinzip der Vor- bzw. Rückkopplung; vgl. Pfohl 1981, S.60.

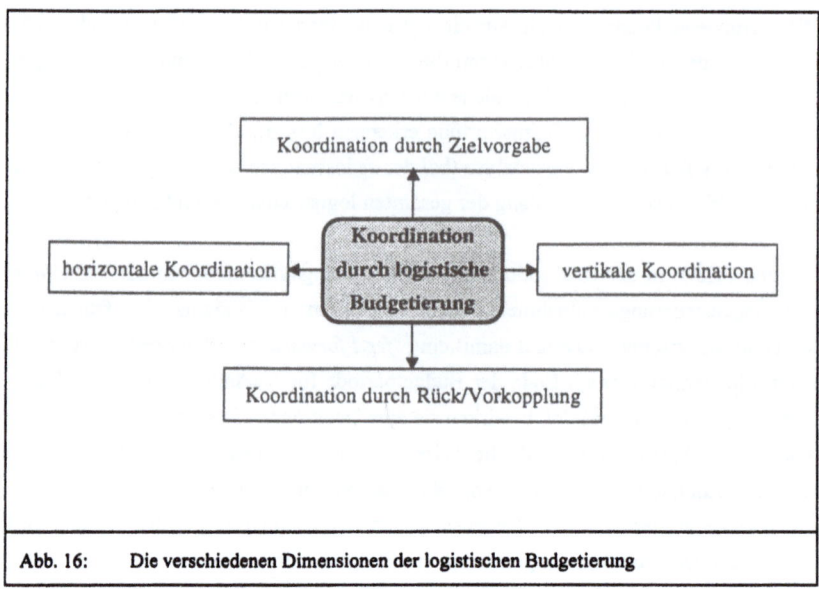

Abb. 16:   Die verschiedenen Dimensionen der logistischen Budgetierung

Von logistischen Budgets gehen je nach Ausgestaltung des Budgetierungssystems in den verschiedenen Phasen des Budgetierungsprozesses unterschiedliche segmentabstimmende Wirkungen aus, die sich aber nicht allein auf die segmentbezogene, vertikale sondern auch auf die segmentübergreifende, horizontale Koordination erstrecken. Die verschiedenen Dimensionen der Koordination sind noch einmal in Abb. 16 dargestellt.

3.3. Motivation der Budgetverantwortlichen

Über die (bisher rein sachlogisch begründete) Koordinationsfunktion hinaus können logistische Budgets motivationssteigernde Wirkungen erzielen und die Entscheidungsträger dazu veranlassen, in einer mit den logistischen Zielen konsistenten Weise zu handeln. Wird diese Verhaltensweise durch den Einsatz der logistischen Budgetierung bewirkt, spricht man auch von einer funktionalen Verhaltenswirkung der Budgetierung.[135]

---

135 Vgl. zu diesem Begriff und dem der "dysfunktionalen Verhaltensweise" u.a. Höller 1978, S.205; Posselt 1986, S.73; Buggert 1991, S.28ff.

In Bezug auf die Nutzung von Ressourcen kann diese Funktion so interpretiert werden, daß die betroffenen Manager bestrebt sind, die von ihnen durchzuführenden Wertschöpfungsaktivitäten mit möglichst geringem Verbrauch an Ressourcen zu erstellen.[136]

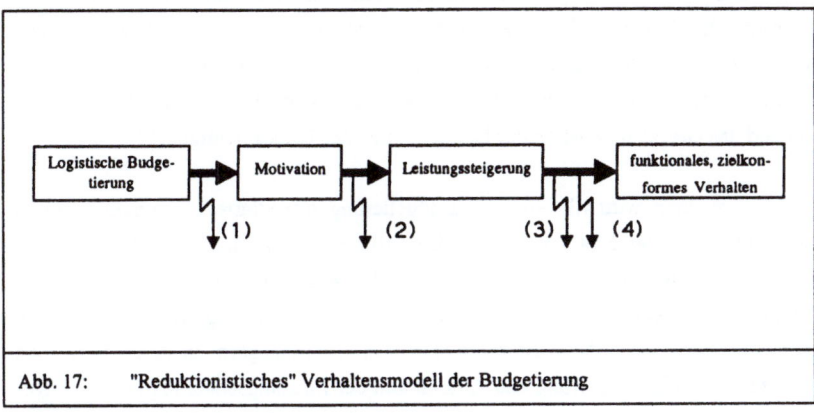

Abb. 17:   "Reduktionistisches" Verhaltensmodell der Budgetierung

Das Ziel der effizienten Ressourcennutzung über eine Motivationssteigerung ist allerdings nicht unproblematisch und sollte keineswegs unreflektiert auf die in Abb. 17 dargestellte Logik: "Logistische Budgetierung => Motivation => 'Leistungssteigerung' => funktionales, zielkonformes Verhalten" reduziert werden.[137]

Vier, in der Abbildung als "Blitze" gekennzeichnete, Bedenken sollen hierzu kurz angeführt werden; sie finden in den späteren konzeptionellen Gestaltungsüberlegungen eingehende Beachtung:

(1) Zum einen lassen sich durchaus Budgets vorstellen, von denen *keine motivationssteigernde* oder sogar *motivationssenkende Verhaltenswirkungen* ausgehen.[138] So ist z.B. die Höhe oder der Detailliertheitsgrad der jeweiligen Budgetvorgaben ebenso wie der Partizipationsgrad bei der Budgeterstellung mitentscheidend dafür, ob von der logistischen Budgetierung positive oder negative Motivationswirkungen ausgehen. Desweiteren spielen individuelle Merkmale der Budgetempfänger, wie

---

136 Vgl. Pfohl, Hoffmann 1984, S.44.
137 In diesem Zusammenhang soll "Leistungssteigerung" lediglich interpretiert sein als Reduzierung des Ressourcenverbrauchs bei der Bewältigung vorgegebener betrieblicher Aufgaben. Zur Unterscheidung und Abgrenzung des logistischen Leistungsbegriffes vgl. die Aussagen in Kap. B.2.2.
138 Kirsch spricht in diesem Zusammenhang von "frustrierenden" Budgets; vgl. Kirsch 1990, S.105.

z.B. deren Einstellungen, Motive und Erwartungen eine Rolle dafür, ob von der erhofften Anreizwirkung von Budgets leistungsmotivierende Impulse ausgehen.[139]

Will man also durch die Budgetierung die Motivation der budgetierten Organisationseinheiten steigern, reicht es nicht aus, durch eine Maßnahme allein - etwa die Kopplung der Budgetergebnisse an ein Anreizsystem - positive Verhaltenswirkungen erzielen zu wollen. Man muß ebenso differenziert die Motivationswirkungen anderer Gestaltungselemente des logistischen Budgetierungssystems wie auch das individuelle und das Gruppenverhalten der Budgetteilnehmer berücksichtigen.[140]

(2) Zum zweiten wird die von der Budgetierung intendierte Leistungssteigerung nicht allein von der Motivation, also der *Leistungsbereitschaft* ("Wollen") des Individuums, sondern auch von seinen *Fähigkeiten* und seinen *Kompetenzen* ("Können") und der *Arbeitsumwelt*, innerhalb derer die Leistung erzielt werden soll, nachhaltig bestimmt.[141] So ist bspw. bei Segment-Managern, in deren Bereichen eine stärkere Standardisierung und Automation der Leistungserstellung, eine weitgehend feste Vorgabe der Leistungsmengen oder determinierte Prozeßstrukturen vorliegen, die Wahrscheinlichkeit einer tatsächlichen Leistungssteigerung tendenziell geringer, weil deren Entscheidungskompetenzen und Handlungsfreiräume stärker eingeschränkt sind und deren Arbeitsumfeld die Möglichkeiten der Einflußnahme auf den Leistungserstellungsprozeß häufig geringer hält.

(3) Aber auch ein motivationsbedingter Anstieg der Leistungsbereitschaft, wie er bei einer entsprechenden Gestaltung des Budgetierungssystems erzielbar ist, führt nicht zwangsläufig zu einer funktionalen, zielkonformen Verhaltensweise der Budgetempfänger. Denn ebendiese Gestaltungselemente, wie etwa die Partizipation bei der Budgetplanung und -kontrolle, bieten gleichzeitig Möglichkeiten und Anreize zu *dysfunktionalen Verhaltensweisen*, z.B. zur Erzeugung von "Budgetslacks" oder zur Manipulation von Kontrollinformationen, die anhand des gemessenen Leistungsanstieges nicht feststellbar sind.[142]

Will man also die Vorteile leistungsmotivierender Gestaltungsalternativen der logistischen Budgetierung nutzen und gleichzeitig das Auftreten der damit eng verbundenen verhaltensbedingten Nachteile verringern, gilt es, über die sozio-psychologische Perspektive hinaus Überlegungen zur Koordination und Kontrolle der Budget-

139 Vgl. dazu u.a. Thieme 1982, S.54ff.
140 Vgl. dazu die ausführlichen Untersuchungen von Bamberger 1971, S.135ff.; Höller 1978, S.89ff.
141 Vgl. u.a. Thieme 1982, S.54ff.
142 Vgl. Höller 1978, S.205ff.; Welge 1988, S.204ff.

verantwortlichen anzustellen, wie etwa Überlegungen zu einem Budgetkontrollsystem oder zur zum Einsatz kommenden Budgetierungstechnik.

(4) Unabhängig von der Möglichkeit potentieller Dysfunktionalitäten kann es auch aus einer sachlogischen Perspektive fraglich sein, ob ein durch die Motivationswirkung von Budgets bedingter "Leistungsanstieg" in einzelnen Segmenten immer erstrebenswert ist und ob er nicht mit übergeordneten Koordinationszielen divergieren kann.

Entscheidend nämlich ist es, *welche* Art des Leistungsanstiegs durch motivationsfördernde Budgets hervorgerufen wird, bzw. in welche *Richtung* das Leistungsverhalten auszurichten ist.
Wird als Leistungsanstieg lediglich die Einhaltung oder Unterbietung segmentbezogener Kostenvorgaben interpretiert und dieser durch eine entsprechende Gestaltung der Anreiz- und Sanktionssysteme gefördert, werden Budgets zwangsläufig Entscheidungen hervorrufen, die nur noch im Hinblick auf die Kostenminimierung im eigenen Bereich getroffen werden, nicht aber danach, inwieweit sie zur Umsetzung gesamtlogistischer Ziele beitragen.
Der Einsatz solcher, lediglich auf die Leistungsmaximierung der einzelnen Individuenden abzielenden, Budgets kennzeichnet eine *vertikale Sichtweise*, die die Strukturbeziehungen zwischen den Teilbudgets vernachlässigt und der prozeßorientierten, ganzheitlichen Perspektive der Logistik entgegensteht. "Budget systems are almost always vertical, and related reward-and-punishment systems effectively promote element efficieny as against system-wide effectiveness."[143]

Das Ziel der Verbesserung des Leistungsverhaltens über eine budgetbedingte Motivationssteigerung führt also nur dann zur Erreichung gesamtlogistischer Ziele, wenn das logistische Budget das Leistungsverhalten der Budgetempfänger *horizontal* auf die gesamte Logistikkette ausrichtet und Entscheidungen hervorruft, die nicht "sub(system)optimal", sondern nur unter dem Aspekt ihres Beitrages zur Leistung des logistischen Gesamtsystems getroffen werden.

Aus den vier kurz skizzierten Überlegungen lassen sich folgende Schlußfolgerungen ziehen, die von Relevanz für die Gestaltung eines logistischen Budgetierungssystem sind:

---

143 Farmer, Ploos van Amstel, 1991, S.8.

Zum einen erfordert die Gestaltung einer verhaltenssteuernden Budgetierung differenzierte Betrachtungen ihrer sozio-psychologischen Implikationen, die sowohl an den einzelnen Gestaltungselementen mit ihren jeweils positiven und negativen Verhaltenswirkungen ansetzen, als auch an den einzelnen Individuen mit ihren jeweils unterschiedlichen Persönlichkeitsmerkmalen.

Zum anderen erfordert die Gestaltung eines logistischen Budgetierungssystems die integrierte Betrachtung sowohl sachlogischer als auch sozio-psychologischer Dimensionen.

D.h. auf der einen Seite erreicht die Budgetierung nur dann ihren sachlogischen Zweck - nämlich die Unterstützung der zielbezogenen und zukunftsgerichteten Steuerung der budgetierten Logistiksegmente sowie der für sie verantwortlichen Handlungsträger -, wenn bei ihrem Einsatz die damit verbundenen Verhaltenswirkungen berücksichtigt werden; genauso lassen sich auf der anderen Seite Verhaltenswirkungen der Budgetierung erst dann bewerten (funktional oder dysfunktional), wenn sie im Kontext ihrer sachlogischen Implikationen betrachtet werden.

Wie die Funktionen der Budgetierung nun wirksam umgesetzt werden können, soll im folgenden besprochen werden, zunächst anhand der Analyse der Gestaltungsalternativen zum *Prozeß* der logistischen Budgetierung.

4. Prozeß der logistischen Budgetierung

Der logistische Budgetierungsprozeß setzt sich aus mehreren Teilphasen zusammen, und zwar aus

* (1) der *Budgetplanung*, die vor der Budgetierungsperiode beginnt und in die *Budgetvorgabe*, den eigentlichen Beginn der Budgetierungsperiode, mündet,
* (2) der *Budgetkontrolle* die evt. während der Budgetierungsperiode, aber ansonsten immer an deren Ende durchgeführt wird und
* (3) der *Budgetrevision*, die ggf. auf besondere, im Rahmen der Budgetkontrolle erfaßte, Abweichungen hin in der Realisationsphase eingeleitet wird (vgl. Abb. 18).

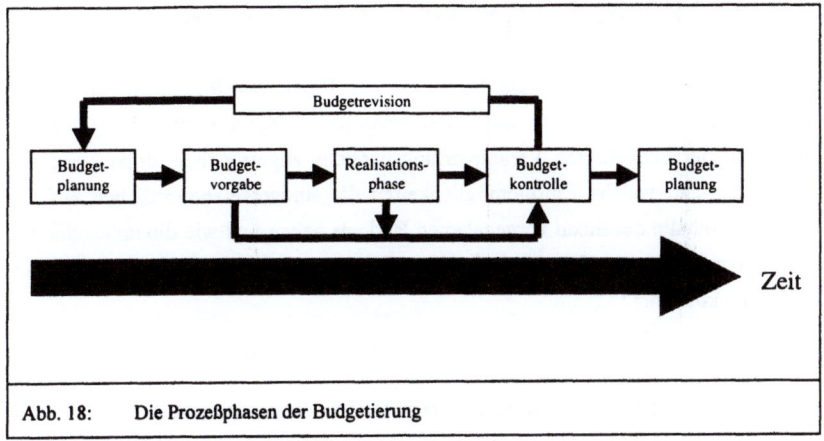

Budget-planung	Budget-vorgabe	Realisations-phase	Budget-kontrolle	Budget-planung

Budgetrevision

Zeit

Abb. 18:   Die Prozeßphasen der Budgetierung

Er ist eingebettet in den Budgetierungsprozeß der Gesamtunternehmung und wird demzufolge mitbeeinflußt von Gestaltungsformen bzw. von Budgetierungs-teilnehmern, die anderen, den Logistikzielen übergeordneten, Unternehmungszielen bzw. die eigenen Funktionsbereichszielen folgen. Auf diese Aspekte wird aber vor-erst nur am Rande eingegangen und vielmehr das Hauptaugenmerk auf prozessuale Gestaltungsaspekte innerhalb des logistischen Budgetierungs-prozesses gerichtet.

Zur Vereinfachung wird deswegen ein gegebenes logistisches Gesamtbudget ange-nommen, das auf die Logistiksegmente zu alloziieren ist, wobei das übergeordnete logistische Management die *Rolle des budgetbewilligenden Organes* einnimmt und die einzelnen Segment-Manager die *Rolle der budgetempfangenden bzw. budgetfor-dernden Teilnehmer*.

4.1. Planung logistischer Budgets

Die Planung der logistischen Budgets stellt die erste Phase des Budgetierungs-prozesses dar, welche mit der Genehmigung und Verabschiedung der Budgets endet.

Hierbei ist es insbesondere von Belang, inwieweit die Segment-Manager während des Planungsprozesses Einfluß auf die Gestaltung ihrer Handlungsfreiräume nehmen können und wie stark am Ende des Planungsprozesses diese Freiräume durch die Budgetvorgaben eingegrenzt werden. Damit stellt sich die Frage (1) nach dem Parti-zipationsgrad bei der Budgetplanung und (2) dem Umfang der Steuerung durch die Budgetvorgaben.

4.1.1. Festzulegender Partizipationsgrad bei der Budgeterstellung

Der Frage nach dem Partizipationsgrad bei der Budgeterstellung wird in der Literatur zumeist eine zentrale sach- und sozio-psychologische Bedeutung für die Steuerung der budgetierten Verantwortungsbereiche zugesprochen, denn hierdurch wird festgelegt, welche Einflußmöglichkeiten die Budgetverantwortlichen auf die Höhe und Inhalte der ihnen vorgegebenen Budgets haben und wie die unterschiedlichen Perspektiven und Kenntnisse der Planungsträger in den Budgetplanungsprozeß einfließen können.[144]

4.1.1.1. Autoritäre versus autonome Budgetplanung

Zwei extreme Ausgestaltungsgrade der Partizipation sind bei der Erstellung der Budgetvorgaben denkbar. Ihre Anwendbarkeit für eine *logistische* Budgetplanung soll im folgenden überprüft werden.

(1) Eine Möglichkeit der Budgeterstellung ist die *autoritäre Planung* der Kostenvorgaben durch das übergeordnete Management. Hierbei werden den Bereichsverantwortlichen verbindliche Budgets in bestimmter Höhe und mit spezifischen Merkmalen[145] vorgegeben, die von diesen - ohne daß sie die Möglichkeit erhalten, ihre Ansichten und Kenntnisse in die Budgetvergabe einfließen zu lassen - in detaillierte Teilbudgets umzusetzen sind.[146] Der Grad dezentraler Partizipation ist demnach gleich Null.

Als potentielle Vorteile werden in der Literatur die durch den *top-down-Ansatz* durchgängige Zielausrichtung auf allen Planungsebenen, also der hohe Grad an vertikaler Koordination, hervorgehoben.[147]
Als nachteilig hingegen werden die Motivationswirkungen dieses stark zentralisierten Budgetierungsverfahrens bewertet. Denn die Beteiligung der dezentralen Führungskräfte wird auf bloße Informationslieferungsvorgänge reduziert, ohne daß sie an der eigentlichen Budgetfestlegung beteiligt sind. Dies behindert die Identifizierungsmöglichkeiten mit den vorgegebenen Budgetwerten und verringert den An-

---

144 Vgl. dazu Bowersox, Closs, Helferich 1986, S.327.
145 Wie z.B. dem Detailliertheits- oder dem Verbindlichkeitsgrad; vgl. dazu die Ausführungen in den folgenden Kapiteln.
146 Vgl. u.a. Welge 1985, S.463f.
147 Vgl. Lorange 1980, S.180.

reiz, dezentrale Initiative zur Verbesserung der betrieblichen Leistungserstellung zu entwickeln.[148] Außerdem ist die Gefahr relativ hoch, daß die vom übergeordneten Management formulierten Ziele und Pläne zu hoch angesetzt werden und damit Wunschziele bleiben, die keiner oder nur einer wenig konsequenten Realitätsüberprüfung auf nachgeordneter Ebene unterzogen werden.[149]

Für eine logistische Budgetierung ist der top-down-Ansatz nicht anzuwenden.

Denn zum einen bleibt das Segment-Management, das schlußendlich für die logistische Prozeßplanung und -kontrolle verantwortlich ist und über ein entsprechendes Spezialwissen verfügt, vom Budgetplanungsprozeß ausgeschlossen, was zu Widersprüchen zur gleichzeitig eingeräumten dezentralen Verantwortung führen kann. "Personell at the operating level will usually be better prepared and more knowledgeable about what commitments can be made for that segment in future periods."[150]

Zum anderen werden bereits in der Planungsphase die horizontalen und dezentral ausgelösten Abstimmungsprozesse zwischen den logistischen Teilbudgets minimiert. Somit wächst die Gefahr eines rein "vertikalen" Einsatzes dieses logistischen Controlling-Instrumentes, bei dem die die logistischen Budgets einzig von strategischen Zielwerten "heruntergebrochen" werden und keinen Bezug zu den Prozessen, die segmentintern und an den Schnittstellen zwischen den Segmenten vollzogen werden, aufweisen.

(2) Eine andere extreme Möglichkeit der Budgeterstellung ist die autonome Planung der Kostenvorgaben durch das dezentrale Management; hierbei planen die einzelnen Organisationseinheiten auf jeder Stufe ihre Ziele und Maßnahmen und leiten daraus ihre Budgetforderungen ab (*bottom-up-Ansatz*).[151] Diese werden zur übergeordneten Instanz weitergereicht, die eine Zusammmenfassung und Integration der Teilbudgets vornimmt und sie an die Unternehmungsspitze weiterleitet.

Für die Wahl des bottom-up-Ansatzes im Rahmen der logistischen Budgetplanung spräche, daß sich dadurch theoretisch Budgets ermitteln ließen, "... die wirklich auf kurzfristigen Handlungen abgestimmt sind und nicht einfache rohe Schätzungen darstellen ..."[152] und daß automatisch eine vertikale Integration innerhalb des Budgetierungssystems bewirkt würde.[153]

148 Vgl. Weber 1991b, S.66.
149 Vgl. Horváth, Dambrowski, Henning 1985, S.19; Schmidt 1987, S.244.
150 Rachlin 1991, S.39.
151 Vgl. Spiegel 1975, S.96ff.
152 Weilemann 1962, S.13.
153 Vgl. dazu Welge 1985, S.463f.

Doch bei dieser Form autonomer Kostenplanung steigt zwangsläufig die Gefahr, daß ein logistisches Budget erstellt wird, welches mit den Budgetzielen der übergeordneten Führung bzw. mit den finanziellen Möglichkeiten der Unternehmung nicht kompatibel ist und welches die bei knappen Mitteln stets notwendigen horizontalen Abstimmungen zwischen den interdependenten Bereichen unberücksichtigt läßt.[154] Desweiteren birgt diese Form der Budgetierung die Gefahr, daß trotz der erwartungsgemäß höheren Motivation der Segment-Manager und dem höheren Grad an Identifizierung mit den Budgetwerten die Budgetplanungsfreiräume ausgenutzt werden, um überzogene Ressourcenforderungen zu stellen und sich in diesem Wege einen "Budgetslack" zu verschaffen.[155]

Auch bei dieser Gestaltungsalternative überwiegen die Nachteile und Risiken die Vorteile, so daß abschließend festgehalten werden kann, daß beide Verfahrensalternativen, die autoritäre top-down-gerichtete und die autonome bottom-up-gerichtete logistische Budgetierung, nur Extrempositionen darstellen, die in dieser Ausprägungsform in der Praxis wohl kaum praktikabel sind.[156] Insbesondere berücksichtigen beide kaum das Erfordernis der horizontalen Abstimmung der Teilbudgets entlang der Logistikkette und stehen somit dem Erfordernis einer *prozeßorientierten Gestaltung* des logistischen Budgetierungssystems entgegen.

Die Frage, der im folgenden nachgegangen werden soll, lautet daher nicht, ob, sondern *inwieweit* die betroffenen Logistiksegment-Manager an der Budgetplanung beteiligt sein sollen und inwieweit bei unterschiedlichen Logistiksegmenten mit unterschiedlichen Rahmenbedingungen die Festlegung eines unterschiedlichen Partizipationsgrades zweckmäßig ist.

4.1.1.2. Gestaltungsoptionen im Rahmen einer logistischen Gegenstrombudgetierung

Grundsätzlich erfolgt bei der Budgetierung nach dem Gegenstromverfahren ein verbundenes Nebeneinander zentraler top-down gerichteter Vor-Budgetierung durch das übergeordnete Management und dezentraler bottom-up gerichteter Budgetanträge

---

154 Vgl. Schmidt 1987, S.244.
155 Vgl. Merchant 1985, S.201ff.; zu der Problematik von "Budgetslacks" vgl. die Ausführungen in Kapitel B.4.1.1.2.
156 Vgl. Hofstede 1968, S.67; Höller 1978, S.143f.; Posselt 1986, S.96; Dunk 1990, S.171ff.; Penno 1990, S.303ff. Auch in der dem Verfasser bekannten Logistikliteratur wird in keinem Fall eine rein top-down oder bottom-up-Budgetierung befürwortet und die Gegenstrombudgetierung als einzig zweckmäßige Budgetplanungsform dargelegt.

durch die dezentralen Bereichsverantwortlichen.[157] Der Abgleich der Vor-Budgets mit den Budgetanträgen erfolgt in einer anschließenden Phase, die wegen der häufig kontrovers ausgetragenen Abstimmungsprozesse auch "Budgetknetphase" genannt wird.[158]

Das Prinzip der Gegenstrombudgetierung läßt sich auch auf die Budgetplanung für Logistiksegmente übertragen, wobei je nach Ausgestaltung der Abstimmungsprozesse unterschiedliche Partizipationsgrade und damit auch unterschiedliche Koordinations- und Verhaltenswirkungen erzielt werden können. Diese sollen im folgenden im Hinblick auf ihre Vereinbarkeit mit logistischen Zielen analysiert werden und entsprechend Empfehlungen zur Ausgestaltung der logistischen Gegenstrombudgetierung abgeleitet werden.
Vorher soll allerdings eine allgemeine Beschreibung des logistischen Budgetplanungsprocedere nach dem Gegenstromverfahren erfolgen:

(1) Auf der Ebene des übergeordneten logistischen Management werden aufbauend auf den durch die Unternehmungsleitung formulierten Zielvorgaben und unter integrierter Betrachtung eines möglichen Beziehungszusammenhanges zu anderen nicht-logistischen Budgets Kostenvorstellungen entwickelt, nach Maßgabe segmentspezifischer formalziel- bzw. sachzielorientierter Pläne aufgeschlüsselt und den Logistiksegmenten als *Vor-Budgets* vorläufig vorgegeben.

Für das Logistik-Management muß es hierbei vor allem darum gehen, die strategischen und operativen Zielsetzungen unter Berücksichtigung der vielfältigen logistisch relevanten Interdependenzen und Trade-Offs der einzelnen Segmente aufeinander abzustimmen und sie bei der Dekomposition des Budgets auf Logistiksegmente zu berücksichtigen.[159] Deren Aufgabe ist es also, "... unter Beachtung der logistisch relevanten Trade-Off-Beziehungen die strategisch-objektbezogenen mit den operativ-verantwortungsbezogenen Kategorien zu verbinden, so daß möglichst gesamtoptimale Lösungen erzielt werden."[160]

Das an die Logistiksegmente gerichtete Vor-Budget ist sehr grob und aggregiert. Es fehlen ihm in der Regel die konkreten Anknüpfungspunkte und Bezugsgrößen, so

---

157 Vgl. u.a. Ernst & Whinney 1983, S.40ff.; Countryman, Miller, Busher 1984, S.114ff.; Schmidt 1987, S.244ff.; Weber 1991a, S.41ff.; Reimann 1993, S.12f.
158 Vgl. Weber 1991b, S.69.
159 "Zur Entwicklung umsetzbarer Pläne muß die problembezogene Planung ergänzt werden durch eine organisationsbezogene Planung, die die problemorientierten Pläne in stellenbezogene Pläne umsetzt."; Grimmer 1980, S.105.
160 Fey 1989, S.235; zur allgemeinen Zuordnungsproblematik von strategischen Programmen auf Bereiche vgl. Lorange 1980, S.48.

daß hier weniger der optimale Ressourceneinsatz im Vordergrund stehen als vielmehr zum Ausdruck kommen sollte, welche Ressourcen den logistischen Segmenten zur Erreichung strategisch bedeutsamer Lieferservice- und Sachziele im wesentlichen zugesprochen werden und wie die Trade-offs zwischen den jeweiligen segmentbezogenen Kostenzielen im Rahmen der Abstimmung der gesamlogistischen Wertschöpfungskette gelöst werden sollen.

In die den Logistiksegmenten unterbreiteten Vorstellungen fließen in der Regel ein:

* Annahmen hinsichtlich langfristiger Veränderungen logistischer Prozeßstrukturen ("*logistics system modification*"[161]), die bspw. bedingt sind durch neue "logistics missions", durch die Ausgliederung von Wertschöpfungstätigkeiten, durch veränderte Produktionsstandorte oder Lagerstandorte, durch veränderte kapazitive Ausstattungen logistischer Segmente etc.,[162]
* Annahmen hinsichtlich der *qualitativen Leistung* in den einzelnen Logistiksegmenten, operationalisiert durch die Vorgabe von Lieferservicezielen,
* Voraussagen über das *quantitative Leistungsvolumen* innerhalb der Logistiksegmente, z.B. durch Prognose des Kundenauftragseingangs oder durch Ableitung von Absatz-, Produktions- oder Beschaffungsprognosen, durch Planung des Anteils fremdvergebener Logistikleistungen etc.,[163]
* Prognosen der *Preisentwicklung*, z.B. der Preise für logistische Fremdleistungen (Gebühren, Frachtkostensätze etc.)[164] oder der Preise für Einsatzfaktoren (Lohnstunden, Abschreibungssätze, Energiepreise etc.).[165]

Den vom Logistik-Management erstellten Vor-Budgets entgegengerichtet erfolgt eine an den einzelnen logistischen Segmenten ansetzende *analytische Kostenplanung*.

Diese hat auf der Kenntnis aufzubauen, welcher Leistungsbedarf in den einzelnen Segmenten besteht bzw. welche prozessualen Verfahren zum Einsatz kommen, um den vom Logistik-Management definierten Zielzustand zu erreichen.[166]

---

161 Vgl. Bowersox, Closs, Helferich 1986, S.324.
162 Vgl. Novack 1984, S.609.; Weber 1991a, S.42.
163 Vgl. dazu Karp 1980, S.206ff.; Ernst & Whinney 1983, S.41f.; Countryman, Miller, Busher 1984, S.114ff.; Gill 1985,S. 448ff.
164 Vgl. u.a. Weber 1987, S.148ff.
165 Vgl. umfassend Rachlin 1991, S.8ff.
166 Vgl. dazu auch Weber 1991a, S.44.

Dazu bedarf es der Kenntnis von Sach- und Lieferservicezielvorgaben[167] sowie der Kenntnis von kostenwirtschaftlichen Zusammenhängen, die einen funktionalen Zusammenhang zwischen Kosteneinflußfaktoren, logistischen Leistungsmengen und der Menge an benötigten Einsatzgütern herstellen. Ist eine Ausgliederung logistischer Maßnahmen durch eine Fremdvergabe z.B. an Speditionsunternehmungen, Zulieferer, Komponentenhersteller etc. vorgesehen, müssen die entsprechenden Auftragsmengen mit den jeweiligen Gebühren bzw. Kostensätzen geplant werden.[168]

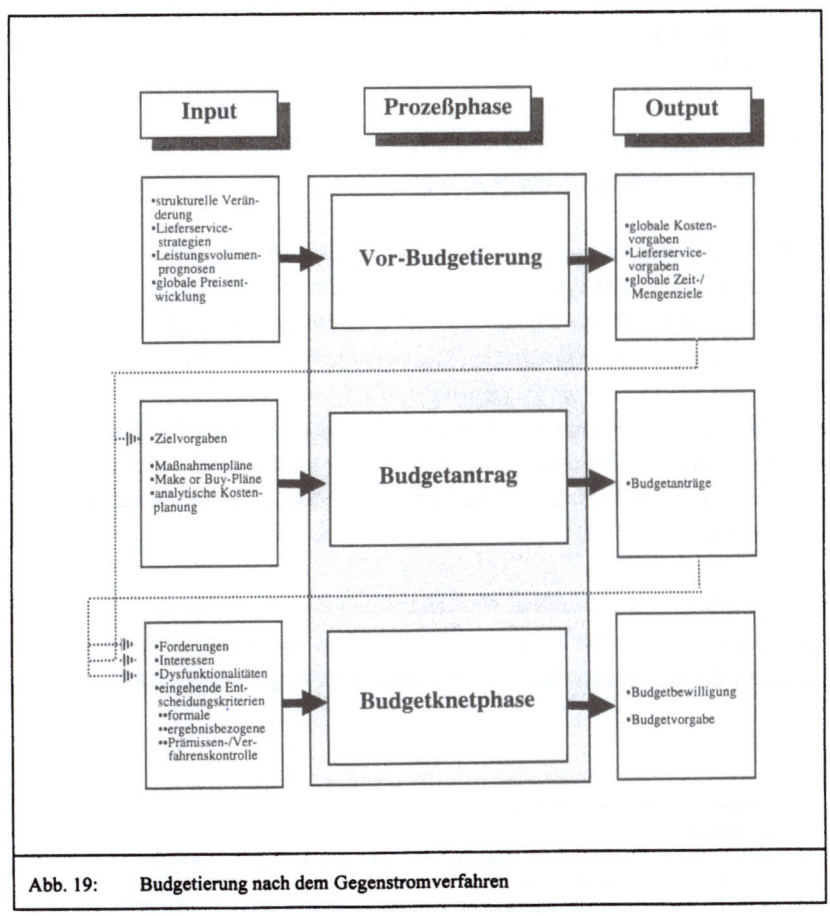

Abb. 19:   Budgetierung nach dem Gegenstromverfahren

---

167 Hier überwiegen bei kundenauftragsgebundenen Logistiksegmenten unterschiedlich differenzierte Lieferserviceziele, während bei kundenabgeschotteten Logistiksegmenten zusätzlich vielfältige Zeit- und Mengenziele zentral definiert werden.

168 Umfassende Überlegungen zur Gestaltung der analytischen Kostenplanung beinhaltet der Teil D dieser Untersuchung.

Der Abgleich der top-down und bottom-up ermittelten Werte schließt sich an. Hierbei kontrolliert und koordiniert das übergeordnete Management die ihm eingereichten Budgetanträge und leitet diese in komprimierter Form (im Rahmen des Unternehmungs-Budgetierungsprozesses) an die Unternehmungsleitung weiter. Die Teilbudgets werden somit schrittweise von "unten" nach "oben" koordiniert, d.h. die jeweils vorgesetzte Stelle genehmigt erst dann die von den untergeordneten Stellen aufgestellten logistischen Budgets, wenn diese im Einklang mit den Zielvorgaben ihrer übergeordneten Stellen stehen.[169] Nach der Koordination der Teilpläne und ihrer Zusammenfassung zu einer Gesamtberichterstattung erfolgt die Genehmigung des Budgets einschließlich aller Unternehmungsteilbudgets durch die Unternehmungsleitung.[170]

Die Abb. 19 gibt noch einmal die in die jeweiligen Teilphasen einfließenden Daten-Inputs bzw. die jeweiligen Outputs wieder.

(2) Der tatsächliche Partizipationsgrad bei der logistischen Gegenstrombudgetierung, also der Grad der "richtigen" Beteiligung des Segment-Managements an der Willensbildung bei den für sie relevanten Entscheidungsprozessen, zeigt sich erst in der *Budgetknetphase*. Denn Partizipation charakterisiert mehr als nur die bloße Teilnahme der Untergebenen am Budgetierungsprozeß; sie liegt erst dann vor und unterscheidet sich erst dann von einer "Pseudo-Partizipation"[171], wenn den Segment-Managern wirkliche Anhörungs-, Vorschlags- und (Mit-)Entscheidungsrechte eingeräumt werden, so daß sie tatsächliche Einflußnahme auf die Höhe der Budgets ausüben können.[172]

Hier bestehen unterschiedliche Gestaltungsoptionen für die logistische Gegenstrombudgetierung, wobei der Umfang zugestandener dezentraler Einflußnahme insbesondere davon abhängt, welcher *Führungsstil* vom Logistik-Management verfolgt

---

169 Vgl. Dilger 1991, S.27.
170 Denkbar ist auch die Einschaltung von Logistik-Controllern in den Budgetierungsprozeß, die hierbei aber keine inhaltlichen Aktivitäten wahrnehmen sollen, wie etwa die Planung der Höhe der Budgetwerte, sondern nur Serviceaktivitäten wie z.B. Gestaltung von Budgetierungsstandards, Entgegennahme der Vor-Budgets und Budgetwünsche oder die formale Organisation des Abgleichprozesses zwischen den Teilbudgets ausführen. Somit wird die Logistik-Führung von Routineaufgaben entlastet, indem die formalen Budgetierungsaufgaben an das Logistik-Controllership weiterdelegiert werden; vgl. u.a. Viscione 1984, S.44f.; Weber 1991a, 42ff.. Zu weiteren Aufgaben von Logistik-Controllern vgl. die Ausführungen in Kap. 4.2.1.4.
171 Diese Form der Partizipation wurde in der Literatur zuerst von Argyris beschrieben; vgl. Argyris 1953, S.108; Grimmer 1980, S.124f.
172 Vgl. u.a. Posselt 1986, S.97.

wird bzw. welche *Entscheidungskriterien im Verhandlungsprozeß* zwischen über- und untergeordneten Managern zur Budgetbewilligung herangezogen werden.[173]

Ein relativ hoher Grad dezentraler Partizipation wird dann zugestanden, wenn die in der Vor-Budgetierungsphase formulierten Rahmenvorgaben keine fixen und unveränderbaren Daten darstellen, nur innerhalb derer eine dezentrale Kostenplanung erfolgen darf, sondern wenn die jeweiligen Segment-Manager die Möglichkeit erhalten, eine über die Grenzen der Vor-Budgets hinausreichende Mittelzuteilung durchzusetzen bzw. segmentübergreifende Umverteilungen der ursprünglich geplanten Ressourcen zu bewirken.

Der Grad dezentraler Einflußnahme nimmt immer mehr ab, je weniger Einflußnahmemöglichkeiten dem Segment-Management zugestanden werden und je stärker die Bewilligung der beantragten Budgets von der Erfüllung vorher definierter *formaler Regeln und Programme* abhängt.
Danach wäre bspw. der Budgetplanungsprozeß bereits dann automatisch abgeschlossen, wenn die jeweiligen Vor-Budgets nicht überschritten und gleichzeitig die Budgetierungsverfahren formal ordnungsgemäß angewandt wären (wie z.B. vollständig ausgefüllte Budgetformblätter, Einhaltung vereinbarter Bewertungsregeln etc.), oder wenn die Vorjahreswerte nicht signifikant überboten und einzelne Budgetpositionen nicht stark vom Vorgesehenen abweichen würden. Rückkopplungsprozesse zwischen den einzelnen Teilphasen der Budgetplanung werden also minimiert, und die logistische Gegenstrombudgetierung weist immer stärker den Charakter eines zentral abgestimmten *Planungsautomatismus* auf.[174]

Entscheidend für den tatsächlich realisierten Partizipationsgrad bei der Budgetplanung ist allerdings nicht allein der in der Budgetknetphase vom Logistik-Management verfolgte Führungsstil, sondern auch die in der dezentralen Kostenplanung (Budgetantragsphase) zum Einsatz kommende *Budgetierungstechnik*. Je stärker diese an die Maßnahmenplanung gekoppelt ist, d.h. je größer ihr Leistungs- bzw. Prozeßbezug ist, desto besser wird auch die Argumentationsbasis gegenüber dem übergeordneten Management sein. "Die Budgetierung im Gegenstromverfahren erfordert - neben anderen Ausgangsinformationen - differenzierte Leistungsdaten. Nur so können die planenden Bereiche valide das Zustandekommen der Planwerte begründen.

173 "It is thus evident that the figure that is entered into a budget is the result of a discussion or bargaining process between a manager and his immediate superior ... in which the relative degree of influence of the two parties can vary considerably." (Emmanuel, Otley, Merchant 1990, S.165).
174 Vgl. zu Rückkopplungsprozessen innerhalb einer logistischen Gegenstrombudgetierung Ernst & Whinney 1983, S.52f.; Novack 1984, S.609f.

Nur so kann die Unternehmung bereit sein, Änderungen ihrer Budgetvorschläge zuzulassen. Erst eine laufende, aussagefähige logistische Leistungsrechnung eröffnet
somit die Möglichkeit, die bisher vorherrschende "ex-post-plus-Planung" ... zu
überwinden und durch eine zielführendere Budgetierungstechnik zu ersetzen."[175]

(3) Welcher Partizipationsgrad bei der Budgetierung logistischer Segmente nun der
zweckmäßigste ist, stellt allerdings ein Problem dar, da mit den unterschiedlichen
Gestaltungsalternativen sachlogisch wie sozio-psychologisch begründbare Vor- und
Nachteile verbunden sind.

Vorteilhaft bei zunehmender Partizipation ist zunächst, daß (wie bereits oben dargelegt) durch die Einbeziehung der dezentralen Expertise die in die Planung eingehenden Informationen tendenziell verbessert werden und die Wahrscheinlichkeit der
Einhaltbarkeit der geplanten Budgets steigt.[176]

Daneben trägt die Partizipation an der Zielplanung und -festlegung zu einer Steigerung der Identifikation der Mitarbeiter mit den Zielvorgaben und damit zu einer erhöhten Leistungsbereitschaft bei.[177] Die Segment-Manager gehen eine Art "innere
Selbstverpflichtung" ein und strengen sich verstärkt an, das von ihnen miterarbeitete
Budget einzuhalten, um eine Befriedigung des selbstgebildeten Leistungsbedürfnis-
ses zu erreichen.[178] "The logic of the argument favoring participation is straight-
forward - if a worker participates in the setting of his own performance standards, he
will have made an avert commitment to the standards and, hence, will work hard to
achieve them."[179]

Nachteilig hingegen wirkt die durch die Partizipation geförderte Gefahr dysfunktionaler Verhaltensweisen, die insbesondere im Aufbau von "organizational
slacks" bzw. "Budgetslacks" und in der bewußten Manipulation von Informationen
liegen.[180]

Budgetslacks liegen dann vor, wenn das Niveau der Zielvorgaben über dem Ko-
stenwert liegt, den der Aufgabenträger selbst für realisierbar hält und akzeptieren
würde.[181] Hierzu ein Beispiel: Ein Logistiksegment-Manager geht davon aus, ein

---

175   Weber 1991a, S.56.
176   Vgl. Frese 1971, S.232; Grimmer 1980, S.125; Dilger 1991, S.29.
177   Vgl. Milani 1975, S.274ff.; Welge 1988, S.202f.
178   Hierbei geht es um das Phänomem "intrinsischer Anreize"; vgl. dazu u.a. Höller 1978, S.151ff.; Eisenführ 1992, Sp.368f.
179   Foran, DeCoster 1974, S.751.
180   Vgl. Cyert, March 1963, S.36f.; Merchant 1985, S.201ff.
181   Vgl. Höller 1978, S.228.

bestimmtes, geplantes Leistungsvolumen mit 1000 Mannstunden bewältigen zu können, genauso wie ein anderer Logistiksegment-Manager für die physische Erledi-
gung eines Transportauftrages einen durchschnittlichen Treibstoffverbrauch von 50 l
veranschlagt. Lauten ihre selbsterstellten Vorgaben jedoch auf 1200 Mannstunden
bzw. auf 60 l/ Auftrag, so enthalten sie einen Budgetslack von 20% des eigentlich effizienten Budget.

Zielvorgaben, die slacks enthalten, können damit als "weiche" oder "bequeme Budgets"[182] bezeichnet werden, die dazu führen, daß ein Aufgabenträger über mehr
Ressourcen verfügt als zur Erfüllung seiner Aufgabe eigentlich erforderlich sind,
bzw. daß die von ihm angesetzten Kosten für die Planperiode zu hoch angesetzt sind.

Die Gründe für Budgetslacks liegen in der Regel darin, daß Mitglieder einer Organisation Individual- oder Bereichsziele verfolgen, die von den gesamtlogistischen Zielen oder von Zielen der Gesamtunternehmung abweichen. Ihr Verhalten ist durch das
Bestreben gekennzeichnet, sich in weichen Budgets einen "slack" bzw. Puffer zu
verschaffen, sei es, um die Wirkung eines nur auf die Feststellung negativer Abweichungen bezogenen Kontrollsystems zu verhindern, sei es, daß die Einhaltung von
Budgets mit einem Belohnungssystem gekoppelt ist, oder sei es aus Gründen der Un-
sicherheitsvermeidung.[183]

Werden slacks dadurch gebildet, daß die Budgetverantwortlichen mit Absicht die
Basisinformationen, die als Grundlage für die Berechnung der verbrauchten Ressourcen dienen, gefälscht haben - wie etwa eine falsche Belastung fremder Kostenstellen bei Materialentnahmescheinen, eine Fälschung von Zeitaufzeichnungen oder
ein überhöhter Verrechnungssatz bei der Verbuchung innerbetrieblicher Leistungsverflechtungen etc. -, spricht man von bewußter *Manipulation der Planungsinfor-
mationen*.[184]

Neben dem Phänomem bewußter Beeinflussung von Soll-Daten ist auch das der
"selektiven Wahrnehmung"[185] relevant für die Budgetierungsproblematik. Diese
betrifft nicht nur die Budgetempfänger, sondern alle am Budgetierungsprozeß Beteiligten, weil jeder vornehmlich Informationen aus dem Blickwinkel des eigenen In-
formationsbedarfes, also im Kontext seiner Werte, Bedürfnisse und Motive und im
Kontext seiner Identifikation mit dem jeweiligen Subsystem wahrnimmt. So werden

---

182 Vgl. u.a. Bamberger 1971, S.129f.; Poensgen 1973, S.166.
183 Vgl. Bamberger 1971, S.115; Welge 1988, S.204.
184 Vgl. im einzelnen Hopwood 1973, S.95ff.; Posselt 1986, S.76.
185 Vgl. u.a. Cyert, March 1963, S.121f.; Bamberger 1971, S.123ff.; Delfmann 1993, S.13; Delfmann 1993, Sp.2343.

z.B. Investitionsprojekte von zentraler oder dezentraler Stelle verzerrt bewertet oder Prognosen vor dem Hintergrund eigener Hoffnungen oder Zweifel formuliert.[186] Auch in der Logistik-Literatur wird das Problem der "selektiven Wahrnehmung" angesprochen, wobei allerdings von unterschiedlichen Informationswahrnehmungsprozessen einzelner Individuen abstrahiert wird, sondern einzig zwei "different perspectives" unterschieden werden. So sprechen BOWERSOX, CLOSS, HELFERICH von der integrierten und an strategischen, gesamtlogistischen Zielsetzungen ausgerichteten Perspektive des übergeordneten Logistik-Managements und stellen sie der bereichsbezogenen, primär an segmentspezifischen Effizienzzielen ausgerichteten Perspektive des Segment-Managements gegenüber. "Budget requests of middle managers will often exceed funds required for good performance. This is understandable because no single-unit manager is in a position to view the total system."[187]

(4) Das Logistik-Management sieht sich demnach einem Dilemma gegenüber. Denn einerseits fördert die stärkere Einbeziehung des dezentralen "Know-how" eine engere Anbindung der Ressourcenvergabe an strategisch notwendige Maßnahmen und damit die Sicherung einer effektiven Mittelvergabe. Andererseits aber bewirken die durch eine erhöhte dezentrale Partizipation nahezu zwangsläufig gebildeten Budgetpolster, daß eine Verfolgung und Erreichung strategisch bedeutsamer Sach- und Lieferserviceziele zwar unproblematisch ist, daß die Leistungserstellungsprozesse aber aufgrund der angehäuften Kapazitäts- und Materialpuffer in der Regel ineffizienter ablaufen, als wenn eine zentrale Ressourcenallokation erfolgt wäre.[188] Das Logistik-Management steht also vor dem *Problem der Vereinbarkeit von logistischen Effektivitäts- und Effizienzzielen.*[189]

Deswegen ist nur eine *differenzierte Ausgestaltung des Partizipationsgrades* bei der logistischen Budgetplanung zweckmäßig.

So ist bei Logistiksegmenten, die ihre Leistungen unmittelbar am Markt veräußern ("extern ausgerichtete Logistiksegmente") und deren Missionstrategien auf die Erzeugung eines überdurchschnittlichen Lieferservice ausgerichtet sind, eine tendenziell höhere Beteiligung an der Budgeterstellung sinnvoll.

---

186 "The way in which the environment is viewed and the communications about the environment that are processed through the organization reflect variations in training, experience, and goals of the participants in the organization." (Cyert, March 1963, S.121); vgl. ebenso Emmanuel, Otley 1985, S.115f.
187 Bowersox, Closs, Helferich 1986, S.327.
188 Vgl. Bowersox, Closs, Helferich 1986, S.327.
189 Vgl. dazu insbesondere die Ausführungen in Kap. B.2.2.

Zum einen spricht die ungleich höhere Bedeutung *effektiver Mittelvergabe* für einen höheren Partizipationsgrad, die die Gefahr ineffizienter Ressourcennutzung überwiegen kann, wenn ein durch zu knappe Budgets bewirkter Leistungsrückgang bzw. "Leistungsausfall" (bspw. durch Fehlmengensituationen) unmittelbar vom Kunden wahrgenommen wird und dessen Einstellung zur Wettbewerbsfähigkeit der Unternehmung nachhaltig verschlechtert.

Zum anderen spricht für eine stärkere Beteiligung der dezentralen Budgetverantwortlichen das ungleich größere Erfordernis der *Einbeziehung ihrer Marktexpertise*. Denn das Logistik-Management ist aufgrund der Dezentralisierung von Prozeßsteuerungsaufgaben tendenziell weniger informiert über die Abläufe in diesen Logistiksegmenten, verfügt über eine geringere Kenntnis der Vielzahl missionspezifischer Einflußfaktoren und ist dadurch weniger befähigt, eine analytische und auf den notwendigen Auftragsabwicklungsprozessen aufbauende Kostenplanung durchzuführen.

Nicht zuletzt sprechen auch *motivationale Gründe* dafür, dem Management, dem zur Durchsetzung der logistischen Sach- und Formalziele breite Handlungsfreiräume gelassen werden, auch entsprechende Einflußmöglichkeiten bei der für sie relevanten Mittelplanung einzuräumen; ansonsten ist mit einem mangelnden "Committement" mit den Zielvorgaben zu rechnen, das insbesondere dann stark auftritt, wenn die autorisierten Vorgaben als zu anspruchsvoll empfunden werden, und das dazu führt, daß statt einer gesteigerten Leistungsanstrengung Resignation aufkommt oder dysfunktionale Verhaltensweisen gewählt werden.

Für die Budgetierung von Logistiksegmenten, die auf interne Kunden ausgerichtet sind, kann sich allerdings ein niedrigerer Partizipationsgrad, d.h. eine höhere Einflußnahme des übergeordneten Management, als zweckmäßig erweisen.

Denn zum einen besitzt die *effiziente Nutzung der Ressourcen* eine hohe strategische Priorität, die nicht allein durch die Etablierung segmentübergreifender Koordinationsmechanismen, sondern auch durch eine entsprechend "straffe Mittelvergabe" gewährleistet werden sollte. Hier gilt es bspw. durch eine zentrale Planung von Bestandsbudgets der Gefahr der Pufferbildung an den Segmentgrenzen und damit der Gefahr der Entkopplung der Logistiksegmente voneinander entgegenzuwirken.

Desweiteren wirkt hierbei die einer zentralen Budgetplanung stets inhärente Gefahr fehlkalkulierter Kostenvorgaben bzw. fehlallozierter, für die Leistungserbringung strategisch bedeutsamer, Mittel geringer, weil das Logistik-Management aufgrund der (im Vergleich zu extern- bzw. missionausgerichteten Segmenten) vielfach *höheren Stabilität und Standardisierung logistischer Prozesse* über ein höheres Erfahrungs- bzw. Routinewissen verfügt und problemloser eine Kostenschätzung der zu vollziehenden Maßnahmen innerhalb der Logistiksegmente vornehmen kann.

Dies gilt einmal, weil diesseits des (bzw. der) order-penetration-point(s) die *Leistungspezifikationen* seitens eines internen Kunden tendenziell geringer bzw. dessen *Nachfragepräferenzen* stabiler als die der Vielzahl von externen Kunden sind. Zum anderen ist die Unsicherheit bzgl. des zu erstellenden Leistungsvolumens tendenziell geringer, weil im Unterschied zu extern ausgerichteten Logistiksegmenten (die zumeist auf eine reaktive, d.h. vom realen Kundenauftrag ausgelöste, Leistungserstellung abzielen) eine teilweise *antizipative* und damit *ex-ante planbare Leistungserstellung* erfolgt (Mittelweg zwischen einer Pull- und Push-Strategie).

Abschließend läßt sich zum Problem des festzulegenden Partizipationsgrades im Rahmen der logistischen Gegenstrombudgetierung folgendes festhalten:

Grundsätzlich legt der mit der logistischen Segmentierung verhaftete Dezentralisierungsgedanke auch ein höheres Maß an dezentraler Beteiligung bei der Ressourcenplanung nahe. Dennoch sollte der Grad an dezentraler Partizipation für die einzelnen Logistiksegmente differenziert festgelegt werden. Denn der dieser Gestaltungsentscheidung zugrundeliegende *Trade-Off* zwischen den Zielen der materiellen Sicherung eines bestimmten Lieferserviceniveaus durch eine *effektive Mittelvergabe* einerseits und der Sicherung einer wirtschaftlichen logistischen Leistungserstellung durch eine *effiziente Mittelvergabe* andererseits kann nur einzelfallbezogen gelöst werden. Die Trade-Off-Entscheidung ist insbesondere abhängig von den jeweiligen *wettbewerbsstrategischen Prioritäten* der sich im Spannungsverhältnis zwischen Ressourcen- und Marktorientierung befindlichen Logistiksegmente und abhängig vom Einwirken unterschiedlicher *Kontextfaktoren* wie z.B. dem Standardisierungsgrad der Prozeßstruktur, der verfolgten Ablaufstrategie oder dem Flexibilitätsgrad der Leistungserstellung.

4.1.2. Umfang der Steuerung durch Budgetvorgaben

Bezogen sich die bisherigen Überlegungen auf Gestaltungsfragen zum Ablauf des logistischen Budgetplanungsprozesses, gilt es nun, Gestaltungsüberlegungen zu dessen Inhaltsgrößen anzustellen, und zwar zu den Merkmalen der jeweiligen Budgetvorgaben.

Hinsichtlich der handlungs- bzw. verhaltenssteuernden Funktionen von Budgets sind hierbei (1) die qualitativen Merkmale logistischer Budgets, insbesondere der Detailliertheitsgrad der Kostenvorgaben und (2) quantitative Merkmale der Inhaltsgrößen, und zwar die Höhe der jeweiligen Kostenvorgaben, von Belang.

4.1.2.1. Festzulegender Detailliertheitsgrad der logistischen Budgets

Grundsätzlich können Budgets einen unterschiedlichen Detailliertheitsgrad aufweisen und damit in unterschiedlichem Umfang Steuerungswirkungen erzielen. Diese sollen im folgenden (1) für Budgets allgemein analysiert werden; (2) anschließend werden Gestaltungsüberlegungen zum festzulegenden Detailliertheitsgrad logistischer Budgets abgeleitet.

(1) Bei einem geringen Detailliertheitsgrad (*Globalbudgets*) geben Budgets nur den Gesamtwert an Ressourcen an, die einem Bereich in der Budgetperiode zugestanden werden, und lassen ceteris paribus einen großen Freiraum für die Planung der in der Periode zu vollziehenden Leistungserstellungsprozesse. Somit können bestehende Kosten-Interdependenzen ausgenutzt werden und eine Vielzahl von Maßnahmenalternativen miteinander kombiniert werden, wobei die einzige Auflage darin besteht, daß in ihrer Summe am Periodenende ein bestimmter Soll-Wert nicht überschritten wird.
Der Umfang der durch Globalbudgets bewirkten Koordination ist also gering und läßt sich eher im Sinne einer Orientierungsfunktion interpretieren.

Bei einem hohen Detailliertheitsgrad hingegen enthalten Budgets (*Detailbudgets*) verbindliche Vorgaben für einzelne Budgetbestandteile (Kostenstellen, Kostenarten wie z.B. Personalkosten, Investitionsprojekte, einzelne Aktivitäten bzw. Prozesse etc.) und/oder für einzelne Budgetteilperioden.
Der Umfang der durch sie bewirkten Koordination ist demnach relativ hoch, weil aufgrund der Detailliertheit der Kostenvorgaben die Handlungsspielräume für die dezentrale Planung und Realisierung der Leistungserstellungsprozesse eingeengt, die Anzahl alternativer Maßnahmenpläne verringert und damit die "Freiheitsgrade des Verhaltens" reduziert werden.
Einem gestiegenen Detailliertheitsgrad der Budgets entspricht automatisch eine größere Anzahl der Zielvorgaben, so daß mit jeder weiteren Differenzierung der Mittelvorgaben eine weitere Differenzierung der Mittelverwendungsvorschrift einhergeht und die Budgetierung damit immer stärker Funktionen einer sachzielorientierten Maßnahmenplanung übernimmt. "Das Vollzugsziffern-Budget beschreibt, mit welchem Mitteleinsatz diese Maßnahmen realisiert ... werden sollen. Die Vollzugszif-

fern bilden somit die Grundlage für die Detailentscheidungen der Planempfänger über den Vollzug des Aktions-Budgets (der Maßnahmenpläne; Anm. d. Verf.). Bei gegebenem Aktions-Budget wird der Entscheidungsfreiraum der Planempfänger umso mehr eingeschränkt, je größer die Anzahl vorgegebener Vollzugsziffern ist."[190]

Darüber hinaus gehen von unterschiedlich detaillierten Budgets unterschiedliche Verhaltenswirkungen aus, was deutlich wird, wenn man diese Zielvorgaben als vom übergeordneten Management mit unterschiedlichem Differenzierungsgrad zum Ausdruck gebrachte Verhaltenserwartungen interpretiert.

So läßt sich z.B. vermuten, daß Aufgabenträger mit einem ausgeprägten Leistungsstreben ("need for achievement") detailliertere Zielvorgaben präferieren, weil durch die präzisen Maßgrößen die erzielten Leistungen meßbar sind und somit das "Bedürnis nach Auseinandersetzung mit einem ... Gütemaßstab"[191] besser befriedigt wird.
Diese Annahme wird durch eine Reihe von Feldexperimenten unterstützt, die belegen, daß bei stark leistungsmotivierten Aufgabenträgern die angegebene Anstrengung zur Einhaltung von Zielvorgaben wie auch die erzielte Leistung positiv mit der Detailliertheit der Vorgaben korreliert.[192]

Allerdings kennzeichnet das jeweilige "need for achievement" der Budgetempfänger nur ein individuelles Persönlichkeitsmerkmal neben vielen weiteren und sollte nicht zu der (vielfach von Vertretern des MbO vertretenen) These reduziert werden, daß Aufgabenträger stets eine Präferenz für detaillierte Zielvorgaben äußern.[193] Denn bspw. können Manager mit starkem Leistungsstreben dennoch globalere Zielvorgaben als motivierend empfinden, wenn sie gleichzeitig ein ausgeprägtes Autonomiebedürfnis aufweisen, also ein Bedürfnis nach Handlungsfreiräumen, die nicht so stark durch vielfältigste Zielvorgaben eingeschränkt sind. Eine integrierte Betrachtung der jeweiligen Persönlichkeitsmerkmale der Budgetempfänger ist deswegen notwendig.

Aber auch sie führt nur zu beschränkt aussagefähigen konzeptionellen Gestaltungsüberlegungen, wenn sie nicht zusätzliche situative Merkmale der Budgetplanung einbezieht.

---

190 Delfmann 1989b, Sp.1372.
191 Höller 1978, S.90.
192 Vgl. u.a die Befunde von Steers 1975, S.394ff.
193 Vgl. z.B. Drucker 1962, S.159f.; zur Kritik dazu vgl. u.a. Frese 1971, S.230f.

So haben bspw. Felduntersuchungen von CARROLL, TOSI zu dem Ergebnis geführt, daß ein hoher Detailliertheitsgrad insbesondere für die Steuerung von Bereichen mit vorwiegenden Routinetätigkeiten sinnvoll ist, da diese einen geringen intrinsischen Anreiz, d.h. einen geringen in der Arbeit selbst liegenden Anreiz bieten und daher ein geringeres Interesse zu erwecken vermögen.[194] "... Interesting work provides its own intrinsic motivation. Managers may work harder on jobs with high interest and involvement; but clear goals may have positive effects on performance for those in uninteresting jobs."[195] Für Bereiche mit wenig standardisierten und häufig wechselnden Tätigkeiten erscheint ihnen hingegen eine solche Form der Zielvorgabe wenig leistungsmotivierend und dann sogar als leistungshemmend, wenn das durch die Vorgaben gebildete "Kosten-Korsett" als zu eng empfunden bzw. bei geänderten Rahmenbedingungen nicht mehr akzeptiert wird.

(2) Aus diesen kurz skizzierten Ausführungen wird also deutlich, daß von einem unterschiedlichen Detailliertheitsgrad der Budgets unterschiedliche motivierende Wirkungen ausgehen können, die allerdings wegen der Vielzahl situativer Einflußfaktoren und sozio-psychologischer Merkmale der Budgetempfänger weitaus differenzierter als hier dargestellt auftreten können. Deswegen sollen sich unsere Gestaltungsempfehlungen zum festzulegenden Detailliertheitsgrad logistischer Budgets nur auf folgende Tendenzaussagen beschränken:

Für die Budgetierung von Logistiksegmenten, deren Leistungserstellung aufgrund stärker standardisierter Prozeßabläufe *weniger komplex* ist, bietet sich ein tendenziell höherer Detailliertheitsgrad der Vorgaben an.
Die höhere Exaktheit dieses Budgetplanungsverfahren wird aufgrund der geringeren Planungskomplexität möglich bzw. aufgrund des relativ großen Erfahrungswissens des kostenplanenden Management überhaupt erst sinnvoll.[196]
Hierdurch kann dem Ziel einer effizienten Ressourcennutzung durch eine "straffe" Kostenplanung und -kontrolle gefolgt werden, welche durch eine höhere Anzahl von Kostenvorgaben eher gewährleistet ist (wie z.B. durch eine gesonderte Budgetierung einzelner Wertschöpfungsprozesse im Rahmen der geplanten Auftragsabwicklung).
Daneben wird durch einen höheren Detailliertheitsgrad schon im Wege der Budgetplanung die Gefahr verringert, daß bestehende Kosteninterdependenzen zwischen den Logistiksegmenten ausgenutzt werden, um das eigene logistische Budget zu La-

---

194   Vgl. Caroll, Tosi 1970, S.295ff.
195   Caroll, Tosi 1970, S.302.
196   Ähnlich argumentieren Klotz, Geiger, Grebenc, Maaßen, die allerdings Budgetierung im Kontext einer Kostenführerschaftsstrategie diskutieren; vgl. Klotz, Geiger, Grebenc, Maaßen 1990, S.424f.

sten eines anderen Segmentbudget zu "verbessern". Hierdurch wird das Ausmaß *horizontaler Koordination* durch logistische Budgets nachhaltig erhöht.

Allerdings besteht die Gefahr, daß ein Budgetsystem dieses hohen Detailliertheitsgrades auf die Dauer zu starr und inflexibel bleibt, weil bei einer signifikanten Änderungen von Prämissen, die der Budgetplanung zugrundegelegt wurden, das ganze System der interdependenten Teil-Budgets (die intern ebenso erhebliche Interdependenzen zwischen einzelnen Budgetpositionen aufweisen) verändert werden muß, dies aber in einer angemessen Zeit und mit einem angemessenen Aufwand nicht möglich ist.

Dies kann dazu führen, daß im gleichen Maße, wie durch die detaillierte Formulierung der Subziele eine zielkonforme, horizontale Segmentsteuerung über die gesamte logistische Prozeßkette intendiert wurde, eine Fehlsteuerung in der Realisationsphase durch nicht mehr adäquate Subziele bewirkt wird.

Den potentiellen Koordinationsvorteilen eines hohen Detaillierungsgrades unter stabilen Umweltbedingungen stehen also die Risiken der Instabilität gegenüber, die bei Logistiksegmenten umso größer sind, je stärker ihre Leistungserstellung von der Anzahl eingehender und ständig variierender in- oder externer Kundenaufträge beeinflußt wird (Pull-Prinzip), d.h. je weniger sich die Leistungserstellung auf am Anfang der Planungsperiode gewonnene Prognosedaten gründet (Push-Prinzip).[197]

Der Detaillierungsgrad von Budgets für Logistiksegmente mit standardisierten Prozeßabläufen sollte deswegen nur so weit fortgesetzt werden, wie die zum Einsatz kommende Budgetierungstechnik fähig ist, sich innerhalb eines wirtschaftlich und zeitmäßig vertretbaren Aufwandsrahmens an veränderte Rahmendaten anzupassen und damit die erforderliche Flexibilität aufzuweisen.[198]

Weniger sinnvoll hingegen erscheint die Wahl eines hohen Detailliertheitsgrades für die Budgetierung von Logistiksegmenten, deren Leistungserstellung aufgrund der Berücksichtigung individueller und wenig standardisierbarer Kundenwünsche einen weitaus höheren *Flexibilitätsgrad* aufweist. Denn aufgrund der Instabilität und Variabilität des Kundenbedarfs sind die vielen, auf die Auftragsabwicklungskosten einwirkenden, Einflußfaktoren (wie z.B. die quantitative Menge oder die qualitative Zusammensetzung eingehender Aufträge) viel variabler als bei einer standardisierten

---

197 Vgl. Kap. B.2.3.2.2.
198 In welchem Maße dies geschehen soll und welche andere Überlegungen bei der Revision von Logistik-Budgets eine Rolle spielen, soll an anderer Stelle besprochen werden; vgl. dazu die Ausführungen in Kap. C.4.3.

Leistungserstellung, so daß hochdetaillierte Zielvorgaben angesichts der Progno-
seunsicherheit vermutlich sehr früh obsolet werden.[199]

Neben der Gefahr von Fehlsteuerungen durch nicht mehr adäquate Budgets sind
auch Widerstände und Akzeptanzprobleme seitens der Segment-Manager zu erwarten; denn insbesondere bei veränderten Rahmenbedingungen werden stark differenzierte Mittelverwendungsvorschriften als "ungerechtfertigte Korsettstangen" empfunden, die die ursprünglich zugestandene Handlungsautonomie unsachgemäß ein-
schränken. Dies fördert Akzeptanzprobleme und Widerstände gegen die Zielvorgaben und kann dazu führen, daß dysfunktionale Verhaltensweisen gewählt werden,
wie z.B. die Bildung von Budget-Slacks, um bereits vor der Verabschiedung der
Budgets die Handlungsfreiräume breit zu halten.

Zudem bieten logistische Budgets mit geringerem Detailliertheitsgrad aufgrund der
größeren Handlungsfreiräume während der Realisationsphase vielfältige Möglichkeiten der internen Verschiebung von Kostenbeträgen. Sie ermöglichen innerhalb
der Budgetgrenzen eher eine Anpassung an veränderte Planungssituationen durch
alternative Verfahren der Leistungserstellung und sichern somit die notwendige
Prozeßflexibilität der kundenausgerichteten Logistiksegmente. Sollte trotzdem eine
Anpassung der Budgets an veränderte Situationen notwendig sein, gewährleisten
globalere logistische Budgets eine schnellere und aufwandsgünstigere Revision.

Dies soll selbstverständlich *nicht* bedeuten, daß die Planung der einzelnen Budgetwerte, also die der eigentlichen Budgetvorgabe vorgelagerten Tätigkeiten, ebenfalls globaler, möglicherweise sogar intuitiver oder nicht analytisch ablaufen soll;
vielmehr stehen hinter globaleren Budgetvorgaben für Logistiksegmente die gleichen
kostenanalytischen Budgetplanungsschritte wie bei denen für detaillierte Budgets.[200]

Die bisherigen Überlegungen galten den qualitativen Merkmalen der logistischen
Budgets, also dem Detailliertheitsgrad der Kostenvorgaben. Aber nicht allein die ab-
solute Anzahl von Vorgaben ist für die Steuerung logistischer Segmente von Be-
deutung, sondern auch das Ausmaß, in dem die Aufgabenerfüllung der Segment-
Manager durch die Vorgaben reglementiert wird, und damit die Höhe der jeweiligen
Budgetvorgaben.

---

199 Zu einem ähnlichen Schluß kommen Egger, Winterheller 1986, S.120.
200 Zu der für beide Segmentierungsformen gleichartig zum Einsatz kommenden Budgetierungstechnik vgl. die Aus-
     führungen in Teil D.

4.1.2.2. Bestimmung der Höhe logistischer Budgetvorgaben vor dem Hintergrund ihrer sachlogischen und sozio-psychologischen Implikationen

Die Festlegung der Höhe der Budgetvorgaben ist von großer Bedeutung für die Unternehmungsbudgetierung, wenn auch mit ebenso großen Schwierigkeiten verbunden.

Denn zum einen wird durch die Budgethöhe schlußendlich festgelegt, welche und wieviele Ressourcen den dezentralen Verantwortungsbereichen zur Erfüllung ihrer jeweiligen Aufgaben zugesprochen werden, und damit eine Entscheidung von hoher sachlogischer Bedeutung für die Ausrichtung der Bereiche auf übergeordnete Ziele getroffen.

Andererseits sind aber mit unterschiedlichen hohen Kostenzielvorgaben untrennbar sozio-psychologische Wirkungen verbunden, weil hierdurch die Budgetempfänger unterschiedlich stark motiviert werden bzw. unterschiedlich starken Schwierigkeiten ausgesetzt sind, ihre Aufgaben innerhalb des von den Budgets gesetzten Kostenrahmens zu erfüllen.[201] Mit der Höhe von Budgets geht also ein bestimmtes Anforderungsniveau an die Budgetempfänger einher, das eine Maßgröße für die Erreichbarkeit der Zielvorgaben bzw. für den mit der Realisierung verbundenen Schwierigkeitsgrad bildet. "Tightness is the property which reflects the probability that the budget will not be met. In a cost budget, 'meeting the budget' usually implies the condition that actual cost does not exceed budgeted cost."[202]

Hinsichtlich der Festlegung dieses Gestaltungselementes sind in der Literatur vielfältige konzeptionelle Vorschläge gemacht worden. Sie widmen sich vornehmlich *methodisch-technischen Fragestellungen* zur Budgetermittlung oder sie betrachten die Frage der festzulegenden Budgethöhe aus der Perspektive ihrer *Verhaltenswirkung auf die Budgetempfänger.*[203] Eine Lösung dieses Gestaltungsproblems wird also durch die Einnahme einer sachlogisch geprägten Betrachtungsweise oder durch die Einnahme einer verhaltensbezogenen Betrachtungsweise gesucht.

Angesichts der hohen Bedeutung dieses Gestaltungselementes stellt sich hier die Frage, ob bzw. wie bei der Festlegung der Höhe logistischer Budgetvorgaben eine

---

201 Vgl. zu Verhaltenswirkungen von Zielvorgaben u.a. Stedry 1960; Höller 1978; Welge 1988, S.198ff.; Dilger 1991, S.30f.
202 Holstrum 1971, S.270; zitiert nach Höller 1978, S.95.
203 Vgl. exemplarisch Stedry 1960, S.68ff.; Locke et.al. 1981, S.125ff.; Eisenführ 1992, Sp.368f.

Integration beider Betrachtungsdimensionen erfolgen kann und eine Art "optimale Budgethöhe" ableitbar ist, die die Budgetempfänger nicht nur maximal motiviert und zu Höchstleistungen anspornt, sondern die die Logistiksegmente auch optimal auf die übergeordneten logistischen Ziele ausrichtet.

(1) In zahlreichen Veröffentlichungen wird versucht, die Frage nach der "optimalen Budgethöhe" zu konkretisieren, indem man einen Zusammenhang zwischen der Höhe der Zielvorgaben und den Leistungen der Aufgabenträger nachweist und daraus - quasi marginal-analytisch - eine leistungsmaximale Budgethöhe ableitet.[204] In diesem Sinne wird also versucht, über die Motivationssteuerung durch unterschiedlich hohe Kostenziele die Budgetempfänger zu einer maximalen Leistungsbereitschaft anzuspornen und sie dazu zu veranlassen, in einer mit den Unternehmungszielen konsistenten Weise zu handeln.

Häufig wird in diesem Zusammenhang die *Anspruchsniveau-Theorie* zu Hilfe gezogen, nach der das Anspruchsniveau der Zielvorgabenempfänger und deren Leistungsverhalten in unmittelbaren Zusammenhang zueinander stehen.[205] Hierbei stellt die Höhe der Zielvorgaben einen wesentlichen Einflußfaktor des Leistungsverhaltens dar, da durch die Höhe der Zielvorgaben das Anspruchsniveau eines Aufgabenträgers positiv beeinflußt wird, welches dieser wiederum durch Leistungssteigerung zu erreichen anstrebt.[206]

Dieser funktionale Zusammenhang, nachgewiesen durch eine Reihe von Feldstudien[207] und Laborexperimenten[208], läßt sich in der folgenden Abbildung visualisieren (vgl. Abb. 20).

---

204 Vgl. u.a. Stedry 1960, S.68ff.; Hofstede 1970, S.144ff.; Höller 1978, S.104ff.; Brownnell 1981, S.844ff.
205 Nach Grochla läßt sich das Anspruchsniveau als die "Gesamtheit der ... Ansprüche an die zukünftige eigene Leistung" umschreiben; (Grochla 1972, S.137).
206 Vgl. Höller 1978, S.104.
207 Vgl. u.a. Hofstede 1970, S.144ff.
208 Vgl. insbesondere Stedry 1960, S.68ff.

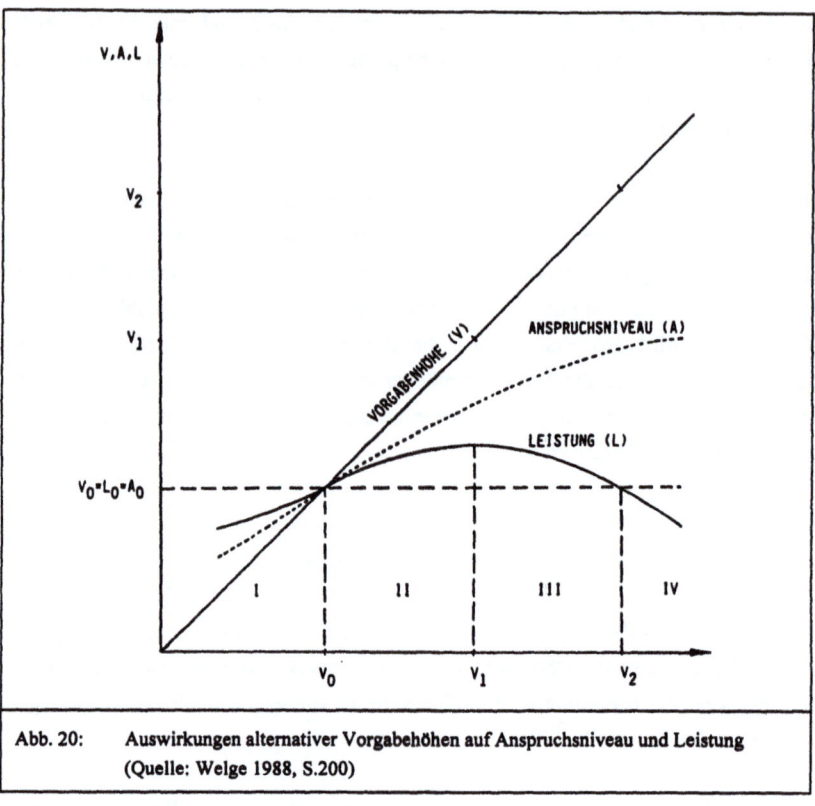

Abb. 20: Auswirkungen alternativer Vorgabehöhen auf Anspruchsniveau und Leistung
(Quelle: Welge 1988, S.200)

Demnach erbringt ein Aufgabenträger bei der Vorgabehöhe von V_0 die Leistung L_0 bei einem Anspruchsniveau von A_0. Sowohl die Leistung als auch das Anspruchsniveau befinden sich auf einem niedrigen Niveau, weil von leicht erreichbaren Zielen keine Leistungsanreize ausgehen.[209] Schwierige Vorgaben spornen den Mitarbeiter an und führen zu einem Anstieg des Anspruchsniveaus, respektive zu einem Leistungsanstieg, der in Punkt $(V_1;L_1)$ sein Maximum hat. Diese Beziehung gilt jedoch nur bis zu jenem kritischen Niveau, ab dem der Schwierigkeitsgrad als zu hoch empfunden wird. Ab dann fällt die Leistung aufgrund der eintretenden Resignation wieder deutlich ab und führt nach dem sogenannten "Entmutigungspunkt"[210] $(V_2;L_2)$ sogar zu niedrigeren Leistungen als solche, die ohne explizite Budgetvorgaben erreicht worden wären.[211]

209 Vgl. Posselt 1986, S.166.
210 Dilger 1991, S.31.
211 Vgl. u.a. Höller 1978, S.118ff.; Grimmer 1980, S.117ff.; Welge 1988, S.198ff.

Würde man die Ergebnisse aus der Anspruchsniveau-Theorie auf die Festlegung von logistischen Budgets übertragen, müßte den Segment-Managern jeweils ein Budget mit der Vorgabehöhe V_1 vorgegeben werden, um sie somit zu einer "leistungsmaximalen Leistung" zu bewegen.

Fraglich ist jedoch, ob dieser rein am Verhalten bzw. an der Motivationsstruktur des einzelnen Budgetempfängers ausgerichte Ansatz für die logistische Budgetierung geeignet ist.

Denn zum einen lassen sich aus Untersuchungen zu den Modellvariablen "Anspruchsniveau" und "Vorgabehöhe" noch keine eindeutigen Rückschlüsse auf das Leistungsverhalten ziehen, da die Budgethöhe nur einen Einflußfaktor auf das Leistungsverhalten neben anderen Anreizfaktoren, wie z.B. die Gewährung extrinsischer Anreize, darstellt.[212] "Um die Motivationswirkungen unterschiedlich hoher Vorgaben bestimmen zu können, müssen somit intrinsische und extrinsische Anreize betrachtet werden."[213]

Zum anderen ist die von dem Modell aufgestellte Implikation, daß das realisierte Leistungsmaximum des einzelnen Budgetverantwortlichen automatisch förderlich für das Leistungsmaximum der Gesamtheit sei, sehr problematisch.

So können logistische Kostenziele vorgegeben werden, die zwar aus der Sicht eines Segment-Managers mit äußerst hohem Anspruchsniveau "ehrgeizige" Ziele darstellen und ihn zu hohen Anstrengungen motivieren, die aber im Rahmen der notwendigen Leistungserbringung gar nicht realisierbar sind, oder nur auf Kosten eines interdepedent verflochtenen Segmentes bzw. auf Kosten des logistischen Gesamtsystems. Vice versa erhalten Segment-Manager mit wenig ausgeprägtem Leistungsstreben "großzügige" Kostenvorgaben und bilden Budgetslacks, die sich etwa in überhöhten Lagerbeständen oder in ineffizienten Kapazitätsreserven ausdrücken.

Wie auch das folgende Zitat von HÖLLER treffend deutlich macht, kennzeichnet die Modellannahme der Anspruchsniveau-Theorie eine *vertikale Sichtweise*, die rein an der Erzielung von Bereichseffizienzen bzw. an der Leistungssteigerung des Einzelnen ausgerichtet ist: "Betrachtet man als Zweck einer Vorgabe ... die Erzielung eines

---

212 Die Tatsache, daß von der Erreichung eines hochgesteckten Ziels das eigene Leistungsbedürfnis befriedigt wird, wird in der Literatur als intrinsischer Anreiz bezeichnet; extrinsische Anreize hingegen werden von anderen Individuen gewährt, z.B. in Form von Prämien, Anerkennungen, verbesserten Aufstiegschancen oder erhöhter Arbeitsplatzsicherheit; vgl. dazu Eisenführ 1992, Sp.369f.
213 Grimmer 1980, S.119.

möglichst hohen Effizienzgrades, so ist das Anforderungsniveau als optimal zu betrachten, das den Aufgabenträger zur höchsten Leistung veranlaßt."[214]

Sie kann bei ihrer Anwendung zu erheblichen Fehlentwicklungen wie etwa zu Pufferbildungen an den den Segmentgrenzen oder zu Leistungsausfällen entlang der Logistikkette führen und damit der prozeßorientierten, ganzheitlichen Perspektive der Logistik entgegenstehen.

(2) Diese Ausführungen sollen genügen, um die oben gestellte Frage nach der "optimalen Budgethöhe", die sowohl die maximale Leistungsbereitschaft der Budgetempfänger hervorruft als auch die Logistiksegmente optimal auf die übergeordneten Logistikziele ausrichtet, zu beantworten:

Es gibt kein gesamtlogistisch optimales Budget, wenn bei der Festlegung der Budgethöhe nur auf Verhaltenssteuerungszwecke abgestellt wird, die am einzelnen Individuum ansetzen, ohne die damit verbundenen Koordinationswirkungen auf das Gesamtsystem zu beachten.[215] Vielmehr erfordert die Ermittlung und Allokation der erforderlichen Ressourcen eine intensive *Beachtung der Koordinationswirkungen entlang der gesamten logistischen Prozeßkette.*

Deswegen ist der Einsatz einer Budgetierungstechnik erforderlich, die nicht die Verhaltensmerkmale der Budgetempfänger zum Ausgangspunkt der Ressourcenplanung wählt, sondern die bei der Budgetermittlung zunächst an den zu vollziehenden Aktivitäten bzw. Prozessen ansetzt. Damit stellt sie einen engen Bezug zur logistischen Maßnahmen- und Lieferserviceplanung her und gewährleistet eine der prozeßorientierten, ganzheitlichen Zielsetzung entsprechende Allokation der knappen Mittel auf die unterschiedlichen Leistungseinheiten.

Diese Forderung soll allerdings nicht ablenken von der Notwendigkeit, auch Verhaltenswirkungen bei der Budgetaufstellung zu betrachten, da es de facto auf das "Commitment" und die Leistungsbereitschaft der eigenverantwortlichen Segment-Manager ankommt, die bei der Ressourcenallokation intendierten Koordinationswirkungen im Rahmen der logistischen Prozeßplanung schlußendlich umzusetzen. Der logistische Budgetplanungsprozeß bleibt ein *politischer Prozeß* und sollte auch als solcher gehandhabt werden.[216] Unterwirft man ihn dem Primat einer (noch so ausgefeilten) Budgetierungstechnik - wie sie z.B. von BOOKBINDER, ULENGIN in Form mathematischer Logistik-Budget-Allokationsalgorithmen dargelegt wird[217] -,

---

214 Höller 1978, S.97.
215 Vgl. dazu Churchill 1984, S.150ff.
216 Vgl. dazu ausführlich Bamberger 1971, S.135ff.
217 Vgl. Bookbinder, Ulengin 1991, S.14ff.

läuft man "Gefahr, einer Depolitisierung der Planungsprozesse durch entsprechende Analysetechniken zu erliegen"[218], die zu einer wachsenden Entfremdung zwischen budgetbewilligenden und budgetempfangenden Handlungsträgern führt und die erwartungsgemäß Budgetmißbräuche auf Basis der zum Einsatz kommenden Methoden und damit dysfunktionale Verhaltensweisen hervorruft.

4.1.3. Notwendigkeit zur Vorgabe komplementärer logistischer Leistungsziele

Unabhängig vom Detailliertheitsgrad und der Höhe logistischer Budgets stellt sich die Frage, ob der Einsatz dieses Instrumentariums für die Ausrichtung der Logistiksegmente auf übergeordnete Logistikziele ausreicht. Diese Frage ist deswegen schon bedeutsam, weil in der Literatur zuweilen der Eindruck entsteht, daß mittels dieses Führungsinstrumentes eine umfassende Planung, Steuerung und Kontrolle von logistischen Bereichen möglich sei.[219]

Dieser undifferenzierten Auffassung soll hier nicht gefolgt werden. Denn Budgets definieren nur einen mehr oder minder weiten Handlungsfreiraum, währenddessen die Realisierung logistischer Ziele erst dann gewährleistet ist, wenn auch die "Freiheitsgrade des Verhaltens", also die alternativen Möglichkeiten der Steuerung der Auftragsabwicklungsprozesse innerhalb der Handlungsfreiräume, zielgerichtet im Sinne der übergeordneten Logistikziele ausgenutzt werden.

Dies ist allerdings durch die Vorgabe von Kostenzielen allein keineswegs gewährleistet; denn hierdurch besteht die permanente Gefahr, daß alle Sachverhalte, die sich nicht in den Zielvorgaben durch das Logistik-Management niederschlagen, nicht die Beachtung finden, die sie im Sinne der übergeordneten Logistikziele benötigen, bzw. daß sie bewußt vernachlässigt werden, um ein Erreichen der logistischen Budgetziele zu gewährleisten.[220]
Drei potentielle Gefahren solchen dysfunktionalen Verhaltens sollen im folgenden beispielhaft aufgeführt werden:

(1) Die Hauptgefahr einer rein an Kostengrößen ausgerichteten Segmentsteuerung besteht darin, daß im Rahmen einer logistischen Prozeßplanung *strategisch wichtige*

---

218   Grebene, Geiger, Klotz, Maaßen 1990, S.356.
219   Vgl. u.a. Schmidt 1987, S.242ff.; Hargreaves 1989, S.18ff.
220   Vgl. Ernst & Whinney 1985, S.143f.

Lieferserviceleistungen vernachlässigt werden, um somit segmentintern Kosten zu reduzieren.[221]

Insbesondere für die übergeordnete Steuerung direkt am Markt agierender Logistiksegmente ist die Reduzierung auf Kostenzielvorgaben problematisch, weil aufgrund ihrer externen Kundenorientierung eine weitaus höhere Heterogenität der Leistungen zu erwarten ist als bei dem stärker standardisierten Leistungsprogramm interner Logistiksegmente, und eine Reduzierung einzelner Lieferservice-Elemente bereits hohe Kostenersparnisse mit sich bringt. Deren Ursache ist aus den Informationen eines logistischen Rechnungswesens allein nicht ohne weiteres erkennbar. "Nearly any budget can be met if customer service is reduced to low enough levels."[222]

(2) Eine zweite Gruppe potentiell dysfunktionaler Verhaltensweisen läßt sich unter dem Begriff "*Kurzfristdenken*" zusammenfassen. Hierbei ist das Verhalten der Segment-Manager geprägt von dem Bemühen, das eigene logistische Budget jetzt einzuhalten und ein günstiges Periodenergebnis vorzuweisen, obwohl sich langfristig daraus Nachteile ergeben. Ein Beispiel hierfür bildet die Unterlassung von Instandhaltungsmaßnahmen, die nicht mehr dann ausgeführt werden, wenn es notwendig ist, sondern dann, wenn es das Budget zuläßt.[223]

Ähnlich verhält es sich mit dem "perioden-gesteuerten" Ausgabeverhalten, wie z.B. dem Abräumen von verbliebenen Restbeträgen am Ende des Budgetjahres, die dazu dienen, zukünftigen potentiellen Mittelkürzungen vorzubeugen, die aber zur Aufgabenerfüllung in der Periode nicht wirklich benötigt werden.[224] Ein typisches Beispiel für ein solches Ausgabeverhalten ist etwa die vorzeitige Beschaffung von Einsatzgütern am externen Markt, die Bildung von Bestandspuffern an der Schnittstelle zum nachgelagerten Logistiksegment bzw. zum Kunden durch eine vorzeitige Initiierung des Leistungserstellungsprozesses oder die frühzeitige Bildung von Kapazitäten, deren Einsatz beim derzeitigen Leistungsbedarf noch gar nicht notwendig ist.

---

221 Grundsätzlich zeigt sich bei der Steuerung von Cost-Centers, die ihre (Dienst-) Leistungen nicht direkt am Markt veräußert, das Problem, "daß eine Reduzierung auf Input-Performance-Größen den Bereichen eine Vielzahl reduzierbarer und modifizierbarer Leistungserstellungen ermöglicht, die die Einhaltung der Inputrestriktion gewährleisten." (Grebenc 1986, S.62); vgl. ebenso Novack 1989, S.24ff.

222 Ballou 1985, S.557.

223 Vgl. Posselt 1986, S.74; Grebenc, Geiger, Klotz, Maaßen 1990, S.353.

224 Diese Mittelkürzungen werden oft damit begründet, daß die Mittel im letzten Jahr nicht benötigt wurden und es möglich sein müsse, auch zukünftig mit geringeren Beträgen auszukommen; vgl. Posselt 1986, S.75.

Kurzfristig wird dadurch zwar eine gewisse Stetigkeit der Kostenvorgaben gewahrt und möglicherweiser ein in der Folgeperiode auftretender plötzlicher Ressourcenbedarf durch die Budgetpolster gedeckt; doch langfristig führt dieses Verhalten zu einer Etablierung "ineffizienter Sicherheiten", die ein zum Vorschein kommen von Schwachstellen und Engpässen im betrieblichen Ablaufgeschehen verhindern und die der Denkhaltung einer flußorientierten Logistik zuwiderlaufen.

(3) Die dritte Gruppe potentieller Dysfunktionalität bildet das Phänomem des sogenannten "*Spartenegoismus*", der durch den falschen "vertikalen" Einsatz der logistischen Budgetierung nicht nur nicht angegangen, sondern dadurch sogar gefördert wird.[225]

Spartenegoismus äußert sich darin, daß Maßnahmen nicht mehr im Hinblick auf ihre Vorteilhaftigkeit für die gesamte Logistik getroffen, sondern danach ausgewählt werden, inwieweit sie sich für die eigene Organisationseinheit positiv auswirken. Der jeweilige Budgetverantwortliche konzentriert sich ausschließlich auf sein Segment, für das er verantwortlich ist und an dessen Ergebnissen er gemessen wird. Durch diese Überbewertung des eigenen Bereiches kann es dazu kommen, daß wichtige Interdependenzen zu anderen Logistiksegmenten vernachlässigt werden und der Verantwortliche sich eher mit den unmittelbaren Kostenzielen seines Bereiches als mit den übergeordneten gesamtlogistischen Zielen identifiziert.[226] Bei verflochtenen Logistiksegmenten birgt diese Verhaltensweise, die typischerweise ihren Ausdruck in Kapazitätsauslastungsmaßnahmen und der Bildung von Zeitpuffern findet, die Gefahr, daß lediglich segmentbezogene Kostensenkungen realisiert werden, die aber zu Lasten des anderen Segmentes gehen und einen gesamtlogistischen Kostenanstieg bewirken.

Deswegen ist es notwendig, im Rahmen der Segmentplanung die Budgetvorgaben um weitere Zielvorgaben zu ergänzen. Sie sollen an den in den Logistiksegmenten zu erbringenden logistischen Prozessen bzw. Leistungen ansetzen und gewährleisten, daß in der Planungsperiode den vorgegebenen Inputs die mit diesen Inputs zu erstellenden Outputs gegenüberstehen. Damit soll der oben geforderten Integration der Budgetierung in ein übergeordnetes kosten- *und* leistungsorientiertes System logistischer Segmentplanung Rechnung getragen werden.[227]

---

225 Vgl. Farmer, Ploos van Amstel 1991, S.8.

226 Vgl. dazu Posselt 1986, S.75.

227 "Nur in der Kombination der "Kosten-/Leistungsrelation" sind Ansätze zur Steuerung, Anpassung und rationellen Gestaltung des gesamten logistischen Systems möglich." (Jassmann, Bodenstein 1983, S.11); vgl. ebenso Weber 1987, S.107f.; Lindner, Piringer 1990, S.222ff.

Das Problem liegt allerdings in der Notwendigkeit, entsprechende quantifizierbare Leistungsziele zu finden.

So sind aufgrund der Heterogenität logistischer Leistungen[228] mehrere Leistungsbezugsgrößen notwendig, um die jeweiligen Segmentleistungen, die zudem nicht nur unterschiedlichen *Leistungsmengen* sondern auch in unterschiedlichen *Leistungsqualitäten* auftreten,[229] zu erfassen bzw. zu planen.[230]

Die Wahl der Leistungsbezugsgrößen hängt von vielen Faktoren ab, wie z.B. von der spezifischen Leistungsstruktur (Leistungsheterogenität) in den Segmenten, von der Bedeutung der einzelnen Serviceleistungen für das Gesamtsystem, von der Möglichkeiten der Betriebsdatenerfassung bzw. vom Entwicklungsstand des logistischen Rechnungswesens etc..

Vor allem ist aber bei der Wahl der Leistungsvorgaben auf den dadurch verfolgten *Koordinationszweck* abzustellen. Die definierten Leistungsziele sollen die Bereitschaft der Segmentverantwortlichen nicht mehr alleine auf die Erzeugung *interner Leistungen* ausrichten; vielmehr sind sie so zu formulieren, daß sie die Leistungsbereitschaft auf den Lieferservicebedarf der für sie relevanten in- oder externen Kunden ausrichten (Kundenorientierung) und dadurch die *Leistungsfähigkeit der gesamten logistischen Prozeßkette* nachhaltig sichern.

So hat bei Logistiksegmenten, die direkt am Markt agieren und deren Missionstrategien auf die Erzeugung überdurchschnittlicher Logistikleistungen ausgerichtet sind, die ständige Gewährleistung eines bestimmten hohen Lieferserviceniveaus oberste Priorität; hier sind zusätzlich zu den Kostenbudgets vielfältige Vorgaben von "*Service Performance Indicators*" sinnvoll, die die unterschiedlichen Dimensionen der qualitativen logistischen Leistung beschreiben und eine enge, operationalisierbare Verknüpfung zu den definierten Leistungsanforderungen der externen Kunden schaffen. Das gleiche gilt für interne Logistiksegmente, deren jeweiliger "Kunde" hohe Anforderungen an die Leistungsfähigkeit seines "Lieferanten" stellt (bspw. durch hohe Anforderungen an die konsequente Einhaltung zugestandener Lieferzeiten, Qualitätsnormen oder Lieferungsflexibilität), damit er wiederum eine stockungsfreie Leistungserstellung zur Bedarfsbefriedigung seines internen oder externen Kunden gewährleisten kann.

228 Vgl. dazu u.a. Novack 1989, S.30ff.; Lindner, Piringer 1990, S.223f.; Herwig 1993, S.87ff.; Bartels 1993, S.112fff.
229 Vgl. zu den verschiedenen "Begriffsebenen" der logistischen Leistung u.a. Novack 1989, S.28ff.; Weber 1991a, S.61ff.; Ihde 1991, S.258, sowie unsere Ausführungen in Kap. B.2.1. und C.2.2.
230 "It is not only standards for cost and volume that need to be established, but also for service levels." (Christopher 1986, S.96f.).

Lieferservicebezogene Ziele richten als formalzielorientierte Planungsgrößen neben den Budgetvorgaben die Segment-Manager noch stärker auf übergeordnete Logistik-ziele bzw. auf die Leistungsfähigkeit der gesamten logistischen Prozeßkette aus, en-gen aber ebenfalls die Handlungsfreiräume der dezentralen Verantwortungsträger nicht übermäßig ein, da sie nur Grenzen markieren, innerhalb derer eine autonome Verfolgung der jeweiligen Sachziele erfolgen kann.

Für die Koordination von Logistiksegmenten, deren Leistungserstellung teilweise oder völlig auf Basis von Prognosen (Push-Prinzip) erfolgt, ist allerdings zusätzlich zu den Lieferservicezielen eine Vorgabe von *sachzielorientierten Planungsgrößen* notwendig. Diese Sachzielvorgaben liefern - zumeist gekoppelt an *Zeitvorgaben*[231] - die Rahmendaten für den Bereich der Ablaufplanung, der während der Planungspe-riode losgelöst von der aktuellen Kundenauftragslage vollzogen wird und der nur dann um die Vorgabe kurzfristiger Zeit-/Mengenziele ergänzt wird, wenn neben der programmgesteuerten Disposition eine explizite Berücksichtigung aktueller Kunden-aufträge erfolgen soll (Mittelweg zwischen Push- und Pull-Prinzip). Damit soll trotz des Zulassens teilweiser antizipativer Leistungserstellung ein Mindestmaß an Syn-chronisation in den jeweiligen Prozeßketten gesichert werden und damit die organisatorischen Regelkreise enger aneinander gekoppelt werden.[232]

Abschließend läßt sich zum Gestaltungskomplex "logistische Budgetplanung" und dessen Einordnung in die übergeordnete logistische Segmentplanung also folgendes festhalten:
Der Budgetplanungsprozeß ist von hoher Bedeutung für die Verhaltenssteuerung der logistischen Segment-Manager und die horizontale und vertikale Koordination der Segmente. Er erfordert eine (allerdings differenziert zu gestaltende) Beteiligung der dezentralen Verantwortungsträger an der Budgetplanung und mündet in die Vorgabe autorisierter Plankosten, die je nach Detailliertheitsgrad und Höhe unterschiedliche Steuerungswirkungen erzielen.
Unabhängig von den qualitativen und quantitativen Ausprägungen der logistischen Budgets erfordert die Segmentplanung die komplementäre Vorgabe von logistischen Leistungszielen, die gewährleisten, daß die jeweiligen Segment-Manager den Ablauf der von ihnen zu steuernden Auftragsabwicklungsprozesse nicht einzig an Kosten-größen ausrichten, sondern ihn auch nach Maßgabe strategischer Serviceziele ge-stalten.

---

231 Z.B. die Vorgabe von Leistungsmengen L_1, L_2, ..., L_n für die Monate M_1, M_2, ..., M_n
232 Vgl. Ihde 1991, S.191f.

Da weder die Einhaltung der Kosten- und Leistungsvorgaben garantiert ist und da unvorhergesehene Prämissenänderungen bzw. ein unplanmäßiges Verhalten der Budgetempfänger den Ablauf der Leistungserstellung nach Maßgabe der übergeordneten Ziele stören kann, ist die Budgetplanung durch die Budgetkontrolle zu ergänzen.

4.2. Die Kontrolle logistischer Budgets

Die Kontrolle stellt nach der Planung und Vorgabe von Budgets die nächste Phase des Budgetierungsprozesses dar.[233] Sie dient der Fremd- oder Eigenkontrolle durch das übergeordnete Management bzw. die Budgetverantwortlichen und bezweckt, daß Abweichungen früh erkannt, Schwachstellen identifiziert und sich abzeichnende Trends prognostiziert werden und damit eine Basis für eventuelle Gegensteuerungsmaßnahmen geschaffen wird.[234] Budgetplanung und -kontrolle stehen demnach in einem komplementären Verhältnis zueinander bzw. bedingen einander in der Art, daß Planung ohne Kontrolle sinnlos und Kontrolle ohne Planung unmöglich ist.[235]

4.2.1. Gestaltungsaspekte im Rahmen eines logistischen Soll-Ist-Vergleiches

Im Rahmen des Vergleichs der geplanten Kosten in den Logistiksegmenten mit den tatsächlich verursachten sind unterschiedliche Gestaltungsalternativen denkbar. Sie beziehen sich insbesondere auf die Frage, (1) *welche Kontrollobjekte* (2) *in welcher Intensität* erfaßt werden sollen und (3) *an wen* die Kontrollergebnisse weiterzuleiten sind.

Da von diesen Gestaltungsalternativen unterschiedliche sachlogische und sozio-psychologische Wirkungen ausgehen, sollen sie im folgenden einzeln analysiert werden. Vorher erfolgt allerdings eine Unterscheidung potentieller, in der allgemeinen Planungs- und Kontrolliteratur aufgeführter, Kontrollobjekte.

---

233 Unter Kontrolle wird im Rahmen dieser Arbeit die Durchführung eines Vergleichs der realisierten Ist-Werte mit der vorgegebenen Zielgröße inklusive der Analyse der ggf. ermittelten Abweichungen verstanden; vgl. stellvertretend für viele Pfohl 1981, S.17.

234 Vgl. zu den Zwecken der Kontrolle in der Logistik u.a. Rose 1979, S.446; Ballou 1985, S.549; Novack 1989, S.24ff. Sie ordnen Gegensteuerungsmaßnahmen allerdings nicht der Kontrollphase zu, sondern betrachten sie als neue Planungs- bzw. Realisationsprozesse.

235 Vgl. Wild 1982, S.44. Zu den allgemeinen Funktionen der Budgetkontrolle vgl. u.a. Rachlin 1991, S.179f.

4.2.1.1. Überblick über potentielle Kontrollobjekte im Rahmen einer kostenorientierten Budgetkontrolle

Als Kontrollobjekte kommen alle jene Aktivitäten, (Zwischen-)Ergebnisse und Verhaltensweisen in Betracht, die der Erzielung bestimmter Ergebnisse oder Zustände dienen.[236]

Im Rahmen einer kostenorientierten Budgetkontrolle kann man (1) ergebnisorientierte und (2) verhaltensorientierte Kontrollformen mit ihren jeweiligen Kontrollobjekten unterscheiden.

(1) *Ergenisorientierte Kontrollen* beziehen sich auf solche Kontrollobjekte, die die verschiedenen Dimensionen des Ergebnisses von Planungs- und Realisationsprozessen beschreiben.[237]

Als *Ergebniskontrollen* führen sie im Wege des Soll-Ist-Vergleichs auf, inwieweit die in den Budgetbereichen erfaßten Kosten mit dem budgetierten Soll übereinstimmen.

Als *Prämissenkontrollen* überprüfen sie, ob die Annahmen, die der Budgetplanung hinsichtlich der Ausprägung budgetrelevanter Einflußfaktoren zugrundegelegt wurden, noch zutreffen.[238]

Ergebnisorientierte Kontrollen geben zunächst neben der Feststellung etwaiger Abweichungen Aufschlüsse über künftig erforderliche Anpassungen der Ziele; hierdurch sind sie ein wesentlicher Bestandteil des Prinzips der *Koordination durch Rückkopplung* (feed-back-coordination).[239] Werden sie darüber hinaus durch einen Soll-Wird-Vergleich[240] (Planfortschrittskontrolle) ergänzt, bei dem die weitere Kostenentwicklung bis zum Periodenende abgeschätzt wird, ist sie ein wesentlicher Bestandteil des Prinzips der *Koordination durch Vorkopplung* (feed-forward-coordination).[241] Hierdurch werden zukünftige Abweichungen bereits vor ihrem Entstehen

---

236   Vgl. Siegwart 1993, Sp.2257.
237   Vgl. u.a. Pfohl 1981, S.118; Welge 1988, S.324f.
238   Vgl. u.a. Grimmer 1980, S.152; Dilger 1991, S.35.
239   Vgl. Thieme 1982, S.22f.; Posselt 1986, S.116; Weber 1991a, S.24.
240   Bei einem Soll-Wird-Vergleich wird die weitere Kostenentwicklung bis zum Periodenende abgeschätzt.
241   Vgl. u.a. Pfohl 1981, S.60f.; Wild 1982, S.44; Weber 1991a, S.24; zum ausführlichen Vergleich von feed-back- und feed-foreward-Kontrollprozessen vgl. Kloock 1990, S.2ff..

ermittelt und ermöglichen es frühzeitig, erforderliche Gegensteuerungsmaßnahmen einzuleiten.[242]

(2) Die notwendige Unterscheidung zwischen dem Ergebnis als dem *Geleisteten* und dem Leistungsvorgang als dem *Leisten* zwingt zur Ergänzung der ergebnisorientierten Kontrolle durch *verhaltensorientierte Kontrollen*.[243] Sie setzen an den zu vollziehenden Leistungserstellungsprozessen an und umfassen die Kontrolle des *Ablaufs* von Planungs- und Realisationsprozessen[244] bzw. beinhalten die Überprüfung der "sozial-interaktiven Ebene der multipersonalen Handlungsprozesse"[245] mit dem daraus resultierenden Leistungsverhalten.[246]

Bei verhaltensorientierten Kontrollen im Rahmen einer kostenorientierten Budgetkontrolle geht es zunächst um die Überwachung der Einhaltung solcher Zielvorgaben, die in der Budgetplanung zusätzlich zu den Kostenbudgets explizit formuliert wurden (Lieferserviceziele, Qualitätsziele, Maßnahmenvorgaben, Make-or-Buy-Vorgaben, Investitionsvorgaben etc.). Darüber hinaus erfolgt eine Analyse und Identifizierung potentiell unwirtschaftlicher Prozeßsteuerung bzw. dysfunktionalen Verhaltens seitens der Budgetverantwortlichen, also eine Überwachung der Einhaltung implizit vorgegebener Ziele bzw. Verhaltenserwartungen (Verfahrenskontrolle). "Die Kontrolle der Verfahren dient dazu, die Beziehungen zwischen den Tatbeständen zu erhellen und den notwendigen Ressourceneinsatz zu optimieren. Insofern kann sich die Verfahrenskontrolle auf eine Serie von Aktivitäten/ Verrichtungen/Tätigkeiten ... beziehen."[247]

Allgemein werden Verhaltenskontrollen mit der Unzulänglichkeit bzw. der Unzuverlässigkeit der dezentralen Aufgabenträger begründet,[248] bzw. mit der Tatsache, daß ein Erreichen der übergeordneten Ziele nur dann gewährleistet ist, wenn auch innerhalb der durch die Budgets gesetzten Handlungsfreiräume die "Freiheitsgrade des Verhaltens" zielgerichtet im Sinne der Unternehmungsziele ausgenutzt werden.[249]

---

242   Vgl. zu den Funktionen logistischer Kontrolle Novack 1989, S.7ff..

243   Vgl. Siegwart 1993, Sp.2258.

244   Vgl. Pfohl 1981, S.118.

245   Vgl. Bleicher, Meyer 1976, S.76.

246   Vgl. u.a. Siegwart, Menzel 1978, S.105ff.; Thieme 1982, S.28.

247   Striening 1989, S.330.

248   Vgl. Horváth 1990, S.167.

249   Verfahrenskontrolle müssen allerdings nicht zwangsläufig Objekte zentraler Kontrolle durch das Logistik-Management sein (Fremdkontrolle). Ebenso ist auch die dezentrale Überprüfung der Einhaltung formaler Planungselemente durch die Segment-Manager im Rahmen einer Selbstkontrolle möglich.

Im folgenden stellt sich die Frage, ob im Rahmen einer logistischen Budgetkontrolle alle hier aufgeführten potentiellen Kontrollobjekte standardmäßig erfaßt, oder ob sie nicht erst im Zusammenhang mit der Ursachenanalyse oder im Zusammenhang mit der Budgetplanung der folgenden Periode zur Vergleichsführung herangezogen werden sollen. Damit stellt sich die Frage nach der Festlegung des *Kontrollumfangs* im Rahmen des standardmäßigen Soll-Ist-Vergleichs von logistischen Budgetdaten.

4.2.1.2. Festzulegender Kontrollumfang

Im Rahmen der Festlegung des Kontrollumfangs wird bestimmt, ob bei den zu kontrollierenden Soll-Größen (1) standardmäßig alle Planungsvariablen überprüft werden sollen (Vollkontrolle) oder (2) nur einzelne kritische Variablen (Teilkontrolle).

(1) Eine *Vollkontrolle* im Rahmen der logistischen Budgetierung wäre dadurch gekennzeichnet, daß sämtliche Ergebnisse, zugrundegelegten Prämissen und Zielvorgaben überprüft würden; somit besäße die Budgetkontrolle die gleiche Struktur wie die der logistischen Budgetplanung, d.h. es würden zur Beurteilung der Kontrollgegenstände die gleichen Maßstäbe angewandt.[250]

Zwar ist diese Kontrollform wegen der Detailliertheit ihrer Informationen exakter und analytischer als Teilkontrollen, doch angesichts der Vielzahl zu berücksichtigender Variablen erscheint die Vollkontrolle - zumindestens, wenn sie zentral durch das Logistik-Management vollzogen wird (logistische Fremdkontrolle[251]) - nicht realisierbar.[252]

Denn die zu verarbeitetenden Kontrollinformationen bzw. die "zu verwaltenden Zahlenfriedhöfe" würde das Logistik-Management rein zeitlich derart stark beanspruchen, daß es sich trotz der Delegation von Prozeßsteuerungsaufgaben im Extremfall nur noch der Erfüllung der Kontrollpflicht widmen könnte.[253] Gerade aber die begrenzte kognitive Kapazität und die begrenzte Zeit der Logistik-Führung bildete einen zentralen Grund für die Delegation dispositiver Aufgaben an untergeordnete Mitarbeiter.[254]

---

250 Vgl. dazu Treuz 1974, S.70.
251 Vgl. dazu ausführlich im folgenden Kap. C.3.3.1.4.
252 Vgl. Drucker 1970, S.149.
253 Vgl. Siegwart, Menzel 1978, S.136.
254 Vgl. dazu die Ausführungen in Kap. B.4. und die dort referierte Literatur.

Desweiteren sprechen Wirtschaftlichkeitsüberlegungen gegen eine Vollkontrolle, denn mit jeder Erfassung zusätzlicher Ist-Werte und deren Gegenüberstellung in einem aussagefähigen Berichtssystem sind auch zusätzliche Kosten verbunden, so daß dem potentiellen Nutzen der Budgetinformationen sehr schnell überproportional hohe Erfassungs- und Aufbereitungskosten gegenüberstehen.[255] "The logistics manager must trade off the cost of preparing the performance report against the importance of the decision to be made using the report."[256]

Somit verlagert sich das Problem der Festlegung des Kontrollumfangs von der Wahl der Kontrollform auf die Frage, welche Variablen nach welchen Kriterien standardmäßig zum Soll-Ist-Vergleich herangezogen werden sollen.

(2) In der Budgetierungs-Praxis nimmt die *Ergebnis- bzw. Kostenkontrolle* zumeist die dominierende Stellung ein. Sie wird damit begründet, daß das übergeordnete Management zunächst wenig daran interessiert sei, wie die vorgegebenen Kostenziele erreicht wurden, sondern ob und inwieweit sie eingehalten worden sind.[257]

Gerade aber für die Bewertung eines logistischen Segmentes ist das Ergebnis, also die festgestellte Differenz zwischen geplanten und tatsächlich verursachten Kosten, für sich alleine gesehen wenig aussagefähig, denn "... das konzeptionelle Problem liegt in dem Umstand begründet, daß Ergebnisse dieser Art die unterschiedlichsten Einflußgrößen auf einen eindimensionalen ökonomischen Maßstab reduzieren."[258]

So können sich auch hinter einem "richtigen" Ergebnis, also einem eingehaltenen Budget, *Prämissenänderungen* wie etwa ein Preis- oder ein Beschäftigungsrückgang verstecken, welche mögliche Unwirtschaftlichkeiten in den Logistiksegmenten verdecken und die dadurch verursachten Mehrkosten kompensieren.
Desweiteren können dahinter *Verfahrensänderungen* in den Logistiksegmenten stehen, sei es durch eine notwendige Anpassung an veränderte Rahmenbedingungen oder sei es durch dysfunktionale Verhaltensweisen. Typische Beispiele für dysfunktionale Verhaltensweisen sind unterlassene Wartungsarbeiten, aufgeschobene Ersatzinvestitionen, niedrig gehaltene Abschreibungen etc., die angewandt werden, um Überschreitungen bei anderen Kostenarten zu kompensieren.[259] Kurzfristig werden zwar zielkonforme Zustände in der Segmentkontrolle signalisiert, mittel- und lang-

255 Vgl. dazu Rachlin 1991, S.179.
256 Novack 1989, S.39.
257 Vgl. dazu kritisch Posselt 1986, S.80f.
258 Striening 1989, S.329.
259 Vgl. dazu u.a. Mintzberg 1979, S.423; Grebenc 1986, S.62.

fristig kann sich aber ein "Kostenberg auftürmen", der dann - wenn er plötzlich evident wird - dazu führen kann, daß strategisch notwendige Sach- oder Serviceziele nicht mehr realisierbar sind.[260] Ebenso können durch unplanmäßige Verfahrensänderungen in der Auftragsabwicklung intern die Kosten möglicherweise zu Lasten von Lieferservicezielen kurzfristig reduziert und damit Unwirtschaftlichkeiten im eigenen Segment verdeckt werden.

Insbesondere die Interdependenzen zwischen den Segmenten entlang der logistischen Prozeßkette bergen die Gefahr, daß sie zur "Verbesserung" des eigenen Segmentbudget auf Kosten eines anderen Segmentbudgets ausgenutzt werden.[261] "If the integrated view of (logistics; Anm. d. Verf.) is taken it could be claimed that such cost minimising behaviour is dysfunctional and that cost reduction in one function may call forth more than proportionate cost increases in another function. As such the use of traditional type of budgetary control may not be suitable in as highly integrated a system as exists in (logistics; Anm. d. Verf.)."[262]

Will man also das Risiko logistisch suboptimaler Entscheidungen vermeiden, die dadurch entstehen, daß das verantwortliche Management mangels Kontrollinformationen nicht eingreifen kann, ist die Hinzunahme weiterer, über die reine Soll-Ist-Ergebnisvergleiche hinausführender, Kontrollobjekte unabdingbar.

Dies betrifft zunächst die Haupteinflußfaktoren bzw. die wesentlichen Kostentreiber. Allerding ersetzt dies nicht das Erfordernis einer standardmäßigen (zentral oder dezentral durchführbaren) Überprüfung, ob den erfaßten Kosten auch die entsprechenden quantitativen und qualitativen Leistungen gegenüberstehen. "... control must be exerted over *both* cost and service performance of a firm's logistics system."[263] Deswegen ist auch im Rahmen einer Budgetkontrolle eine komplementäre Leistungskontrolle notwendig, die an den verschiedenen Dimensionen der in den einzelnen Logistiksegmenten zu erbringenden Leistungen ansetzt.[264]

Gerade für die Kontrolle von Logistiksegmenten, deren Ablaufstrategien dem Pull-Prinzip folgen, ist dieses Vorgehen von größter Bedeutung. Denn ihr *quantitatives Leistungsvolumen*, also ihre "Beschäftigung", baut nicht auf ex-ante definierten anti-

---

260 Z.B. können logistische Anlagen plötzlich defekt oder veraltet sein und erfordern große Investitionen, obwohl sie buchmäßig noch nicht abgeschrieben waren.

261 Vgl. Novack 1989, S.14f.

262 Barrett 1982a, S.101; der Verfasser hat im Zitat 'PD' (=physical distribution) durch 'logistics' ersetzt.

263 Novack 1989, S.24; vgl. allgemein Kaplan 1988, S.64; Siegwart, Raas 1991, S.176; Rau 1992, S.76f.

264 Zu unterschiedlichen Ausprägungsformen eines logistischen Leistungs-Controlling vgl. u.a. Jacoby, Zibell 1992, S.193ff.

zipativen Maßnahmenplänen auf, sondern ist abhängig von quantitativen und qualitativen Merkmalen der eingehenden Kundenaufträge und damit sehr variabel.[265]
Aber auch für die Kontrolle solcher Logistiksegmente, deren Leistungserstellung
überwiegend oder teilweise dem Push-Prinzip folgt, ist eine standardmäßige Überprüfung der quantitativen Leistung erforderlich, da es keineswegs garantiert ist, ob
die am Anfang der Budgetperiode autorisierten Leistungsvorgaben auch tatsächlich
eingehalten wurden, oder ob nicht unvorhergesehene Inkonsistenzen der Planung,
unvorhergesehene Ereignisse oder ein unvorhergesehenes Verhalten der Verantwortlichen den Ablauf nach Anweisung der Sachziele gestört haben.

Nicht zuletzt kann schon schon eine geringe Reduzierung des Lieferserviceniveaus
erhebliche Kostenreduktionen in einem Logistiksegment bewirken, so daß eine zur
Kostenkontrolle komplementäre Kontrolle der *qualitativen logistischen Leistung* erfolgen sollte. Bei extern ausgerichteten Segmenten wären diese Kostensenkungen
ohne die Überprüfung entsprechender "Service Performance Indicators" sogar nicht
ohne weiteres als Ausfluß dysfunktionaler Verhaltensweise erkennbar, da ihnen
keine unmittelbaren Kostenanstiege in anderen Segmenten gegenüberstehen (und
somit im Rahmen einer segmentübergreifenden Kostenkontrolle identifizierbar wären), sondern höchstens Erlösschmälerungen, die - wie bereits oben dargelegt[266] -
nur dem Gesamtsystem, nicht aber einzelnen Segmenten zurechenbar sind.

Wie *intensiv* schlußendlich die Kontrolle der unterschiedlichen Kosten- und Leistungsdaten vollzogen werden soll, ist nicht allein abhängig von der Frage, welche
Objekte standardmäßig im Rahmen der Budgetkontrolle erfaßt werden sollen, sondern auch davon, wie häufig sie erfaßt werden sollen. Darauf wird im folgenden eingegangen.

4.2.1.3. Bestimmung der Kontrollfrequenzen

Mit der Bestimmung der Kontrollzeiten bzw. Kontrollfrequenzen werden die Zeitpunkte festgelegt, an denen die Soll-Ist-Vergleiche der Kontrollobjekte vollzogen
werden, und damit die Häufigkeit bzw. Frequenz der Budgetkontrollen definiert.[267]

265 Ähnlich fordern Egger, Winterheller eine unterschiedliche Budgetplanung und -kontrolle für Organisationseinheiten der
     Lagerfertigung und der Auftragsfertigung; vgl. Egger, Winterheller 1986, S.120.
266 Vgl. dazu die Ausführungen in Kap. B.2.2.
267 Vgl. zur Definition von Kontrollzeiten Treuz 1974, S.125; Thieme 1982, S.29.

Grundsätzlich sind am Ende der Budgetierungsperiode Kontrollen durchzuführen. Hierbei können die in die folgende Budgetplanungsphase einfließenden Planungselemente - also auch die, die nicht standardmäßig im Soll-Ist-Vergleich erfaßt werden - auf ihre weitere Gültigkeit hin untersucht und gegebenenfalls korrigiert werden. Die dadurch gewonnenen Informationen erfüllen somit eine zweifache Funktion, und zwar die der Erklärung vergangener Ergebnisse und die der Validierung zukünftiger Planungsgrößen.

Dabei evt. festgestellte Abweichungen müssen allerdings nicht einzig auf situative Einflüsse oder Fehler in der Gestaltung der Transaktionsebene zurückzuführen sein, sondern können in Mängeln im logistischen Planungs- und Kontrollsystem (wie z.B. in der Art und Weise, wie geplant wurde, wie das logistische Berichtssystem aufgebaut wurde, wie schnell die Informationsversorgung erfolgte etc.) begründet sein. Eine direkt daran ansetzende Kontrolle kennzeichnet das *'logistics audit'*.[268] "The logistics audit is a periodic examination of the status of logistics activities. Because of potential errors in reporting systems and the lack of reports about certain activities, it becomes necessary periodically to take stock of the situation. ... Audit information is used to establish new reference points against which sequential reports are generated and to correct errors that can result in the performance of certain logistics activities due to misinformation."[269]

Einzig am Periodenende durchgeführte Analysen bewirken allerdings nur *reaktive Prozesse* für zukünftige Budgetierungsperioden; sie ermöglichen aber nicht ein ursachengerechtes und frühzeitiges Gegensteuern in der Budgetierungsperiode (feed-forward-coordination), insbesondere dann nicht, wenn Systemstörungen bzw. Abweichungen festgestellt wurden.
Es besteht die Gefahr, daß die wahren Ursachen festgestellter Abweichungen zu spät identifiziert oder dysfunktionale Verhaltensweisen zu lange unerkannt bleiben. Fehlentwicklungen lassen sich dann schwerer korrigieren und Abweichungen daraufhin kaum mehr auf ein "systemerträgliches Ausmaß" reduzieren.[270]

Budgetkontrollen sollten deswegen nicht erst jährlich sondern in kürzer definierten Zeitabständen vorgesehen werden.

In der Logistikliteratur werden zumeist Kontrollfrequenzen vorgeschlagen, die bis hin zu einer quartalsweisen oder einer monatlichen Budgetkontrolle reichen. "That

---

268 Welge spricht in diesem Zusammenhang von (Plan-)systemkontrolle; vgl. Welge 1988, S.325.
269 Ballou 1985, S.559.
270 Es geht hier also wieder um Informationen zur feed-forward-coordination; vgl. Szyperski, Winand 1980, S.114.

time period which is relevant depends on the objective. ... flexible budgeting normally focus on time periods from one month to a year for control purposes."[271] Diese Tatsache ist darauf zurückzuführen, daß bei einer monatlichen Istkosten-Erfassung die Abgrenzungs- und Erfassungsschwierigkeiten und der damit verbundene Aufwand weitaus geringer sind als bei kürzeren Kontrollperioden. Dies gilt insbesondere, nachdem in einem Großteil der Unternehmungen die Lohnabrechnung von der wöchentlichen auf die monatliche Abrechnung umgestellt worden ist.[272]

Dennoch vertreten einige Praktiker nicht zu Unrecht die Ansicht, daß der Monat an sich für eine wirksame Kostenkontrolle zu lang sei und plädieren trotz der damit verbundenen Erfassungsschwierigkeit zumindest bei bestimmten Kontrollobjekten für eine wöchentliche Kostenkontrolle.[273]

Die Entscheidung über die Kontrollzeiten hängt also offensichtlich von den damit verfolgten *Zielsetzungen* und von *objektindividuellen Eigenschaften der Kontrollobjekte* ab.

Aus sachlogischer Perspektive spricht (unabhängig von der Frage des Kontrollträgers[274]) einiges für einen möglichst häufigen Vergleich zwischen den jeweiligen Soll- und Ist-Größen.

Somit können Unwirtschaftlichkeiten und Budgetverschwendung in den Logistiksegmenten früh identifiziert und angemessene Gegensteuerungsmaßnahmen rechtzeitig eingeleitet werden. "Logistische Prozesse können nur dann erfolgreich koordiniert werden, wenn bei Abweichungen sofort - im Sinne eines Regelkreises - gegengesteuert wird."[275]

Außerdem ermöglicht eine laufende Kontrolle der in den Bereichen verursachten Kosten, Trends zu erkennen und die weitere Entwicklung der Logistikkosten für zukünftige (Teil-)Perioden im Sinne einer Planfortschrittskontrolle abzuschätzen.[276] Somit werden einmalige oder zufällige Schwankungen von sich abzeichnenden, stabilen Entwicklungen abgegrenzt und eine validere Basis für Gegensteuerungsmaßnahmen gebildet.[277]

---

271   Ernst & Whinney 1983, S.61.
272   Vgl. Kilger 1988, S.538.
273   Vgl. u.a. Jassmann, Bodenstein 1983, S.11; Fiege 1988, S.286ff.
274   Zur Frage, *wer* logistische Soll-Ist-Vergleiche durchzuführen hat, also zur Frage nach zentral oder dezentral zu gestaltender logistischer Budgetkontrolle vgl. die Ausführungen im folgenden Kapitel.
275   Kearney Management Consultants 1992b, S.12; vgl. ebenso Plossl 1985, S.321f.; Novack 1989, S.14.
276   Vgl. Bowersox 1978, S.249.
277   Vgl. Treuz 1974, S.126.

Auch aus einer sozio-psychologischen Perspektive läßt sich von einer grundsätzlich positiven Verhaltenswirkung häufiger "Feed-backs" ausgehen.[278] Denn es gilt - vereinfacht dargestellt[279]-, daß Lernprozesse bzw. Anstrengungen zur Einhaltung oder Unterbietung von Budgets in erster Linie auf der Intensität der Verstärkungen basieren, die durch die Kontrollinformationen erzielt werden.

Zunächst sind es die vorgegebenen Sollwerte und der Vergleich mit den Istwerten, die die Handlungsträger dazu motivieren, mögliche Störungen der betrieblichen Leistungserstellung frühzeitig zu erkennen, zu vermeiden oder ihnen entgegenzuwirken (*unmittelbare Lenkungsfunktion* von Kontrollen).[280] Darüber hinaus kann schon allein die Möglichkeit von Feed-Backs durch Vergleich von Soll- und Istwerten ausreichen, die Budgetverantwortlichen dazu zu motivieren, durch frühzeitige Gegensteuerung den reibungslosen Ablauf der betrieblichen Prozesse zu sichern (*mittelbare Lenkungsfunktion* bzw. *Prophylaxefunktion* von Kontrollen).[281]

Häufiger eingehende Kontrollinformationen geben damit dem Segment-Management bereits während der Aufgabenrealisierung Hinweise darüber, ob ihr Leistungsverhalten geeignet ist, die Sollwerte zu erreichen und richten sie auf die gewünschte Aufgabenerfüllung aus.[282]

Darüber hinaus tragen Kontrollinformationen zur Lernförderung von Menschen bei, indem sie durch den laufenden Umgang mit aufgezeigten (vermeidbaren oder abbaubaren) Störgrößen ihre Fähigkeit verbessern, die Störgrößen oder ihre Wirkungen auszuschalten (*Lernfunktion* der Kontrolle).[283]

Dennoch ist die Frage nach der Festlegung der Kontrollfrequenzen nicht ohne eine gleichzeitige Beachtung *informations-technischer* und vor allem *wirtschaftlicher Restriktionen* zu beantworten.

So ist eine monatliche oder gar wöchentliche und gleichzeitig vollständige Vergleichsdurchführung überhaupt nur dann zweckmäßig, wenn das logistische Informations- und Berichtssystem auch in der Lage ist, sämtliche Soll-Ist-Vergleiche

---

278 Vgl. u.a. Pfohl 1981, S.92ff.
279 Vgl. dazu ausführlich Höller 1978, S.184ff.
280 Vgl. Kloock 1990, S.5.
281 Vgl. Kloock 1990, S.5.
282 Diese aufgrund von häufigen Kontrollinformationen erzielte Verhaltenswirkung konnte insbesondere für Mitarbeiter mit geringem Selbstbewußtsein festgestellt werden, die offensichtlich eine ständige Rückkopplung über die von ihnen erbrachte Leistung benötigen; vgl. Pfohl 1981, S.94; Thieme 1982, S.199ff.; Welge 1988, S.205.
283 Vgl. Kloock 1990, S.5. Vgl. ebenso Höller 1978, S.178ff.; Siegwart, Menzel 1978, S.192f.

in der vom Management gewünschten Zeitspanne zur Verfügung zu stellen.[284] Sofern allerdings diese erforderliche Schnelligkeit nicht gewährleistet ist, verlieren die Kontrollinfomationen für den Berichtsempfänger erheblich an Aussagekraft, was insbesondere für das übergeordnete Logistik-Management gilt, das weniger über die Abläufe in den Segmenten informiert ist als die jeweiligen dezentralen Verantwortlichen.

Deswegen sind im Falle besonders zeitkritischer Kontrollen Schwerpunktbildungen einer vollständigen, aber dann veralteten Vergleichsdurchführung vorzuziehen.[285]

Darüber hinaus müssen - ähnlich wie bei der Frage des Kontrollumfangs - die Kontrollkosten (also die Informationserfassungs-, -verarbeitungs- und -versorgungskosten) und der potentielle Kontrollnutzen einander gegenübergestellt werden.[286]

Allerdings ist eine exakte Bestimmung des zeitlichen Kontrolloptimums nicht möglich, denn nicht nur die Kontrollkosten entziehen sich einer exakten Bewertbarkeit, sondern auch die Messung oder Schätzung des Nutzens in Abhängigkeit von der Häufigkeit der Kontrolldurchführung ist unmöglich.[287]

Die Festlegung der Kontrollzeiten sollte deswegen näherungsweise durch eine Orientierung an Hilfskriterien erfolgen, und zwar durch eine Orientierung an den *Gegensteuerungsmöglichkeiten* und den *Gegensteuerungsnotwendigkeiten*, die sich aus der Überprüfung der logistischen Kontrollobjekte ergeben.

Entscheidend hierbei sind drei Kriterien: die Variabilität und die Beeinflußbarkeit der Kontrollobjekte einerseits sowie deren Bedeutung für die Erreichung logistischer Gesamtziele andererseits.[288]

So ist es z.B. nicht erforderlich, fixe Kostenarten wie etwa Grundstückskosten oder Kosten langfristiger Leasingverträge monatlich zu kontrollieren, weil sie über einen längeren Zeitraum konstant bleiben und kurzfristig nicht disponibel sind. Hier reicht es aus, diese Beträge anteilsmäßig von Bericht zu Bericht zu übertragen und sie nur

---

284 " ... the basis for control is information - information that must be presented promptly, briefly and frequently, in such a fashion that the required action will result." (Novack 1989, S.13). Vgl. auch Ernst & Whinney 1983, S.115; Plossl 1985, S.322.

285 Vgl. ebenso Posselt 1986, S.117ff.

286 Vgl. dazu allgemein Lüder 1971, S.70; zur Diskussion der logistischen Kontrollkosten vgl. Teichmann 1989, S.109f.; Vastag 1992, S.253.

287 "Leider ist es nicht möglich, eine quantitative Wirtschaftlichkeitsrechnung aufzustellen, mit der sich der geldäquivalente Nutzen einer genauen Kostenbudgetierung messen läßt." (Lochthowe 1990, S.285).

288 Vgl. dazu allgemein Delfmann: "Kontrollen sind sinnvollerweise nur in dem Umfang durchzuführen, wie es zur Gewinnung eines repräsentativen Bildes der Planerfüllung erforderlich ist. Diese Auswahlentscheidung erfolgt hilfsweise anhand der Kriterien der Wertigkeit, Beeinflußbarkeit und Interdependenz der Objekte, da eine direkte Kosten/Nutzenabwägung am Informationsdilemma scheitert." (Delfmann 1993, Sp.3241).

jährlich einer Kontrolle zu unterziehen. Andererseits erfordern variable, aber auch kurzfristig abbaubare intervallfixe Kosten kürzere Überprüfungsperioden, die je nach Bedeutung des Kontrollobjektes eine monatliche oder wöchentliche Kontrolle nahelegen.[289]

Hilfreich in diesem Zusammenhang ist die Methode der *ABC-Klassifizierung* der Kontrollobjekte nach ihrer Bedeutung für die logistische Budgetkontrolle, respektive für die damit verbundenen potentiellen Gegensteuerungsmaßnahmen (vgl. Abb. 21).[290]

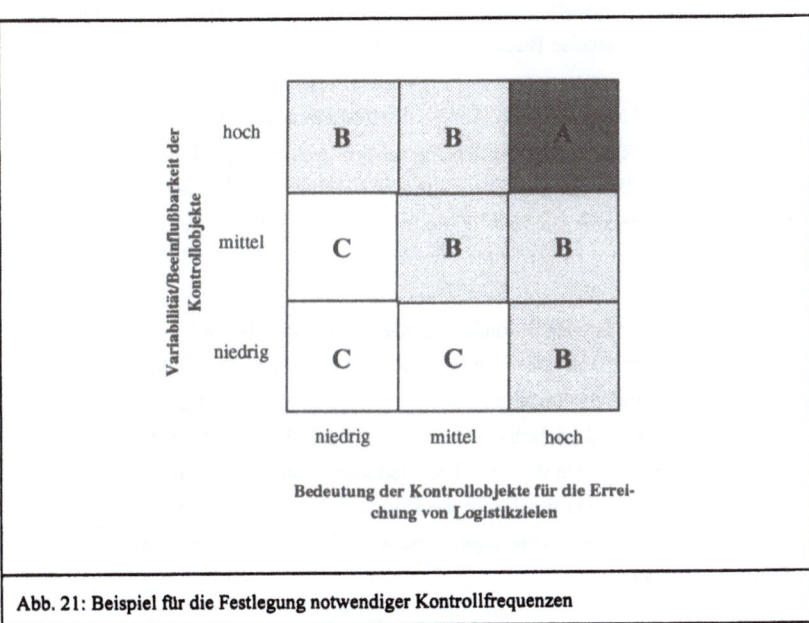

Abb. 21: Beispiel für die Festlegung notwendiger Kontrollfrequenzen

"A"-Kontrollobjekte sind Objekte mit hoher Variabilität bzw. Beeinflußbarkeit, die gleichzeitig eine hohe Bedeutung für die Erreichung logistischer Gesamtziele haben. Dazu zählen nicht allein streng proportionale bzw. abbaubare Kosten, die betragsmäßig sehr hoch sind oder deren Anteil an den Gesamtkosten besonders hoch sind; dazu können auch Performance-Indikatoren zählen, die besonders wichtig für die Gewährleistung eines bestimmten Lieferservice sind, wie z.B. die Einhaltung von Lieferzeiten bei Logistiksegmenten, deren (in- oder externen) Kunden besonders

---

289 Vgl. Ernst & Whinney 1983, S.60f.; Siegwart, Raas sprechen in diesem Zusammenhang von einer "sinnvollen Aktualität" der Kontrollinformationen; vgl. Siegwart, Raas 1991, S.175.

290 Eine ähnliche Form der ABC-Analyse schlägt auch Novack vor; dieser unterscheidet allerdings die Kontrollobjekte nach den Kriterien "profit improvement/cost reduction potential" und "risk of lost sales"; vgl. Novack 1989, S.39.

hohe Ansprüche an kurze Auftragsabwicklungszeiten stellen. Für sie kann eine wöchentliche Kontrolle empfehlenswert sein, während für "B"-Kontrollobjekte, die nur
mittlere Kostensenkungs- bzw. Leistungssteigerungspotentiale haben bzw. die nicht
stark oder kaum beeinflußbar sind, eine monatliche, ggf. quartalsweise Vergleichsdurchführung ausreicht. "C"-Kontrollobjekte zeichnen sich dadurch aus, daß deren
Überprüfung keine Bedeutung für potentielle Gegensteuerungsmaßnahmen hat, weil
diese Objekte unbeeinflußbar und weitgehend unveränderbar sind, und vor allem daß
deren Überprüfung aufgrund niedriger Kostensenkungpotentiale von geringer Bedeutung für die Erreichung übergeordneter Ziele ist (wie z.B. die Kosten geringwer-
tiger und kaum in Anspruch genommener Wirtschaftsgüter). Hier reicht eine jährli-
che, allenfalls quartalsweise Budgetkontrolle aus.

Auch wenn diese Methode der ABC-Klassifizierung relativ "hemdsärmelig" erscheint, liefert sie der Logistik-Führung wertvolle Anhaltspunkte hinsichtlich der
unterschiedlichen Bedeutung der verschiedenen Kontrollobjekte und damit hinsichtlich der Aufmerksamkeit, die man ihnen bei der Durchführung der Soll-Ist-Vergleiche zuwenden sollte.

Die daraus abgeleiteten Empfehlungen zur Gestaltung der Kontrollfrequenzen sollten
aber nur als Tendenzaussagen verstanden sein, da die schlußendliche Entscheidung
zum einen nur unternehmungsindividuell unter Berücksichtigung sämtlicher informations-technischer und wirtschaftlicher Aspekte gefällt werden kann. Zum anderen
ist es unter verhaltensorientierten Gesichtspunkten auch entscheidend, *wer* diese
Kontrollen durchführt und damit wie die Kontrollkompetenzen auf das Logistik-Management und die Segment-Manager verteilt sind; auf diese Problematik wird im
folgenden eingegangen.

4.2.1.4. Gestaltungsoptionen bei der Verteilung der Kontrollkompetenzen

Im Hinblick auf die Träger der Budgetkontrolle ist die Unterscheidung zwischen
Fremdkontrolle und Selbstkontrolle von Bedeutung.[291]

Vollständige *Selbstkontrolle* liegt dann vor, wenn die logistischen Segment-Manager
sich selbst kontrollieren, also den Soll-Ist-Vergleich selbst durchführen, und keiner
Informationspflicht gegenüber dem Logistik-Management unterliegen.

---

[291] Diese wird auch im Rahmen der allgemeinen Kontrolltheorie diskutiert; vgl. u.a. Töpfer 1976, S.149ff.; Ouchi 1979, S.833ff.; Pfohl 1981, S.209.

Fremdkontrolle bedeutet, daß die Logistiksegmente zentral kontrolliert werden, also eine interpersonale Trennung zwischen Ausführung und Kontrolle vorliegt.[292]

Es ist davon auszugehen, daß Zwischenformen die größte Verbreitung in der Unternehmungspraxis aufweisen, da beide Kontrollformen in dieser extremen Ausprägung sowohl aus sachlogischen als auch sozio-psychologischen Gründen kaum vertretbar sind.

Denn einerseits geht von einer vollständigen Eigenkontrolle eine dauernde Manipulationsgefahr aus[293] bzw. besteht die Wahrscheinlichkeit, daß ein Aufgabenträger Kontrollhandlungen unterläßt, um vor sich und vor anderen die Ergebnisse seiner Handlungen nicht rechtfertigen zu müssen.[294]
Andererseits würde eine zu starke Fremdkontrolle erwartungsgemäß mit hohen motivatorischen Nachteilen für das kontrollierte Segment-Management verbunden sein, wie z.B. Druckempfinden, Resistenzverhalten, Aktivierung von Sicherheitsmotiven etc.[295]

Das Problem besteht im Finden eines sinnvollen Ausgleichs zwischen dem Prinzip der Verantwortungsdezentralisierung einerseits und den sich aus dem prozeßorientierten, logistischen Gedanken ergebenden Koordinationserfordernissen andererseits.

Hierbei sind zwei prinzipielle Gestaltungsvarianten vorstellbar:
Eine besteht darin, (1) die dezentralen Segment-Manager die Kontrollprozesse selbständig durchführen zu lassen und lediglich im Rahmen des Management-by-Exception übergeordnete Instanzen einzuschalten. Die andere (2) bezieht sich auf die Delegation von Kontrollaufgaben an einen organisatorisch verselbständigten Controllingbereich (logistisches Controllership).

(1) Nach Prinzp des *Management-by-Exception* ("Führung nach dem Ausnahmeprinzip"[296]) erfolgt eine Weiterleitung der Kontrollinformationen an das Logistik-Management erst dann, wenn Schwellenwerte für bestimmte entscheidungsrelevante Größen (Auftragsabwicklungskosten, Leistungsmengen, "Service Performance Indicators") überschritten oder vorher definierte Ausnahmesituationen (wie z.B. Unre-

---

292 Vgl. u.a. Thieme 1982, S.31ff.; Posselt 1986, S.144.

293 Es "muß verhindert werden, daß Personen oder Stellen, die ein Interesse an der Manipulation haben könnten, über sich selbst berichten." (Blohm 1970, S.70); vgl. ebenso Gutenberg 1962, S.106.

294 Im letzteren Fall handelt es sich um das in der sozialpsychologischen Theorie behandelte Phänomem der "kognitiven Dissonanz"; vgl. dazu Treuz 1974, S.97; Thieme 1982, S.168.

295 Vgl. dazu u.a. Siegwart, Menzel 1978, S.136.

296 Vgl. Thieme 1982, S.176.

gelmäßigkeiten bei einem Zulieferer) eintreten. Wickelt sich das Geschehen hinge-
gegen im vorgesehenen und vorgeschriebenen Rahmen ab, so erfolgt keinerlei Mel-
dung an die Vorgesetzten.[297]

Der sachlogische Vorteil des Management-by-Exception besteht darin, daß Kontrollinformationen mengenmäßig beschränkt, Kommunikationswege verkürzt und die
Konzentration der Vorgesetzten auf die für sie wesentlichen Kontrollinhalte wirksam
entlastet werden.[298] Zudem kann ein Budgetverantwortlicher die Ursachen für ein-
getretene Abweichungen aufgrund seiner hohen Bereichsexpertise in der Regel
schneller als das zentrale Logistik-Management lokalisieren, dadurch raschere Korrekturmaßnahmen einleiten und insgesamt den Kontrollaufwand erheblich reduzieren.[299] Desweiteren setzt gerade die Identifizierung unwirtschaftlichen Verhaltens
in Logistiksegmenten Soll-Werte in Form quasi-programmierter Verfahrensregeln
und damit eine Strukturierung des Aufgabenlösungsprozesses voraus; über diese
Kenntnis wird das Logistik-Management auch bei einer ex-post-Analyse wohl kaum
verfügen.

Der sozio-psychologische Vorteil des Management-by-Exception stellt der durch das
relativ hohe Maß an Eigenkontrolle bedingte Vertrauensbeweis der logistischen Führungsspitze gegenüber den Segment-Managern dar, so daß eine Motivationssteigerung mit dem Vorteil eines damit verbundenen funktionalen Verhaltens der Mitarbeiter wahrscheinlich ist. Insbesondere wird die Gefahr gemindert, daß die Mitarbeiter sich gezwungen fühlen, die Budgetvorgaben "um jeden Preis" (ggf. mit dysfunktionalen Mitteln) einzuhalten, weil sie auf einen objektivere Beurteilung ihres
Verhaltens vertrauen und keinen unzumutbaren Leistungsdruck empfinden.[300] "Wir
wollen ja, daß die Mitarbeiter die Kriterien als eigene Meßlatte auch selbst verwenden. Eigenmotivation ist dem Druck von außen unbedingt vorzuziehen."[301] Im
Mittelpunkt dieser Sichtweise steht das Ziel der Förderung *dezentral initiierter* Lern-
und Verbesserungsprozesse im Sinne eines *"continuous improvement"* in den jeweiligen Logistiksegmenten.[302]

Das Management-by-Exception-Prinzip sollte allerdings nicht einzig auf *negative
Abweichungen* beschränkt werden. Denn hierdurch erfolgt eine einseitige Ausrichtung der Kontrollinformationen auf Kritik und nicht auf Anerkennung. Nicht nur

297 Vgl. zum Management-by-Exception Grochla 1989, Sp.550f.
298 Vgl. Grimmer 1980, S.157.
299 Vgl. Siegwart, Menzel 1978, S.136f.; Thieme 1982, S.156.
300 Vgl. Grimmer 1980, S.170.
301 Barth 1992, S.237.
302 Vgl. u.a. Fieten 1992, S.321.

beim kontrollierenden Vorgesetzten kann sich mit der Zeit ein negativer Eindruck von der Leistungsfähigkeit seines Mitarbeiters erwecken, auch wirkt sich diese Informationspflicht für den Meldepflichtigen auf die Dauer frustrierend aus.[303] Er empfindet die Informationspflicht als Bestrafung, wodurch die Wahrscheinlichkeit erhöht wird, daß er dysfunktionale Methoden anwendet, um innerhalb der vorgeschriebenen Toleranzbereiche zu bleiben.[304]

Bei der Entwicklung des Management-by-Exception-Prinzips sind vor allem die genauen Grenzwerte bzw. Toleranzbereiche, jenseits derer eine Weiterleitung der Kontrollinformationen an das übergeordnete Management erfolgen soll, zu definieren.[305] Dieser Festlegung kommt eine entscheidende Bedeutung zu, zumal mit einer falschen Ausgestaltung des Management-by-Exception große Probleme für die Segmentkontrolle verbunden sind.

Liegen die Grenzwerte z.B. zu eng an den eigentlichen Zielvorgaben, werden so viele Abweichungen als Ausnahmen gemeldet, daß das Logistik-Management wegen der starken Beanspruchung Gefahr läuft, wirklich relevante Abweichungen in der Gesamtmenge zu übersehen.[306] "Without allowable tolerances around the standard managers would need to investigate every occurence ..."[307]

Setzt man hingegen die Toleranzen zu weit an, so können Abweichungen zu lange unbesehen als geringfügig abgetan werden; dabei könnten sie aus einer übergeordneten Sicht als schwache Signale für sich anbahnende wichtige Veränderungen erkannt werden, denen man durch vorbeugende, gegensteuernde Maßnahmen begegnen könnte.[308]

Für eine logistische Budgetkontrolle nach dem Prinzip des Management-by-Exception ist deswegen eine *differenzierte* Bestimmung der Toleranzgrenzen für die einzelnen Kontrollobjekte notwendig.[309]

So ist grundsätzlich für die Kontrolle von Logistiksegmenten, deren Leistungserstellung aufgrund hoher und variabler Leistungsspezifikationen bzw. Nachfragepräferenzen seitenes der internen und (vor allem) externen Kunden wenig standar-

303 Vgl. allgemein Siegwart, Menzel 1978, S.136; Pfohl 1981, S.95f.
304 Vgl. allgemein Frese 1969b, Sp.956ff.; Posselt 1986, S.147f.
305 Einer Einschätzung Novacks gemäß findet das Problem der "allowable tolerances" in der Logistik-Literatur bisher keine Beachtung; er selber fordert nur die Existenz von Toleranzgrenzen, ohne allerdings auf die damit verbundenen Probleme einzugehen; vgl. Novack 1989, S.35.
306 Vgl. Martin 1983, S.33.
307 Novack 1989, S.35.
308 Vgl. Siegwart, Menzel 1978, S.51.
309 Vgl. ähnlich Siegwart, Raas 1991, S.181

disierbar und relativ instabil ist, eine tendenziell breite Toleranz bei den Kostenvorgaben vorteilhaft.

Denn neben dem deutlichen Informationsvorsprung hinsichtlich des Prozeßgeschehens am Markt legt die relativ hohe Entscheidungsautonomie im Rahmen der Ablaufplanung auch gewisse Freiräume in der Kontrolle der selbst gefällten Entscheidungen nahe; sie soll verhindern, daß durch ein dauerndes rückkopplungsbedingtes Gegensteuern durch das zentrale Logistik-Management ein "Zick-Zack-Kurs" bei der Abwicklung der relevanten Kundenaufträge entsteht.

Allerdings kann (insbesondere bei extern ausgerichteten Logistiksegmenten) eine hohe Bedeutung der Einhaltung strategisch wichtiger und vom Kunden unmittelbar wahrnehmbarer Lieferservicezusagen eine unbedingte und dauernde Kontrolle durch das übergeordnete Logistik-Management erforderlich machen, was demzufolge zu engeren Toleranzen für diejenigen Werte führt, die die unterschiedlichen Dimensionen des erbrachten Lieferservice indizieren.

Unabhängig von der Frage des Grades der Leistungsstandardisierung bzw. -stabilität ist es dennoch notwendig, für bestimmte Kontrollobjekte Sonderregelungen zu vereinbaren, d.h. für sie spezifische Toleranzen festzulegen, jenseits derer das übergeordnete Logistik-Management sofort zu informieren ist. Dies betrifft insbesondere Kontrollobjekte, die in *engen Trade-off-Relationen* zu Kontrollobjekten eines anderen Logistiksegmentes stehen bzw. die *enge Interdependenzen* mit diesen aufweisen. Für solche Kontrollobjekte ist ein höherer Grad an Fremdkontrolle, bedingt durch engere Toleranzen, notwendig, da dadurch segmentübergreifende und zentral koordinierte Gegensteuerungsmaßnahmen initiiert werden können.

Abschließend läßt sich zum Management-by-Exception-Prinzip festhalten, daß es bei gezielter Anwendung durch das Logistik-Management eine wesentliche Entlastung bei der Budgetkontrolle verschafft und dem übergeordneten Management ermöglicht, sich vor allem der Aufgaben der Planung und Zielsetzung widmen zu können.[310] Es läßt sich gut einordnen in die derzeit von Wissenschaftlern[311] und Praktiker[312] geführten Diskussionen bzw. entwickelten Konzeptionen zum "Lean Controlling", bei der es um die "Entschlackung" ausufernder Informationssysteme für

---

310 Vgl. Siegwart, Menzel 1978, S.138.

311 Vgl. u.a. Horváth 1992, S.3ff.; Fieten 1992, S.320ff.; Pfeiffer, Weiss 1992, S.195ff.

312 Vgl. dazu etwa McKinsey-Chef H. Henzler im Interview mit dem Manager Magazin: "Der Topmanager sollte sehr genau seine Führungsinstrumente unter die Lupe nehmen, die Art wie er sich selbst und seinen unmittelbaren Führungsbereich organisiert, so daß er sich auf die eigentlichen Führungsaufgaben konzentrieren kann. ... Es kann nicht angehen, daß jede Miniinformation des betrieblichen Rechnungswesens und der Bilanzen hochgespült wird bis zum Topmanagement. ... Denn überall der Experte zu sein, überall direkt steuernd einzugreifen, das ist aufgrund der schieren Vielfalt nicht mehr möglich." Zitiert in Schulte, B. (1991), S.160f.

das Top-Management bzw. um die Auswahl wirklich führungsrelevanter Controlling-Informationen geht.[313]

Das Management-by-Exception-Prinzip sollte allerdings nicht rein mechanistisch angewendet werden, denn bei den Abweichungsinformationen handelt es sich zwar um wesentliche, aber unvollständige Informationen, um Mosaiksteine aus einem Gesamtbild.

Darüber hinaus läßt sich nicht automatisch bei Nicht-Vorliegen von Soll-Ist-Abweichungen im Zusammenhang standardmäßig erfaßter Daten auf einen zielkonformen Zustand schließen. Um eine Situation tatsächlich beurteilen zu können, benötigt das übergeordnete Management zusätzliche Informationen, die z.B. in regelmäßig durchgeführten Ursachenanalysen vermittelt werden können; darauf wird im folgenden Kapitel eingegangen.

(2) Eine zusätzliche Gestaltungsalternative im Rahmen der Verteilung von Kontrollkompetenzen stellt die Möglichkeit dar, Kontrollaufgaben nicht dem jeweiligen Vorgesetzten oder dem übergeordneten Management zu übertragen, sondern einer zentralen, organisatorisch verselbständigten Kontrollinstanz, dem *"logistischen Controllership"*.[314]

Das hier zugrundeliegende Verständnis von der Führungsfunktion "Controlling" und deren Abgrenzung zur Führungsunterstützungsfunktion des "Controllership" ist bereits in Kap. B.5.1. ausführlich dargelegt worden. Demnach wendet die logistische Führung Controlling an und übt somit eine Führungsfunktion im Wege der analytisch-methodischen Planung und Kontrolle aus, während die eigentlichen Aufgaben des Controllers nach dem Motto: "Getting controlling done by the manager"[315] primär in der Wahrnehmung von Serviceaufgaben liegt.

Aus der Führungsunterstützungsfunktion des logistischen Controllership folgt, daß dieses auch für die Gestaltung und den Betrieb der logistischen Budgetkontrolle verantwortlich sein kann.

Seine Aufgaben liegen dabei aber auf einer formalen Eben, d.h. es hat das Budgetkontrollsystem bzw. das Berichtssystem so aufzubauen, daß es für die zentralen und dezentralen Führungskräfte aussagefähige Informationen zur Unterstützung ihrer Steuerungstätigkeiten liefert. "Wohlgemerkt, auch ein Controller kann keinen Chef

---

313 Vgl. Weber 1991a, S.146; Weyrauch 1992, S.132f.

314 Vgl. u.a. Ihde 1991, S.258ff.; Reichmann o.J. S.28ff.; vgl. dazu auch die empirischen Untersuchungen von Küpper, Hoffmann 1988, S.593ff.

315 Deyhle 1991, S.105.

von der Verpflichtung entbinden, Kontrollen auszuüben. Hingegen vermag er ihm zu helfen, diese Kontrollen effizienter durchzuführen."[316]

So kann es bspw. Kontrollberichte für die dezentralen Segment-Manager verfassen, die diesen die Schwachstellen beim Ressourceneinsatz bzw. bei der Kapazitätsplanung aufzeigen und die aktuelle Handlungsbedarfe anzeigen, wie etwa die Notwendigkeit zur vertiefenden Ursachenanalyse, zur Information des übergeordneten Management oder die Notwendigkeit zur Einleitung von Gegensteuerungsmaßnahmen.

Dem Logistik-Management, das wegen der Vielfalt und Komplexität der Informationen weniger an einzelnen Kontrollobjekten interessiert ist, hat es aggregierte Kosten- und Leistungsziffern auszuweisen, die über die Einzeldaten hinaus ein objektives Gesamtbild der Logistik vermitteln, bspw. durch die Zusammenfassung von Budgetpositionen, durch die Aggregation von Teilbudgets oder durch das Hervorheben bedeutender Abweichungen.

Demnach gehört zwar auch die inhaltliche Ebene, d.h. die konkreten Zahlenwerte, zu seinem Aufgabenbereich, aber nur insofern, als daß das logistische Controllership ein aussagefähiges Berichtssystem aufbaut und es hinsichtlich der Detaillierung, Formulierung und Aufbereitung auf die Informationsbedürfnisse der jeweiligen Führungskräfte ausrichtet.

Gegebenfalls kann es auch Budgetdurchsprachen mit den Verantwortlichen vornehmen, Schwachstellen aufzeigen und Verbesserungsmöglichkeiten anregen, doch sollten diese Tätigkeiten nur unter dem Gesichtspunkt der Serviceleistung für die Führungskräfte erfolgen, wobei der unterstützende und nicht der kontrollierende Charakter im Vordergrund steht. Angesichts der in der logistischen Segmentierung vollzogenen Bildung selbststeuernder organisatorischer Regelkreise sollte das Controllership somit weniger die Kontrolle durch den jeweiligen Vorgesetzten ersetzen als vielmehr die Möglichkeiten zum dezentralen "*self controlling*" unterstützen.

Die Berücksichtigung dieses Grundsatzes ist für beide Seiten, d.h. für das Controllership und für den Budgetverantwortlichen, von Vorteil. Betont das Controllership zu stark den Kontrollcharakter innerhalb der Ergebnisbesprechung, so erhöht es damit die Gefahr, daß sich der Budgetverantwortliche in eine Rechtfertigungsposition gedrängt fühlt, dysfunktional reagiert und die notwendige, aus den "Impulsen" eines Selbstcontrolling kommende, Entwicklung von Lern- und kontinuierlichen Verbesserungsprozessen unterläßt.[317] Hinzu kommt, daß der Controller

316 Siegwart, Menzel 1978, S.131.
317 Vgl. u.a. Horváth 1992, S.4; Fieten 1992, S.321.

i.d.R. nicht in dem Maße wie der jeweilige Vorgesetzte überprüfen kann, ob die Angaben des Budgetverantwortlichen zu den aufgetretenen Abweichungen die effektiven Ursachen oder nur "Pseudo-Erklärungen" darstellen.[318]

4.2.2. Gestaltungsaspekte im Rahmen der Ursachenanalyse

Im Rahmen der Budgetkontrolle schließt sich zur Auswertung der durch die Vergleiche gewonnenen Informationen eine Ursachenanalyse an, welche den Informationsgehalt der Kontrolldaten für Steuerungszwecke und Leistungsbeurteilungen aufarbeitet.[319]

Gewöhnlicherweise wird die Ursachenanalyse am Ende der Budgetperiode durchgeführt; dann markiert sie das Ende des Budgetierungsprozesses und mündet unmittelbar in den Beginn eines neuen Durchlaufs, bei dem die aus der Ursachenanalyse gewonnenen Informationen einen wesentlichen Bestandteil für neue Budgetplanungsüberlegungen bilden.
Wird die Ursachenanalyse aufgrund von Kontrollergebnissen während der Budgetperiode hin durchgeführt, kann sie Gegensteuerungsmaßnahmen auslösen und eine Planrevision innerhalb der Budgetperiode einleiten.[320]

Die Ursachenanalyse umfaßt dabei zwei Teilbereiche, (1) einen sachbezogenen Analysebereich, bei dem es um die Untersuchung der sachlogischen Gründe für die realisierten Handlungsergebnisse geht, und (2) einen personenbezogenen Analysebereich, bei dem es um die auf das individuelle Verhalten zurückzuführenden Gründe geht, wobei hier insbesondere Fragen der Leistungsbeurteilung der Budgetempfänger im Vordergrund stehen.[321]

4.2.2.1. Sachbezogener Teilaspekt: Gründe für die realisierten Handlungsergebnisse

Die Kenntnis des Ergebnisursachen bzw. die Identifizierung von Abweichungen wesentlicher Kontrollobjekte ist die Voraussetzung für eine zweckorientierte Beeinflussung der Kontrollobjekte und für eine Berücksichtigung in künftigen Budgetpla-

---

318 Vgl. Posselt 1986, S.151.
319 Vgl. u.a. Dilger 1991, S.35f.
320 Vgl. dazu die Ausführungen im folgenden Kap. C.4.3.
321 Vgl. zu dieser Unterscheidung Grimmer 1980, S.27f. und S.159ff.

nungsperioden. "The ability to explain such deviations by cause and to identify opportunities and problems at an early stage is a key ingredient in management ..."[322]

In der Logistikliteratur wird der Ursachenanalyse bisher wenig Beachtung geschenkt. Vielfach wird deren Erfordernis erst dann gesehen, wenn in der Budgetkontrolle eine Abweichung zwischen den Soll- und Ist-Ergebnissen festgestellt wurde. "Comparing the actual output versus the standard helps determine the performance of the activity. ... If, of course, actual performance is within standards, variance analysis is not necessary."[323] Die sich daran anschließenden Diskussionen erstrecken sich zumeist nur noch auf die Frage, bei welcher (prozentualen oder absoluten) *Abweichungshöhe* des Ergebnisses eine Abweichungsanalyse durchgeführt werden sollte.[324]

Vor dem Hintergrund der prozeßorientierten, ganzheitlichen Perspektive der Logistik ist es allerdings gefährlich, nur die Gesamtabweichung von Zwischen- und Endergebnissen als Entscheidungsbasis für die Durchführung von Abweichungsanalysen vorzusehen.
Denn damit können weitere Analysen unterbleiben, obwohl sich hinter den Ergebnissen möglicherweise starke interne Verschiebungen bzw. sich kompensierende Teilabweichungen verstecken. Werden diese Teilabweichungen nicht analysiert, können eventuell unerwünschte, dysfunktionale Verhaltensweisen unentdeckt bleiben und auf die Dauer eine Verletzung strategisch wichtiger Logistikziele bedeuten.

Insbesondere ist es wesentlich für eine *logistische Ursachenanalyse*, daß aufgrund der starken Veflechtungen zwischen den Logistiksegmenten Abweichungen und Teilabweichungen nicht mehr allein in den Bereichen erfaßt und ausgewiesen werden, in denen sie auftreten. Vielmehr ist es aufgrund der Interdependenzen möglich, daß der eigentliche Verursacher der Kostenentstehung unter Umständen in einem vor- oder nachgelagerten Segment zu finden ist.
Ausgangspunkt einer tiefergehenden Analyse im Rahmen der Budgetkontrolle muß daher ein "Cost Coursing" sein, d.h. die Kosten müssen auf ihre ursächlichen Einflußfaktoren zurückverfolgt werden. "Ziel der Ursachenforschung sollte die Zerlegung in solche Teilabweichungen sein, die nur noch auf jeweils einen Kostenbestimmungsfaktor zurückzuführen sind."[325]

322 Jones, Trentin 1971, S.53.
323 Novack 1989, S.36; vgl. ebenso Foggin 1984, S.61; Lambert, Stock 1987, S.36; Langley 1988, S.50.
324 Eine in diesem Zusammenhang typische Frage ist: "Is actual performance acceptable in light of standards?" (Langley 1988, S.50).
325 Teichmann 1989, S.99; vgl. ebenso Siegwart, Raas 1991, S.180.

Das Problem bei der Gewinnung der gewünschten Information liegt zunächst jedoch darin, die einzelnen Kosteneinflußfaktoren aus der Gesamtheit der Einflußgrößen herauszuschälen, diese aber in der Regel interdependent miteinander verwoben sind.[326]

Es gibt in der Theorie kein logisch einwandfreies Verfahren, mittels dessen Teilabweichungen sich eindeutig einem Kosteneinflußfaktoren zurechnen lassen.[327]

Die Ursache liegt in dem Auftreten von Abweichungen höherer Ordnung. "Hierbei handelt es sich um solche Teilabweichungen, deren Höhe durch mindestens zwei Kosteneinflußgrößen mit jeweils unterschiedlichen Soll- und Istausprägungen determiniert wird."[328] Anders als Abweichungen 1. Ordnung resultieren sie nicht allein aus der Änderung einer Einflußgröße und sind nicht Verantwortungsbereichen gemäß dem Verursachungsprinzip eindeutig zurechenbar.

In der Praxis behilft man sich zumeist mit Verfahren, bei denen die Abweichungen höherer Ordnung entweder gar nicht (alternative Abweichungsanalyse), aggregiert (kumulative, symmetrische oder selektive Abweichungsanalyse) oder getrennt (z.B. differenziert-kumulative Abweichungsanalyse) ausgewiesen werden.[329] Mittels dieser Methoden, auf die an späterer Stelle intensiv eingegangen wird,[330] wird es möglich, den angenommenen Haupteinflußfaktoren, sofern sie auch in der Kostenplanung berücksichtigt wurden, die Abweichungen 1. Ordnung exakt (bei der differenziert-kumulativen Abweichungsanalyse) bzw. näherungsweise (bei den sonstigen nicht differenzierenden Methoden) zuzurechnen.

Mit der Ermittlung der Haupteinflußfaktoren und der Zurechnung der jeweiligen wertmäßigen Abweichungsanteile ist die Ursachenanalyse jedoch nicht abgeschlossen; denn gemäß der prozeßorientierten, ganzheitlichen Sichtweise der Logistik erfordert ein "Cost Coursing" die *segmentübergreifende Rückverfolgung* auf ihre tatsächlichen Ursachen.

So mag bspw. ein gestiegener Beschäftigungsgrad der Haupt-Cost-Driver des betrachteten Segmentes sein, jedoch kann die Ursache für den Beschäftigungsanstieg und den damit bedingten Kostenanstieg auf Entscheidungen (bzw. ein Fehlverhalten) eines anderen Segment-Managers zurückzuführen sein, der mit einer unplanmäßigen Änderung der Prozeßabläufe (bspw. durch Konsolidierungsmaßnahmen) sein Budget

---

326 Vgl. u.a. Treuz 1974, S.68; Teichmann 1989, S.107f.
327 "Eine Verteilung dieser Abweichungen nach dem Verursachungsprinzip ist nicht möglich." (Kilger 1988, S.171).
328 Kloock 1990, S.10.
329 Vgl. dazu Kloock 1990, S.8ff.
330 Vgl. dazu Kap. D.4.1.

zwar verbessert aber eine erhöhte Beschäftigung und damit eine Erhöhung der beschäftigungsabhängigen Kosten im betrachteten Segment verursacht hat.

Die Frage, wie umfassend schlußendlich die Ursachenanalyse sein soll, ist geprägt von Wirtschaftlichkeitsüberlegungen[331] und läßt sich nur im Kontext der technologischen, informationstechnischen, personalen etc. Rahmenbedingungen der jeweiligen Unternehmungen beantworten. An dieser Stelle sollen deswegen nur grundsätzliche Überlegungen dazu angestellt werden:

Grundsätzlich sollten tiefergehende Ursachenanalysen ausgelöst werden, wenn signifikante Abweichungen bei den standardmäßig erfaßten "Performance Standards" festgestellt werden, und zwar unabhängig davon, ob es sich um Kosten-, Beschäftigungs- oder um Lieferserviceabweichungen handelt. Hierbei kann eine bestimmte (absolute oder relative) Abweichungshöhe das auslösende Element darstellen.

Hilfreich ist in diesem Zusammenhang die Unterscheidung zwischen *zufallsbedingten, unkontrollierbaren* und *handlungsbedingten, kontrollierbaren Abweichungen*[332],[333].

Von ersteren nimmt man an, daß sie im Zeitablauf um einen bestimmten Mittelwert schwanken bzw. daß sie nicht durch Maßnahmen der Führung beeinflußbar sind, so daß für sie eine in die Tiefe gehende und aufwendige Auswertung nicht notwendig bzw. nicht lohnenswert sind.[334] Beispiele dafür sind etwa saisonale Preisschwankungen bei Faktoreinsatzgütern (Kraftstoffe, Schmierstoffe etc.) oder unvorhersehbare Streiks, Unwetter etc..

Handlungsbedingte bzw. kontrollierbare Abweichungen hingegen können auf Planungs- oder auf Verfahrensfehler im betrachteten Bereich oder in verflochtenen Segmenten hinweisen und sollten deswegen eingehend analysiert werden, da aus ihnen mögliche Gegensteuerungsmaßnahmen während der Budgetperiode oder für die Folgeperiode ableitbar sind.[335] "Variance cause identification is important because the decision maker's understanding of the cause of the variance will determine the nature of corrective action to be taken."[336]

---

331 Vgl. Teichmann 1989, S.108ff.
332 Vgl. Teichmann 1989, S.109f.; Schulz 1991, S.10ff.
333 Von kontrollbedingten Abweichungen, die durch die Wahl unterschiedlicher Analyseverfahren unterschiedlich hoch ermittelt werden, soll hier zunächst abstrahiert werden; vgl. dazu eingehend die Ausführungen in Kap. D.4.1.
334 "It is inefficient to report cost information to a manager who has no control over those costs." (Ernst & Whinney 1983, S.115).
335 Vgl. u.a. Ballou 1985, S.550; Siegwart, Raas 1991, S.174f.
336 Novack 1989, S.15.

Allerdings muß bei dieser Art der abweichungsbedingten Ursachenanalyse stets geprüft werden, inwieweit diese detaillierten Informationen aus den Logistiksegmenten den dafür notwendigen Planungs- und Kontrollaufwand rechtfertigen.

Beispielsweise können Informationen aus der Ursachenanalyse stark an Bedeutung verlieren, wenn das Leistungsprogramm weitgehend automatisiert und standardisiert bzw. die Kosteneinflußgrößen weitgehend unbeeinflußbar sind und damit fixe Größen der logistischen Planung darstellen.

Auch hier spielt die Aktualität der Analyseergebnisse eine entscheidende Rolle, die insbesondere für das übergeordnete Logistik-Management zu einem zeitkritischen Faktor wird, wenn von ihm (z.B. bei einem "Leistungsausfall" eines Logistiksegmentes) ein segmentübergreifendes und sofortiges Gegensteuern erfordert wird.

Auf jeden Fall läßt sich davon ausgehen, daß aus Wirtschaftlichkeitsüberlegungen in der Praxis nicht sämtliche sondern nur eine begrenzte Anzahl von Einflußfaktoren explizit in der Budgetkontrolle bzw. Abweichungsanalyse herangezogen wird. Insbesondere bei einer Kostenanalyse lassen sich deshalb nicht alle Unwirtschaftlichkeiten - sie werden in der Kostenrechnungsliteratur auch *Verbrauchsabweichung* genannt - herauskristallisieren, denn es verbergen sich dahinter vielmehr noch einige Restabweichungen aus nicht berücksichtigten Kosteneinflußfaktoren. "Nur wenn alle wesentlichen Kostenbestimmungsfaktoren vorher als Abweichungen isoliert worden sind, bildet die zuletzt ermittelte "Verbrauchsabweichung" einen Maßstab für die innerbetriebliche Wirtschaftlichkeit einer Kostenstelle. Vernachlässigt man dagegen wesentliche Kostenbestimmungsfaktoren, so wird die Verbrauchsabweichung zu einer undurchsichtigen "Restabweichung", in der sich die Einflüsse der innerbetrieblichen Unwirtschaftlichkeiten und die der vernachlässigten Kostenbestimmungsfaktoren mischen."[337]

Dieser Aspekt ist vor allem von Bedeutung für eine sich an die sachbezogene Ursachenanalyse anschließende personenbezogene Leistungsbeurteilung der jeweiligen logistischen Bereichs-Manager.

---

337 Kilger 1988, S.174.

4.2.2.2. Personenbezogener Teilaspekt: Leistungsbeurteilung und Gestaltung der Anreizsysteme

Ohne Zweifel erfüllen die Ergebnisse des Soll-Ist-Vergleiches und die der sach-bezogenen Ursachenanalyse eine Maßstabsfunktion, indem sie anzeigen, ob die Budgetvorgaben über- oder unterschritten wurden und welche sachlogischen Gründe für die realisierten Handlungsergebnisse vorliegen.

Fraglich ist nur, ob der Grad der Budgeterfüllung auch als Grundlage für die Leistungsbeurteilung eines Segment-Managers und ein darauf ansetzendes Anreizsystem (z.B. in Form von Prämien, Anerkennungen, verbesserten Aufstiegschancen, erhöhter Arbeitsplatzsicherheit etc.)[338] Verwendung finden kann. Denn die mit der Leistungsbeurteilung und Anreizschaffung intendierte Motivationssteigerung[339] ist nur dann gegeben, wenn die Führungskraft davon überzeugt ist, daß ihre spezifische Budgetvorgaben auch einen *objektiven Leistungsmaßstab* darstellen.

(1) Dies setzt zunächst voraus, daß jeder spezielle Budgetwert entsprechend solchen situativen Veränderungen korrigiert wird, die in der Budgetperiode eingetreten sind und für die der jeweilige Budgetverantwortliche nicht verantwortlich ist (zufallsbedingte bzw. unkontrollierbare Veränderungen). Denn niemand kann für Sachverhalte zur Verantwortung gezogen werden, die er mangels Kompetenz nicht beeinflussen kann.[340]

Daß die Identifizierung von Teilursachen generell schwierig und eine exakte Kosten-zurechenbarkeit nicht immer möglich ist, wurde bereits im Rahmen der sachbezogenen Abweichungsanalyse deutlich gemacht. Das gleiche kann man für die Identifizierung beeinflußbarer Kosten annehmen.[341]
Denn nicht beeinflußbare Positionen wie z.B. erhöhte Faktorpreise oder gesunkene Kundenauftragseingänge lassen sich zwar noch relativ einfach identifizieren; schwierig wird es jedoch dabei, den Grad der Beeinflußbarkeit der verbleibenden Restpositionen festzustellen. Dies liegt daran, daß in der Regel keine monokausalen Zusam-

---

338 Bei den hierbei gewährten Anreizen handelt es sich um "extrinsische Anreize"; vgl. dazu u.a. Höller 1978, S.199ff.; Eisenführ 1992, Sp.369.

339 "... the major motivational potential of budgets lies in the rewards ... that are seen to follow from budget attainment." (Emmanuel, Otley, Merchant 1990, S.175).

340 Vgl. u.a. Spiegel 1975, S.160; Eisenführ 1992, Sp. 371.

341 "Praktisch bringt diese Unterscheidung (von beeinflußbaren und nicht beeinflußbaren Größen; Anm. d. Verf.) allerdings erhebliche Wertungsprobleme mit sich. Obgleich eine möglichst genaue Lösung unter Motivations- und Koordinationsgesichtspunkten wichtig wäre, wird man sich mit näherungsweisen Zuordnungen begnügen müssen." (Köhler 1988, S.167).

menhänge vorliegen, sondern interdependente Einflußfaktoren auf die Höhe der Budgetpositionen einwirken.[342]

Insbesondere für die Beurteilung von Managern stark untereinander verflochtener Logistiksegmente dürfte die exakte Extrahierung der von ihnen beeinflußten, "assignable" Auftragsabwicklungskosten schwierig sein. Zu leicht wird bei der Kostenstellenrechnung der Ort der ausgewiesenen Kostenüberschreitung ("accounting entity") dem Verursacher gleichgesetzt, ohne die Möglichkeit zu berücksichtigen, daß der eigentliche Fehler bereits vorher in einem anderen, interdependent verflochtenen Logistiksegment verursacht wurde, sich aber nicht dort budgetmäßig auswirkt.

(2) Zudem bleiben sämtliche sich im Budgetzeitraum wertmäßig nicht niederschlagenden Aktivitäten unberücksichtigt und verhindern somit, daß z.B. langfristig funktionale Verhaltensweisen, wie etwa die Substitution hoher kapazitiver Fixkosten durch variable Kosten, in die positive Leistungsbeurteilung mit einfließen.[343] "For example, the functional executive may achieve cost minimation by substituting increased variable costs ... for more than proportionate reductions in common fixed costs. No benefit is passed to the segments as a result of the trade off ..."[344]

(3) Jenseits der Frage, wie exakt die Ursachen realisierter Handlungsergebnisse auf die einzelnen Budgetverantwortlichen zurückführbar und wie die Probleme sachlicher und zeitlicher Interdependenzen lösbar sind,[345] muß man sich klar sein, daß diese Maßstäbe nur einen Teilbereich der Gesamtleistung einer Führungskraft erfassen.[346]

Sie erfassen nicht das Spektrum positiver/negativer Verhaltensweisen, die nicht quantifizierbar oder kontrollierbar sind und die möglicherweise kurzfristig keine monetär erfaßbaren Auswirkungen haben, die aber von strategischer Bedeutung sind. "Evidently accounting information has only a partial role to play in the process of overall organizational control, and must be supplemented by other information systems."[347] Dieser Umstand wird besonders problematisch, wenn man die Vagheit vieler strategisch motivierter Zielformulierungen (wie etwa "Berücksichtigung von Extra-Wünschen von Key-Accounts", "Sicherung eines gepflegten Erscheinungsbildes nach außen" oder "Pflege eines positiven Arbeitsklimas" etc.) berücksichtigt, de-

---

342 Vgl. Posselt 1986, S.139f.; Muff 1991, S.176.
343 Vgl. Mintzberg 1979, S.424ff., der dies am Beispiel einer "social responsibility" zeigt.
344 Barrett 1982a, S.102.
345 Hierbei handelt es sich lediglich um rechentechnische Probleme.
346 Vgl. Dreger 1985, S.86f.
347 Emmanuel, Otley, Merchant 1990, S.185.

ren Zielerreichung schwer meßbar ist, deren Verfolgung allerdings mit höheren Kosten verbunden ist.[348]

Deswegen darf die Bedeutung der aus den Budgetkontrollen gewonnenen Informationen nicht überbetont werden, da ansonsten mit gravierenden negativen Konsequenzen zu rechnen ist.[349] Werden nur diese zur Leistungsbeurteilung herangezogen und bilden sie die ausschließliche Grundlage für die Gewährleistung extrinsischer Anreize, so versucht zwangsläufig jeder Budgetverantwortliche, sich an diesen Kriterien auszurichten und seinen Bereich im Sinne der Beurteilungskriterien gut darzustellen, ungeachtet der Konsequenzen für die gesamte Logistikkette.

Trotz der geäußerten Bedenken und trotz der in der Budgetierungsliteratur zuweilen vorzufindenden völligen Ablehnung der Verknüpfung von Budgetkontrolle und Leistungsbeurteilung[350] ist deren generelle Trennung im Rahmen einer logistischen Budgetierung nicht zu befürworten.[351]

Denn das würde einen bewußten Verzicht auf diejenigen positiven Verhaltenswirkungen bedeuten, die sich erwartungsgemäß mit der Verknüpfung ergeben.
Zum einen fördert die Existenz von Kontrollen und deren Verwendung zur Leistungsbeurteilung die Bemühung, die Budgets realistisch zu planen und in der Budgetperiode auch einzuhalten und damit eine funktionale Verhaltensweise.[352] "Die Prämierung von Kostenabweichungen führt auf jedem Fall zu einer Intensivierung des Kostendenkens und zu dem verstärkten Bemühen, Abweichungen zu vermeiden."[353] Zum anderen ist unbestreitbar, daß von in Aussicht gestellten Belohnungen starke Leistungsanreize ausgehen, so daß die Überlegungen angestellt werden sollten, wie die damit verbundenen motivationalen Vorteile genutzt werden können, ohne daß gleichzeitg Bereichspartikularismus und ein "Auseinanderdriften der Logistiksegmente entlang der Logistikkette" gefördert wird.

Eine logistisch sinnvolle Gestaltungsmöglichkeit stellt die Etablierung eines solchen Anreizsystems dar, das die Gewährung von Prämien, Anerkennungen etc. nicht an

---

348 Vgl. Grebenc 1986, S.62.
349 Dies haben z.B. die negativen Erfahrungen mit dem RoI-Konzept als zentraler Leistungsgröße bei Profit-Centers nachhaltig bestätigt; vgl. dazu Welge 1988, S.310ff.; Horváth 1990, S.511ff.
350 "Alles spricht dafür, disfunktionalem Verhalten durch eine strikte Trennung von Zielerrechungs- und Beurteilungszweck vorzubeugen ..." (Siegwart, Menzel 1978, S.232); vgl. ähnlich Spiegel 1975, S.159ff.
351 Vgl. ebenso Hofstede 1970, S.258; Bamberger 1971, S.57; Grimmer 1980, S.160ff.; Posselt 1986, S.138; Emmanuel, Otley, Merchant 1990, S.175.
352 Dieser Sachverhalt wird auch als Präventivfunktion von Kontrollen bezeichnet; vgl. Höller 1978, S.179; Posselt 1986, S.138f.; Eisenführ 1992, Sp.365.
353 Kilger 1988, S.183.

die Erreichung segmentbezogener Ziele sondern an die Erfüllung gesamtlogistischer bzw. *segmentübergreifender Logistikziele* knüpft.[354]

So sollten solche Logistiksegmente, zwischen denen starke innerbetriebliche Leistungsverflechtungen bestehen, oder solche, die gemeinsam um eine knappe Ressource konkurrieren, bei der Prämiengestaltung zusammengefaßt und jeweils als gemeinsame *"Incentive Centers"* definiert werden.

Dies hat zur Folge, daß aufgrund der Zusammenfassung vieler sachlicher Interdependenzen in einer Einheit ein Großteil der beeinflußbaren Kosten sich diesen "Incentives Centers" zuordnen läßt, so daß die *rechentechnische Komplexität der Anreizgestaltung* reduziert wird und weitestgehend nur noch die von der Logistik unbeeinflußbaren Positionen (Preise, Auftragseingang etc.) korrigiert werden müssen. Desweiteren wird dadurch gerade die optimale Abstimmung *zwischen* den Segmenten, also die optimale Nutzung einer gemeinsam beanspruchten Kapazität oder die flußgerechte Abstimmung der Leistungsprozesse, honoriert und prämiert und damit die Umsetzung des logistischen Gedankens an eine entsprechende Anreizgestaltung gekoppelt.

Allerdings sollte die Anreizgestaltung niemals losgelöst von der zu erfüllenden (insbesonderen qualitativen) Leistung in den Logistiksegmenten erfolgen, also z.B. die Gewährung von Prämien erst dann in Aussicht gestellt werden, wenn mit dem niedrigeren als geplanten Ressourcenverbrauch keine Unterschreitung des Soll-Lieferserviceniveaus einhergeht.[355]
Ebenfalls sollten die Anreizsysteme keinem Automatismus oder mathematischen Algorithmen folgen (wie etwa bei einer linearen Kopplung der Prämiensätze an ermittelte und korrigierte Budgetunterschreitungen), da sich sonst sämtliche rechentechnischen Mängel der Budgetierungstechnik in der Anreizermittlung niederschlagen und zukünftige Dysfunktionalitäten auf Basis dieses Verfahrens wahrscheinlich werden.

---

354 Diese Überlegung entspricht der in Japan bereits seit längerem vorzufindenden Gestaltung der Lohn- und Prämiensysteme, nach denen japanische Arbeitnehmer als wesentlichen Teil der Entgeltleistung der Unternehmung einen gemeinsam in der Gruppe oder Team erwirtschafteten Bonus erhalten. Hierdurch werden kooperative Fähigkeiten und die Arbeit im Team (also Verhaltensweisen, die der logistischen Philosophie bzw. Kultur entsprechen) adäquat berücksichtigt; vgl. dazu Wilfert 1992, S.8; Pfeiffer, Weiß 1992, S.233ff.

355 Eine ähnliche Anbindung an quantitative und qualitative Leistungselemente fordert Wildemann für Entlohnungskonzepte bei Fertigungssegmenten; vgl. Wildemann o.J., S.239. Eckardstein ist sogar der Auffassung, daß die Erbringung zusätzlicher Leistungen nicht lediglich als "conditio sine qua non" in die Gestaltung der Lohnsysteme einfließen sollte, sondern direkt ein mehrdimensionales Prämienlohnsystem anzuwenden sei; vgl. Eckardstein 1986, S.254. In Anbetracht der Vielzahl und Vieldimensionalität zu erbringender logistischer Leistungen bezweifelt der Verfasser allerdings die Implementierbarkeit eines solchen logistischen Prämienlohnsystems.

Analog zu den Überlegungen zur Ermittlung der optimalen Bugethöhe ist deswegen zu empfehlen, den Prozeß der Leistungsbeurteilung und Anreizgestaltung nicht auf Basis irgenwelcher quantitativer Analysetechniken zu "*depolitisieren*", sondern ihn als "politischen Prozeß" zu betrachten und entsprechend handhaben. So läßt sich z.B. in "Budget Review Meetings" über die jeweilige Leistungseinschätzung der Budget-verantwortlichen diskutieren, Konflikte zwischen den "Parteien" offenlegen und mit diesen eine Prämiengestaltung ausdiskutieren.[356]

Damit fließen automatisch mehr, z.B. qualitative und sich der maschinellen Aufarbeitung entziehende Informationen in den Beurteilungsprozeß und führen zu einem gestiegenen Committement auf zentraler Management- und auf Segmentebene bzw. aktivieren Lernprozesse für zukünftige Budgetperioden.[357] Außerdem kann die Abgeltung zumeist pauschal erfolgen, ohne daß aufwendige und detaillierte Rechenarbeiten durchgeführt werden müssen.[358]

4.3. Abweichungsgesteuerte Revision der logistischen Budgets

Die bisherigen Gestaltungsüberlegungen galten der logistischen Budgetplanung und -kontrolle; hierbei wurden alternative Tätigkeiten des Setzens von Soll-Werten sowie alternative Formen des Soll-Ist-Vergleichs mit anschließender Ursachenanalyse diskutiert.

Fraglich ist nun, wie die während des Budgetierungsprozesses gewonnenen Informationen genutzt und für weitere Steuerungsaktivitäten umgesetzt werden sollen. Insbesondere interessiert die Frage, welche Maßnahmen eingeleitet werden sollen, wenn während der Realisationsphase auf Kontrollen hin festgestellt wird, daß die Arbeitsbedingungen, unter denen die Segment-Manager ihre jeweiligen Ziele zu verfolgen haben, sich verändert haben bzw. die logistischen Auftragsabwicklungsprozesse nicht mehr in den vorgegeben Bahnen verlaufen. "This step is important because the control process monitors changing conditions with the anticipation that corrective action might be needed to realign actual with planned performance."[359]

---

356 Vgl. ähnlich Eccles 1991, S.20f.

357 Analog argumentiert Delfmann im Zusammenhang mit der sach- und personenbezogenen Beurteilung von Abweichungen: "Abweichungen sind nicht von vornherein als negativ zu beurteilen. Vielmehr begünstigen sie den Beginn neuer Planungsprozesse und führen zur Aktivierung von Lernpotentialen. Die Kommunikation dieser Einschätzung ist für die Akzeptanz der Kontrolle im Unternehmen von großer Bedeutung." (Delfmann 1993, S.12).

358 Diese und ähnliche Überlegungen führen in der Praxis zu einem immer stärkeren Einsatz des betrieblichen Vorschlagswesen, das als Beitrag zur Erreichung von Kostenvorgaben pauschal prämiert wird, anstatt aufwendige ex-post-Rechnungen durchzuführen; vgl. Schulz 1991, S.175f.

359 Novack 1989, S.36; vgl. ebenso Ballou 1985, S.548.

4.3.1. Starre versus flexible logistische Budgetierung

Werden bei Kontrollen während der Realisationsphase Abweichungen bzw. suboptimale Zustände festgestellt, sind grundsätzlich zwei alternative Vorgehensweisen denkbar:

Das vorgegebene Budget bleibt verbindlich, währenddessen die Sach- und gegebenenfalls die Servicezielplanung solange einer Revision unterzogen wird, bis ein Einhalten der Kostenvorgaben gewährleistet ist, oder die geplanten Maßnahmen und das geplante jeweilige Lieferserviceniveau werden beibehalten, das dazugehörige Budget wird revidiert.[360]

(1) Die erste Variante beschreibt die Form *starrer Budgetierung* (bzw. fixer oder Etat-Logistik-Budgetierung).[361] Sie ist dadurch gekennzeichnet, daß auf der Grundlage des historischen Zahlenmaterials fixe Budgetziffern vorgegeben werden und während der Geltungsdauer der Budgets keine Anpassungen an veränderte Umweltsituationen erfolgen. Somit besitzt die starre Budgetierung den Charakter einer *Vorgaberechnung*.[362]

Für ihren Einsatz im Rahmen einer logistischen Budgetierung könnte sprechen, "daß nur im Periodenablauf konstant gehaltene Plandaten eine Kontroll- und Motivationsfunktion besitzen"[363] und daß logistische Budgets, deren Revidierbarkeit nicht von vornherein ausgeschlossen wird, weniger ernst genommen werden als starre Budgets.

Desweiteren könnte durch ein Festhalten an einmal gesetzten Kostenvorgaben ressourcenorientierten Logistikstrategien, bei denen die Einhaltung von Kostenzielen höchste Priorität genießt, Ausdruck verliehen werden; ein Argument, das auf den er-

---

360 "Corrective action can take the form of changing the standards for the output or changing the manner in which the activity operates ..." (Novack 1989, S.13).

361 Vgl. dazu Ernst & Whinney 1983, S.36f.; Pfohl, Hoffmann 1984, S.45; allgemein Pfohl 1981, S.197ff.; Welge 1985, S.396; Grebenc 1986, S.63.

362 Damit steht sie im Unterschied zur Plankostenrechnung, die lediglich eine *Planungsrechnung* ist, welche Informationen über kostenmäßige Konsequenzen alternativer Maßnahmenpläne liefert und damit ihre Erstellung unter Kostengesichtspunkten ermöglicht. Die Planungsrechnung wird erst dann zur Vorgaberechnung, wenn die prognostizierten Kostenwerte der verabschiedeten Maßnahmenpläne als *autorisierte Kostenvorgaben*, also als Budgets auf die betroffenen Segmente umgelegt werden. Zu den Merkmalen einer Plankostenrechung vgl. u.a. Kilger 1988, S.40ff.; Kloock, Sieben, Schildbach 1993, S.176ff.; Kloock 1993, Sp.2359ff.; zum Vergleich der Plankostenrechnung mit der Budgetierung vgl. Klotz 1986, S.249ff.

363 Welge 1985, S.396.

sten Blick für die Budgetierung von Logistiksegmente diesseits des (bzw. der) order-penetration-point(s) tauglich erscheint.[364]

Ein weiterer Vorteil liegt in der Einfachheit dieses Verfahrens, das zugleich einen geringen Planungsaufwand bedeutet und deswegen in der Logistikpraxis häufig angewandt wird.[365]

Doch sind starre Budgets ungeeignet zur Steuerung logistischer Segmente, denn eine solche Budgetierungsform korrespondiert sehr stark mit nicht mehr statthaften Vorstellungen einer "stabilen Umwelt". Im Kontext sich häufig ändernder Rahmenbedingungen und schwer prognostizierbarer Entwicklungen bedeuten sie aber ein möglicherweise "strategisch gefährliches" Festhalten an Kostenzielen und bewirken, daß etwa bei einem signifikanten Anstieg der Beschäftigung oder der Faktorpreise so viele Ressourcen in Anspruch genommen werden, daß mit den Restbeträgen eine Gewährleistung strategisch bedeutsamer Lieferserviceziele nicht mehr möglich ist.[366]

Diese Gefahr gilt nicht allein für direkt am Markt agierende Logistiksegmente, bei denen die Stabilitätshypothese wegen der hohen Kundenanbindung und der damit verbundenen hohen Dynamik der budgetrelevanten Einflußfaktoren auf jeden Fall unzutreffend ist. Sie gilt auch für auf interne Kunden ausgerichtete Logistiksegmente, denn selbst bei einer vollkommenen Emanzipation der Leistungserstellung von der aktuellen Kundenauftragslage (reines Push-Prinzip) können sich als konstant erachtete Rahmenbedingungen ändern, wie z.B. ein Lohnkosten- oder ein Zinsanstieg, und die Kostenstrukturen verschlechtern. Nimmt das jeweilige Segment-Management dann lieber die Verletzung von Sach- oder Servicezielen in Kauf als die Überschreitung der starren Budgetvorgaben, droht ein durch die zu knappen Ressourcen bedingter "Leistungsausfall" einer gesamten Kette interdependent verknüpfter Logistiksegmente mit der Folge von Ablaufstockungen und -stillständen und damit einer Verletzung logistischer Formal- und Sachziele.

Starre logistische Budgets verfehlen also nahezu zwangsläufig ihre Kontroll- und Koordinationsfunktion. "If the acutal level of activity turns out to be different from that underlying the fixed budget, the performance reports, of course, become less ef-

---

364 Jung faßt den Zusammenhang, daß Maßnahmenpläne den Restriktionen der Budgetvorgaben untergeordnet werden, durch die Formel: Aktionsplan = f (Budget) zusammen; vgl. Jung 1985, S.69f.

365 75% der von Ernst & Whinney befragten Unternehmungen praktizieren noch das Verfahren der starren Logistik-Budgetierung; vgl. Ernst & Whinney 1983, S.XXI.

366 Vgl. Lochthowe 1990, S.280.

fective. ... This tendency to obscure critical performance deviations, when the actual volume varies from plan, is a major deficiency."[367]

Auch die motivatorische Funktion starrer Budgets muß stark angezweifelt werden, zumindestens dann, wenn ungünstige situative Einflüsse den Schwierigkeitsgrad der Budgetvorgabe so anheben, daß trotz gesteigerter Anstrengung ein Erreichen der Kostenvorgaben unmöglich erscheint. Erwartungsgemäß wird (ähnlich wie beim so-genannten "Entmutigungspunkt" der Anspruchsniveautheorie[368]) ein Gefühl der Resignation aufkommen, und die Vorgaben werden als ungerecht empfunden, wobei die Anstrengungen aufgrund mangelnder Budgetakzeptanz eher reduziert bzw. Dysfunktionalitäten hervorgerufen werden.[369]

(2) Eine zur starren Budgetierung alternative Form beschreibt die *flexible Budgetierung*. Sie beinhaltet eine rollierende Anpassung der Vorgabedaten an veränderte Planannahmen und zeichnet sich durch eine kontinuierliche Kontrolle der ihr zugrundliegenden Prämissen aus.[370] Die Aufgaben der rollierenden Planung sind die laufende Aktualisierung der in der Jahresbudgetierung starr vorgegebenen Planungsprämissen sowie die Darstellung der Auswirkung von festgestellten Abweichungen auf die Führungsgrößen für die jeweils folgenden Teilperioden innerhalb des Betrachtungszeitraums.[371]

Hinsichtlich der Flexibilität von Budgets lassen sich durchaus graduelle Unterschiede feststellen, auch wenn in der Literatur zumeist keine weitere Differenzierung vorgenommen wird.[372]

In einer extremen Auffassung werden flexible Budgets bei *jeder* Änderung situativer und vom jeweiligen Segment-Manager nicht zu beeinflussender Bestimmungsfaktoren revidiert und gemäß dem Einwirken veränderter Kosteneinflußgrößen nach oben oder unten angepaßt. Dieses Verfahren entspricht dann einer *inkrementalen Budgetierung*, bei der die zu treffenden Maßnahmen ad-hoc budgetiert und bei entsprechendem Bedarf Budgetkorrekturen vorgenommen werden.[373]

---

367 Ernst & Whinney 1983, S.37; vgl. ebenso Wild 1974b, S.339; Grimmer 1980, S.148.
368 Vgl. dazu die Ausführungen in Kap. C.4.1.2.2.
369 "In derartigen Fällen würde das Budget zum Selbstzweck mit der Konsequenz, daß Fehlsteuerungen und Dysfunktionalitäten nahezu zwangsläufig zu erwarten sind." (Posselt 1986, S.125); vgl. ebenso Eisenführ 1992, S.371.
370 Vgl. u.a Pfohl, Hoffmann 1984, S.45; Wingefeld 1987, S.302.
371 Vgl. Pfohl 1981, S.200.
372 In der Logistikliteratur wird zumeist auf die Flexibilität hinsichtlich der Beschäftigung bzw. des 'activity level' hingewiesen; vgl. Ernst & Whinney 1983, S.37; Pfohl, Hoffmann 1984, S.45; Wingefeld 1987, S.302. Zur Kritik an der Dichotomisierung des Flexibilitätsgrades von Budgets vgl. Welge 1985, S.396; Klotz 1986, S.239f.
373 Vgl. Klotz 1986, S.240.

Der Vorteil dieser Gestaltungsform liegt zwar darin, daß die Erreichung von Sachzielen in den Segmenten nicht von solchen Formalzielrestriktionen behindert würde, auf deren Entstehung die jeweiligen Budgetverantwortlichen keinen Einfluß hatten. So könnte sich ein Segment-Manager trotz der Änderung budgetrelevanter Rahmenbedingungen bei der Planung konkreter Sachziele und Maßnahmenpläne ausschließlich an der "Marktsituation" und den vorhandenen "Marktchancen" orientieren und damit seine Auftragsabwicklungsaktivitäten konsequent auf eine *kundenorientierte* logistische Leistungserstellung ausrichten.

Nachteilig hingegen ist bei der flexiblen logistischen Budgetierung dieser extremen Form, daß bei einer Änderung einzelner Budgets aufgrund der Interdependenzen der logistischen Teilbudgets untereinander das gesamte Budgetsystem geändert werden müßte, was einen umfangreichen und häufig unwirtschaftlichen Koordinationsprozeß auslösen würde.[374] Darüber hinaus müßten auch segmentintern ständige Abstimmungen zwischen den einzelnen (bspw. nach Transfer- und Transformationsprozessen gegliederten) Budgetpositionen vollzogen werden.

Weiterhin würden die fortwährende Budgetmodifikationen negative Verhaltenswirkungen nach sich ziehen, da sie die Vorgaben unglaubwürdig machen und die Budgetverantwortlichen dazu verleiten, sich schon zu Periodenbeginn darauf einzustellen, daß später bei auftretenden Abweichungen das Budget jeweils korrigiert wird.[375]

Nicht zuletzt besteht die Gefahr, daß aufgrund der Häufigkeit einzuleitender Kontrollprozesse deren Qualität leidet bzw. daß sich aufgrund der begrenzten Zeit plan- oder rechentechnische Abstimmungsfehler einschleichen. So könnte sich bspw. am Ende der Periode aufgrund dieser Planungs- oder Rechenfehler erweisen, daß die ausgeschöpften und mehrfach geänderten Budgets das verfügbare Ressourcenpotential der Unternehmung überschritten und somit zu erheblichen Rentabilitäts- oder sogar Liquiditätsproblemen geführt haben.[376]

Eine völlige Anbindung flexibler logistischer Budgets an das Einwirken von solchen Kostenbestimmungsfaktoren, auf deren Ausprägung der jeweilige Budgetverantwortliche in der Budgetierungsperiode keinen Einfluß hatte, ist deswegen ab-

---

374 Vgl. u.a. Posselt 1986, S.125.
375 Vgl. Wild 1974b, S.339; Grimmer 1980, S.148.
376 Vgl. Jung 1985, S.69f.

zulehnen. Eine Budgetrevision sollt vielmehr nicht generell durchgeführt, sondern erst bei Veränderungen "kritischer Indikatorgrößen" eingeleitet werden.[377] Welche Indikatoren dafür geeignet sind bzw. wie sich die "Flexibilität" von logistischen Budgets inhaltlich gestaltet, soll im folgenden besprochen werden.

4.3.2. Festlegung der Indikatoren für eine Budgetrevision

Als Indikatoren für eine Budgetrevision könnten insbesondere (1) die Abweichungshöhe bei den Budgets oder (2) gravierende Änderungen der zugrundegelegten Beschäftigung, sowie (3) unvorhergesehene bzw. unbeeinflußbare Sondereinflüsse in Betracht gezogen werden.[378]

(1) Eine generelle Vornahme der Budgetrevision in Abhängigkeit von der *Kosten-Abweichungshöhe* (wie z.B. die automatische Budgetrevision bei einer 10%igen Überschreitung der Soll-Auftragsabwicklungskosten) ist abzulehnen, da sie nicht die Gründe hinterfragt, die zur Kosten-Abweichung geführt haben.[379] Eine solche Regelung würde dazu führen, daß die jeweiligen Segment-Manager ihrer Budgetvorgaben nur genügend überschreiten müßten, um in den "Genuß" eines neuen Budget mit einem geringeren Schwierigkeitsgrad zu kommen.[380]

Eine Beschränkung der Revisionsüberlegungen auf *unbeeinflußbare Abweichungsursachen* würde zwar verhindern, daß sämtliche Arten potentieller Dysfunktionalitäten und Unwirtschaftlichkeiten den Anpassungsprozeß beeinflußten, doch bleibt auch eine auf dieser Unterscheidung basierende Regelung problematisch. Denn der Grad der Beeinflußbarkeit ist - wie oben bereits verdeutlicht[381] - keineswegs dichotomisierbar, so daß im Rahmen der Budgetanpassungsverhandlungen erwartungsgemäß Konflikte darüber entstehen, was vermeidbar und was unvermeidbar gewesen war. "Ein Budgetverantwortlicher wird jede ungünstige Abweichung als unvermeidbar darstellen, weil er nichts zu verlieren hat und nur gewinnen kann."[382]

377　Hiervon sprechen auch Welge und Klotz, wobei sie allerdings offenlassen, wie der von ihnen propagierte "Mittelweg" inhaltlich gestaltet sein sollte; vgl. Welge 1985, S.396; Klotz 1986, S.240.

378　Vgl. Posselt 1986, S.126.

379　So schlägt bspw. Barzen die Festlegung von Budget-Toleranzen vor, jenseits derer automatisch eine Budgetrevision zu erfolgen habe; vgl. Barzen 1990, S.72ff.

380　Vgl. zu dieser Kritik u.a. Veit 1974, S.180f.

381　Vgl. Kap. C.4.2.2.2.

382　Posselt 1986, S.126.

Deswegen ist diese Art der kostenabweichungsgesteuerten Regelung nicht geeignet für Budgetrevisionen, da sie höchstens in solchen Logistiksegmenten sinnvoll einsetzbar wäre, in denen der Budgetverantwortliche nur über geringe Einflußmöglichkeiten auf die Budgetentwicklung verfügt.

(2) Eine Alternative zur abweichungsgesteuerten Budgetrevision stellt eine Regelung dar, bei der Budgetrevisionen durch *Änderungen* der *"Beschäftigung"*, der *"Bezugsgrößenmenge"* bzw. des *"activity level"*, die als Plangrößen der Budgetplanung explizit zugrunde gelegt wurden, ausgelöst werden.[383]
Hierbei sollen bereits zum Zeitpunkt der Budgeterstellung Budgetvorgaben (im Sinne von Eventualbudgets[384]) für verschiedene Beschäftigungsniveaus festgelegt werden und während der Budgetierungsperiode automatisch an veränderte Beschäftigungssituationen angepaßt werden. "Thus, they can be adjusted easily for activity level changes. This capability allows managers to answer the question, 'What should our cost be, given the actual volume level?'"[385]

Prinzipiell erscheint diese Form variabler Kostenvorgabe besonders sinnvoll für Logistiksegmente, deren Leistungsvolumen aufgrund der (teilweisen oder vollständigen) Verfolgung von *Pull-Strategien* von der Quantität eingehender Kundenaufträge abhängt. Somit können Prognosefehler hinsichtlich der Menge der zu erbringenden logistischen Leistungen, die aufgrund des schwer vorhersehbaren und ständig variierenden Kundenauftragseingangs häufig auftreten,[386] korrigiert werden. Dies führt dazu, daß nicht nur die Relevanz sondern auch die Akzeptanz dieses logistischen Controlling-Instrumentes gewährleistet wird.

Allerdings setzt dies voraus, daß eine Budgetierungstechnik zum Einsatz kommt, die eine Trennung von beschäftigungsabhängigen und -unabhängigen Auftragsabwicklungskosten vornimmt, und daß die jeweils zu erbringende quantitative Leistung bzw. die Bezugsgrößenmengen als Prämissen bei der Budgeterstellung explizit festgehalten wurden und so hinsichtlich ihrer Richtigkeit überprüft werden können.[387]

---

383 Vgl. Ernst & Whinney 1983, S.71f.; Pfohl, Hoffmann 1984, S.45; Wingefeld 1987, S.302.

384 Vgl. Eisenführ 1992, Sp.371.

385 Ernst & Whinney 1983, S.37.

386 Zu den Schwierigkeiten der Nachfrageprognose und den dabei zum Einsatz kommenden Prognosemethoden vgl. Gill 1985, S.441ff.

387 "The computation of a flexed budget, i.e., a budget which has been adjusted to reflect the actual activity level, requires that the statistics regarding actual operations be as detailed as those used to develop the original budget." (Ernst & Whinney 1983, S.71); vgl. ebenso Pfohl, Hoffmann 1984, S.45.

Desweiteren besteht aber auch bei dieser Form der flexiblen logistischen Budgetierung die Gefahr, daß Dysfunktionalitäten bzw. Unwirtschaftlichkeiten bei einem Beschäftigungsanstieg mit in die Budgeterhöhung einfließen können.

Denn würden bspw. in einem Logistiksegment, das vorwiegend externe Transporte zur Kundenbelieferung ausführt, die gefahrenen Tonnenkilometer als Bezugsgröße zur Quantifizierung der Transportleistung gewählt,[388] flössen bei einer undifferenzierten Ausgestaltung der Budgetierung automatisch sämtliche Fehlentscheidungen bei der Tourenplanung mit in das revidierte logistische Budget, weil sich diese in den gefahrenen Kilometern niederschlagen.

Ebenso könnten unplanmäßige Verfahrensänderungen bzw. logistisches Fehlverhalten in verflochtenen Logistiksegmenten die (in diesem Falle *segmentexterne*) Ursache für den Beschäftigungsanstieg im betrachteten Budgetbereich sein und gleichfalls eine automatische Korrektur der autorisierten Kostenvorgaben auslösen.

Deswegen ist im Unterschied zur Literatur *kein Automatismus bei der Budgetrevision* zu befürworten.

Entsprechend der prozeßorientierten, ganzheitlichen Perspektive der Logistik sollte eine Bewilligung der Budgeterhöhung (ebenso die Verordnung einer Budgetsenkung) erst nach einer segmentinternen und -übergreifenden Analyse der Ursachen für den Beschäfigungsanstieg/-rückgang bzw. erst nach der Korrektur der - aus der Sicht der gesamten Logistikkette - beeinflußbaren Abweichungselemente erfolgen.

(3) Sondereinflüsse auf die Budgetierung treten auf bei signifikanten Änderungen von externen, unbeeinflußbaren Größen, wie z.B. bei einem starken Anstieg von Güterbezugspreisen oder bei unvorhergesehenen Veränderungen von Rahmenbedingungen der Unternehmungsin- und -umwelt (Streik, Konkurs eines Logistikpartners, Brand etc.). Diese Sondereinflüsse weisen den Vorteil auf, daß sie sich weitestgehend der Beeinflußbarkeit durch die Logistiksegmente entziehen und somit zeitaufwendige Analysen vor der Revisionsentscheidung erübrigen.[389] Die notwendigen "Vorarbeiten" wären somit tendenziell weniger umfangreich.

Generell aber sollte eine logistische Budgetrevision nur *signifikanten Änderungen externer Rahmengrößen* vorbehalten bleiben, um die bei steigendem Detail-

---

388 Nach Weber ist diese Bezugsgröße in der Rechnungspraxis der Logistik weit verbreitet; vgl. Weber 1987, S.180; vgl. auch u.a. Karp 1980, S.216ff.

389 Ein möglicher Sonderfall besteht allerdings dann, wenn ein Segment-Manager bei der Fremdvergabe von logistischen Leistungen an einen Dienstleister, z.B. im Rahmen von Preisverhandlungen, Einfluß auf die Kosten der bezogenen Dienstleitungen nehmen kann.

lierheitsgrad immer stärker anwachsenden Informationsabstimmungs- und -auf-
bereitungskosten nicht ausufern zu lassen.

Ansonsten empfiehlt es sich, bei kleinen Prämissenabweichungen aufgetretene Budgetüberschreitungen zu tolerieren und das offizielle Budget nicht schriftlich zu revidieren, wobei die Budgetüberschreitungen faktisch aber ohne Konsequenzen bleiben.[390]

5. Struktur des logistischen Budgetsystems

Bezogen sich die bisherigen Ausführungen auf prozessuale Gestaltungsüberlegungen
im Rahmen der logistischen Budgetierung, gilt es nun, diese um strukturbezogene
Sachverhalte zu ergänzen, welche im folgenden unter der Bezeichnung "*logistisches
Budgetsystem*" zusammengefaßt werden.

Unter einem Budgetsystem versteht man "die übergeordnete Gesamtheit aufeinander
abgestimmter Budgets"[391], welche gekennzeichnet ist durch ihre *Systemstruktur*
bzw. durch die *Strukturbeziehungen der Teilbudgets* (Budgetsubsysteme) untereinander.[392]
Auf diese Strukturbeziehungen wird im folgenden kurz eingegangen.

5.1. Strukturbeziehungen der Budgetsubsysteme untereinander

Die logistische Prozeßkette ist geprägt durch vielfältige Interdependenzen zwischen
den einzelnen Wertschöpfungsgliedern, in denen Transfer- oder Transformationsprozesse zur Erzeugung betrieblicher Leistungen vollzogen werden. Dies
gilt insbesondere für die *Kosten*-Interdependenzen bzw. -Trade-Offs zwischen den
Prozeßgliedern, welche wiederum die Strukturbeziehungen innerhalb des logistische
Budgetsystems prägen.

---

390 Vgl. dazu allgemein Steiner 1975, S.337f.: "Einige große Unternehmen entwickeln sehr detaillierte Budgets für jede
     Sparte für jeden Monat eines Kalenderjahres, und diese Budgets werden während des Jahres nur bei wichtigen Änderun-
     gen in den Betriebsereignissen modifiziert. Die Überprüfung der Unternehmensvorgänge durch das Top Management
     basiert weniger auf dem Originalbudget, sondern auf dem Budget, wie es durch die effektiven Ereignisse modifiziert sein
     sollte. Auf diese Weise wird manchmal eine gegenüber dem Originalbudget bessere Leistung erwartet, und manchmal
     wird eine schlechtere Leistung ohne weiteres akzeptiert."

391 Horváth 1990, S.260; ebenso Göpfert 1993a, Sp.592.

392 Strukturbeziehungen zwischen Teilbudgets kennzeichnen den Sachverhalt, daß innerhalb des Budgetsystems Inter-
     dependenzen zwischen den Subsystemen bestehen; vgl. Kloock 1980, Sp.382.

Entscheidend für die Art und Intensität dieser Strukturbeziehungen ist die organisatorische Gestaltung der Logistiksegmente und die damit verbundene Begründung *segmentübergreifender Interdependenzen*. Denn auf die jeweiligen Organisationseinheiten werden die logistischen Budgets bezogen, um eine Übereinstimmung zwischen der Prozeß- bzw. Leistungserstellungsverantwortung und der Budgetverantwortung zu gewährleisten.

Hierzu sind im Zusammenhang mit den organisatorischen Implikationen unserer Logistik-Konzeption bereits umfangreiche Grundlagen bzw. "Vorarbeiten" geschaffen worden, die auch für die Struktur des logistischen Budgetsystems konstituierend sind.[393]

So findet man trotz der prozeßorientierten Strukturierung der logistischen Organisation und trotz der Entkopplung der einzelnen Organisationseinheiten durch begrenzte Pufferbildung weiterhin Logistiksegmente vor, deren Leistungserstellungsprozesse stark miteinander verflochten sind, die also durch *innerbetriebliche Leistungsverflechtungen* an den Schnittstellen zwischen den Segmenten gekennzeichnet sind.[394]

Bezogen auf deren Budgets bzw. auf die Wirkungsbeziehungen zwischen den Teilbudgets bedeuten diese Verflechtungen, daß Kostensenkungsmaßnahmen in einem vor- oder nachgelagerten Segment während der Budgetierungsperiode (wie z.B. Bestandssenkungen, Auftragsbündelungen, Beschaffungskonsolidierungen, Losgrößenerhöhungen etc.) Einfluß ausüben können auf die Art, Menge oder Intensität der jeweils zu vollziehenden Leistungserstellungsprozesse und damit auf die Kosten ihrer Abwicklung.

Budgetunterschreitungen in dem einen vor- oder nachgelagerten Verantwortungsbereich stehen dann also Budgetüberschreitungen in dem verflochtenen anderen Segment gegenüber.

Ebenso können trotz der angestrebten Kapazitätsentflechtung weiterhin *Ressourceninterdependenzen* zwischen den Logistiksegmenten bestehen. Diese liegen dann vor, wenn mehrere Verantwortungsbereiche eine knappe Ressource wie etwa einen gemeinsamen Fuhrpark, eine gemeisame Großrechenanlage, einen externen Berater etc. zusammen nutzen.

Bezogen auf deren Budgets bzw. auf die Wirkungsbeziehungen zwischen den Teilbudgets bedeuten diese Ressourceninterdependenzen, daß sich z.B. die Verrech-

---

393 Vgl. dazu die Ausführungen in Kap. B.4.2.
394 Vgl. u.a. Zäpfel 1989a, S.219f.; Frese o.J., S.171.

nungssätze der betreffenden Gemeinkosten ändern, wenn die gemeinsam genutzten Kapazitäten in der Budgetierungsperiode anders als geplant in Anspruch genommen werden; oder sie kann dazu führen, daß durch die ungeplante Änderung der Nutzungsanteile die Kosten eines, die knappe Ressource weniger in Anspruch nehmenden, Logistiksegmentes ansteigen, wenn es aufgrund der für ihn entstandenen Knappheitssituation bspw. logistische Fremdleistungen extern beziehen muß.

Die logistische Budgetierung wird also hinsichtlich ihrer Struktur und der Strukturbeziehungen der Teilbudgets untereinander weitestgehend von der aufbauorganisatorischen logistischen Strukturierung und der dadurch vollzogenen Aufteilung operativer und dispositiver Aufgaben bestimmt. Sie unterliegt damit Gestaltungsüberlegungen, die den eigentlichen Budgetierungsgestaltungsüberlegungen vorgelagert sind.

Dennoch besteht auch hinsichtlich der Struktur des logistischen Budgetsystems weiterhin ein eigenständiger Gestaltungsbedarf, der sich insbesondere auf das systematische Schließen der "Verantwortungslücken an den Interfaces" zwischen den Segmenten bezieht, für die sich bei Beibehaltung herkömmlicher und an den klassischen organisatorischen Funktionsbereichen ausgerichteter Budgetplanungs- und -kontrollmechanismen niemand verantwortlich fühlt.[395]

5.2. Gestaltung der Schnittstellen zwischen den Budgetbereichen

Budgetverschwendungen oder Verletzungen übergeordneter logistischer Kostenziele müssen nicht allein durch eine fehlerhafte Abstimmung der Interdependenzen zwischen den Logistiksegmenten oder durch Bereichspartikularismen bzw. Ressortegoismen hervorgerufen werden.[396]

Ein weiterer Grund kann darin liegen, daß *Verantwortungslücken* oder fehlerhaft gestaltete Informationsbeziehungen an den Schnittstellen zwischen den Budgetbereichen (sogenannte *"Schnittstellenfehler"*[397]) vorliegen, die diese separierenden Tendenzen unterstützen.[398] "Especially in the area of the material and goods flow,

---

395 Vgl. allgemein Fey 1989, S.237.
396 Solche dysfunktionalen Verhaltensweisen sind insbesondere durch den Einsatz einer entsprechenden *Budgetierungstechnik* erfaßbar zu machen, auf die wir im Kap. C.6. und im Teil D unserer Untersuchung eingehen werden.
397 Vgl. Solaro 1990, S.92.
398 Zu logistisch relevanten Schnittstellen allgemein vgl. Kummer 1992, S.120ff.

these interfaces tend to expand to interfaces areas where the controlled functions are often gaping far apart so that controlled gaps within the process are the result."[399]

In diesem Fall sind also strukturbezogene und nicht budgettechnische oder anwendungsbezogene Mängel die Ursache für suboptimale Verhaltensweisen im Rahmen der logistischen Budgetierung.

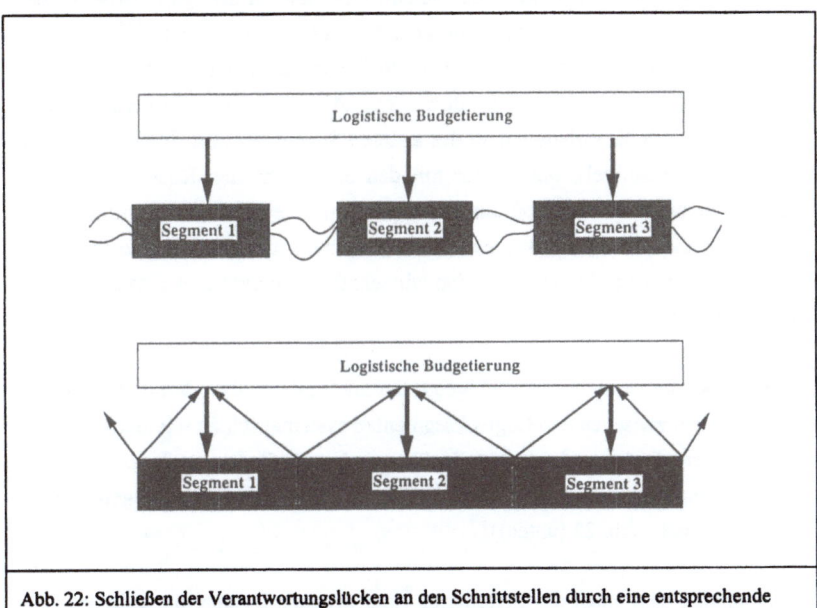

Abb. 22: Schließen der Verantwortungslücken an den Schnittstellen durch eine entsprechende Gestaltung des logistischen Budgetsystems (in Anlehnung an Fey 1989, S.238)

Verantwortungslücken an den Schnittstellen zwischen logistischen Budgetbereichen entstehen immer dann, wenn in der Budgetierungsperiode die Kosten logistischer Entscheidungen oder Maßnahmen *nicht erfaßt* oder keinem Verantwortungsbereich *eindeutig zugerechnet* werden. Sie sind in der Abb. 22 (oben) als Staustrecken zwischen den Budgetbereichen entlang des Materialflusses gekennzeichnet und bringen damit zum Ausdruck, daß durch einen lediglich fragmentarischen Einsatz der logistischen Budgetierung Ineffizienzen bei der Leistungserstellung begünstigt und damit Verletzungen übergeordneter Kostenziele hervorgerufen werden.

So ist bspw. ein in der Praxis häufig zu beobachtendes Phänomem, daß die Kosten der Zwischenlagerung von Gütern an der Grenze zwischen zwei verflochtenen (in "Kunden"-"Lieferanten"-Beziehung zueinanderstehenden) Verantwortungsbereichen

---

399   Berg 1984, S.425.

nicht erfaßt werden. Dies hat zur Folge, daß Kapazitätsauslastungsmaßnahmen vor-
gelagerter, "liefernder" Segmente (etwa durch Erhöhung der Fertigungslosgrößen)
oder Pufferbildungen nachgelagerter, "nachfragender" Segmente (etwa durch vorzeitige Erteilungen von Aufträgen an die liefernden Bereiche) segmentbezogene Kostensenkungen bewirken und als solche in den Budgets ausgewiesen werden, gleichzeitig aber hohe Kostenanstiege in der Schnittstelle bzw. in der "gap" zwischen den
Bereichen induzieren, für die keiner zur Verantwortung gezogen wird.[400]
Oder es nimmt ein Budgetbereich logistische Dienstleistungen von einem anderen
Bereich in Anspruch (wie etwa durch ein Abwickelnlassen interner Transportprozesse durch die Arbeitnehmer des anderen Segmentes oder durch das Auslei-
hen seiner Arbeitsmittel), ohne dafür mit den entsprechenden Kosten belastet zu
werden. Dies hat zur Folge, daß das in Anspruch nehmende Segment aufgrund der
Verantwortungslücke die logistische (Dienst-)Leistung nicht mehr als knappes Gut
empfindet und demzufolge nicht um den wirtschaftlich sinnvollsten Einsatz der Ressourcen bemüht sein muß.[401]

Die Aufgabe der strukturellen Budgetgestaltung besteht also darin, die Verantwortungslücken zwischen den Logistiksegmenten systematisch zu schließen, um eine
dem prozeßorientierten und schnittstellenüberwindenden Gedanken der Logistik entsprechende Segmentabstimmung durch den Einsatz der logistischen Budgetierung zu
ermöglichen (vgl. Abb. 22 (unten)).

Dies beinhaltet zum einen das Erfordernis einer genauen Beschreibung der im Rahmen der logistischen Wertschöpfung zu vollziehenden Aufgaben und deren eindeutigen Zuordnung zu Verantwortungsbereichen bzw. Verantwortungsträgern (*physische
Schnittstellenabstimmung*).[402]
Zum anderen muß eine exakte Abstimmung der die physischen Schnittstellenabstimmung ergänzenden *informationellen Schnittstellenabstimmung* erfolgen;[403]
diese soll durch die eindeutige Zuweisung der Kosten logistischer Entscheidungen
und Maßnahmen zu den budgetierten Verantwortungsbereichen erfolgen.[404]

---

400 Vgl. Berg 1984, S.426f.
401 Vgl. dazu Weber 1987, S.196ff.; ebenso Muff: "An dieser Stelle muß man ... daran erinnern, daß die Volkswirt-
schaftslehre überzeugend nachgewiesen hat, daß freie Güter stets verschwendet werden. Dies gilt sicher auch für den
Verbrauch der indirekten Leistungen im Unternehmen, wenn diese - aus Sicht des Leistungsabnehmers - zum Nulltarif
angeboten werden." (Muff 1991, S.188)
402 Diese Zuordnung, die bspw. regelt, *wer* für die Durchführung von internen Transportprozessen zwischen zwei Segmenten zuständig ist oder *wer* für die Bestände an den den Bereichsgrenzen verantwortlich ist, erfolgt in Stellen- oder Auf-
gabenbeschreibungen der Organisationsstrukturierung.
403 Vgl. allgemein Fey 1989, S.238.
404 Zur Frage nach der Höhe solcher Kosten, die schlußendlich eine *bewertungstechnische* Fragestellung ist (und damit zum
Problemkreis einer logistischen Budgetierungstechnik zählt), vgl. die Ausführungen in Kap. D.2.1.

Zum dritten müssen die Budgetinformationen der verschiedenen Logistiksegmente so gestaltet sein, daß das Verständnis, die Vergleichbarkeit, die Vernüpfbarkeit oder die Aggregation der ausgetauschten Kosteninformationen gewährleistet bleibt (wie etwa durch eine Einheitlichkeit der zugrundegelegten Kostenzurechnungsprinzipien und Kostengliederung, der Wertansätze, der Differenzierungstiefe etc.) und somit die Interfaces zwischen den verschiedenen Kostenzurechnungsbezirken wirklich eine "shared boundary defined by *common* ... interconnecting characteristics, signal characteristics and meanings of interchanges signals"[405] bilden.[406]

Zusammenfassend läßt sich festhalten, daß die organisatorische Gestaltung der Logistik, so wie sie im Kap. B.4.2. unserer Untersuchung dargestellt wurden, die Systemstruktur des logistischen Budgetsystems fixiert und damit die Strukturbeziehungen zwischen den Teilbudgets untereinander. Diese müssen durch eine entsprechende Gestaltung der Schnittstellen zwischen den Budgetsubsystemen untereinander abgestimmt werden und bilden damit den Rahmen für eine innerhalb dieser Strukturen zum Einsatz kommenden logistischen Budgetierungstechnik.

6. Logistische Budgetierungstechniken

Zur Unterstützung der Budgetplanung und -kontrolle lassen sich innerhalb des Budgetsystems verschiedene methodische und instrumentelle Hilfsmittel einsetzen; diese Methoden, Verfahren, Modelle etc. werden als zum Einsatz kommende *Budgetierungstechniken* bezeichnet.[407]

Im folgenden werden zunächst bestehende, in der Literatur vorgeschlagene bzw. in der Praxis zum Einsatz kommende, Budgetierungstechniken kritisch dargestellt und auf ihre Anwendbarkeit zur *logistischen Budgetierung* gemäß den oben dargestellten Budgetierungsfunktionen[408] bzw. den oben formulierten Gestaltungsanforderungen[409] hin untersucht.

Hierbei erfahren insbesondere die kostenanalytischen Verfahren der Grenzplankostenrechnung und der Prozeßkostenrechnung eingehende Untersuchungen. Bei ihnen wird anschließend deutlich gemacht, daß beide spezifische Vor- und Nachteile für logistische Budgetierungszwecke haben, daß aber eine konzeptionelle Zusam-

---

405   IBM Deutschland 1985, S.455 (im Original ohne Hervorhebungen).
406   Vgl. Solaro 1990, S.92.
407   Vgl. u.a. Petsch 1985, S.23ff.; Kleiner 1991, S.251; Troßmann 1992, S.516.
408   Vgl. dazu die Ausführungen in Kap. C.3.
409   Vgl. dazu die Ausführungen in Kap. C.4. und Kap. C.5.

menführung beider Rechnungssysteme viele der jeweiligen Schwächen des einen Systems beseitigt und somit ein wirkungsvoller Ansatz für eine logistikadäquate Budgetierungstechnik gefunden werden kann.

6.1. Zum Status Quo bestehender Budgetierungstechniken in Theorie und Praxis - Kritische Darstellung und Überprüfung der Übertragbarkeit auf die logistische Budgetierung

In der Theorie und in der Unternehmungspraxis existiert eine Vielzahl von Budgetierungstechniken, bei denen man im wesentlichen (1) *nicht-analytische*, (2) *wertanalytische* und (3) *kostenanalytische* Verfahren unterscheidet.

6.1.1. Nicht-analytische Budgetierungstechniken

Nicht-analytische Budgetierungstechniken sind dadurch gekennzeichnet, daß sie den Budgetbedarf *ohne* oder allenfalls nur durch eine *indirekte Bezugnahme* auf Leistungsmaßstäbe und Mengengerüste ermitteln.[410]

Hierzu sollen im folgenden drei Verfahren kurz dargestellt und auf ihre Tauglichkeit für eine logistische Budgetierung untersucht werden:

(1) Bei der *Zuschlagsbudgetierung* erfolgt ein Nebeneinander analytischer Planung von sog. "Basisbudgets" und nicht-analytischer Planung von Restkosten, die als feste prozentuale Bestandteile der Basisbudgets ermittelt und diesen zugeschlagen werden ("Zuschlagsbudgets").[411]
Hierbei orientieren sich die Basisbudgets zumeist an klassischen (Produkt-)Einzelkosten (Fertigungsmaterialbudget, Fertigungslohnbudget), während sich die Zuschlagssätze, die zur Berechnung der Gemeinkosten- bzw. Restkostenbudgets herangezogen werden, meist an den Kalkulationssätzen ausrichten, die im Rahmen der Zuschlagskalkulation zur Verrechnung der (Material-, Fertigungs- und Vertriebs-)gemeinkosten angewendet werden.[412]

So werden bspw. die Kosten beschaffungslogistischer (Transfer-)Aktivitäten als Zuschlag bezogen auf den Materialwert der beschafften Güter

---

410 Vgl. u.a. Renner 1991, S.79; Striening 1991, S.134.
411 Vgl. dazu u.a. Steiner 1975, S.331.
412 Zu den Merkmalen der Zuschlagskalkulation vgl. u.a. Kloock, Sieben, Schildbach 1993, S.139ff.

(Materialgemeinkostenzuschlag) umgelegt, während die Kosten produktionslo-
gistischer Transferprozesse als pauschale Umlage auf die Summe der Ferti-
gungseinzelkosten der hergestellten Güter budgetiert werden. Für die Kosten marke-
tinglogistischer Transferaktivitäten gilt analoges wie für die Kosten der Beschaffungs-Logistik; es erfolgt zumeist eine pauschale Verrechnung als Zuschlagssatz
(Vertriebsgemeinkosten), hier bezogen auf die Summe der Herstellkosten der Produkte.[413]

(2) Bei der Budgetierung nach der *"Umsatz-Prozent-Methode"* wird ein Teil des erwarteten Ressourcenbedarfs[414] als ein fester Prozentsatz des Umsatzes ermittelt,
wobei man entweder vom Umsatz der letzten Periode, von einem Mittelwert aus
mehreren vergangenen Perioden oder vom erwarteten Umsatz der kommenden Periode ausgeht. Zuweilen werden auch differenzierte Umsatzwerte (z.B. produkt-, pro-
duktgruppen- oder kundengruppenspezifische Umsatzwerte) als Bezugsgrößen der
Ressourcenplanung gewählt.[415]

(3) Bei der *Fortschreibungsbudgetierung* geht man vom Verbrauch der Vorperiode
aus, wobei die Vorjahresbudgets um die Inflationsrate und um die für geplante Vorhaben zusätzlich erwarteten Kosten erhöht werden. Nur den Veränderungen gegenüber dem Vorjahr wird Aufmerksamkeit zuteil, der größte Teil des Budget wird jedoch keiner neueren Prüfung unterzogen.[416] "Die Entscheidungen sind häufig Ad-
hoc-Entscheidungen und beruhen weniger auf einer langfristigen Planung. Der Prozeß selbst ist in starkem Maße durch Prozesse der sozialen Beeinflussung und kaum
durch die Anwendung analytischer Verfahren gekennzeichnet."[417]

Obwohl diese Budgetierungstechniken in der Unternehmungspraxis, insbesondere
bei der Budgetierung sogenannter "indirekter Tätigkeiten" wie F&E, Arbeitsvorbereitung, Qualitätssicherung, Lagern und Transport etc., eine breite Anwendung finden,[418] weisen sie schwerwiegende konzeptionelle Mängel auf und sind
deshalb für die Zwecke einer logistischen Budgetierung nicht anwendbar:

413 Vgl. u.a. Weber 1991a, S.177ff.; Pfohl, Hoffmann oder Shirley gehen sogar davon aus, daß sich die Höhe der jeweiligen
    logistischen Zuschläge vielfach nur nach dem Verhandlungsgeschick des jeweils betroffenen Management richtet; vgl.
    Shirley 1977, S.278; Pfohl, Hoffmann 1984, S.44.
414 Hierunter fallen i.d.R. die geplanten Kosten für die Durchführung von Transferprozessen, aber auch für administrative,
    im Zusammenhang mit dem Warenvertrieb anfallende, Kosten; vgl. Barzen 1990, S.50f.
415 Vgl. u.a. Martin 1983, S.168; Barzen 1990, S.175f.
416 Vgl. dazu Küpper 1991a, S.15f.
417 Kirsch, Bamberger, Gabele, Klein 1973, S.143.
418 Nach einer Untersuchung von Ernst & Whinney hinsichtlich der angewandten Kostenplanungstechniken für logistische
    Transfersysteme bzw. -prozesse wenden nahezu 75% der befragten Unternehmungen (140 Industrieunternehmungen aus
    19 unterschiedlichen Branchen) nicht-analytische Planungstechniken zur Ermittlung von Logistikbudgets an; vgl. Ernst
    & Whinney 1983, S.XXI. Diese Ergebnisse werden auch durch die empirischen Untersuchungen von Küpper, Hoffmann

So wird bei der Fortschreibungsbudgetierung unterstellt, daß das Mengengerüst der Kosten in den Budgetbereichen richtig dimensioniert bzw. zumindestens unveränderlich vorgegeben sei.

Hiervon kann allerdings für Logistiksegmente angesichts der Dynamik der Märkte, der sie ausgesetzt sind, nicht ausgegangen werden.[419] Eine logistische Fortschreibungsbudgetierung, die allenfalls nur neue Auftragsabwicklungsprozesse und neue logistische Aufgaben einer Prüfung unterzieht, bestehende Verfahren und Abläufe aber weder auf ihre Wirtschaftlichkeit noch auf ihre Notwendigkeit hin untersucht, führt somit zwangsläufig zu ständig steigenden Budgetansätzen. "Das Vorjahr als Maßstab ist jedoch eine Einbahnstraße. Die Kosten können nur steigen, da Änderungen der Leistungsmengen nicht bekannt sind bzw. geplant werden. Unwirtschaftlichkeiten werden übernommen, die Reduzierung der Leistungsanforderungen bleibt verborgen, Strukturveränderungen werden nicht berücksichtigt."[420]

Um einer solchen Tendenz entgegenzuwirken, wären aber auch (in der Praxis häufig zu beobachtende) pauschale, alle Logistiksegmente gleich betreffende Budgetkürzungen um "Rationalisierungsprozentsätze" ungeeignet.[421] Solche Pauschalkürzungen erbringen höchstens nur kurzfristig eine Verbesserung der Kostensituation. Die undifferenzierte Berücksichtigung unterschiedlicher Rationalisierungspotentiale in den Logistiksegmenten kann aber dazu führen, daß in den kommenden Perioden für die Durchführung wichtiger Aufgaben die Mittel fehlen und die Erfüllung strategisch bedeutsamer Leistungsziele nicht mehr gewährleistet werden kann. Beeinträchtigt eine solche Budgetkürzung bspw. die Funktionsfähigkeit direkt am Markt agierender Logistiksegmente, ist wegen ihrer unmittelbaren Kundenanbindung bereits kurzfristig ein Umsatzrückgang der Unternehmung und eine Verschlechterung der Gesamtergebnissituation gegenüber der Ausgangslage wahrscheinlich.

bestätigt, wobei nur bei 11,2% bzw. 28,1% der befragten Unternehmungen (168 Unternehmungen verschiedener Branchen) eine (lager- bzw. transport-)leistungsbezogene, analytische Logistik-Budgetierung erfolgt; vgl. Küpper, Hoffmann 1988, S.597f. Zur Budgetierung der Gemeinkosten im Rahmen der Produktion vgl. Renner 1991, S.109f.

419 Dies gilt insbesondere für Logistiksegmente, deren Leistungserstellung auf die explizite Berücksichtigung eingehender Kundenaufträge ausgerichtet ist. Ähnlich beurteilt Schmidt die Fortschreibungsbudgetierung für logistische Systeme allgemein: "Die Extrapolation von Vergangenheitswerten reicht bei immer dynamischer werdenden Umweltveränderungen nicht mehr aus, zukünftige Entwicklungen aktiv durch planerische Entscheidungen zu gestalten." (Schmidt 1987, S.252).

420 Lohmann 1992a, S.130.

421 Vgl. dazu Weber 1991a, S.42f., der seine Beobachtungen allerdings lediglich auf den klassisch-logistischen Objektbereich der Transfersysteme und -prozesse beschränkt.

Ebenso entsprechen die Annahmen, die der Zuschlagsbudgetierung oder der Budgetierung nach der "Umsatz-Prozent-Methode" zugrundeliegen, keineswegs der wirk-
lichen Kostenverursachung in den Logistiksegmenten.[422]

Bei ihnen besteht - wie folgendes (auf die Budgetierung eines Distributionsseg-
mentes bezogenes) Zitat verdeutlicht - allenfalls ein indirekter kausaler Zusammenhang zwischen dem Budgetbedarf und der jeweiligen Bezugsgröße, welche
in der Regel kein adäquates Maß für die logistische Leistung eines Subsystems darstellt und keinen Bezug zu den jeweiligen Organisationszielen herstellt. "Distribution
costs have usually been figured as a percentage of sales. ... In this situation, people
may expect the distribution managers to either hold that percentage or improve on it.
However, any number of things may have changed in business which can affect the
distribution costs. The distribution network may be handling a new product with different weight or cube. There may be a shift in sales from one geographic area to
another, or a change in customer service policies to require faster deliveries. ... Each
of these events has the potential to change distribution costs significantly. But the hi-
storical method for predicting distribution costs will not be able to predict these
changes."[423]

Durch den Einsatz solcher Verfahren "degeneriert" der Budgetierungsprozeß nur
noch zur jährlich wiederholten Gewohnheit mit der Folge ineffizienter Ressourcenallokationen und geringen Koordinationswirkungen für die Leistungserstellungsprozesse entlang der Logistikkette.[424]

Ebenso macht der inputorientierte Charakter dieser Budgetierungstechniken (vor allem der Fortschreibungsbudgetierung) eine Kontrolle der logistischen Kosten und
Leistungen nicht möglich. Sie operieren weitgehend auf der *Symptom-* und nicht auf
der *Ursachenebene*, denn Abweichungen werden nur bei Überschreitungen der für
die Budgetperiode fix festgelegten Beträge sichtbar und sind selbst dann nicht ursa-
chengerecht den Verantwortungsträgern zuzuordnen.[425]

Deswegen ist der Einsatz von Budgetierungstechniken notwendig, die den Ressourcenbedarf am geplanten *Output*, d.h. an den strategisch notwendigen quantitativen und qualitativen Leistungen, ausrichten und die einen effizienten Ressourceneinsatz gewährleisten, der auch bei Veränderungen der Umweltbedingungen
und damit bei Veränderungen des Bedarfs an Kapazitäten und Einsatzgütern über-
prüfbar bleibt.

---

422   Vgl. ähnlich kritisch Lohmann 1992a, S.131.
423   Martin 1983, S.168.
424   Vgl. Kirsch, Bamberger, Gabele, Klein 1973, S.143; Weber 1991a, S.52ff.
425   Vgl. dazu u.a. Krönung 1988, S.282.

"Die Kosten sollen nicht einfach Vergangenheitswerte sein, die man extrapoliert und um 5% erhöht und dann die neuen Budgets damit festlegt. Kostenbudgets sollen auch nicht einfach dadurch gemacht sein, daß man durch Rundumschlag auf die administrativen Budgets draufhaut und auf diese Weise eine Reduktion erzeugt. Die Kosten sollen aktivitäten-basiert geplant sein."[426]

Im folgenden soll das auf dem Verfahren der Wertanalyse basierende *"Zero-Base Budgeting"* untersucht werden, das in den 70er und 80er Jahren vor allem bei der Kostenplanung von Verwaltungsbereichen breite Anwendung gefunden hat und deren Bedeutung auch für die Logistik diskutiert wurde.[427]

6.1.2. Wertanalytische Budgetierungstechniken: "Zero-Base Budgeting"

Wertanalytische Budgetierungstechniken sind Planungs- und Analysetechniken mit dem Ziel, die in der Unternehmung verfügbaren strategischen Ressourcen wirtschaftlich einzusetzen und die Gemeinkosten zu senken.[428] Sie unterscheiden sich von anderen Budgetierungstechniken vor allem dadurch, daß man sich nicht auf Budgetwerte der Vergangenheit stützt, sondern die Budgets an konkrete Maßnahmen- und Leistungspläne koppelt, wobei jede Leistung danach beurteilt wird, welchen Beitrag sie zur Zielerreichung der Organisationseinheit bzw. der Gesamtunternehmung leistet und ob diese Leistung zu den geringsten Kosten erbracht wird (Kosten-Nutzen-Analyse).[429]

Das Zero-Base Budgeting (ZBB) als die wohl am häufigsten angewandte wertanalytische Budgetierungstechnik ist in seinem Ursprung eine kurzfristige, üblicherweise auf ein Jahr ausgerichtete, Budgetierungstechnik.[430] Die grundlegende Idee basiert auf der Vorstellung, eine Unternehmung quasi auf der "grünen Wiese" neu zu konzipieren. Die nicht unmittelbar mit der Outputerstellung verbundenen Leistungseinheiten werden hierbei von der Basis Null ausgehend mit jeweils neu zu begründenden Budgets versehen. Die Begründung der Budgetansätze erfolgt durch Zuweisung konkreter Maßnahmen- bzw. Leistungspakete an die Budgetempfänger. Somit wird die Notwendigkeit jeder einzelnen (sogenannten "indirekten") Leistung

426   Deyhle 1991, S.100.
427   Zum ZBB allgemein vgl. u.a. Pyhrr 1973; Meyer-Piening 1980, S.1277ff.; zur Anwendung für die Logistik vgl. Pfohl, Hoffmann 1984, S.45; Bowersox, Closs, Helferich 1986, S. 326; Reichmann o.J., S.166ff.
428   Zur Wertanalyse vgl. u.a. Jehle 1993, Sp.4647ff.
429   Vgl. Welge 1985, S.427; Klotz 1986, S.256.
430   Vgl. dazu die in Abb. 23 dargestellten Grundzüge.

grundsätzlich in Frage gestellt, während die Kosten nicht mehr benötigter Leistungen nicht ins Budget aufgenommen werden.

Zero-Base-Budgeting	
Ziel	fundierte outputorientierte Kostenbudgetierung :
Ansatzpunkt	– Ausgehen von einer Nullbasis – alle Kosten sind durch die erbrachte Leistung zu begründen – Bewertung der Leistung durch übergeordnete Bereiche
besondere Problematik	die Leistung (der Output) der Stellen ist nur hilfsweise meßbar
Lösungs-idee	es werden jeweils drei verschiedene Leistungsniveaus einer Stelle definiert, passende Verfahren zugeordnet und die erforderlichen Kosten berechnet; zu entscheiden ist dann über derartige Entscheidungspakete

Vorgehensweise des Zero-Base-Budgeting	1. Vorbereitungsphase
	   Präzisieren der Untersuchungsziele und Abgrenzen der zu bugetierenden Breiche
	2. Analysephase
	  2.1 Einteilen jedes Untersuchungsbereichs in Entscheidungseinheiten
	  2.2 Definieren von drei Leistungsniveaus je Entscheidungseinheit
	  2.3 Zuordnen je einer günstigen Verfahrensart für jedes Leistungsniveau
	  2.4 Zusammenfassen von Leistungsniveau, zugehörigem Verfahren und entstehenden Kosten zu einem Entscheidungspaket je Leistungs-niveau
	  2.5 schrittweises Bilden einer Rangordnung über die Entscheidungs-pakete in Abteilungen, Bereichen, Gesamtbetrieb
	  2.6 Entscheiden über die Realisierungsgrenze (Budgetschnitt)
	3. Realisierungsphase
	  3.1 Festlegen der zusätzlichen und der wegfallenden Maßnahmen im Vergleich zum bisherigen Zustand
	  3.2 Durchsetzen der Änderungen
	  3.3 Vorgabe der Budgets
	4. Überwachungsphase
	   ständiges Überwachen der Budgeterfüllung

Abb. 23:   Grundzüge des Zero-Base Budgeting (Quelle: Troßmann 1992, S.520)

Als Kernstück des ZBB kann die in der Analysephase vorzunehmende *Erarbeitung von Entscheidungspaketen* angesehen werden. Darunter wird ein Dokument verstanden, daß eine spezifische Aktivität so charakterisiert, daß eine Bewertung und ein Vergleich mit anderen Aktivitäten möglich ist, um anschließend eine Prioritätenliste für die Entscheidungseinheit aufstellen zu können. Um diese Vergleichbarkeit herzustellen, werden operative Ziele der zu budgetierenden Bereiche aus den übergeordneten Unternehmungszielen abgeleitet.[431]

---

431   Vgl. Klotz 1986, S.257f.

Um die Variabilität der Entscheidungspakete zu erhöhen, werden die einzelnen Aktivitäten mit *unterschiedlichen Leistungsniveaus* geplant, wobei vor allem unterschiedliche Ausprägungsformen der Leistungsquantität und -qualität unterschieden werden.[432] Bei der Festlegung des zu realisierenden Leistungsniveaus in den einzelnen Entscheidungseinheiten sind neben den Kosten für spezifische Leistungsniveaus die Grenznutzen der jeweiligen Leistungen zu ermitteln, bspw. anhand quantitativer und/oder qualitativer Bewertungskriterien. Hier können Kennzahlen, Nutzwertanalysen, Kosten-Nutzen-Analysen oder auch Delphi-Methoden zum Einsatz kommen.[433]

Bei der *Realisierung einzelner Leistungsniveaus*, also der Festlegung zusätzlicher oder wegfallender Maßnahmen im Vergleich zum bisherigen Zustand, werden zunächst die Mittel, die für eine Leistungseinheit bereitgestellt werden sollen, festgelegt. Aufgrund der in der Regel begrenzten Ressourcenausstattung der Unternehmung wird mit Hilfe eines "Budgetschnitts" nach der Rangordnung der Entscheidungspakete festgelegt, bis zu welchem Leistungsniveau Entscheidungspakete realisiert werden. Diese werden anschließend übernommen und entsprechend den Budgetbereichen vorgegeben.

Der Vorteil einer Übertragung des ZBB auf die Budgetierung von Logistiksegmenten ist die konsequente Anwendung des *Wirtschaftlichkeitsprinzips* auf den gesamten Prozeßablauf entlang der Wertschöpfungskette.[434] Durch die Kosten-Nutzen-Analyse jeder Tätigkeit kann deren Wirtschaftlichkeit quantifiziert werden und in Bezug zu der Wirtschaftlichkeit anderer Tätigkeiten gesetzt werden, so daß eine optimale Ressourcenallokation angestrebt werden kann. Die Arbeitsabläufe innerhalb der Logistiksegmente werden transparenter, redundante in verschiedenen Segmenten angesiedelte Tätigkeiten können wegfallen, oder es können durch eine verbesserte Verknüpfung der einzelnen Leistungserstellungsprozesse segmentübergreifende Verfahrensverbesserungen erzielt werden. Daneben verhindert Zukunftsorientierung dieses Verfahrens ein starres Fortschreiben von Zahlen ebenso wie ein unbedingtes Ausschöpfen eines einmal genehmigten Budgets.[435]

Dem Vorteil der größeren Leistungsorientierung steht aber der Nachteil starrer (statischer) Planung gegenüber, da innerhalb eines zu Beginn der Planungsperiode festgesetzten Situationsrahmens optimiert wird. Die Berücksichtigung gewandelter

---

432 Zum Begriff der quantitativen und qualitativen Leistung vgl. die Ausführungen in Kap. C.2.2.
433 Vgl. Meyer-Piening 1980, S.694f.
434 Zur Übertragung des ZBB auf die Logistik vgl. umfassend Reichmann o.J., S.167ff.
435 Vgl. Reichman o.J., S.177.

Umweltbedingungen, wie z.B. ein veränderter Kundenauftragseingang, veränderte Leistungsspezifikationen bzw. Nachfragepräferenzen seitens der Kunden etc., ist kurzfristig nicht möglich, ohne mit erheblichem Aufwand das gesamte System der Rangordnungen über die Leistungspakete, die zugehörigen Verfahrensarten und Kosten neu zu überarbeiten.[436]

Neben der *mangelnden Flexibilität* des Verfahrens (das den in Kap. C.4.3.2. aufgestellten Anforderungen an die Anpassungsfähigkeit logistischer Budgets an veränderte Rahmendaten entgegenstände) ist vor allem die Arbeitsbelastung und der hohe *Zeitaufwand* problematisch. So umfaßt die Implementierung des ZBB im Durchschnitt über zwei Jahre, die weitere Durchführung in der Regel mehrere Monate,[437] mit der Folge, daß höchstwahrscheinlich viele Annahmen, die der Ablaufplanung entlang der Logistikkette zugrundegelegt wurden, angesichts des Dynamik der Umweltbedingungen nicht mehr zutreffen. Insbesondere für die Budgetierung marktausgerichteter Logistiksegmente mit ihren wenig routinisierten und standardisierten Aufgaben ist diese Dauer zu lang.

Daneben ist auch mit erheblichen Widerständen und Ressentiments seitens der Segment-Manager zu rechnen, die nicht nur bei einer fehlerhaften Anwendung dieses formalisierten, statischen Verfahrens entstehen,[438] sondern die auch da herrühren, daß das ZBB trotz der stärkeren Maßnahmenorientierung primär dem Rationalisierungsgedanken verhaftet bleibt.[439]

Der Auffassung von PFOHL, HOFFMANN, die trotz der konzeptionellen Vorteile den Einsatz des ZBB als logistische Budgetierungstechnik wegen der ressourcenaufwendigen Schwerfälligkeit in der Praxis ablehnen und den Einsatz kostenanalytischer Verfahren befürworten, ist daher zuzustimmen.[440]

6.1.3. Budgetierungstechniken auf Basis analytischer Plankostenrechnungen

Grundsätzlich besteht bei Budgetierungstechniken auf Basis analytischer Plankostenrechnungen die Aufgabe der Kostenrechnung darin, ausgehend von einem aus der Maßnahmenplanung abgeleiteten Mengengerüst verantwortungsbereichsbezogen Kostenvorgaben zu ermitteln und im Rahmen der Kostenkontrolle die Ursachen für

436 Vgl. Pfohl, Hoffmann 1984, S.45.
437 Vgl. Meyer-Piening 1982, S.631.
438 Vgl. Reichmann o.J., S.177.
439 Vgl. Klotz 1986, S.261; Striening 1991, S.138.
440 Vgl. Pfohl, Hoffmann 1984, S.45; vgl. ebenso Welge, der lediglich einen sporadischen (z.B. alle 5 Jahre) Einsatz des ZBB zur Reallokation und Gemeinkostensenkung befürwortet; vgl. Welge 1985, S.429.

die realisierten Handlungsergebnisse, respektive die festgestellten Abweichungen zu ergründen.[441]

Im folgenden sollen drei in der Literatur intensiv diskutierte Plankostenrechnungskonzeptionen[442] vorgestellt und hinsichtlich ihrer Tauglichkeit für die Budgetierung logistischer Segmente untersucht werden, und zwar (1) die Plankostenrechnung auf Basis von *relativen Einzelkosten*[443], (2) die Plankostenrechnung auf Basis von *Grenzkosten*[444] und (3) die Plankostenrechnung auf der Basis von *Prozeßkosten*[445].

6.1.3.1. Budgetierung auf Basis einer relativen Einzelkostenrechnung

Bei der relativen Einzelkostenrechnung handelt es sich um eine Plankostenrechnung auf Basis von Teilkosten.

Dieser auf RIEBEL zurückgehende Ansatz beruht im wesentlichen auf dem *pagatorischen Kostenbegriff* und auf dem *Identitätsprinzip*, nach dem "... zwei Größen - seien es Geld- oder Mengengrößen -, z.B. Teilmengen von Kosten und Erlösen, einander oder einem Bezugsobjekt nur dann logisch zwingend gegenübergestellt werden, wenn sie auf einen gemeinsamen dispositiven Ursprung, also einen identischen Entscheidungszusammenhang zurückgehen."[446]

Ausgangspunkt für die Anwendung der relativen Einzelkostenrechnung sind also Entscheidungen als die eigentliche Ursachen der Kostenentstehung, die zugleich bestimmte andere Konsequenzen (Bezugsobjekte) zur Folge haben, wie etwa die Abwicklung eines Kundenauftrages, die Einstellung eines Mitarbeiters oder die Ausstattung eines Logistiksegmentes mit einer neuen Anlage.

---

441 Die Plankostenrechnung übernimmt im Prozeß der operativen Jahresplanung demnach eine zweifache Funktion: Als *Planungsrechnung* liefert sie Informationen über kostenmäßige Konsequenzen alternativer Maßnahmenpläne und ermöglicht damit deren Erstellung unter Berücksichtigung von Kostengesichtspunkten; als *Vorgaberechnung* bzw. als zum Einsatz kommende *Budgetierungstechnik* übernimmt sie die Bewertung der schlußendlich angestrebten Maßnahmen und die Ermittlung der verantwortungsbereichsbezogenen Plankosten; vgl. u.a. Klotz 1986, S.249; Kleiner 1991, S.251.

442 Vgl. im Überblick Kloock 1993, Sp.2359ff.

443 Vgl. exemplarisch Riebel 1985; zur Übertragung der relativen Einzelkostenrechnung auf die Logistik vgl. Weber 1987, Schmidt 1987, Schmidt 1992.

444 Vgl. exemplarisch Kilger 1988; zur Übertragung der Grenzplankostenrechnung auf die Logistik vgl. Scholl 1983; Müller 1984, S.557ff.; Reichmann o.J. S.108ff.; Teichmann 1989.

445 Vgl. u.a. Cooper, Kaplan 1988; Horváth, Renner 1990; Franz 1990a; Schimanck 1990; Müller 1991; Coenenberg, Fischer 1991; zur unmittelbaren Anwendung der Prozeßkostenrechnung auf die Logistik vgl. u.a. Roth, Sims 1991, S.42f.; Brimson 1991, S.100ff. u. S.107; Renner 1991, S.133f.; Hennings 1992, S.519ff.; Lohmann 1992b, S.485ff.; Mayer 1992, S.459ff.; Kloock 1992a, S.190ff.

446 Riebel 1985, S.216.

Auf Basis des Identitätsprinzips sind Kosten einem Bezugsobjekt nur dann zuzurechnen, wenn genau das Bezugsobjekt einerseits und die Kosten andererseits
durch die gleiche Entscheidung ausgelöst werden. Sie werden als *relative Einzelkosten* bzw. *entscheidungsrelevante Kosten* bezeichnet und unterscheiden sich von
den Gemeinkosten als den Ausgaben, die sich mindestens noch auf ein anderes als
das jeweils betrachtete Bezugsobjekt beziehen.[447] Diese Gemeinkosten dürfen nicht
aufgeschlüsselt, also auf unterschiedliche Bezugsobjekte aufgeteilt werden, sondern
sind im Rahmen der vielfältigen über- und untergeordneten Entscheidungen, die im
Ablauf des Wirtschaftsgeschehens getroffen werden, genau der Entscheidung zu-
zuordenen, durch die sie ursprünglich angefallen sind, bei der sie also gerade (und
zuletzt) noch als relative Einzelkosten erfaßt werden können.[448]. Diese Zuordnung
führt zu einer Hierarchie von relativen Einzelkosten bzw. zu einer mehrdimensionalen Hierarchie möglicher Bezugsobjekte der Kostenzurechnung.

Der Schwerpunkt bzw. die "konzeptionelle Stärke" der relativen Einzelkostenrechnung liegt sicherlich in der Geschlossenheit der Konzeption und in der konsequenten Ausrichtung an der dispositiven Funktion einer Kostenrechnung.[449]
Doch ist sie für einen Einsatz als logistische Budgetierungstechnik wenig tauglich
und zwar aufgrund ihrer Schwächen hinsichtlich der Praktikabilität.

Diese Auffassung soll im folgenden begründet werden, indem die budgetrelevanten
Konsequenzen des Riebel'schen Postulates einer strengen Anwendung des
"Identitätsprinzips" aufgeführt werden, die zu einer Ablehnung jeglicher (1) *zeitlicher* oder (2) *sachlicher Schlüsselung* von Kosten und die (3) zu einem Verharren in
ausgabewirksamen Kosten führt.

(1) Mit der Forderung nach strenger Anwendung des Identitätsprinzips verbunden ist
das *Verbot der Schlüsselung von Perioden-Gemeinkosten*, bei denen es sich i.d.R.
um Ausgaben handelt, die auf Entscheidungen zur Einrichtung solcher Kapazitäten
zurückgehen (Bereitschaftskosten), deren Bindungsdauer über das Ende der Planperiode hinausreicht.[450]

Für eine periodisch aufgestellte Kostenrechnung, wie sie für Budgetierungszwecke
notwendig ist, hätte dies zur Konsequenz, daß nur solche Kosten aufgeführt werden
könnten, deren Bindungsdauer exakt in der Budgetperiode liegt, die also Perioden-

---

447 Vgl. Riebel 1985, S.286.
448 Vgl. dazu Riebel 1985, S.178ff.; Kloock, Sieben, Schildbach 1993, S.197f.
449 Vgl. u.a. Lackes 1989, S.56.
450 Vgl. Riebel 1985, S.388.

Einzelkosten der jeweiligen Rechnungsperiode sind. Demzufolge müßte zur Planung und Budgetierung aller Monats-, Quartals- oder Jahreseinzelkosten ein mehrdimensionales logistisches Budgetsystem geschaffen werden, das ein Gefüge ineinandergeschachtelter und hierarchischer Periodenrechnungen beinhaltet. Dies würde in der Praxis schnell unübersichtlich.[451]

Beispielsweise wäre eine Aufstellung von "Monats"-Budgets notwendig, in denen nur Monatseinzelkosten wie etwa monatliche Telefon-, Fernschreib-, Wasser- und Kanalgrundgebühren oder Löhne für monatlich disponible Aushilfskräfte enthalten sind.[452]

Daneben würden in "Jahresquartals"-Budgets Kostenarten wie etwa Löhne langjährig angestellter Arbeiter[453], Gehälter oder zu zahlende Kfz-Versicherungsbeiträge aufgeführt.[454]

In Jahresbudgets gelangten solche Kostenarten, denen eine Bindungsdauer von mehr als einem Quartal aber höchstens von einem Jahr zugrunde liegt. Dies sind etwa Gehälter für leitende Mitarbeiter, tarifliche Sonderzahlungen, Heizkosten, Fremdkapitalzinsen oder jährlich zu zahlende Betriebsausfallversicherungen.[455]

In überjährigen Budgets kämen zum einen Kostenarten, die nach Riebel Jahresgemeinkosten geschlossener Perioden sind[456], wie etwa Mieten und Leasingraten aus festen vertraglichen Bindungen, Festentgelte oder Zinsen[457] und zum anderen Jahresgemeinkosten offener Perioden[458] wie Anschaffungsausgaben für logistische Potentiale (Fuhrpark, Gebäude, Anlagen etc.) oder einsatzbedingte Reparaturen bzw. Instandhaltung an diesen (Reifenwechsel, Ölverbrauch, Ersatzteile etc.).[459]

Desweiteren ist der Budgetierungsprozeß in der gesamten Unternehmung üblicherweise in einen fest terminierten, am Kalenderjahr orientierten Planungszyklus gebunden.

Zahlreiche Kostenblöcke stimmen aber von ihrer Bindungsdauer gesehen nicht mit der Budgetrechnungsperiode überein, wie z.B. Kfz-Versicherungen, die zwar Jahreseinzelkosten sind, die aber aufgrund der fehlenden Übereinstimmung zwischen Ver-

451 Vgl. ebenso Kilger 1988, S.92.
452 Vgl. Schmidt 1987, S.180ff.
453 Diese genießen i.d.R. einen längeren, häufig den Angestellten angeglichenen, Kündigungsschutz.
454 Vgl. Schmidt 1987, S.183ff.
455 Vgl. Schmidt 1987, S.187ff.
456 In diese Kategorie kommen alle, mehreren Jahren gemeinsam zugehörige, Ausgaben für die Beschaffung und Erhaltung von Potentialen zum Ausweis, soweit der Zeitpunkt der Nutzungsdauer eindeutig fixiert ist; vgl. Riebel 1985, S.152.
457 Vgl. Schmidt 1987, S.197.
458 Diese kennzeichnen Ausgaben, die in bezug auf ihre zeitliche Reichweite in ihrer potentialschaffenden Wirkung nicht eindeutig bestimmt sind; vgl. Riebel 1985, S.155.
459 Vgl. Schott 1971, S.78ff.; Schmidt 1987, S.197ff.

sicherungs- und Budgetjahr keine Einzelkosten des Budgetjahres sondern "Einzelkosten phasenverschobener geschlossener Perioden" sind.[460] Diese dürften nicht geschlüsselt werden, sondern müßten in phasenverschobenen Jahresbudgets aufgeführt werden.

Mißt man ein Kostenrechnungssystem an der oben gestellten Forderung, daß die Kostendaten auf die spezifischen Bedürfnisse der empfangenden Personen sowie auf deren Fähigkeit, diese Informationen (z.B. im Rahmen der Fremd- oder Selbstkontrolle) auszuwerten, auszurichten sind,[461] muß der Anwendungswert dieses Verfahrens angezweifelt werden, da es äußerst fraglich ist, ob das zeitlich überlastete Management oder die im kostentheoretischem Denken häufig wenig geschulten dezentralen logistischen Führungskräfte[462] die komplexen Budgetinformationen für Kontroll- und Koordinationszwecke nutzen können.

(2) Der zweite Kritikpunkt reicht über die Einwände hinsichtlich des hohen Interpretationsaufwandes hinaus und bezieht sich auf die *mangelnde Aussagefähigkeit* für das dezentrale Segment-Management.

Dieser Kritikpunkt ergibt sich als Konsequenz aus der strengen Anwendung des Identitätsprinzips, nach der die *Schlüsselung von Kostenstellen-Gemeinkosten* verboten und eine Bildung von Budgethierarchien notwendig ist, auf deren Stufen jeweils nur solche Einsatzfaktoren zugerechnet werden, die ausschließlich von diesem Bereich genutzt werden, die also Einzelkosten des Budgetbereiches darstellen.

Um die Kosten von Ressourcen zu erfassen, die von zwei Logistiksegmenten gemeinsam genutzt werden, zwischen denen also Ressourceninterdependenzen bestehen - wie z.B. bei einer durch zwei Segmente gemeinsam in Anspruch genommenen Transportkapazität -, müßte man einen übergeordneten Budgetbereich zusätzlich definieren oder die betreffenden Kosten direkt der Gesamtlogistik zurechnen.
Viele Kostenarten ließen sich demzufolge nur höheren und damit zentraleren Hierarchieebenen zuordnen und würden im Extremfall - wie z.B. die Raumkosten einer im Werk befindlichen Lagerfläche - nur noch unter dem Budget "Gesamtunternehmung" subsumierbar sein.[463]

---

460 Vgl. Schott 1971, S.84.
461 Vgl. dazu die Ausführungen in Kap. C.4.2.1.
462 Vgl. dazu Weber 1987, S.197.
463 Vgl. dazu die exemplarischen Beispiele bei Schmidt 1987, S.280; Schmidt 1992, S.60ff.

- 196 -

Eine Bildung von Budgetbereichshierarchien, in der Kostenarten nur ungeschlüsselt aufgeführt und folglich zu einem Großteil obersten Hierarchieebenen zugeordnet werden, führt aber zwangsläufig - wenn man die psychologische Wirkung "ferner, hochangesiedelter" Budgets berücksichtigt - zu einer starken Zentralisierung der Budgetverantwortlichkeit und zu einer Überlastung der oberen Führungsebene, während auf dezentraler Ebene das Aufkommen einen "Kostenlethargie" tendenziell gefördert wird.

Vieles spricht aber für eine Schlüsselung von Kostenstellen- bzw. Segmentgemeinkosten, wenn diese als solche gekennzeichnet sind und somit auch segmentübergreifenden Planungsüberlegungen zugänglich bleiben. Der Ausweis der Kosten anteilig genutzer Kapazitäten schärft das Kostenbewußtsein des Segment-Management und bringt Anstöße zu segmentübergreifenden, aber dezentral initiierten Kostensenkungen. Statt der Förderungen einer "Kostenlethargie" der untergeordneten Budgetempfänger, die sich nur für *ihre* Budgets interessieren, könnten Impulse zu Lernprozessen bzw. Kostensenkungen ausgelöst werden, die von den eigentlichen Spezialisten im Wege des "self controlling" ausgehen.

(3) Neben den Problemen, die sich aus dem Verbot sachlicher und zeitlicher Schlüsselung von Kosten für die Budgetierungszwecke ergeben, erschwert das *Verharren in nur ausgabenwirksamen Kosten* die praktische Umsetzbarkeit eines auf relativen Einzelkosten aufbauenden logistischen Budgetsystems.[464]

So reicht es für eine Einzelkostenerfassung und deren Zurechnung auf ein Kalkulationsobjekt (z.B. Kostenstellen) nicht aus, wenn sich bestimmte Verbrauchsquanten streng proportional zu diesen entwickeln, "denn der Geldausdruck wird nicht dadurch eindeutig, daß ihm ein eindeutiges Mengengerüst, ein Einzelverbrauch zugrunde liegt. Das wäre nur dann der Fall, ... wenn das geldliche Äquivalent dem Einzelverbrauch genauso unveränderlich anhaftete wie seine technische Dimension...".[465]

Bspw. könnten für eine Transportkostenstelle in einem Logistiksegment somit Kosten aus Reifenverschleiß, Ölverbrauch, gebrauchsbedingte Reparaturen und Fahrzeugentwertung nicht als kilometerabhängige, proportionale Kosten budgetiert werden, obwohl sich deren Verbrauchsquanten proportional zur Bezugsgröße verhalten.[466] Sie müßten der Transportkostenstelle in überjährigen Budgets als Periodengemeinkosten offener Perioden vorgegeben werden, mit der Folge, daß der Aussa-

---

464 Vgl. Kilger 1988, S.95.
465 Hummel 1970, S.207; Schmidt 1987, S.169.
466 Vgl. Schott 1971, S.78.

gewert der Periodenbudgets weiter zurückginge. Ähnliche Erfassungsprobleme wären bei Logistiksegmenten zu erwarten, in denen Lagerungsprozesse vollzogen werden und eine Bewertung der Bestände auf Basis ausgabewirksamer Kosten erfolgen soll.[467]

Es läßt sich also zusammenfassend feststellen, daß eine logistische Plankostenrechnung auf Basis relativer Einzelkosten zwar größtmögliche rechentechnische Genauigkeit anstrebt und stark an der dispositiven Funktion einer (entscheidungsorientierten) Kostenrechnung ausgerichtet ist. Doch sie besitzt Schwächen aufgrund ihrer mangelnden Praktikabilität und Anwendbarkeit als betriebliches Informationssystem und ist deswegen als logistische Budgetierungstechnik nicht einzusetzen.

Der Verfasser stimmt mit KILGER überein, der für die Gestaltung von Kostenrechnungssystemen das Operabilitätsprinzip postuliert, "welches besagt, daß die Kostenrechnung nicht nur ein theoretisches System, sondern in erster Linie ein in der Praxis anwendbares System sein muß".[468] Die relative Einzelkostenrechnung tendiert hingegen zu einem umfassenden und inoperablen Totalmodell, deren Bezugsgrößen- und damit Budgetbereichshierarchien bei konsequenter Anwendung der Riebel'schen Konzeption derart komplex werden, daß sie den praktischen Einsatz dieses Instrumentes erheblich erschweren.[469]

6.1.3.2. Budgetierung auf Basis einer Prozeßkostenrechnung

(1) Die Prozeßkostenrechnung (auch "Activity Accounting"[470], "Activity-Based Costing"[471], "Transaction Costing"[472], "Cost-Driver-Accounting"[473] oder Deutsch: "Vorgangskostenrechnung"[474], "Aktivitätsorientierte Kostenrechnung"[475] oder "Prozeßvollkostenrechnung"[476] genannt) hat sich aus der Kritik an den herkömmlichen Rechnungsverfahren (insbesondere den Plankostenrechnungen auf Vollkosten-

467 Zum Problem des Ansatzes von Bestandskosten vgl. Weber 1987, S.73ff.
468 Kilger 1988, S.98.
469 Vgl. Lackes 1989, S.56.
470 Vgl. u.a. Romano 1988, S.73; Brimson 1991.
471 Vgl. u.a. Cooper, Kaplan 1988, S.20; Cooper 1990a, S.271ff.; Rotch 1990, S.4ff.; O'Guin 1991.
472 Vgl. Shank, Govindarajan 1988, S.71.
473 Vgl. Berlant, Browning, Foster 1990, S.178.
474 Vgl. Vikas 1988b, S.35.
475 Vgl. Schulte 1989, S.60.
476 Vgl. Kloock 1992a, S.187ff.

basis, aber auch an der Grenzplankostenrechnung in Standardform) und ihren Methoden der Gemeinkostenverrechnung entwickelt.[477]

Zum einen wird bemängelt, daß die Kosten der "übrigen Gemeinkostenbereiche außerhalb der Fertigung"[478], der sogenannten indirekten Dienstleistungsbereiche, nicht "verursachungsgerecht" sondern mittels Gemeinkostenzuschlägen den Produkten bzw. Kostenträgern zugerechnet und somit zwangsläufig Fehlkalkulationen induziert werden.[479] Zum anderen wird kritisiert, daß eine effektive Planung und Kontrolle der Gemeinkosten, also ein effektives Gemeinkostenmanagement mit den traditionellen Methoden nicht möglich sei, da ein großer Anteil dieser Kosten als fix, d.h. als kurzfristig nicht beeinflußbar, angesehen wird.[480]

Die Kritik hat sich vor allem vor dem Hintergrund veränderter Kosten- und Verrechnungsstrukturen in vielen Branchen gebildet, bei denen beobachtbar war, daß dort der Anteil der Kosten des indirekten Leistungsbereiches, d.h. der Entwicklung (Konstruktion, Versuchswerkstätten), der Planung, Steuerung und Kontrolle des Produktionsvollzugs (Arbeitsvorbereitung, Fertigungssteuerung und Qualitätswirtschaft), der immer aufwendiger werdenden rechnergestützten Transfersysteme und -prozesse, der Verwaltung (Controlling, Finanzbuchhaltung, EDV und Organisation) sowie des Vertriebs (Kundendienst, Wartung) immer mehr an Bedeutung gewonnen hat, während der Anteil der direkt mit der Produktion anfallenden Kosten des direkten Leistungsbereiches an der Wertschöpfung entsprechend zurückgegangen ist.[481]
Somit gewann die Forderung nach einem Rechnungssystem, das die Kostentransparenz in den indirekten Bereichen verbessere und das Entscheidungsalternativen (wie etwa bzgl. der optimalen Fertigungstiefe, der optimalen Produktkomplexität oder der Konditionengestaltung) besser kalkulierbar mache, an Bedeutung.[482]

Die Ziele, die mit der Prozeßkostenrechnung verfolgt werden, können je nach Anwendungszweck und unternehmungsspezifischen Merkmalen sehr verschieden sein, was schon die Vielfalt der Aussagen namhafter Autoren verdeutlicht.[483]
Im wesentlichen lassen sie sich auf zwei Hauptziele zurückführen:

477 Zur Entwicklungsgeschichte der Prozeßkostenrechnung vgl. u.a. Fröhling 1992, S.724f.
478 Vgl. Coenenberg, Fischer 1991, S.31.
479 Vgl. Cooper, Kaplan 1988, S.20; Greenwood, Reeve 1992, S.22.
480 Vgl. Horváth, Mayer 1989, S.215; Pfohl, Stölzle 1991, S.1282; Renner 1991, S.96.
481 Vgl. Miller, Vollmann 1985, S.142ff.; Reichling, Köberle 1992, S.488ff.
482 Vgl. u.a. Horváth, Mayer 1989, S.214; bezogen auf die Logistik vgl. Wäscher 1987, S.307ff.
483 Vgl. u.a. Miller, Vollmann 1985, S.143ff.; Cooper, Kaplan 1988, S.102ff.; Horváth, Mayer 1989, S.216ff.; Franz 1990a, S.202; Horváth, Renner 1990, S.104; Renner 1991, S.97ff.; Coenenberg, Fischer 1991, S.22ff; Siegwart, Raas 1991, S.229ff.; Cervellini 1991, S.227; Küting, Lorson 1991, S.1423; Witt 1991, S.9ff.; Lohmann 1992a, S.136.

Zum einen soll die Prozeßkostenrechnung der *Lieferung kalkulationsgerechterer Informationen* dienen und eine "verursachungsgerechte" Verrechnung von Leistungen indirekter Bereiche im Rahmen der Kalkulation verschiedener Kalkulationsobjekte (Produkt, Kunde, Auftrag, etc.) ermöglicht werden. Diesem Anspruch versucht man dadurch gerecht zu werden, daß man Kostentreiber ("cost driver") identifiziert, die die Auslöser sowohl der Aktivitätserbringung als auch des Ressourcenverzehrs in den indirekten Bereichen sind.[484]

Zum anderen soll die *Effektivität des Gemeinkostenmanagement* dadurch verbessert werden, daß die Planung und Kontrolle der Leistungsmengen und der Kapazitätsauslastung nicht mehr auf Basis der physischen Outputmengen der Unternehmung, sondern analytisch auf Basis der in den jeweiligen Dienstleistungsbereichen zu vollziehenden Aktivitäten und Prozesse vollzogen wird. Nicht zuletzt erhofft man sich, durch eine erhöhte Kostentransparenz in den indirekten Bereichen Potentiale zur rationellen Nutzung vorhandener Ressourcen aufzuzeigen.[485]

Hierzu bedient sich die Prozeßkostenrechnung der klassischen Kostenarten-, Kostenstellen- und Kostenträgerrechnung; ihr Aufbau bzgl. des Kostenverrechnungssystems ist also kein grundsätzlich neues System.[486]

Von der Kostenartenrechnung werden die Einzelkosten (Materialkosten, Lohneinzelkosten etc.) direkt in die Kostenträgerrechnung übernommen, während die Gemeinkosten zwecks Bildung von Prozeßkostensätzen in die Kostenstellenrechnung einfließen.[487] Der wesentliche Unterschied zu anderen Kostenrechnungen, z.B. der im folgenden Kapitel vorgestellten Grenzplankostenrechnung,[488] besteht in der Wahl der Bezugsgrößen zur Kostenverrechnung in der Kostenstellen- und Kostenträgerrechnung (vgl. Abb. 24).

---

484 Das Verhältnis zwischen Aktivitäten/Prozessen und "cost drivers" bleibt in der einschlägigen Literatur weitgehend ungeklärt. So definiert bswp. Drury Kostentreiber wie folgt: "Cost drivers can be defined as those activities or transactions that are significant determinants of ost." (Drury 1989, S.61); vgl. ebenso Johnson, Kaplan 1987, S.238; Pfohl, Stölzle 1991, S.1284. Dieser Interpretation soll aber nicht gefolgt werden, denn diese definitorische Gleichsetzung von Kostentreibern mit Aktivitäten/Prozessen steht in erkennbarem Widerspruch zu einer Vielzahl von Kostentreibern wie z.B. Zahl der Kunden, Zahl der Kleinaufträge, Anzahl zu kommissionierender Auftragspositionen etc., die keine Aktivitäten/Prozesse im oben definierten Sinne darstellen. Im Rahmen dieser Arbeit wird daher auf die Kostentreiber-Definition von Maier-Scheubeck rekurriert, demnach Kostentreiber "als auslösende Ursache sowohl der Aktivitätserbringung als auch des Ressourcenverzehrs interpretiert werden." (Maier-Scheubeck 1992, S.133); vgl. ebenso Ostrenga 1990, S.42; O'Guin 1992, S.94f.
485 Vgl. u.a. Horváth, Renner 1990, S.101; Pfohl, Stölzle 1991, S.1287f.
486 Vgl. u.a. Küting, Lorson 1991, S.1424; Kloock 1992a, S.190ff.
487 Vgl. Siegwart, Raas 1991, S.232; Küting, Lorson 1991, S.1423; Maier-Scheubeck 1992, S.117f.
488 Vgl. dazu die Ausführungen in Kap. C.6.1.3.3.

Dazu definfiert die Prozeßkostenrechung in den betroffenen Kostenstellen durch Zusammenfassung gleichartiger Aktivitäten einen oder mehrere Prozesse, von denen angenommen wird, daß deren mengenmäßige Anzahl (Wiederholungen) und die dadurch entstandenen Kosten letzlich von einem Kostentreiber abhängen. Sie strukturiert diese nach Prozessen, die sich in bezug auf das zu erbringende Leistungsvolumen mengenvariabel verhalten (sogenannte "*leistungsmengeninduzierte Prozesse*"), und nach solchen, die unabhängig vom Leistungsvolumen und generell anfallen (sogenannte "*leistungsmengenneutrale Prozesse*" wie z.B. "Abteilung leiten").[489] Auf Basis der Prozeßbezugsgrößen[490] plant sie die Menge der Prozesse bei Planbeschäftigung und ermittelt die Prozeßkosten auf folgende Weise:[491]

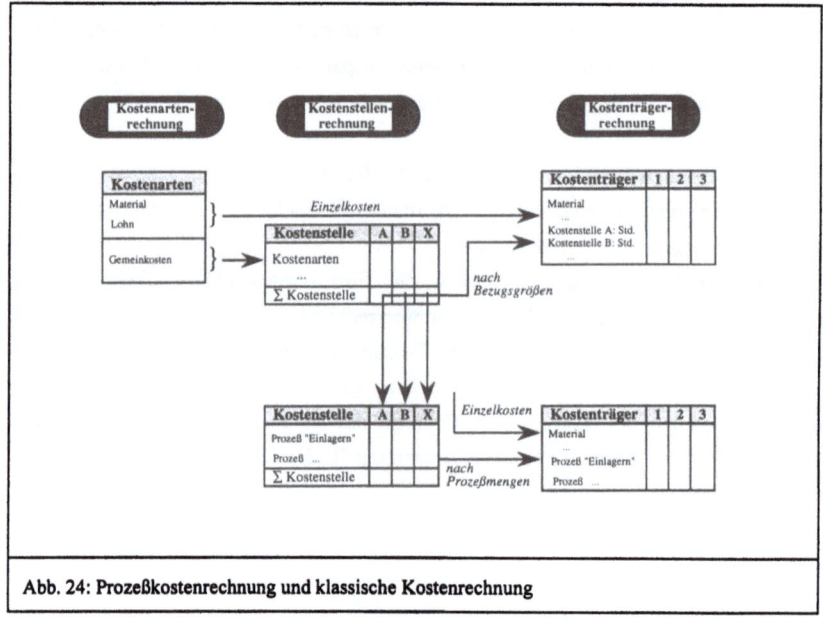

Abb. 24: Prozeßkostenrechnung und klassische Kostenrechnung

Im ersten Schritt werden die einzelnen Kostenarten gemäß ihrer Beanspruchung durch die in der Planperiode anfallenden Prozesse auf diese verteilt.[492] Dann werden die Prozeßkostensätze mittels der Division der einem Prozeß zugeordneten Ko-

---

489   Vgl. Horváth, Mayer 1989, S.216.

490   Prozeßbezugsgrößen sind wie die Bezugsgrößen der Grenzplankostenrechnung Maßgrößen, mittels derer die Prozeßmengen quantifiziert und die Ausprägung der Prozeßkosten geplant werden kann; vgl. u.a. Coenenberg, Fischer 1991, S.26.

491   Vgl. Müller 1991, S.337.

492   Hier macht man sich die in der Plankostenrechnung entwickelten Methoden zunutze, die die erwarteten Kostenbeträge durch Verbrauchsanalysen, Messungen und Berechnungen ermitteln; häufig wird jedoch lediglich die Wahl der Bezugsgröße "Personalbedarf je Prozeß" als Umlageschlüssel propagiert; vgl. Renner 1991, S.103; Pfohl, Stölzle 1991, S.1291.

sten durch dessen Anzahl von Wiederholungen (z.B. innerhalb eines Jahres) ermittelt. In einem dritten Schritt werden die Kosten der leistungsmengenneutralen Tätigkeiten proportional auf die Kosten der prozeßmengenabhängigen Prozesse verteilt.[493] Das Ergebnis ist die Ermittlung von Prozeß(voll-)kostensätzen, mit denen die Kostenstellenkosten der sekundären Stellen in einem vierten Schritt auf die einzelnen Kalkulationsobjekte verrechnet werden.[494] Die Verrechnung erfolgt dabei auf Basis der mengenmäßigen Anteils je Kostenträgereinheit.[495]

Ihrem Wesen nach ist die Prozeßkostenrechnung eine Plankostenrechnung auf Vollkostenbasis.[496] Der analytischen Kostenplanung liegt kein Fristigkeitsgrad zugrunde, denn sie ist bzgl. ihres methodischen Aufbaus und ihrer Rechenmethodik auf einen mittel- bis langfristigen Zeithorizont ausgerichtet[497], so daß auch keine Unterscheidung in fixe und variable Kosten erfolgt. Als ihre Stärken (im Sinne "strategischer Informationsvorteile"[498]) werden die verbesserte "verursachungsgerechte" Kalkulationsgenauigkeit, die wirksame Identifizierung kostenstellenübergreifender Kostentreiber und die fundierte und konzeptionelle Basis zur effektiveren Rationalisierung der Abläufe in den indirekten Bereichen postuliert.[499] Vor diesem Hintergrund wird auch die Schlüsselung fixer Kostenbestandteile auf die Teilprozesse und die Umlage leistungsmengenneutraler Prozeßkosten auf die leistungsmengeninduzierten Teilprozesse gerechtfertigt.

Insbesondere der Vollkostenansatz der Prozeßkostenrechnung ist zum Ausgangspunkt *dogmatisch gefärbter Kontroversen* über den Sinn und Zweck ihres Einsatzes geworden. So spricht GLASER vom "unverständlichen Rückschritt" und von der "Empfehlung zum Würfeln"[500]; HORVÁTH, MAYER bezeichnen hingegen die Gegner der Prozeßkostenrechnung als selbsternannte "Gralshüter" von Methoden, die sich nicht den Anforderungen der Zeit anpassen wollen.[501]

---

493 Zu den verschiedenen Formen der Kostenumlage vgl. Renner 1991, S.104.

494 Hierdurch wird die innerbetriebliche Leistungsverrechnung weitgehend umgangen bzw. lediglich auf die Kostenverrechnung der Vorkostenstellen auf die (direkten und indirekten) Endkostenstellen reduziert; vgl. dazu u.a. Küting, Lorson 1991, S.1424; Kloock 1992a, S.190f..

495 Vgl. Coenenberg, Fischer 1991, S.28; Renner 1991, S.112.

496 Vgl. u.a. Cooper, Kaplan 1988, S.21; Maier-Scheubeck 1991, S.545.

497 Vgl. Franz 1990a, S.197; Pfohl, Stölzle 1991, S.1291ff.

498 Vgl. Coenenberg, Fischer 1991, S.31.

499 Vgl. Horváth, Renner 1989, S.101; Renner 1991, S.107f.; Fischer 1993, S.212ff.; Seidlmeier hingegen legt treffend dar, daß es sich hierbei um eine allenfalls *"versursachungsapproximative"* Rechnung handelt; vgl. Seidlmeier 1991, S.33.

500 Glaser 1990, S.1.

501 Vgl. Horváth, Mayer 1991, S.540.

Inhaltlich beziehen sich die Kontroversen z.B. auf die Frage, ob die Prozeßkostenrechnung herkömmliche Rechnungssysteme ersetzen solle,[502] nur als sinnvolle Ergänzung zu anderen (vor allem Kalkulations-) Verfahren verstanden werden kann,[503] oder ob sie überhaupt etwas leisten könne, was andere Rechnungssysteme nicht schon (zumindestens theoretisch) viel besser können.[504]

Die umgreifenden Diskussionen über das "Für" und "Wider" sollen hier nicht in der ganzen Facettenvielfalt nachvollzogen, sondern vielmehr auf die Fragestellung fokussiert werden, ob die Anwendung dieser Konzeption auf die Vielzahl indirekter, in den Logistiksegmenten zu vollziehender Auftragsabwicklungstätigkeiten für Budgetierungserfordernisse, so wie sie in den vorangegangenen Kapiteln dargestellt wurden, geeignet ist.

(2) Die Stärke einer logistischen Prozeßkostenrechung liegt darin, daß die Prozesse, die in den Segmenten vollzogen werden, zum Ausgangspunkt der Konzeption gewählt werden.[505]

Dies führt zu einer konsequenten Suche nach Kostentreibern und eventuell zu einer Verfeinerung der bestehenden Bezugsgrößensysteme. Ein Großteil der Gemeinkosten wird leistungsbezogen auf Basis von Prozeßbezugsgrößen und Prozeßbezugsgrößenmengen dargestellt und somit als eventuell beeinflußbare Größe weiterer Analysen zugänglich macht.[506] Durch den Vergleich der auf der Basis der Prozeßbezugsgrößen ermittelten Prozeßbezugsgrößenmengen zwischen der Planperiode und den Vorperioden liegt ein Maßstab vor, der als Indikatorgröße für kommende Kapazitätsplanungen einsetzbar ist.[507] Hierdurch werden also erste Ansätze zu einer intensiveren Durchdringung der heterogenen Kosten- und Leistungsstruktur entlang der logistischen Prozeßkette geschaffen.

Desweiteren werden mittels der Wahl der Auftragsabwicklungsprozesse zum Ausgangspunkt der Konzeption die *Darstellung segmentübergreifender Vorgänge* erheblich vereinfacht. Es werden somit vielfältige Ansätze zu einem horizontalen,

---

502 So klingt es insbesondere bei Horváth und seinen "Schülern" wie z.B. Mayer (1990a, S.274f.; 1990b, S.307ff.) oder Renner (1991) durch.

503 Vgl. u.a. Witt 1991, S.15ff.; Pfohl, Stölzle 1991, S.1298f.

504 Vgl. dazu die intensiven Vergleiche zwischen der Prozeßkostenrechnung und der (weiterentwickelten) Grenzplankostenrechnung insbesondere von Küting, Lorson 1991, S.1421ff.; Maier-Scheubeck 1991, S.543ff.; Kloock 1992a, S.183ff.

505 Vgl. Coenenberg, Fischer 1991, S.25.

506 Wäscher spricht in diesem Zusammenhang von einem effektiven logistischen Gemeinkosten-Management durch die Kenntnis der Gemeinkosten-treibenden Faktoren; vgl. Wäscher 1987, S.297.

507 Vgl. Renner 1991, S.160.

schnittstellenübergreifenden logistischen Controlling (so wie es in Kap. B.5.3. gefordert wurde) geschaffen, die insbesondere für die logistische Budgetkontrolle wertvolle Analyseansätze liefern.

Eine auf Prozeßkosten aufbauende horizontale, segmentübergreifende Kostenplanung und -kontrolle ist allerdings nicht in jener simplifizierenden Art und Weise möglich, wie dies einige Autoren wie z.B. HORVATH, RENNNER oder MAYER behaupten bzw. praktizieren.[508]

Diese gehen nämlich von der Annahme aus, daß sich je nach Fragestellung (z.B. Anzahl der notwendigen logistischen Prozesse zum Verkauf eines Produktes, zur Belieferung eines Absatzgebietes oder zur Abwicklung eines Kundenauftrages) die produkt-, mission- oder kundenauftragsspezifischen Teilprozesse zu einem Hauptprozeß *verdichten* lassen und die jeweiligen Prozeßkosten durch Addition zu Hauptprozeßkosten aggregierbar seien, "so daß Anhaltspunkte über die Kosten kostenstellenübergreifender Vorgänge gewonnen werden können."[509] Sie erhoffen sich durch die Verdichtung der Vielzahl unternehmerischer Prozesse auf eine begrenzte Anzahl von Hauptprozessen gleichzeitig eine Identifikation der hinter allen Teilprozessen stehenden Kostenantriebskräfte und damit eine vereinfachte Kalkulation der Prozeßkosten durch Bezugnahme auf einige wenige kostenstellenübergreifende Hauptprozeßgrößen.[510]

Angesichts der extrem heterogenen Leistungsstruktur in vielen indirekten Leistungsbereichen der Unternehmung erscheint allerdings diese Vorgehensweise der Reduzierung von Kostentreibern auf eine Hauptprozeßgröße nicht vertretbar, zumal dies nur dann exakt möglich ist, wenn die verdichteten bzw. aggregierten Teilprozesse die gleiche Kostenverursachung in Form identischer bzw. zueinander streng proportionaler Kostentreiber aufweisen.[511] "Wie wollen Sie z.B. im Bereich Beschaffung mit Bedarfsermittlung, Bestellung, Disposition, Wareneingang, Qualitätsprüfung, Transport, Einlagerung und Auslagerung gemeinsame Nenner finden, um Hauptprozesse zu definieren? Einen gemeinsamen Nenner bilden aus Anzahl Rahmenaufträge, Abrufe, Wareneingänge, Paletten, Prüfvorgängen? Hauptprozesse können folglch nur Teilsegmente des Beschaffungsbereiches abbilden."[512]

Es ist daher der Forderung KLOOCKs nach einer *Auswertungs- und Prozeßflexibilität* der Prozeßkostenrechnung zuzustimmen, die besagt, daß die Kostendaten mög-

---

508 Vgl. u.a. Horváth 1990, S.500ff; Horváth, Renner 1990, S.102; Renner 1991, S.104ff.; Schäfer 1991, S.164ff.; Mayer 1992, S.469ff.

509 Vgl. kritisch dazu Franz 1990a,S.208.

510 Vgl. ebenso Coenenberg, Fischer 1991, S.26.

511 Vgl. dazu auch Maier-Scheubeck 1991, S.545.

512 Lohmann 1991, S.253.

lichst in Urform erhalten bleiben sollen, um eine vielfältige und dem Verursachungsprinzip entsprechende kostenstellen- oder kostenträ-gerbezogene Auswertung
zu gewährleisten, und daß die Aggregation bzw. Verdichtung zu Hauptprozessen nur
dann zuzulassen ist, "wenn von einer empirisch weitgehend gesicherten Proportionalität der jeweiligen Prozeß-bezugsgrößen ausgegangen werden kann."[513]

Der Verzicht auf eine bereichsübergreifende Verdichtung segmentspezifischer Prozesse bzw. die Aufgabe der Annahme einer stets gültigen Proportionalität von einzelnen Prozeßbezugsgrößen bedeutet aber nicht, die Interdependenzen zwischen den
Prozeßbezugsgrößen ("Bezugsgrößenbeziehungen gemäß den jeweiligen
empirischen Prozeßbedingungen"[514]) deswegen zu vernachlässigen. Denn:
"Activities are interrelated. ... An understanding of the inputs and outputs of
activities clarifies the linkage among activities. This visibility provides insight into
performance of an activity by highlighting its link to the activities that cause it to be
executed so that corrective action can be applied ..."[515]

Demnach können die bestehenden Interdependenzen zwischen Auftragsabwicklungsprozessen einzelner Logistiksegmente bzw. die "linkages among activities"
sehr wohl Objekte eines segmentübergreifenden logistischen Controlling sein, und
zwar eines an den (quantitativen) Leistungen ansetzenden Controlling. Hierbei analysiert man die mengenmäßige Ausprägung der den Prozessen jeweils zugrundeliegenden Bezugsgrößen und zieht signifikante Veränderungen einzelner Prozeßmengen als *Indikatoren* für eventuell unplanmäßige oder suboptimale Abläufe zwischen
den Segmenten heran, deren Ursache in Mengenanalysen verflochtener Prozesse zu
suchen sind.

Man verzichtet also auf eine (zumeist unsachgemäße und nicht verursachunge-
gerechte) Transformation der Interdependenzen in *eine* Kostengröße und stellt diese
anstattdessen in *prozeßbezogenen, unverdichteten Kostengrößen* (z.B. in einer später
noch ausführlich vorzustellenden prozeßbezogenen Budget-Trade-Off-Matrix[516])
oder in *mengendimensionierten Kennzahlen* oder *Kennzahlensystemen* (so wie sie
etwa von HELFRICH skizziert werden) dar.[517]

Dadurch bleibt der logistischen Budgetkontrolle ein hohes Maß an Auswer-
tungsflexibilität erhalten, das insbesondere für die Überprüfung der Einhaltung zusätzlich definierter Leistungszielvorgaben vielfältige Anwendung finden kann.[518]

513 Kloock 1992b, S.241.
514 Kloock 1992b, S.242.
515 Brimson 1991, S.75.
516 Vgl. dazu die Ausführungen in Kap. D.3.4.3. und D.4.2.
517 Vgl. Helfrich 1989, S.69; vgl. ebenso die Ausführungen in Kap. B.5.3.
518 Vgl. dazu die Ausführungen in Kap. C.4.2.1.2.

(2) Eine entscheidende Schwäche dieser Konzeption ist allerdings dann zu kon-statieren, wenn man dem Ansinnen vieler Vertreter der Prozeßkostenrechung folgt, den Prozessen sowohl variable als auch anteilige fixe Kosten zuzuordnen, also eine *Plankostenrechnung auf Vollkostenbasis* zu etablieren.[519]

Dieser Vollkostenansatz läuft den Anforderungen einer wirkungsvollen logistischen Budgetkontrolle völlig zuwider, da bei Prozeßmengenänderungen gleichzeitig pro-portionale Kostenänderungen suggeriert werden, was aufgrund der kurzfristig schwer veränderbaren Potentialfaktoren unrealistisch ist.[520] Kosten logistischer Po-tentialfaktoren nehmen nicht wie die variablen Kosten bei Verringerung der Be-schäftigung bzw. der Prozeßbezugsgrößenmengen automatisch ab; vielmehr muß eine adäquate Verringerung dieser Fixkosten *dispositiv* herbeigeführt werden.[521] "Am Beispiel einer Einkaufsabteilung wird dieser Sachverhalt deutlich: Wenn im Laufe des Planungszeitraums anstatt der geplanten 3500 nur 3150 Bestellungen durchgeführt werden, bedeutet dies eben nicht, daß damit unmittelbar die entspre-chenden Kosten um 10% zurückgehen. Die Gehälter der Einkäufer sind zunächst un-abhängig von der Anzahl der getätigten Bestellungen."[522]

Mit zwei wesentlichen Nachteilen ist der Vollkostenansatz für die logistische Bud-getierung verbunden:

Zum einen läßt sich somit den budgetverantwortlichen Segment-Managern nicht ein-zig die Kostenverursachung anlasten, für die sie letztlich verantwortlich sind - also die *Verbrauchsabweichung*[523] -, weil keine strikte Trennung von fixen und vari-ablen Kosten erfolgt. Die Abweichungsanalyse, die eigentlich als Gegenüberstellung von Soll und Ist ausgestaltet sein sollte, hier aber nur als Vergleich von Plan und Ist möglich ist[524] wird deswegen durch das permanente Auftreten von Beschäftigungs-abweichungen erheblich erschwert,[525] was zu Fehleinschätzungen der Budgetver-antwortlichen und möglicherweise auch zu Fehlgegensteuerungen führen wird.

---

519 Vgl. u.a. Cooper, Kaplan 1988; Horváth 1990; Coenenberg, Fischer 1991.
520 "Ein Gemeinkostencontrolling mit einem monatlichen Soll-Istkosten-Vergleich auf Basis der Prozeßkostenrechnung kann u.U. zu wenig aussagefähigen Ergebnissen führen, da es zwar zu Schwankungen der Arbeitsmenge führen kann, diese sich aber nur teilweise in einer Veränderung der Istkosten niederschlagen müssen." (Schellhaas, Beinhauer 1992, S.303); vgl. ebenso Franz 1990a, S.206; Kloock 1992b, S.238f.
521 Vgl. Fröhling 1989, S.68.
522 Pfohl, Stölzle 1991, S.1293.
523 Zu den Einschränkungen bei der sach- bzw. personenbezogenen Ursachenanalyse vgl. Kap. C.4.2.2.1. und Kap. C.4.2.2.2.
524 Vgl. Horváth, Mayer 1989, S.218.
525 Vgl. Küting, Lorson 1991, S.1426; Glaser 1992, S.281f.

Zum anderen bleibt damit auch der für die logistische Wertschöpfung sehr bedeutsame fixe Kostenblock[526] in Prozeß(voll)-Kostensätzen versteckt und läßt sich nicht für gesonderte Analysen - z.B. für die Frage, inweit die Kapazitäten bei rückläufigen Prozeßmengen abbaubar gewesen wären - heranziehen.

Dieser Kritik wird zwar auf Seiten der "Verfechter" der Prozeßkostenrechnung entgegengehalten, daß die Plan-Prozeßkosten das "bewertete Arbeitsvolumen" anzeigten und daß man bei Gegenüberstellung mit den Istkosten sehr wohl wertvolle Aussagen über die Auslastung der Bereiche (in Form von *Leerkosten*) und somit Ansatzpunkte für Kapazitätsanpassungen erhalte.[527] Allerdings sind die Aussagen wegen der unterstellten Proportionalität von Prozeßmenge und Kostenhöhe nicht nutzbar, weil "mit Sicherheit ... kurzfristig mit beachtlichen *Kostenremanenzen* ... zu rechnen"[528] ist, ein Teil des Fixkostenblocks also (wie z.B. langfristige Leasingverträge oder Grundstückskosten) innerhalb der Budgetperiode nicht abbaubar ist.

Zusammenfassend läßt sich feststellen, daß die Prozeßkostenrechung aufgrund der systematischen Berücksichtigung von Prozessen und Kostentreibern zwar wertvolle Ansätze zur Durchdringung der heterogenen Kosten- und Leistungsstruktur indirekter Leistungsbereiche liefert, daß sie aber aufgrund der unsachgemäßen Verrechnung der für die Logistik bedeutsamen Fixkosten keine adäquaten Informationen für ein Budgetplanungs- und -kontrollsystem liefert und somit nicht die Koordinationsfunktion logistischer Budgets hinreichend erfüllen kann.

6.1.3.3. Budgetierung auf Basis einer Grenzplankostenrechnung

Ebenso wie die relative Einzelkostenrechnung ist die Grenzplankostenrechnung eine Teilkostenrechnung, bei der die Entscheidungsunterstützung durch die Lieferung der relevanten Kostendaten (insbesondere für die Produktkalkulation) im Vordergrund steht.[529] Sie hat sich aus der Kritik an der auf Vollkosten basierenden Plankostenrechnungen entwickelt, welche sich vornehmlich auf die falsche Behandlung des Fixkostenproblems bezieht.[530]

---

526 Vgl. stellvertretend für viele Weber 1987, S.169ff.
527 Vgl. Horváth 1990, S.500.
528 Rau, Rüd 1991, S.16; (im Original ohne Hervorhebung).
529 Kilger stellt in diesem Zusammenhang die These auf, daß die Grenzplankostenrechnung "bei allen Entscheidungsproblemen, die auf der Basis gegebener Kapazitäten zu lösen sind, die richtigen Kostendaten zur Verfügung stellt." Kilger 1988, S.73.
530 Vgl. Kilger 1988, S. 57ff.; Kloock, Sieben, Schildbach 1993, S.195f.

Ihr wesentliches Charakteristikum ist die konsequente *Trennung von variablen und fixen Kosten*, die in der Kostenarten- und Kostenstellenrechnung beginnt und über die Bildung von Verrechnungssätzen für innerbetriebliche Leistungen und Kalkulationssätzen bis zur Plankalkulation und der kurzfristigen Erfolgsrechnung reicht.[531] Hierbei sind solche Kosten variabel, die sich innerhalb eines bestimmten Zeitraumes bei der Variation einer definierten Kosteneinflußgröße (Bezugsgröße) verändern, während fixe Kosten innerhalb der Betrachtungsperiode unverändert bleiben; sie werden bei diesem Verfahren nicht den absatzbedingten Kostenträgern zugerechnet, sondern schon bei der Kostenerfassung von den variablen Kosten getrennt und aus der Grenzplankostenrechnung heraus in die kurzfristige Erfolgsrechnung als monatliche Periodenkosten überführt.[532]

Grundsätzlich basiert die Grenzplankostenrechnung auf einer Kostenarten-, Kostenstellen- und Kostenträgerstückrechnung.

Hierbei werden die Einzelkosten pro Produkteinheit oder pro Auftrag geplant, wobei als Grundlage für die Planung der Materialeinzelkosten i.d.R. Daten über produktionstechnische Zusammenhänge, wie z.B. Stücklisten oder Rezepturauflösungen pro Kostenträgereinheit,[533] und für die Planung der Lohneinzelkosten Daten aus produktspezifischen Arbeitsgangplänen, wie z.B. Standard- bzw. Vorgabezeiten,[534] dienen. Die Gemeinkosten werden kostenstellenbezogen geplant; es muß für jede Kostenstelle eine Maßgröße der Kostenverursachung (Bezugsgröße) festgelegt werden, wobei bei homogener Kostenverursachung diese Größe als alleinige Grundlage der Kostenplanung herangezogen wird, während bei heterogener Kostenverursachung stets mehrere Bezugsgrößen erforderlich sind.[535]

Die kalkulatorische Verrechnung der über die Kostenstellen abzurechnenden variablen Kosten erfolgt über die Planbezugsgrößen der Primärkostenstellen, die pro Erzeugniseinheit festgelegt werden müssen, oder über den Ansatz indirekter Bezugsgrößen, die als Zuschlagsatz wertmäßiger Bezugsgrößen (wie z.B. Zuschlagsatz für die Verwaltungskosten = 5% der Herstellkosten) in die Kalkulation eingehen.[536]

Liegt der traditionelle Anwendungsschwerpunkt der Grenzplankostenrechnung zwar auf dem direkten Fertigungsbereich,[537] ist diese Konzeption doch in den letzten

---

531 Vgl. Kilger 1988, S.69.
532 Vgl. u.a. Renner 1991, S.84.
533 Vgl. dazu Kilger 1988, S.241ff.
534 Vgl. dazu Kilger 1988, S.266ff.
535 Bei der Identifizierung und Wahl der Bezugsgrößen werden die analytischen Verfahren der Bezugsgrößenwahl befürwortet, bei denen die Mengen- und Zeitvorgaben der Kostenstellen mit Hilfe von technisch-kostenwirtschaftlichen Analysen des Leistungserstellungsprozesses festgelegt werden; vgl. Kilger 1988, S.324ff.; Kloock 1992b, S.238f.
536 Vgl. Kilger 1988, S.605ff.
537 Vgl. Franz 1990a, S.207.

Jahren auch für die Anwendung in indirekten Bereiche weiterentwickelt worden.[538] So auch für die Logistik, wobei die Autoren wie z.B. REICHMANN oder SCHOLL eine Vielzahl unterschiedlicher Bezugsgrößen als Maßgrößen der Kostenverursachung identifizierten und damit Voraussetzungen schufen, eine Verbesserung der Gemeinkostenplanung und eine exaktere, verursachungsgerechtere Verrechnung der Logistikkosten auf die Produkteinheiten selbst oder auf andere Kostenträger (z.B. im Rahmen der elektiven Zuschlagskalkulation[539]) zu ermöglichen.[540]

Im folgenden soll die Tauglichkeit einer Grenzplankostenrechnung für ihren Einsatz als logistische Budgetierungstechnik geprüft werden.

(1) Die *Stärke dieser Konzeption* in Bezug auf Budgetierungszwecke liegt in der Trennung von variablen und fixen Kosten.

Dadurch lassen sich in den Logistiksegmenten auf Basis geeigneter Bezugsgrößen die Beschäftigungsmengen planen und somit die beschäftigungsabhängigen Kosten pro Budgetbereich ermitteln, während die beschäftigungsunabhängigen, also die in der Planperiode fixen Kosten, getrennt budgetiert werden.
Berücksichtigt man darüber hinaus, daß nicht nur die Kosteneinflußgrößen, die in die Beschäftigung eingehen und die *quantitative Leistung* einer Stelle beschreiben (wie z.B. gefahrene Tonnenkilometer, abgefertigte Paletten oder Anzahl fremdvergebener Transportaufträge), sondern daß auch andere Einflußgrößen wie z.B. Auftragsgröße, -zusammensetzung oder -abwicklungszeiten unterschiedliche Anforderungen an die *qualitative Leistung* der Logistiksegmente stellen und damit Kostenveränderungen bewirken, und erweitert man entsprechend die Kosteneinflußgrößensysteme für die einzelnen Stellen, erhält man einen Ansatz für eine Budgetierungstechnik, bei der die Leistungserstellungsprozesse der Segmente "daraufhin untersucht werden, welche funktionalen oder dispositiven Beziehungen zwischen den Aktivitäten der Leistungserstellung und dem bei wirtschaftlicher Handlungsweise erforderlichen Verbrauch an beschäftigungs- und verfahrensabhängigen Produktionsfaktoren bestehen"[541].

Somit steht nicht nur ein geeignetes Instrument zur analytischen Planung der logistischen Budgets sondern auch zur exakteren Kontrolle und Analyse der Budgetabwei-

538 Vgl. stellvertretend für viele Vikas 1988a, S.229ff.
539 Vgl. Kloock, Sieben, Schildbach 1993, S.141ff.; Kloock 1992a, S.185.
540 Vgl. Scholl 1983, S.11f.; Reichmann 1990, S.296f.; Reichmann o.J., S.117ff.; vgl. ebenso Teichmann 1989, Lochthowe 1990.
541 Kilger 1988, S.325.

chungen zur Verfügung. Ein auf diesen Grundsätzen aufgebautes flexibles Budgetierungssystem erlaubt auch bei Abweichung von den geplanten logistischen Leistungsmengen eine differenzierte Analyse der Abweichungsursachen und schafft
damit Voraussetzungen zum Einsatz einer flexiblen logistischen Budgetierung.

(2) Auch im Rahmen einer auf Teilkosten aufbauenden Budgetierung ist die *Analyse
der Fixkosten* bzw. die Wirtschaftlichkeitsüberprüfung der vorzuhaltenden und einzusetzenden Kapazitäten von Bedeutung.

Grundsätzlich entstehen in den Logistiksegmenten Fixkosten durch Entscheidungen
über die Vorhaltung einer bestimmten art- und mengenmäßigen Zusammensetzung
logistischer Kapazitäten, die auf Basis von Erwartungen über die künftige Entwicklung des Leistungsprogramms getroffen werden und denen die Suche nach den wirtschaftlichsten Prozeßabläufen, -verfahren und -anlagen vorgeschaltet ist. Fixkosten
fallen also aufgrund der vorgelagerten Entscheidungen über die vorzuhaltenden Kapazitäten und unabhängig von deren späteren Nutzung an.

Deshalb ist es nur beschränkt aussagefähig, für die Überwachung des wirtschaftlichen Einsatzes dieser Kapazitäten im Rahmen der Budgetkontrolle lediglich
die *Höhe* der angefallen Fixkosten heranzuziehen, denn Abweichungen zwischen
den geplanten und den tatsächlich angefallenen Fixkosten können nur darin
begründet sein, daß entweder dezentral in den Segmenten die Entscheidungen über
die vorzuhaltenden Kapazität revidiert bzw. nicht umgesetzt wurden oder der aus
diesen Entscheidungen resultierende Fixkostenanfall in der Budgetplanung (z.B.
aufgrund von fehlerhaften Preisprognosen) falsch eingeschätzt wurde.
Für die Kontrolle der Fixkosten ist aber diese Frage von weitaus geringerer Bedeutung als die Frage, ob der Umfang der bereitgestellten Kapazitäten dem tatsächlichen *Ist-Bedarf* der Budgetierungsperiode entsprochen hat und ob die vorhandenen
Kapazitäten möglichst effizient eingesetzt wurden.[542]

Hierfür muß im Rahmen einer Grenzplankostenrechnung geprüft werden, ob der der
Budgetplanung zugrundegelegte *Kapazitätsbedarf* auch tatsächlich vorhanden war,
also eine Kontrolle des zugrundegelegten Leistungsprogramms vollzogen werden.
Desweiteren muß überprüft werden, inwieweit sich die Nutzung der Kapazitäten von
den unter Wirtschaftlichkeits- und Lieferservicegesichtspunkten geplanten Prozeßabläufen und -verfahren unterschieden hat, also eine Verfahrenskontrolle durchgeführt werden.

---

542   Vgl. ebenfalls Kleiner 1991, S.255f.

Im Rahmen einer *einstufigen Grenzplankostenrechnung*, bei der die fixen Kosten über alle Kostenstellen summiert und als quasi monolithischer Block in das Fix-kostenbudget übernommen würden, könnten diese Informationen nicht geliefert werden. Aufgrund der undifferenzierten Betrachtung der Fixkosten ist die einstufige Grenzplankostenrechnung nur für die Zwecke der *Fixkosten-Abweichungsanalyse* einsetzbar; da sie allerdings den Fixkostenblock nicht weiter differenziert und somit nicht den erbrachten (heterogenen) Leistungen gegenüberstellen kann, ist sie für die Analyse einzelner Fixkosten verursachender Kapazitätseinheiten nach Effizienzge-sichtspunkten nicht zu verwenden.

Eine Weiterentwicklung hingegen stellt die von KILGER als erweiterte Kosten-trägerrechnung verstandene Fixkostendeckungsrechnung[543] dar. Sie ist durch eine stufenweise und hierarchisch strukturierte Zurechnung aller Fixkosten der Unter-nehmung auf die einzelnen Hierarchiestufen gekennzeichnet, wobei als mögliche Hierarchiestufen einzelne Erzeugnisse, Erzeugnisgruppen, Unternehmungsbereiche oder die Gesamtunternehmung unterschieden werden. Sie wird deshalb auch als *mehrstufige Grenzplankostenrechnung* bezeichnet.[544] Die Zurechnung zu diesen Stufen[545] erfolgt nicht anteilsmäßig sondern nur insoweit, als in diesen Stufen be-stimmte betriebliche Teilbereiche *ausschließlich* in Anspruch genommen wer-den.[546] Hierdurch lassen sich erste Hinweise dafür finden, für welche Ausschnitte bzw. Zusammenfassungen des Leistungsprogramms die fixen Kosten anfallen.

Allerdings kommt man nur zu begrenzt aussagefähigen Analyseergebnissen im Rahmen der Budgetkontrolle, wenn man die Fixkostendeckungsanalysen lediglich auf *produktbezogene Fragestellungen* beschränkt. Hierdurch lassen sich zwar Fixko-stenabbaumöglichkeiten bei einer Elimination von einzelnen Erzeugnissen oder Er-zeugnisgruppen überprüfen, jedoch ist eine Fixkostendeckungs- bzw. Wirtschaftlich-keitsanalyse von Bereichen, die nicht unmittelbar an der Leistungserstellung beteiligt sind, kaum möglich.

Will man die Fixkostendeckungsanalyse über die produktbezogene Ebene hinaus auf *prozeßbezogene Fragestellungen* ausweiten, ist ein Ausbau der mehrstufigen Grenz-plankostenrechnung notwendig, wie ihn KLOOCK darstellt. Hierbei müssen die

543 Vgl. Kilger 1988, S.698ff.; er lehnt sich hierbei an Agthe an; vgl. dazu Agthe 1959, S.404ff.
544 Vgl. u.a. Kloock 1992a, S.189f.
545 Grundlage der Zurechnung ist hierbei das Kosteneinwirkungs- bzw. Beanspruchungsprinzip; vgl. Franz 1990b, S.272f.; Kloock 1992a, S.189.
546 Vgl. Kilger 1988, S.98.

Fixkosten sämtlicher Leistungsbereiche entlang der *Prozeßkette*, und zwar direkte und indirekte Leistungsbereiche, differenziert je Kostenstelle ausgewiesen werden, sofern die betreffenden Fixkosten verursachenden Kapazitäten ausschließlich von diesen in Anspruch genommen werden.[547] Dies setzt eine genaue Analyse der Arbeitsschritte und Aktivitäten betrieblicher Wertschöpfungsvorgänge voraus[548] und führt schlußendlich zu einer dem Kosteneinwirkungs- bzw. Beanspruchungsprinzip folgender Zuordnung der fixen Kosten auf direkte und indirekte Leistungserstellungsprozesse.[549]

(3) Es läßt sich also festhalten, daß hinsichtlich der *Konzeption* die Grenzplankostenrechnung aufgrund der differenzierten, über die Einbeziehung der Beschäftigung (gemessen in Outputeinheiten einer Stelle) hinausgehende Erfassung von Bezugsgrößen als Maßstäbe der Kostenverursachung und aufgrund ihrer differenzierten Zurechnung von proportionalen und fixen Kosten die Koordinations- und Kontrollfunktion von logistischen Budgets vor allem vor dem Hintergrund dynamischer Umweltbedingungen wirksam unterstützen kann.

Dennoch bestehen in der Praxis - wie folgendes Zitat und eine Fülle von Aussagen von Praktikern bzw. Controllern zeigen[550]- Probleme bei der *Anwendung* der Grenzplankostenrechnung: "Der Bedarf zum operativen Kostenmanagement wird nach wie vor durch rote Lampen erzeugt, die in den verschiedenen Regelkreisen zu leuchten beginnen. Ist-Kosten also, die gegenüber den Soll-Kosten zu hoch sind: Kostenabweichungen. Früher haben wir uns gefragt: Bei *welchen* Kostenarten liegen die Schwerpunkte, *wo* kann ich die Sachkosten senken, wie kann ich Personal abbauen, *wo* kann ich etwas einsparen? Diese Fragen gingen oft ins Leere, weil unklar war, *wodurch* die Kosten entstanden."[551]

Das Anwendungsproblem liegt allerdings nicht an den mangelnden Planungs- und Kontrollmöglichkeiten einer Grenzplankostenrechnung; daß die Grenzplankostenrechnung sehr wohl die Ursachen (das "Wodurch") der Kostenentstehung ermitteln kann, ist oben gezeigt worden. Das Anwendungsproblem ist also kein konzeptionelles sondern vielmehr ein *Darstellungs- bzw. Interpretationsproblem für die Informationsempfänger*. Es ist offensichtlich darin begründet, daß die Grenzplankostenrechnung den Produktionsfaktorverbrauch der betrachteten Periode lediglich in Kostenarten je Kostenstelle vorgibt.

547   Vgl. Kloock 1992a, S.189.
548   Vgl. ebenso Küting, Lorson 1991, S.1431.
549   Zum Kosteneinwirkungs- bzw. Beanspruchungsprinzip vgl. Kloock, Sieben, Schildbach 1993, S.50.
550   Vgl. u.a. Schulte 1989, S.60ff.; Lindner, Piringer 1990, S.828ff.; Berlant, Browning, Forster 1990, S.178ff.; Cervellini 1991, S.223ff.; Giehl 1993, S.289ff.
551   Lohmann 1992a, S.145 (im Original ohne Hervorhebungen).

Im Rahmen der Budgetierung kann sie - wenn die, die einzelnen Kostenarten treibenden, Einflußgrößen nicht gleichermaßen betrachtet werden - dadurch die Gefahr der *"Inputorientierung"*[552] sowohl der Budgetierenden als auch der Budgetempfänger fördern, weil eine auf Kostenarten basierende Budgetierung den Blick primär auf die benötigten Einsatzgüter und Mittel richtet und nur einen indirekten Bezug zwischen den Budgets und den Maßnahmen herstellt, die im Rahmen der Budgets durchzuführen sind.

Vor allem für die kostenrechnerisch noch wenig durchdrungenen indirekten Leistungsbereiche besteht die Gefahr, daß die mengenmäßigen Leistungsbeziehungen durch die wertmäßigen, auf Kostenarten basierenden Ausdrücke verdeckt bzw. nicht entsprechend von den Budgetierungsorganen erkannt und gedeutet werden.

Da die einzelnen Kostenarten an sich - d.h. ohne Rekursion auf die sie treibenden Einfluß- bzw. Bezugsgrößen - keinen direkten Maßnahmenbezug herstellen, wird hierdurch bereits im Wege des Budgetantrags tendenziell die Gefahr gefördert, vom Verbrauch der Vorperiode auszugehen und eine Art "Fortschreibungsbudgetierung" zu vollziehen.[553]

(4) Eine Erfassung und Darstellung der Kosten *auf Basis von Prozessen* könnte die Anwendungs- und Interpretationsprobleme bei einer auf Kostenarten basierenden Budgetierungstechnik beheben. Sie würde aufgrund der integrierten Vorgabe von Prozessen, Prozeßbezugsgrößen und Prozeßbezugsgrößenmengen dazu führen, daß bereits auf der Darstellungsebene die formulierten Ressourcenvorgaben am geplanten Output in Form zu vollziehender Prozesse ausgerichtet sind und nicht an den benötigten Einsatzgütern und Mitteln.

Deswegen sind im folgenden Überlegungen anzustellen, wie die Konzeption der Grenzplankostenrechnung verbunden werden kann mit den Vorteilen eines auf Prozessen aufbauenden Rechnungssystems.

---

552 Zu diesem Begriff, der in der Literatur häufig zur Abgrenzung von leistungs- bzw. outputorientierten Budgetierungstechniken angewendet wird vgl. u.a. Bamberger 1971, S.90ff.; Pfohl 1981, S.200, Woelfel 1987, S.36f.
553 Vgl. Klotz, Geiger, Grebenc, Maaßen 1990, S.404; Küpper 1991a, S.16.

6.2. Zusammenfassender Vergleich der logistischen Grenzplankostenrechnung und Prozeßkostenrechnung und die Möglichkeiten ihrer konzeptionellen Integration

Vergleicht man das dargestellte Konzept der Grenzplankostenrechnung mit dem der Prozeßkostenrechung, stellt man folgendes fest:

Beide Konzeptionen sind gar nicht so verschieden, sondern weisen vielfältige Übereinstimmungen auf;[554] so benutzen beide bei der Kostenverrechnung den Aufbau einer Kostenarten-, Kostenstellen- und Kostenträgerrechnung. Beide Systeme versuchen die Einflußfaktoren auf die betrieblichen Kosten durch detaillierte Bezugsgrößen abzubilden, wobei auch in der Grenzplankostenrechnung der Kilger'schen Version differenzierte Vorschläge für die Anwendung von direkten Bezugsgrößen in Kostenstellen, die nicht zum Fertigungsbereich gehören, gemacht werden.[555] Auch bei der Grenzplankostenrechnung sind es letztlich die einzelnen Aktivitäten und Prozesse der Leistungserstellung, die als mögliche Bezugsgrößen der Kostenverursachung in Frage kommen, worauf KILGER bereits schon vor mehreren Jahren hinwies: "Und letzten Endes würde ich mich nicht als 'stellenbezogen', sondern als aktivitätenbezogen betrachten. In den Stellen sind die Aktivitäten die Bezugsgrößen, bei den Einzelkosten sind es die Mengen unmittelbar."[556]

Es ist also der Feststellung KLOOCKs zuzustimmen, daß die Grenzplankostenrechnung auf den aktivitätsorientierten Grundlagen gemäß der Prozeßkostenrechnung aufbaut[557] bzw. daß die Prozeßkostenrechnung lediglich einen Sonderfall der ein- und mehrstufigen Grenzplankostenrechnung darstellt und zwar insofern, daß sie im Gegensatz zur Grenzplankostenrechnung unter *Verletzung des Verursachungsprinzips* die Fixkosten *anteilig* auf die Prozesse und die absatzbestimmten Produkte weiterverrechnet.[558]

Die Zielsetzung der folgenden Ausführungen ist es, eine *logistische Prozeßplankostenrechung auf Teilkostenbasis* zu entwickeln, bei der die in den Logistiksegmenten zu vollziehenden Auftragsabwicklungsprozesse zum Ausgangspunkt der Konzeption genommen werden, zugleich aber eine Trennung von prozeßbe-

---

554 Zu einem umfassenden Vergleich vgl. Franz 1990b, S.269ff; Pfohl, Stölzle 1991, S.1294ff.; Müller 1991, S.334ff.; Maier-Scheubeck 1991, S.543ff.; Küting, Lorson 1991, S.1421ff.; Kloock 1992a, S.183ff.; Reichling, Köberle 1992, S.503ff.; Fischer 1993, S.229ff.

555 Vgl. Kilger 1988, S.338.

556 Zitat Kilgers auf der Tagung der Kommission Rechnungswesen im Verband der Hochschullehrer für Betriebswirtschaft im Jahre 1979; zitiert in Chmielewicz 1983, S.86.

557 Vgl. Kloock 192a, S.185.

558 Vgl. Kloock 1992a, S.184 u. 189ff.

zugsgrößenabhängigen (variablen) und prozeßbezugsgrößenunabhängigen (fixen) Kosten erfolgt. Sie kann auch als "partielle Ergänzung zur Grenzplankostenrechnung"[559] verstanden werden und bringt damit zum Ausdruck, daß sie als eine *moderne Version der Grenzplankostenrechnung* verstanden wird, die das Gedankengut einer prozeßorientierten Kostenrechnung übernimmt und somit einen Ausbau bzw. eine Weiterentwicklung der Plankostenrechnungen zur Lösung logistischer Budgetierungsprobleme gemäß den oben dargestellten konzeptionellen Anforderungen vollzieht.

Auch von einigen Autoren, wie z.B. von FRANZ[560], MÜLLER[561], SIEGWART/RAAS[562] oder von SEIDLMEIER[563] wird die Möglichkeit der Integration der Gedanken der Prozeßkostenrechnung und der Grenzplankostenrechnung grundsätzlich bejaht, wobei allerdings lediglich KLOOCK tiefergehende und konzeptionelle Gestaltungsanforderungen und Aufbaumöglichkeiten einer solchen Rechnung diskutiert, die er "flexible Prozeßkostenrechnung" nennt.[564]

Eine logistische Prozeßkostenrechnung auf Teilkostenbasis erfüllt vor dem Hintergrund der an eine logistische Budgetierungstechnik gestellten Anforderungen folgende Rechnungszwecke:

(1) Sie setzt an den in den Logistiksegmenten zu vollziehenden Auftragsabwicklungsprozessen an und führt dazu, daß sich die in der Budgetierung formulierten Ressourcenvorgaben am geplanten *Output* orientieren und nicht - wie bei traditionell inputorientierten Budgetierungstechniken üblich - an den benötigten Einsatzgütern und Mitteln.

Anders als übliche Verfahren wie etwa der Gemeinkostenwertanalyse oder des ZBB nutzt sie die Ergebnisse einer Prozeßanalyse, um sie im Wege der kontinuierlichen Verbesserung für ein *permanentes Kosten-Management* zu gebrauchen; somit kompensiert sie die Schwächen wertanalytischer Budgetierungstechniken, die nur in je-

559 Vgl. Müller 1991, S.337ff.
560 "Zu erwägen wäre eine Integration der Gedanken der Prozeßkostenrechnung in die Grenzplankostenrechnung ..." (Franz 1990a, S.208).
561 "Die von einigen Vertretern der Prozeßkostenrechnung vertretene Ansicht, die Prozeßkosten ... seien 'Vollkosten', ist dabei völlig realitätsfern: Ein Teil der Kosten der Kostenstellen des indirekten Leistungsbereichs ist naturgemäß zu den Prozeßmengen proportional, zum Teil fix, andere völlig prozeßmengenunabhängig, d.h. voll fix." (Müller 1991, S.339).
562 "Die bisherigen Darstellungen bezogen sich auf eine Vollkostenrechnung. Theoretisch ist auch eine Anwendung einer Prozeß-Teilkostenrechnung möglich, wobei die prozeßmengenabhängigen Kosten als variabel, die prozeßmengenunabhängigen aber als fix zu betrachten sind." (Siegwart, Raas 1991, S.234).
563 Er stellt diese zumindestens als eine denkbare Variante in den Raum; vgl. Seidlmeier 1991, S.33.
564 Vgl. Kloock 1992b, S.241ff; eine ausführliche Darstellung seiner Überlegungen soll hier nicht erfolgen. Vielmehr werden sie in den Ausführungen zu Kap. D. eingehend berücksichtigt.

weils größeren Intervallen praktizierbar sind und deren Steuerungswirkungen wegen des fallweisen Charakters dieser Analysen häufig verpuffen.[565]

Sie führt zu einer stärkeren Formalisierung der Budgetplanung, bei der die dezentralen Segment-Manager auf Basis der Maßnahmenpläne und der Prozeßbezugsgrößen valide das Zustandekommen der Budgetwerte begründen müssen und können, mit der Folge, daß sowohl die beschriebenen Probleme der intransparenzbedingten (dezentralen) Slackbildung[566] als auch die Gefahren einer leistungslosgelösten (zentralen) "ex-post-plus-minus" Budgetvorgabe tendenziell entschärft werden.[567] "Damit können die langjährigen Budgetknetphasen in den indirekten Bereichen abgekürzt werden, da eine aktivitätsorientierte Gemeinkostenplanung als Grundlage für die Budgetierung dient."[568]

Darüber hinaus dient sie nicht nur "dem einen Ziel", nämlich der drastischen Kostensenkung innerhalb der Logistiksegmente, sondern bemüht sich um eine verursachungsgerechte und insbesondere um eine differenzierte, den jeweiligen strategischen Leistungsanforderungen entsprechende, Ressourcenverteilung. Dadurch liefert sie eine wirkungsvolle Unterstützung zur vertikalen Koordination durch logistische Budgets.

Aufgrund der Möglichkeit zur Abbildung der *sachlichen Beziehungszusammenhänge* zwischen verknüpften Teilprozessen entlang der logistischen Prozeßkette wird zudem eine segmentübergreifende Kostenplanung und -kontrolle vereinfacht und eine querschnittsorientierte Verantwortung gefördert.

So kommt es in der Abwicklung der Budgetierung notwendigerweise zu einer Analyse von Trade-Off-Beziehungen zwischen den Ressourcenallokationen, während im Rahmen der Budgetkontrolle die Verantwortlichen auf den verschiedenen Logistikebenen gemeinsam und schnittstellenübergreifend für die Ergebnisse der Soll-Ist-Vergleiche zur Verantwortung gezogen werden können.[569]

Darüber hinaus ermöglicht diese Budgetierungstechnik eine unmittelbare Budgetverknüpfung zwischen aufeinanderfolgenden Perioden, da aufgrund der Erfassung der Kosten pro Prozeß (respektive der Erfassung der Kostenveränderung pro

---

565 Weber 1990, S.206; Striening 1991, S.137f.; Muff 1991, S.192.
566 Vgl. dazu die Ausführungen in Kap. C.4.1.1.2.
567 Dies entspricht weitestgehend der Einschätzung von Weber 1991a, S.56.
568 Schimank 1991, S.126.
569 "Dadurch, daß Prozesse über das ganze Unternehmen hinweg transparent werden, kann jeder Kostenstellenverantwortliche feststellen, welche Mehrkosten in seiner Kostenstelle, je nach Lage der Dinge, durch Kostensenkungen in anderen Kostenstellen überkompensiert werden. Die Kommunikation zwischen den Kostenstellen sowie das Kosten- und Problembewußtsein der Kostenstellenverantwortlichen und die Sensibilisierung gegenüber kostenstellenübergreifenden Rationalisierungspotentialen wird gefördert." (Lohmann 1991, S.258).

Prozeß) die *zeitlichen Beziehungszusammenhänge* zwischen (gleichen oder unter-schiedlichen) Teilprozessen zweier Budgetierungsperioden transparenter werden.
Dies führt notwendigerweise bei den Budgetbeteiligten zu einer Ausdehnung des Blickfeldes auf zeitliche Folgewirkungen. Dem oben beschriebenen Problem des "Kurzfristdenkens", bei dem das Verhalten der Budgetverantwortlichen davon ge-prägt ist, das eigene Logistik-Budget jetzt einzuhalten, um - ungeachtet langfristiger Nachteile - ein günstiges Periodenergebnis vorzuweisen, kann durch den Einsatz die-ser Budgetierungstechnik tendenziell entgegengewirkt werden.[570]

(2) Aufgrund ihrer Trennung von variablen und fixen Prozeßkosten lassen sich auf der Basis differenzierter Prozeßbezugsgrößen die Prozeßmengen planen und die va-riablen Prozeßkosten pro Budgetbereich ermitteln. Ein Großteil der (fixen) Kosten der bereitzuhaltenden Kapazitäten hingegen läßt sich analytisch auf Basis der zu er-bringenden Leistungen, also prozeßorientiert planen: "Durch die Festlegung der mit den vorhandenen Gemeinkosten-Ressourcen 'machbaren' Anzahl Bezugsgrößen er-gibt sich häufig erstmals eine *Definition der Kapazität* eines Gemeinkostenbereiches hinsichtlich seiner repetitiven Tätigkeiten."[571]

Auch hinsichtlich der *Budgetkontrolle* bietet der Einsatz einer logistischen Pro-zeßkostenrechnung auf Teilkostenbasis vielfältige Vorteile.
So erlaubt die differenzierte Erfassung von Prozeßbezugsgrößen auch bei Pro-zeßmengenschwankungen bzgl. der variablen Prozeßkosten eine differenzierte Ursa-chenanalyse, während bzgl. der fixen Prozeßkosten durch eine stufenweise *Zurech-nung nach dem Kosteneinwirkungs- bzw. Beanspruchungsprinzip* auf Stellen und Prozesse Einblicke in die Wirtschaftlichkeit logistischer Kapazitäten gewährt und - bei Beachtung der unterschiedlichen Bindungsfristen - Ansatzpunkte zur prozeßori-entierten Kapazitätsanpassung geliefert werden.

(3) Nicht nur aus sachlogischen Gründen kann die Kostenrechnung aus der Per-spektive von Prozessen Vorteile bieten.
Sie kann auch einen Ansatz zur besseren Verzahnung der "technischen, an phy-sischen Transferprozessen orientierten Logistik" und der "betriebswirt-schaftlichen, an Führungsprozessen und -entscheidungen orientierten Logistik" schaffen.[572] So

---

570 Vgl. ähnlich Grebenc, Geiger, Klotz, Maaßen 1990, S.357.
571 Wäscher 1992, S.178; Siegwart und Raas sprechen in diesem Zusammenhang von der besseren Integration von Kosten-und Investitionsrechnung, wobei die Kostenrechnung den Zweck erfüllt, die Kosten von Prozessen zu ermitteln, während die Investitionsrechnung die Wirksamkeit von Maßnahmen beurteilt, die Prozesse umzugestalten, wegfallen zu lassen oder sie neu zu gestalten; vgl. Siegwart, Raas 1991, S.236.
572 Zur Gegenüberstellung einer technisch-ingenieurwissenschaftlichen Logistik und einer betriebswirtschaftlich Logistik vgl. u.a. Ihde 1987, S.703ff.; Fey 1989, S.12ff.

wie in Teil B dargestellt, steht die Logistik nicht nur im Spannungsfeld technischer und betriebswirtschaftlicher und damit traditionell unverwandter Denkweisen, sondern ist auch personell von diesem Dilemma geprägt. Allgemein wird beklagt, daß logistische Führungskräfte einseitig technisch versiert und spezialisiert seien und daß es ihnen schwer falle, in betriebswirtschaftlichen Kategorien wie etwa Kosten und Leistungen zu denken.[573]

Die logistische Prozeßkostenrechnung auf Teilkostenbasis erweist sich als ein geeignetes Konzept, im operativen Bereich der Logistik zur Integration zweier Denkwelten beizutragen und insbesondere ein von der dezentralen Führung ausgehendes ständiges Bemühen um Verbesserung von Abläufen in den Logistiksegmenten im Sinne eines "continous improvement" bzw. "kaizen" zu fördern.[574] Dies bestätigen erste Erfahrungsberichte von Praktikern: "Als ... Effekt der Prozeßkostenrechnung haben wir festgestellt, daß die technisch orientierten Mitarbeiter ... mit der Prozeßkostenrechnung operativ mehr anfangen können, als mit der bisherigen Kostenrechnung. Während Kosten eine eher abstrakte Größe darstellen, sind Prozeßkosten abgeleitet aus Prozessen, Bezugsgrößen und Prozeßmengen. Damit werden Kosten zu einer Funktion dieser Prozeßgrößen und für Techniker genauso transparent, wie es die Stücklisten und Arbeitspläne schon heute sind."[575]

Wenn man der prinzipiellen Forderung folgen will, daß die logistische Budgetierung auch auf die Informationsbedürfnisse der dezentralen Budgetempfänger ausgerichtet wird, dann ist der Einsatz einer prozeßorientierten Budgetierungstechnik, "die die Sprache ihrer Kunden spricht" der richtige Weg in die richtige Richtung.[576]

---

573 Vgl. Hohmann, Sokianos 1985, S.62ff.; Pawellek 1987, S.10ff.; Duerler 1990, S.197ff.

574 Vgl. dazu u.a. Imai 1986, S.39, der hierfür "process-oriented indices" vorschlägt; vgl. ebenso Renner 1991, S.142; Hiromoto 1991, S.27f.

575 Lohmann 1992a, S.140.

576 Vgl. ebenso Brimson: "Thus activities provide an effective medium for communication between accounting and operational personnel because they correspondent to familiar manufacturing terms and events." (Brimson 1991, S.74).

D. Die Anwendung einer logistischer Prozeßplankostenrechnung auf Teilkostenbasis als Budgetierungstechnik

1. Einführung

Inhalt der folgenden Ausführungen ist die konzeptionelle Entwicklung einer Prozeß-plankostenrechnung auf Teilkostenbasis, deren Übertragung auf die logistische Budgetplanung und -kontrolle und deren Integration in ein übergeordnetes leistungs- und kostenorientiertes System logistischer Segmentplanung und -kontrolle (vgl. Abb.25).

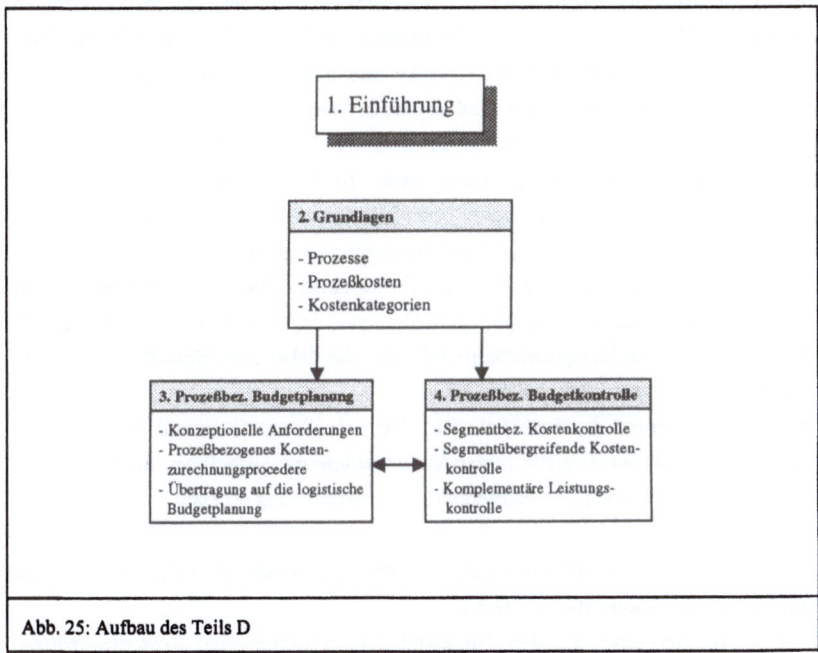

Abb. 25: Aufbau des Teils D

Dazu werden zunächst Grundlagen der *prozeßbezogenen Kostenzurechnung* er-arbeitet (Kap. D.2.). Hierbei geht es einmal um die Unterscheidung der Arten von Auftragsabwicklungsprozessen als potentielle Kostenzurechnungsobjekte, wobei insbesondere zwischen der Gruppe *physischer, administrativer* und *dispositiver* Prozesse einerseits und der Gruppe *leistungsmengeninduzierter* und *leistungsmengenneutraler* Prozesse andererseits unterschieden wird. Anschließend folgen Überlegungen zur Spaltung der Prozeßkosten in *variable* und in *fixe Be-standteile*.

Als Hauptproblem der prozeßbezogenen und nach Kostenkategorien differenzierten Kostenzuordnung wird herausgestellt, daß der einzelne Auftragsabwicklungsprozeß als potentielles Budgetierungsobjekt nicht exakt "faßbar" bzw. theoretisch abgesichert definierbar ist. Daß trotz der teilweise fließenden Übergänge zwischen den einzelnen Zurechnungsobjekten eine unternehmungsindividuell vorzunehmende Grenzfestlegung sinnvoll und notwendig ist, wird anschließend dargelegt.

In Kap. D.3. wird die Methodik einer prozeßbezogenen und auf der Unterscheidung von variablen und fixen Bestandteilen basierenden Kostenrechnung entwickelt und auf die Budgetierung übertragen.

Hierbei werden zuerst *konzeptionelle Anforderungen* an die planmäßig erfaßten Auftragsabwicklungsprozesse und die Cost-Driver-Kandidaten hinsichtlich ihrer Anwendbarkeit für Kostenrechnungszwecke und ihrer Integrationsfähigkeit in ein übergeordnetes Segmentplanungs- und -kontrollsystem formuliert.

Die *Verrechnung variabler Kosten* auf Prozesse und Prozeßbezugsgrößen (nach dem strengen Verursachungsprinzip oder dem Kosteneinwirkungs- bzw. Beanspruchungsprinzip[1]), die *Zuordnung fixer Kosten* auf Prozesse (wenn die Anwendung des Kosteneinwirkungs- bzw. Beanspruchungsprinzips möglich ist) bzw. die Überführung in einen sogenannten *"Restkostenblock"*[2] (wenn eine prozeßbezogene Kostenzuordnung nach dem Verursachungsprinzip nicht mehr möglich ist) wird anhand von Beispielen dargestellt und die dabei zum Einsatz kommenden *Kostenzurechnungsprinzipien* analysiert.

Anschließend werden die Potentiale für eine *prozeßorientierte* und der *ganzheitlichen Perspektive der Logistik folgende Budgetplanung* aufgeführt, die sich durch den Einsatz einer solchen prozeßorientierten Kostenplanung ergeben.

Auf Basis dieser Prozeßteilkostenrechnung werden Möglichkeiten einer logistischen Budgetkontrolle diskutiert (Kap. D.4.).

Diese erfolgt zum einen aus dem Blickwinkel *segmentbezogener Kostenkontrollen.* Hier wird gezeigt, daß (bzw. wie) durch die konsequente und funktionale Berücksichtigung von Prozessen und Prozeßbezugsgrößen der Einsatz von, bereits in der Literatur ausführlich diskutierten, Methoden der Wirtschaftlichkeitsanalyse (Ermittlung von Verbrauchsabweichungen, Kapazitätsauslastungsanalysen, Fixkosten-Controlling etc.) möglich ist bzw. sogar nachhaltig vereinfacht wird.

---

1   Vgl. dazu Kloock, Sieben, Schildbach 1990, S.50f. sowie die Ausführungen in Kap. D.3.4.2.
2   In den Restkostenblock werden solche Kosten eingestellt, für die eine prozeßorientierte Zurechnung nicht mehr zu rechtfertigen ist; hier besteht nur noch ein so loser Zusammenhang zwischen Ressourcenverzehr und dem Vollzug von Wertschöpfungsprozessen, daß die Beibehaltung einer kostenartenbezogenen Erfassung sinnvoller ist; vgl. dazu ausführlich die Ausführungen im Kap. D.3.4.2.

BUDGETPLAN 1993

ORGANISATIONSEINHEIT:..................... SEGMENTMANAGER:..................... MONAT:.....................

		Kostensumme k_v / k_f	COST-DRIVER Kleinaufträge Betrag	CD-Menge	PKS	Auftragspositionen Betrag	CD-Menge	PKS	Transportkilometer Betrag	CD-Menge	PKS	...	Produkt P$_1$ Betrag	CD-Menge	PKS	...	nicht kostentreiber-abhängig
LP$_1$: Kommissionierung	k$_v$	102.000	50.000	20.000	2,5	52.000	400.000	0,13									
	k$_f$	98.000															
LP$_2$: Be-/Entladung	k$_v$	100.000	100.000	20.000	5												
	k$_f$	38.000															
:	:	:															
LP$_z$: Transport	k$_v$	160.000							160.000	200.000	0,8						
	k$_f$	30.000															
Σ Transferprozesse		710.000															
TP$_1$: Einkauf Material für P1	k$_v$	350.000											100.000	250.000	1,4		
	k$_f$	0															
TP$_2$: Bauteilefertigung für P1	k$_v$	200.000											200.000	250.000	0,4		
	k$_f$	113.000															
:	:	:															
TP$_n$: Montage von P1	k$_v$	150.000											150.000	250.000	0,6		
	k$_f$	42.000															
Σ Transformationsprozesse		730.000															
AP$_1$: Auftragseingabe PC	k$_v$	240.000	40.000	20.000	2	200.000	400.000	0,5									
	k$_f$	40.000															
:	:	:															
Σ admininistrative Prozesse		412.000															
Segment leiten	k$_f$	144.000															144.000
EDV-Systempflege	k$_f$	52.000															52.000
:	:	:															:
Σ dispositive Prozesse		348.000															
Summe Prozeßkosten		3.100.000															
Betriebsunfallversicherung (anteilig)	k$_f$	150.000															
Lehrlingsausbildung	k$_f$	450.000															
:		:															
Wach- und Schließgesellschaft (anteilig)	k$_f$	180.000															
Gesamtsumme		3.920.000															

Budget-Anhang

Segmentinterne Kennzahlen			Segmentübergreifende Kennzahlen
Lieferservice-Kennzahlen	Leistungsmengen	Kapazitätsauslastung	Kosten-Trade-Offs zu ...
Lieferbereitschaftsgrad = 96%	ø Gewicht pro Sendung = 1,2 t/S	Transportkapazität K$_1$ = 51%	SEG B / Einkauf Material kv = 120.000
Fehllieferungsquote = 4%	ø Entfernung pro Tour = 340 km/T	Fertigungskapazität K$_2$ = 73%	SEG B / Transport zur Fertigung kv = 36.000
Lieferverzögerungsquote = 1%	ø Auftragspos. pro Auftrag = 240 P/A	Montagekapazität K$_P$ = 34%	SEG C / Reklamationsabwicklung P1 kv = 48.000
:	:	:	:

Die Aussagefähigkeit *segmentübergreifender Budgetkontrollen* wird anhand der in Kap. C.4.2.1.2. vorgestellten Budget-Trade-Off-Matrix belegt. Diese führt in ihren Spalten die Kosten einzelner Auftragsabwicklungsprozesse in den jeweiligen Logistiksegmenten auf, während sie in der horizontalen Richtung das Wirksamwerden von Kosten-Trade-Offs zwischen den Budgetbereichen wertmäßig darstellt.

Abschließend werden Möglichkeiten eines auf den erfaßten Prozessen und Prozeßbezugsgrößen aufbauenden *Leistungs-Controlling* aufgeführt und damit der Nachweis erbracht, daß mittels des Einsatzes einer prozeßorientierten Budgetierungstechnik die Integration des logistischen Budgetierungssystems in ein übergeordnetes kosten- und leistungsorientiertes Segmentplanungs- und -kontrollsystem möglich ist.

In Abb. 26 ist beispielhaft ein Budgetplan dargestellt, so wie er den Segment-Managern für die Budgetierungsperiode oder -teilperioden vorgegeben bzw. so wie er für die Durchführung der Soll-Ist-Vergleiche im Rahmen der Budgetkontrolle herangezogen wird.

In seinen *Zeilen* führt er (differenziert nach Transfer-, Transformations- und administrativen Prozessen) zunächst die variablen Kosten leistungsmengeninduzierter Auftragsabwicklungsprozesse auf bzw. gibt er diejenigen Fixkosten an, bei denen eine verursachungsgerechte Zuordnung auf Prozesse nach dem Kosteneinwirkungs- bzw. Beanspruchungsprinzip möglich ist.[3] Diejenigen Kosten, bei denen eine verusachungsgerechte Zuordnung auf Prozesse nicht möglich ist, gibt der Budgetplan in Form eines "Restkostenblockes" wieder.

In seinen *Spalten* gibt er die einzelnen prozeßbezogenen variablen und fixen Kostensummen vor bzw. verteilt er die variablen Prozeßkosten auf die Prozeßbezugsgrößen (Cost-Driver) gemäß ihrer quantitativen Ausprägung. Hier werden neben dem absoluten Betrag pro Cost-Driver die geplanten Cost-Driver-Mengen und die Kosten je Cost-Driver-Einheit (variabler Prozeßkostensatz (PKS)) angegeben.

---

3   Diese Fixkosten entstehen durch die Vorhaltung von (Prozeß-)Kapazitäten, die ausschließlich für den Vollzug des betreffenden Prozesses eingesetzt werden. Diese Form der Fixkostenzurechnung entspricht also dem Zurechnungsprinzip der mehrstufigen Grenzplankostenrechnung, so wie es in Kap. C.6.1.3.3. skizziert wurde.

Der Budgetplan wird ergänzt durch einen *Budgetanhang*, in dem über die rein seg-mentbezogenen Kostenvorgaben hinausgehende Zielgrößen aufgeführt werden.

Diese geben die von den Logistiksegmenten zu erzeugenden (quantitativen und qua-litativen) *Leistungen* sowie durchschnittliche Soll-Auslastungen einzelner *Prozeßka-pazitäten* vor.
Zusätzlich führen sie Soll-Kosten für verflochtene, *segmentexterne Prozesse* auf, de-ren Steuerung zwar in den fachlichen Verantwortungsbereich eines anderen Seg-mentes fällt, deren Kosten zusammen mit den jeweiligen Prozeßkosten des eigenen Segmentes aber nur durch eine schnittstellenübergreifende Abstimmung beider Be-teiligten minimiert werden können. Die Budgetverantwortlichen werden also zusätz-lich auf die Einhaltung von Kostenzielen für "Trade-Off-Prozesse" verpflichtet und somit zur Gesamtverantwortung für einen effizienten, *ge-meinsamen Ressourcenein-satz* entlang der Prozeßkette herangezogen.

2. Grundlagen der prozeßbezogenen Kostenzurechnung

Im Rahmen der logistischen Budgetierung wird bei einer Prozeßplankostenrechnung auf Teilkostenbasis der geplante Ressourcenverzehr kostenartenweise den in den Lo-gistiksegmenten zu vollziehenden Auftragsabwicklungsprozessen gemäß der jeweili-gen Beanspruchung zugeordnet und nach variablen und fixen Prozeßkosten unter-schieden.

Der Methodik der prozeßbezogenen Kostenzuordnung sollen deswegen grund-legende Überlegungen (1) zu den in den Segmenten zu vollziehenden *Auftrags-abwicklungsprozessen*, (2) zu den für sie relevanten *Kostenarten* und (3) zur *Dif-ferenzierung von Kostenkategorien* vorangestellt werden.

2.1. Überblick über die Arten von Auftragsabwicklungsprozessen als potentielle Kostenzurechnungsobjekte

Allgemein läßt sich ein Prozeß bezeichnen als eine sich wiederholende Folge einzel-ner Tätigkeiten, bei der im Zusammenwirken von Menschen, Maschinen und Mate-rial unter Beachtung von Zielvorgaben eine bestimmte Sach- oder Dienstleistung er-stellt und damit eine meßbare betriebliche Wertschöpfung erzielt wird.[4]

---

4   Vgl. Striening 1988, S.17; Fischer 1993, S.77f.; Holst 1993, S.1.

Die in den Logistiksegmenten jeweils erstellte logistische Leistung erfolgt durch die zielgerichtete Verknüpfung aller für die Abwicklung eines Auftrages notwendigen Wertschöpfungsprozesse, die man deswegen auch als *Auftragsabwicklungs(teil-)prozesse* bezeichnen kann.[5]

Auftragsabwicklungsprozesse treten wiederum in verschiedenen *Prozeßtypen* auf und lassen sich zunächst unterscheiden (1) in solche, die die eigentliche Wertschöpfung auslösen und (2) in solche, die sich auf deren Planung, Steuerung und Kontrolle beziehen (vgl. Abb. 27).

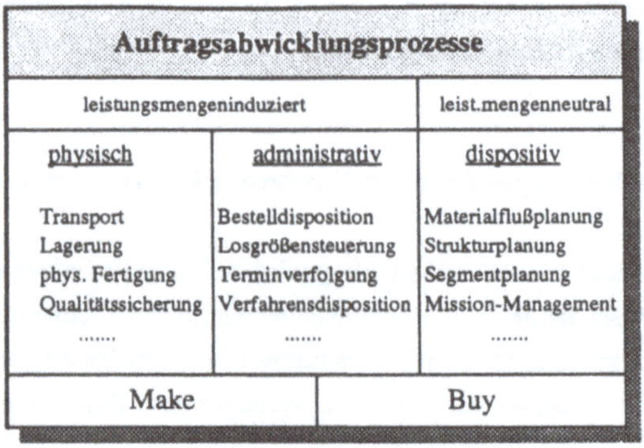

Auftragsabwicklungsprozesse		
leistungsmengeninduziert		leist.mengenneutral
physisch	administrativ	dispositiv
Transport	Bestelldisposition	Materialflußplanung
Lagerung	Losgrößensteuerung	Strukturplanung
phys. Fertigung	Terminverfolgung	Segmentplanung
Qualitätssicherung	Verfahrensdisposition	Mission-Management
....	....	....
Make		Buy

Abb. 27:   Typisierung von Auftragsabwicklungsprozessen

(1) Auftragsabwicklungsprozesse, die die eigentliche logistische Wertschöpfung auslösen, zählen zu den *physischen Auftragsabwicklungsprozessen*.
Hierbei unterscheidet man *Transformationsprozesse*, welche eine materiell-stoffliche und/oder eigentums-/besitzrechtliche Veränderung (Transformation) an Gütern bewirken, und *Transferprozesse*, welche eine Veränderung des Systemzustandes von Gütern hinsichtlich Zeit, Menge, Zusammensetzung und Handhabungseigenschaft bewirken.[6] Letztere setzen sich wiederum aus "Kern"-Transferprozessen wie etwa aus Transport- Lager- oder Kommissionierprozessen und aus "Unterstützungs"-

---

5   Vgl. dazu die Ausführungen in Kap. B.4.2.
6   Vgl. Jünemann 1989, S.12; Ihde 1991, S.1ff.

Transferprozessen wie etwa aus Verpackungs-, Signierungs- oder Fakturierungsprozessen zusammen.[7]

Eine Betrachtung der physischen Wertschöpfungsprozesse in den Logistiksegmenten macht allerdings deutlich, daß eine exakte und überschneidungsfreie Unterscheidung einzelner Transfer- oder Transformationsprozesse nicht immer durchführbar ist.

So benötigt jeder Transportprozeß Zeit, mit der Folge, daß jede Raumüberbrückung untrennbar mit einer Zeitüberbrückung, also mit einem Lagerprozeß verbunden ist. Umgekehrt verlangen auch Lagerprozesse raumüberbrückende Tätigkeiten, wie etwa Ein- oder Umlagerungsvorgänge, oder sie sind ebenso untrennbar miteinander verbunden wie z.B. Transferprozesse in Durchlaufregalen, die zugleich der Aufbewahrung und dem Transport der Lagerobjekte dienen.[8]
Die gleiche Abgrenzungsschwierigkeiten bestehen zwischen Transfer- und Transformationsprozessen, da die einzelnen in den Segmenten vollzogenen stoffverändernden Verrichtungen häufig von kurzen Transporten und Lagerungen durchzogen sind (wie etwa das den einzelnen Fertigungsschritten vor- und nachgelagerte Entnehmen von Werkstücken aus einem Transportbehälter und das Ablegen in einen anderen, oder die Existenz von kleinen Handlägern zwischen den einzelnen Fertigungsstufen bei mehrstufiger Produktion).[9]

Es bestehen also diverse Probleme bei der Unterscheidung einzelner physischer Auftragsabwicklungsprozesse in den Logistiksegmenten, die auch für eine darauf basierende Plankostenrechnung und damit für eine prozeßorientierte Budgetierung Konsequenzen haben. Denn es kann keine theoretisch einwandfreie und überscheidungsfreie Zurechnung der jeweiligen Auftragsabwicklungskosten auf die Prozesse vorgenommen werden.

Für eine prozeßorientierte Budgetierung ist allerdings eine exakte Abgrenzung der Kostenzurechnungs- bzw. Budgetobjekte notwendig, so daß unternehmungsindividuell Grenzen selber zu definieren sind. Zur Frage allerdings, *wie* diese Grenzen zu setzen sind (also ob z.B. im Rahmen von Fertigungsprozessen gesondert Transferprozesse oder ob im Rahmen von Transportprozessen gesondert Lagerprozesse zu erfassen sind), sind mehrere Aspekte heranzuziehen, wie z.B. erfassungstechnische Aspekte, mit der Budgetierung einzelner Prozesse beabsichtigte Steuerungszwecke, Kosten-Nutzen-Überlegungen etc.. Diese Frage kann deswegen nicht

---

7   Vgl. Pfohl 1990, S.8.
8   Vgl. dazu Weber 1987, S.10f.
9   Vgl. Weber 1987, S.68ff. und die dort angegebene Literatur.

allgemeingültig sondern nur unter Berücksichtigung situativer Kontextfaktoren beantwortet werden.[10]

(2) Neben den physischen Wertschöpfungsprozessen werden in den Logistiksegmenten Tätigkeiten ausgeübt, die sich auf die Planung, Steuerung und Kontrolle der Auftragsabwicklung beziehen.[11]

Diese lassen sich danach unterscheiden, wie sie sich in bezug auf das vom Logistiksegment zu erbringende *Leistungsvolumen* verhalten, und zwar danach, ob sie mit der Variation der Leistungsmenge selber mengenmäßig variieren oder ob sie generell und unabhängig vom aktuellen Leistungsvolumen anfallen.[12]

So fehlt den *dispositiven, prozeßübergreifenden Tätigkeiten*, wie etwa der Materialflußplanung, der Leitung logistischer Segemte, der langfristigen Planung logistischer Prozeßstrukturen etc., in der Regel der enge Bezug zum konkreten Material- und Warenfluß; sie fallen unabhängig von der "Menge" der zu vollziehenden Wertschöpfungsprozesse an und zählen demzufolge zu den *leistungsmengenneutralen Prozessen.*

Administrative, prozeßgebundene Auftragsabwicklungstätigkeiten hingegen, wie z.B. die Bestelldisposition, Eingangsregistrierung, Qualitätsüberprüfung, Versanddisposition oder die Auftragsaufarbeitung etc., beziehen sich unmittelbar auf den physischen Materialfluß und werden zumeist unmittelbar von seiner mengenmäßigen Ausprägung beeinflußt; sie zählen demnach zu den *leistungsmengeninduzierten Auftragsabwicklungsprozessen.*[13]

Administrative Auftragsabwicklungprozesse könnten zwar als Teilprozesse der jeweiligen physischen Wertschöpfungsprozesse interpretiert werden, weil sie genauso wie z.B. Instandhaltungsprozesse eine notwendige Vorleistung zur physischen Wertschöpfung darstellen.[14] Dennoch sollen sie getrennt voneinander erfaßt und als eigenständige Kostenzurechnungsobjekte behandelt und entsprechend budgetiert werden, weil auf sie - wie im folgenden noch mehrfach gezeigt werden wird - eigene

---

10 Darauf wird in Kap. D.3.2.1. intensiv eingegangen.

11 Ihde schlägt vor, "... die Zuordnung ausgewählter Prozesse ... auf betriebliche Funktionsbereiche ... oder auf selbständige Bereiche nur auf Grundlage des jeweiligen Hauptzweckes" zu vollziehen (Ihde 1991, S.3).

12 Horváth, Renner unterscheiden in diesem Zusammenhang "mengenvariable" und "mengenfixe" Prozesse; vgl. Horváth, Renner 1990, S.102; Striening wählt zur Unterscheidung der nicht-physischen (Verwaltungs-)Prozesse die Prozeßmerkmale "repetitiv" vs. "innovativ"; vgl. Striening 1988, S.62; Fischer unterscheidet "strukturierte" und "unstrukturierte" Prozesse; vgl. Fischer 1993, S.78.

13 Zur Unterscheidung dispositiver und administrativer Prozesse bezogen auf die Logistik vgl. Weber 1992, S.888f.

14 Vgl. Weber 1987, S.125.

Kosteneinflußfaktoren wirken und somit eine rechen- bzw. budgettechnische Notwendigkeit zur Unterscheidung von den physischen Auftragsabwicklungsprozessen besteht.

Die Differenzierung von leistungsmengenneutralen und leistungsmengeninduzierten Auftragsabwicklungsprozessen - auch wenn sie nicht völlig trennscharf vollzogen werden kann, da der Übergang zwischen leistungsmengenunabhängigen bzw. -neutralen und leistungsmengenvariablen bzw. -induzierten Prozessen eher fließend ist[15] - ist im Kontext *flexibler logistischer Budgetierung* von Belang, da die für die leistungsmengenneutralen Prozesse geplanten Kosten innerhalb der Budgetierungsperiode fix sind und höchstens bei einer Änderung der geplanten Faktorpreise vom Plan abweichen; sie können im Rahmen der logistischen Budgetierung weitgehend starr vorgegeben werden und sind nur am Anfang jeder neuen Budgetplanungsphase auf ihre Notwendigkeit hin zu untersuchen.

Hingegen sind die für leistungsmengeninduzierte Auftragsabwicklungsprozesse geplanten Kosten größtenteils variabel, es sei denn, daß die dafür (ausschließlich) eingesetzten Potentialfaktoren sich innerhalb der Budgetierungperiode nicht dispositiv an veränderte Prozeßmengen anpassen lassen. In diesem Falle handelt es sich um fixe Kosten leistungsmengeninduzierter Auftragsabwicklungsprozesse.

(3) Zusätzlich zur Unterscheidung physischer, administrativer und dispositiver bzw. leistungsmengeninduzierter und -neutraler Auftragsabwicklungsprozesse ist zu differenzieren zwischen solchen Auftragsabwicklungsprozessen, die selbst von den Logistiksegmenten vollzogen werden (*"Make"*), und solchen, die an unternehmungsexterne Dienstleister fremdvergeben werden (*"Buy"*).[16]

Diese Unterscheidung ist von einer nicht unwesentlichen Bedeutung für die logistischen Budgetierung, zumal in den letzten Jahren ein immer stärker werdender Trend zur Auslagerung vereinzelter Wertschöpfungstätigkeiten beobachtbar ist, der sich vor allem auf die Fremddurchführung operativer, (aber auch administrativer) Transferaufgaben durch Speditionen, öffentliche Institutionen und sonstige Logistik-

---

15   Trennschärfe läge vor, wenn dispositive Auftragsabwicklungsprozesse mengenmäßig überhaupt nicht und administrative Auftragsabwicklungsprozesse zu 100% mit der Variation der Beschäftigung korrelierten. Dies trifft für beide Prozeßtypen aber nicht immer zu. So kann etwa der leistungsmengenneutrale Prozeß "Segment führen" bei einer signifikanten Änderung der Rahmenbedingungen - bspw. Zunahme der Komplexität der Leistungserstellung durch neue Produkte, Erschließung neuer 'logistics missions' etc. - auch mengen- bzw. wertmäßig sich ändern. Vice versa werden Auftragsabwicklungsprozesse zu administrativen Prozessen gezählt, auch wenn sie sich bei einer Veränderung der Beschäftigung nicht zwangsläufig mengenmäßig ändern müssen. Eine Beispiel hierfür ist der Prozeß "stichprobenweise Qualitätskontrolle", wobei die Stichprobe nicht durch eine fest vorgegebene Quote fixiert ist, sondern an Zeitvorgaben (bspw. stündliche stichprobenweise Überprüfung der Erzeugnisse) gekoppelt ist.

16   Zur "Make or Buy"-Thematik, bezogen auf die Logistik, vgl. u.a. Baumgarten 1992, S.57ff.

Dienstleister bezieht.[17] Dies führt dazu, daß in unterschiedlichen Logistiksegmenten die Kosten für logistische Fremdleistungen einen bedeutenden Anteil, möglicherweise sogar den Hauptanteil des logistischen Budgets ausmachen.

Werden auch die fremdvergebenen logistischen (Sach- oder Dienst-)Leistungen prozeßorientiert dargestellt, ist eine bessere Vergleichbarkeit mit den eigenabgewickelten Prozessen möglich. So läßt sich bspw. untersuchen, ob im Verlauf der Budgetierungsperiode der jeweilige Segment-Manager seine Verbrauchs- bzw. Potentialfaktoren sinnvoll eingesetzt hat, oder ob er nicht durch eine verstärkte Fremdvergabe logistischer Aufgaben Kosten hätte einsparen können.

Die Vergleichbarkeit zwischen eigen- und fremdabgewickelten Prozessen wird zudem keine größeren rechentechnische Probleme mit sich bringen, weil sich vom Prinzip her die Auftragsabwicklungsprozesse, ob im "Make" oder im "Buy", nicht voneinander unterscheiden, und weil vielfach die Gebühren bzw. die Preise für bezogene Fremdleistungen auch auf den zu vollziehenden Prozessen mit ihren jeweiligen Cost-Drivern aufbauen.[18]

Zusammenfassend läßt sich also festhalten, daß unterschiedliche logistische *Prozeßtypen* in verschiedenen *Prozeßarten* auftreten, wobei insbesondere auf die leistungsmengeninduzierten physischen und administrativen Auftragsabwicklungsprozesse - unabhängig davon, ob sie selber abgewickelt oder fremdvergeben werden - als potentielle Kostenzurechnungsobjekte das Augenmerk zu richten ist, da sie vielfältige Ansätze zu einer analytischen, auf Bezugsgrößen aufbauenden, Kostenplanung und -kontrolle liefern.

2.2. Festlegung relevanter Kostenarten

Die Erfassung der Auftragsabwicklungskosten in einer *Kostenartenrechnung* ist auch für eine Prozeßkostenrechnung von großer Bedeutung und unterscheidet sich hierbei - wie in Kap. C.6.3.3.1. bereits dargelegt - nicht von anderen, klassischen Kostenrechnungssystemen.[19]

---

17 Einer Untersuchung von Baumgarten, Zibell zufolge sind 1987 bereits 85% der außerbetrieblichen Transportleistungen von Fremdunternehmungen erbracht worden; vgl. Baumgarten, Zibell 1988, S.25; vgl. ebenso u.a. Weber 1991a, S.124; Schulte 1991, S.70f.; Delfmann 1992, S.196f.

18 Zur Preisbildung im deutschen Güterverkehr vgl. u.a. Aberle 1976, S.1ff.; Weber 1987, S.148f.; für Amerika vgl. u.a. Ballou 1985, S.209ff.

19 Vgl. Horváth, Mayer 1989, S.211; Pfohl, Stölzle 1991, S.1284; Küting, Lorson 1991, S.1424; Maier-Scheubeck 1992, S.113ff.

So dient auch hier die Kostenartenrechnung dazu, den mengenmäßigen Verbrauch an Produktionsfaktoren *differenziert zu erfassen*, zu *bewerten* und anzugeben, wie die Kostenartenbeträge im System der Kostenrechnung auf die Prozesse gemäß ihrer jeweiligen Beanspruchung weiterzuverrechnen sind.[20]

(1) Die **Wahl** des bei der Kostenartenerfassung festzulegenden *Differenzierungsgrades*, also die Wahl der festzulegenden Art und Anzahl zu unterscheidender Kostenarten ist von großer Bedeutung für die Zurechnungsgenauigkeit der verschiedenen Kostenbestandteile auf die verschiedenen Auftragsabwicklungsprozesse. Nur bei einer hinreichend genauen (bzw. verursachungsgerechten) Zuordnung einzelner Ressourcenbestandteile zu Prozessen sind die im Rahmen einer prozeß- bzw. outputorientierten logistischen Budgetierung intendierten Koordinationswirkungen erzielbar.

Die betriebliche Praxis weist aber derzeit noch erhebliche Defizite in der Kostenartenerfassung und -kontierung auf, insbesondere im Zusammenhang mit der Erfassung und Kontierung von den für die Auftragsabwicklung bedeutsamen *indirekten Kosten*.[21]

So stützen sich viele auf standardisierte Kontenrahmen wie den Gemeinschaftskontenrahmen, den Industriekontenrahmen von 1971 oder den von 1986. Diese sind aber maßgeblich vom traditionellen Aufbau der Kostenrechnung geprägt und weisen eine hinreichend differenzierte Erfassung nur von solchen Kostenarten auf, bei denen eine unmittelbare Zurechenbarkeit zum betrieblichen Produkt unterstellt wird. Spezifische indirekte Kostenarten (wie etwa Arbeitsvorbereitungs-, Fertigungssteuerung-, Transport-, Lager-, Qualitätssicherungs- und Instandhaltungskosten oder kalkulatorische Zinsen für Umlaufvermögen etc.) werden aber häufig nur pauschal erfaßt oder in Konten eingestellt, die auch andere Arten des Werteverzehrs aufnehmen (z.B. gemeinsamer, undifferenzierter Ausweis von Transportschäden einerseits und fertigungsbedingter Ausschuß andererseits).[22] Gleiche Mängel sind bei der Erfassung der Kosten für in Anspruch genommene Fremdleistungen zu beobachten, die häufig in Sammelkonten wie z.B. "Raummieten" oder "Fremder Gütertransport" ausgewiesen werden, ohne daß dabei eine weitere Strukturierung (etwa nach "reinen"

---

20 Zu den grundsätzlichen Aufgaben einer Kostenartenrechnung vgl. Kilger 1988, S.19.
21 Vgl. dazu u.a. Miller, Vollmann 1985, S.142ff.; Weber 1987, S.143ff.; Cooper, Kaplan 1988, S.20f.; Teichmann 1989, S.76ff.; Männel 1989, S.933; Renner 1991, S.2f. oder die empirischen Untersuchungen zum Status Quo logistischer Kostenartenrechnungen von Küpper, Hoffmann 1988, S. 595f.
22 Vgl. Männel 1985, S.36; Küpper, Hoffmann 1988, S.595; Lindner, Piringer 1990, S.229.

Transport- oder Lagerleistungen und nach zusätzlich erbrachten Serviceleistungen) vorgenommen wird.[23]

Für eine detaillierte Kostenplanung bzw. -erfassung und insbesondere für eine darauf aufbauende Kostenverrechnung auf die zu budgetierenden Prozesse ist aber ein höherer Grad der Kostenartendifferenzierung vonnöten.

Die Struktur und Gliederungstiefe der Kostenarten hängt dabei vor allem davon ab, welche Auftragsabwicklungsprozesse zu budgetieren sind und demnach welche Kostenartenbestandteile zur beanspruchungsgemäßen Verrechnung auf die betreffenden Prozesse benötigt werden.

So müssen etwa Personalkostenbestandteile einer Transportkostenstelle innerhalb eines Logistiksegmentes (z.B. Spesen für Nachtfahrten oder Erschwerniszulagen bei Gefahrentransporten) differenziert erfaßt werden, wenn diese dementsprechend auf verschiedene im Logistiksegment zu budgetierende Transportprozesse (z.B. Prozeß "Fernverkehrstransporte" oder Prozeß "Transport von Gefahrengütern") verrechnet werden. Oder es müssen Lagerschwundkosten differenziert nach Verlust/Diebstahl und nach Verderb erfaßt werden, wenn zur Verrechnung dieser Kosten innerhalb des Logistiksegmentes unterschiedliche Lagerprozesse (etwa "Lagern von Gütern mit der Werteigenschaft W" und "Lagern von Gütern mit der Haltbarkeitseigenschaft H") definiert werden. Gleiches gilt, wenn verstärkt logistische Fremdleistungen in Anspruch genommen werden; hier muß man ggf. nicht nur die Kostenarten nach den unterschiedlichen Leistungsträgern (Speditionsverkehr, Schienenverkehr, Luftverkehr, Post etc.) sondern auch nach unterschiedlichen (fremd-)logistischen Leistungsarten (wie z.B. Stückgut- oder Expreßgutfracht, Handlingsgebühren, Verpackungs- und Abwicklungskosten etc.) unterscheiden.

Tendenziell nimmt also die Anforderung an den Differenzierungsgrad der Kostenartenerfassung bei steigender Anzahl zu erfassender Auftragsabwicklungsprozesse zu.

(2) Neben der Frage nach dem Detailliertheitsgrad der erfaßten, für die Auftragsabwicklung relevanten Kostenarten ist die Frage, in welcher Höhe diese Kostenarten anzusetzen sind, von großer Bedeutung für die logistische Budgetierung, denn hierdurch werden die *Wertkomponenten* festgesetzt, die den Auf-

---

23 Vgl. dazu u.a. Ballou 1985, S.209ff.; Teichmann 1989, S.34ff. und S.53ff.; Weber 1991a, S.123ff.

tragsabwicklungsprozessen im Rahmen der Kostenplanung zugrundegelegt werden.[24]

Grundsätzlich sind die während der Budgetierungsperiode von außen zu beziehenden Produktionsfaktoren mit *Planpreisen* zu bewerten, die möglichst genau den während der Budgetierungsperiode erwarteten Durchschnittspreisen entsprechen. Hierbei besteht das Problem hinsichtlich der Festlegung der Wertkomponente primär in der Preisprognose, bei der unterschiedliche (hier nicht näher aufgeführte) Preisprognoseverfahren mittels Schätzung oder statistischer Auswertung zum Einsatz kommen können.[25]

Bei einigen, wegen ihres hohen betragsmäßigen Anfalls für die Auftragsabwicklung äußerst bedeutsamen, Kostenarten bestehen allerdings spezifische Bewertungsprobleme, wie z.B. bei den Kostenarten "kalkulatorische Zinsen"[26] oder "Fehlmengenkosten" bzw. "Qualitäts(fehler)kosten"[27]. Hier gibt es keinen theoretisch eindeutigen und allgemeingültig definierbaren Wertansatz;[28] vielmehr muß die Frage nach der Höhe des festzulegenden Zinssatzes[29] oder die Frage nach der Bewertung von Fehlmengensituationen bzw. Qualitätsfehlern[30] *unternehmungsindividuell* entschieden werden.

Zusammenfassend läßt sich festhalten, daß die Kostenartenrechnung auch für die Prozeßkostenrechnung und damit für eine darauf aufbauende logistische Budgetierungstechnik von Bedeutung ist, da auf diesem Wege quasi "definitorisch" und unternehmungsindividuell der Wert der für die Auftragsabwicklung in den Logistiksegmenten relevanten Kosten präzisiert wird. Zudem hängt es vom Differenzierungsgrad der Kostenartenrechnung ab, wie die unterschiedlichen Kostenbestandteile den verschiedenen Auftragsabwicklungsprozessen zugerechnet werden können.

---

24 In der Literatur zur Prozeßkostenrechnung fehlt trotz vielfacher Berufung auf die analytische Kostenplanung im Sinne Kilgers ein expliziter Hinweis auf ein Planpreissystem. Entsprechend wird die Problematik der anzusetzenden Wertkomponente auch nicht diskutiert; vgl. kritisch dazu Maier-Scheubeck 1992, S.119f.

25 Vgl. dazu die umfangreichen Ausführungen bei Kilger 1988, S.212ff.

26 Hier haben Untersuchungen ergeben, daß Kapitalbindungskosten für gebundenes Umlaufvermögen teilweise 20 % der gesamten Kosten der Warenverteilung bzw. bis zu 40 % des gesamten Lagerwerts ausmachen; vgl. dazu Weber 1987, S.73ff. und die dort referierte Literatur.

27 Hier haben Untersuchungen ergeben, daß Qualitätskosten 5% - 10% der Gesamtkosten ausmachen und davon ca. 40% auf Fehlerkosten zurückzuführen sind; ein sicherlich nicht unbeträchtlicher Teil davon dürfte aufgrund von logistischen Dispositionen angefallen sein; vgl. Blechschmidt 1988, S.997; Siegwart, Raas 1991, S.204.

28 Vgl. dazu ausführlich Weber 1987, S.73ff. und S.86ff.

29 Bspw. in Höhe der geplanten Eigenkapital- oder Fremdkapitalrentabilität, in Höhe des kurzfristigen oder des langfristigen Fremdkapitalzinssatzes etc.

30 Als zusätzliche Kosten für die Fehlerbeseitigung, als reduzierte Erlöse, als entgangene Deckungsbeiträge etc.

2.3. Spaltung der Prozeßkosten in variable und fixe Bestandteile

Die Frage, welche Kostenbestandteile im Rahmen der Prozeßkostenrechnung auf Teilkostenbasis zu variablen und welche zu fixen Prozeßkosten zu zählen sind, läßt sich weder generell beantworten noch aus theoretisch gesicherten Kostenspaltungsgesetzen ableiten. Sie soll - in Anlehnung an die KILGER'sche Sicht der Kostenauflösung - abhängig vom Zeitraum bzw. *Fristigkeitsgrad*, der der Kostenplanung zugrundegelegt wird, beantwortet werden. "Den Fristigkeitsgrad der Kostenplanung wollen wir als das Entscheidungsfeld definieren, das den Kostenstellen in bezug auf die Anpassung personeller und sonstiger Potentialfaktoren an Beschäftigungsschwankungen als Soll vorgegeben wird. ... Je nachdem, ob man einen längeren oder kürzeren Anpassungsspielraum festlegt, ist ein größerer Teil der Kosten den proportionalen Kosten zuzuordnen."[31]

Demnach zählen alle Kosten, die sich entweder proportional zur Beschäftigung[32] verhalten oder die sich innerhalb des zugrundegelegten Planungszeitraums mit Änderungen der Beschäftigung dispositiv verändern lassen, zu variablen Prozeßkosten. Alle andere Kosten sind fixe Prozeßkosten, d.h. sie sollen zunächst auch dann noch anfallen, wenn die Beschäftigung im betrachteten Bereich zwar zurückgeht, jedoch die Bereitschaft zur Realisierung der Planbeschäftigung unverändert bleibt.[33]

Fraglich ist nur, welchen Fristigkeitgrad der Kostenplanung man im Rahmen einer logistischen Budgetierung zugrundelegen sollte.

(1) In der Praxis hat man sich zumeist für einen einjährigen Dispositionshorizont entschieden;[34] demzufolge zählt man zu den variablen Prozeßkosten zum einen die Kosten der in den Logistiksegmenten eingesetzten *Verbrauchsfaktoren* und zum anderen die Kosten solcher dort gebundenen *Potentialfaktoren*, die entweder innerhalb des Budgetjahres *teilbar* sind oder die zwischen den Logistiksegmenten *austauschbar* bzw. *am Markt veräußerbar* sind oder deren *vertragliche Bindungsdauer nicht über die Planungsperiode hinausreicht*.

---

31 Kilger 1988, S.110.

32 Wie schon mehrfach betont, bedeutet hier "Beschäftigung" nicht die Menge der Produkteinheiten sondern die Menge an erfaßten Prozeßbezugsgrößen.

33 Zu Recht verweist Maier-Scheubeck daraufhin, daß die Kostenspaltung nach Maßgabe des Kilger'schen Fristigkeitgrades weniger einen theoretisch abgesicherten, sondern vielmehr einen in starkem Maße von individuellen, unternehmungspolitischen Überlegungen geprägten Verfahrensschritt darstellt. "Sind die variablen Kosten mittels Kostenauflösung erst einmal identifiziert, setzt Kilger sie der Einfachheit halber mit proportionalen Kosten gleich, indem nicht lineare Kostenverläufe (stückweise) linearisiert werden." (Maier-Scheubeck 1992, S.72).

34 Vgl. Weber 1991a, S.129f.; Warnick 1993, S.31.

Hierunter fallen also:

* Kosten, die unmittelbar mit der logistischen Leistungserstellung ausgelöst werden wie prozeßbedingte Hilfsstoff-, Betriebsstoff- und Energiekosten, gebrauchsverschleißbedingte Reparaturkosten bzw. Abschreibungen, Leistungsentlohnungskosten, kalkulatorische Zinsen bzw. Vermögenssteuer für Lagerbestände, Verpackungsmaterialkosten, prozeßabhängig zu entrichtende Schadensversicherungskosten für zu lagernde, fertigende oder zu transportierende Objekte, und prozeßabhängig zu zahlende Miet-, Lizenz- oder sonstige (Fremd-)Dienstleistungskosten.[35]

* Kosten des Personals, das zwischen mehreren Logistiksegmenten ausgetauscht werden kann oder bei dem die gesetzliche Kündigungsfrist nicht über die Budgetperiode hinausreicht; so kann die Zahl der Arbeitskräfte durch Versetzung, Entlassung oder Nichtersetzung ausscheidenden Personals an Prozeßmengenschwankungen angepaßt werden.[36]

* Kosten von Potentialen, die sich bei Beschäftigungsrückgang ohne Schwierigkeiten vor Ablauf der Bindungsdauer am Markt veräußern lassen, ohne daß die prinzipielle Bereitschaft zur Realisierung der Planbeschäftigung eingeschränkt wird (wie etwa einzelne Gabelstapler im Rahmen eines großen Gabelstaplerfuhrparks, einzelne Transportfahrzeuge im Rahmen einer großen "Transportflotte", Regaleinheiten etc.).[37]

* Kosten, die aus Verträgen mit zeitlich begrenzten (unterjährigen) Laufzeiten resultieren, wie etwa bei Miete oder Leasing von Transport- oder Lagerkapazitäten oder bei Dienstleistungsverträgen mit unternehmungsexternen Zulieferern, Weiterveredlern oder Logistikdienstleistern[38] und

* Kosten von Potentialen, die von mehreren Budgetbereichen zusammen genutzt werden, deren Kapazität aber substitutiv an unterschiedliche Prozeßvolumina angepaßt werden kann (so läßt sich z.B. die durch Reduzierung von Zwischenlagerungen freigesetzte Fläche häufig für Mehr- oder Neubedarfe fertigungswirtschaftlicher Prozeßbereiche verwenden).[39]

Das Abstellen auf einen einjährigen Dispositionshorizont bringt aber auch Probleme für die Budgetierung, insbesondere für die Budgetkontrolle.

---

35 Vgl. u.a. Lochthowe 1990, S.289.
36 Vgl. Kaplan 1983, S.701; Lochthowe 1990, S.309ff.
37 Vgl. Weber 1987, S.171.
38 Vgl. Brauer, Krieger 1982, S. 42ff. u. 90ff.
39 Vgl. Weber 1987, S.174; Warnick 1993, S.32.

Denn es werden in den periodischen, z.B. monatlichen Budgetberichten Kosten als variabel ausgewiesen, die keinesfalls zwangsläufig mit der Veränderung des Prozeßvolumens variieren, sondern die sich vielmehr innerhalb bestimmter "Aktivitätsbandbreiten"[40] konstant verhalten und die sich lediglich erst bei Über- oder Unterschreiten spezifischer Schwellenwerte dispositiv durch kapazitätsauf- oder -abbauende Maßnahmen beeinflussen lassen.[41] Darüber hinaus kann dies zumeist nur mit einer zeitlichen Verzögerung erfolgen, insbesondere beim Kapazitätsabbau, da hierbei vielfältige Bindungs- bzw. Kündigungsfristen einzuhalten sind.

Diese Kosten zählen zu den sogenannten *intervallfixen Prozeßkosten*, deren treppenförmiger Verlauf künstlich durch eine lineare Soll-Kostenfunktion approximiert wird.[42]

Diese künstliche Proportionalisierung kann aber falsche Informationen bei der sach- bzw. personenbezogenen Ursachenanalyse hervorrufen und zu einem Kontrollproblem führen, das KILGER als das *"Problem der Divergenz der Fristigkeitsgrade"* bezeichnet: "Nur wenn der durch die Kostenplanung fixierte Fristigkeitsgrad auch im Ist eingehalten wird, kann der Soll-Ist-Kostenvergleich zu richtigen Verbrauchsabweichungen führen. Wählt man in der Kostenplanung einen relativ hohen Fristigkeitsgrad, sieht man also eine weitgehende Anpassung der ausbringungsabhängig disponierbaren Potentialfaktoren an die Beschäftigung vor, so ist es in den einzelnen Kontrollmonaten nicht immer möglich, diese weitgehende Form der Anpassung im Ist zu realisieren. Die Divergenz der Fristigkeitsgrade zwischen den Soll- und den Istkosten führt dazu, daß in die Verbrauchsabweichungen *remanente Kosten* eingehen."[43]

(2) Wenn man also eine höhere Planungs- und Kontrollgenauigkeit bei den periodischen, bspw. monatlichen, logistischen Budgets erreichen wollte, respektive wenn man den Anteil remanenter Kosten an den Abweichungen verringern wollte, so müßte ein kürzerer Fristigkeitsgrad der Kostenplanung gewählt werden.

Die Konsequenzen, die sich aus einer solchen Festlegung für die Budgetierung ergäben, sollen im folgenden dargelegt werden:

Grundsätzlich führt eine Verkürzung des Fristigkeitsgrades dazu, daß weniger Prozeßkosten variabilisiert werden und eine höhere Genauigkeit bei der Ursa-

---

40   Vgl. Cooper, Kaplan 1988, S.27.
41   Vgl. Pfohl, Stölzle 1991, S.1293.
42   Vgl. dazu die Ausführungen von Seicht 1991, S.19ff.
43   Kilger 1988, S.159.

chenanalyse gewährleistet bleibt; dies bedeutet aber auch, daß ein größerer Teil den fixen Prozeßkosten zugerechnet wird, obgleich dieser zwar nicht in der betrachteten Budgetteilperiode, sehr wohl aber innerhalb der gesamten Budgetierungsperiode veränderbar ist.[44]

Um diesen Fixkostenblock nicht der Gefahr der periodenweisen Fortschreibungsbudgetierung auszusetzen und um die Budgetempfänger zu veranlassen, die in den Logistiksegmenten gebundenen Kapazitäten möglichst effizient in der Budgetperiode einzusetzen, gilt es daher konsequenterweise, die fixen Kosten dahingehend zu kennzeichnen, ob und inwieweit sie bei Veränderung des Prozeßvolumens abbaubar sind bzw. einen Anstieg rechtfertigen.[45] Es gilt also, die fixen Prozeßkosten konsequent auf ihren *Prozeßbezug* und ihre *Abbaubarkeit* hin zu untersuchen und neben den Kosten- bzw. Budgetkategorien variabler und fixer Prozeßkosten eine dritte Kategorie *intervallfixer Prozeßkosten* einzuführen.[46] "Even when cost behavior is accurately defined, it may be relevant only within a certain range of business activity. For example, storage costs in a facility may be considered constant over a wide range of utilization. Yet, when volume grows beyond the storage capacity, the additional costs for public warehouse ... will alter the level and possibly the behavior pattern of storage costs."[47]

Die prozeßorientierte Zuordnung intervallfixer Auftragsabwicklungskosten erfolgt in zwei Schritten; im ersten wird die Abhängigkeit zwischen der Art der Auftragsabwicklungsprozesse und den dafür erforderlichen qualitativen und quantitativen Kapazitäten[48] ermittelt (*analytische Kapazitätsplanung*), im zweiten wird darauf aufbauend der Zusammenhang zwischen dem Volumen zu erbringender Auftragsabwicklungsprozesse und den durch die jeweiligen Kapazitätsquanten verursachten fixen Kosten untersucht (*analytische Fixkostenplanung*).[49]

Andererseits umfassen dann die prozeßbezogenen Fixkostensummen hinsichtlich ihrer Veränderbarkeit und Variabilität auf Prozeßmengenänderungen sehr unterschiedliche Bestandteile, wie etwa die Lagerprozeßkosten einer über Jahre hinweg nutzbaren Lagerhalle neben den in kurzen Intervallen ständig neu anfallenden Lagermittel-

44   Vgl. dazu Fiege 1988, S.292ff.
45   Vgl. dazu die analogen Überlegungen von Seicht 1991, S.20ff.
46   Diese Möglichkeit stufenförmiger Sollkostenvorgabe für die Budgetierung deutete bereits frühzeitig Heiser an; vgl. Heiser 1964, S.160; zur Unterscheidung intervallfixer Logistikkosten vgl. u.a. Ernst & Whinney 1983, S.59f.; Ernst & Whinney 1985, S.146f.; Jünemann 1989b, S.102; Männel 1989, S.936; Weber 1991a, S.131f.
47   Ernst & Whinney 1985, S.147f.
48   Zu Begriff und Arten qualitativer und quantitativer Kapazität vgl. Kern 1962; Layer 1979, Sp.871ff.
49   Vgl. ähnlich Lindner, Piringer 1990, S.229.

kosten (z.B. Paletten). Der Fixkostenblock stellt demnach keinen monolithischen Block dar, sondern besteht in bezug auf seine "Nähe" zum Prozeßvolumen aus heterogenen Bestandteilen.[50]

Demzufolge müssen bei der Festlegung eines kurzen Fristigkeitsgrades über die analytische Kapazitäts- und Fixkostenplanung hinaus die einzelnen Kostenblöcke dahingehend analysiert werden, wie sie sich bei Beschäftigungsänderungen verhalten, also z.B. ob und inwieweit die von einem bestimmten Auftragsabwicklungsprozeß bei Reduzierung[51] des Prozeßvolumens nicht mehr benötigte Kapazität von Potentialfaktoren (Personal, Anlagen etc.) über die Freisetzung ganzer Potentialeinheiten zum Abbau von fixen Kosten führen kann.[52] Dies führt zur Ermittlung bestimmter Prozeßbezugsgrößenmengenintervalle, denen unterschiedliche Fixkostenbeträge zugeordnet werden.

Der Umfang der jeweiligen Intervalle bzw. "Aktivitätsbandbreiten" hängt wiederum ab von der Teilbarkeit der Potentialfaktoren, ihrer Austauschbarkeit zwischen den betrieblichen Teilbereichen bzw. ihrer Veräußerbarkeit am Markt und von der Fristigkeit der Kostenplanung.

Ein Beispiel dafür sei in Abb. 28 wiedergegeben. Der Kostenplan für einen Lagerbereich mit den Prozeßbezugsgrößenmengen P_1 bzw. P^*_1 (z.B. prognostizierten durchschnittlichen Lagerbestandswerten) enthält die fixen Prozeßkosten (z.B. die Lagergebäudekosten oder die Lagerleitungskosten) und die rein variablen Prozeßkosten (z.B. die Zinskosten für das gebundene Kapital). Den Prozeßbezugsgrößenmengen P_2 bzw. P^*_2 hingegen (z.B. der prognostizierten Umschlagshäufigkeit der Lagereinheiten) werden intervallfixe Prozeßkosten zugeordnet, und zwar die Kosten solcher Potentialfaktoren (hier die des Potentialfaktors "Personal"), die sich problemlos an unterschiedliche Beschäftigungsgrade anpassen lassen. So gehen bei einem Beschäftigungsrückgang von P_2 auf P^*_2 die Kosten der Teilzeitarbeitskräfte stark zurück (Kostenfunktion K_{2A}), weil entsprechend viele Arbeiter freigesetzt werden können. Die Kosten fest angestellter Arbeiter (Kostenfunktion K_{2B}) sind allerdings in dieser Beschäftigungs- bzw. Aktivitätsbandbreite unveränderlich, weil eine Freisetzung erst dann vorgesehen ist, wenn eine bestimmte Anzahl von (jeweils durch die Vollzeitkräfte zu betreuende) Teilzeitarbeitskräfte den betrachteten Bereich verlassen haben.

---

50   Vgl. Weber 1991a, S.133.
51   Analoges gilt für den Aufbau von Kapazitäten bei Prozeßbezugsgrößenmengenerhöhung.
52   Vgl. Weber 1987, S.171.

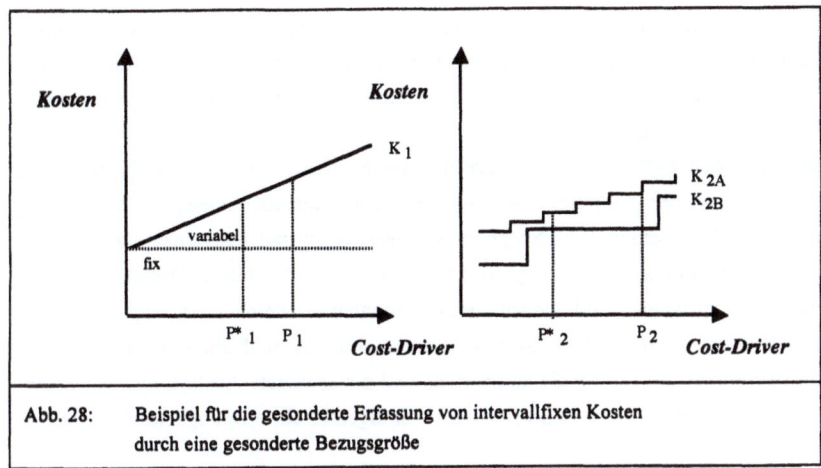

Abb. 28: Beispiel für die gesonderte Erfassung von intervallfixen Kosten durch eine gesonderte Bezugsgröße

(3) Sicherlich wäre mit der Verkürzung des Fristigkeitsgrades der Kostenplanung und der Einführung einer weiteren Kostenkategorie bei der logistischen Budgetierung eine höhere Erfassungs- und Auswertungsgenauigkeit verbunden, insbesondere was die Planung und Kontrolle der in den Logistiksegmenten gebundenen Kapazitäten, bezogen auf einzelne Budgetteilperioden, angeht.

Doch steht der dadurch gewonnenen zusätzlichen Rechnungspräzision ein erheblicher Erfassungsaufwand gegenüber, der vermutlich in den meisten Fällen den potentiellen Nutzen einer solch ausgefeilten Budgetierungstechnik übersteigt.

Darüber hinaus muß die Existenz von Kostenremanenzen aufgrund der Proportionalisierung fixer Kosten nicht zwangsläufig zu Fehlentscheidungen, "hektischen Gegensteuerungsmaßnahmen" oder zu "Dauerfrustrationen falsch bewerteter Budgetverantwortlicher" führen.

Denn zum einen lassen sich remanente Kostenabweichungen relativ leicht erkennen, da sie ausschließlich bei intervallfixen Kostenarten auftreten.[53] Zum anderen verliert in Unternehmungsbereichen mit vorwiegend manuellen Hilfstätigkeiten das Problem der Spaltung bzw. Auflösung von Personalkosten mehr und mehr an Relevanz, weil im Rahmen der *Flexibilisierung der Arbeitsverhältnisse* (vor allem bei logistischen, manuellen Tätigkeiten) immer stärker Teilzeitarbeitskräfte eingesetzt werden, die unterhalb der Sozialversicherungsgrenze sind und die wöchentlich oder sogar täglich disponierbar sind.[54]

---

53   Vgl. Kilger 1988, S.160.
54   Vgl. Fiege 1988, S.292; Danckwerts führt sogar Beispiele von Unternehmungen an, bei denen über 80% der Logistik-Belegschaft aus Teilzeitkräften besteht; vgl. Danckwerts 1991, S.146.

Außerdem müssen viele Kostenremanenzen auch dann erst zu Kapazitätsanpas-
sungsüberlegungen herangezogen werden, wenn die erfaßten Fehlauslastungen der in
den Logistiksegmenten gebundenen Potentiale in mehreren aufeinanderfolgenden
Abrechnungsperioden anfallen.[55]

Dies läßt sich bspw. in der Analyse der aufgelaufenen Teilbudgets ("year-to-date
budgets") und der gesamten bewältigten Prozeßbezugsgrößenmenge in Verbindung
mit einem Management-by-Exception bewerkstelligen und führt dazu, daß umfangreiche und vom zentralen Logistik-Management durchgeführte Ursachenanalysen
erst bei signifikanten und schwankungsbereinigten Abweichungen eingeleitet werden. Dadurch wird das Logistik-Management entlastet, und die Segment-Manager,
die vermutlich genau über die momentane und die erwartete Auslastung ihrer Potentiale Bescheid wissen, werden von einem unnötigen Rechtfertigungszwang befreit.

Im folgenden soll deswegen der logistischen Budgetierung ein einjähriger und an
den Beginn bzw. das Ende der Budgetierungsperiode gekopppelter Fristigkeitsgrad
und damit lediglich *zwei Kostenkategorien* zugrundegelegt bzw. nur eine Unterscheidung zwischen variablen und (im Budgetjahr unveränderlichen) fixen Auftragsabwicklungskosten vorgenommen werden. Die damit verbundene Proportionalisierung intervallfixer Kosten reduziert den rechentechnischen Aufwand erheblich und
wahrt die Übersichtlichkeit der Budgetberichte, ohne daß wirkliche Gefahren der
Fehlsteuerung hervorgerufen werden müssen.

Faßt man die Ergebnisse der in den Kapiteln von D.2. angestellten Überlegungen abschließend zusammen, stellt man folgendes fest:
Der einzelne Auftragsabwicklungsprozeß als potentielles Kostenzurechnungs- bzw.
Budgetierungsobjekt ist schwer "faßbar" und kaum theoretisch abgesichert definierbar.

---

55 Aus diesem Grunde schlägt Wäscher vor, typisch intervallfixe Kostenarten aus der Spalte "Plan" der Kostenberichte
herauszulassen, und sie erst in längerfristigen Abständen in Sonderkostenberichten zu analysieren; vgl. Wäscher 1992,
S.177.

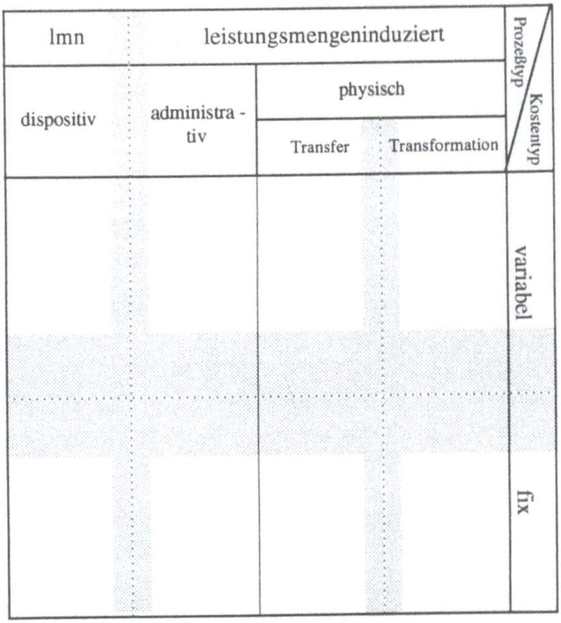

Abb. 29: "Fließende Grenzen" zwischen den jeweiligen Prozeß- und Kostentypen

Denn nicht nur die Grenzen zwischen den einzelnen Transfer- und Transformationsprozessen, die Grenzen zwischen administrativen und dispositiven oder die Grenzen zwischen leistungsmengeninduzierten und leistungsmengenneutralen Auftragsabwicklungsprozesen sind fließend; darüber hinaus ist die Abgrenzung von variablen und fixen Prozeßkosten nicht allgemeingültig durchführbar sondern eine Frage des unternehmungsspezifisch zugrundegelegten Fristigkeitsgrades.

Daß man (innerhalb der in Abb. 29 als Graubereiche markierten "Fließübergänge") unternehmungsindividuelle Grenzen definitorisch festlegt, ist aus Budgetierungsgesichtspunkten sehr wichtig und zweckmäßig und deswegen trotz der mangelnden theoretischen Validität vollkommen zu rechtfertigen.
Denn somit können bedeutende Prozesse bzw. Prozeßkostenbestandteile (bspw. aufgrund einer hohen Kostenvariabilität oder aufgrund einer hohen relativen Kostenbedeutung) von anderen Prozessen bzw. Prozeßkosten abgegrenzt und getrennt budgetiert werden bzw. gesonderten Kostenkontrollen unterzogen werden.

3. Methodik der prozeßbezogenen Budgetplanung

Die Methodik der prozeßbezogenen Kosten- bzw. Budgetplanung läßt sich durch die in Abb. 30 gekennzeichnete Vorgehensweise darstellen.

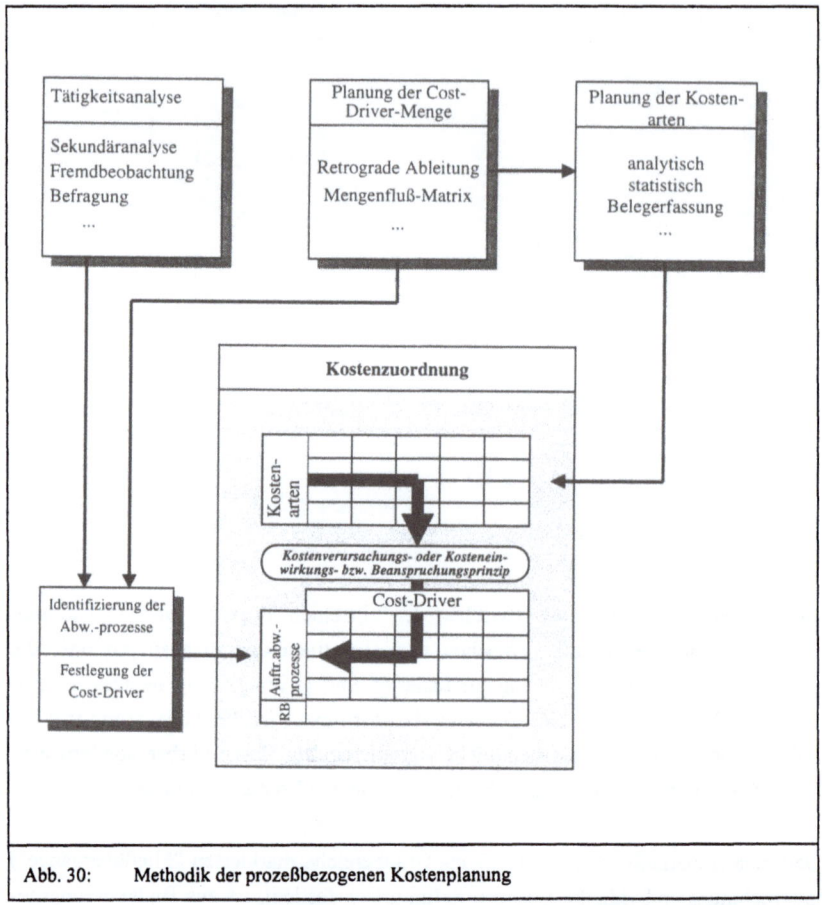

Abb. 30: Methodik der prozeßbezogenen Kostenplanung

Ausgehend (1) von der Tätigkeitsanalyse erfolgt die (2) Identifizierung der Auftragsabwicklungsprozesse und die Festlegung der zugehörigen Cost-Driver. Auf dieser Basis findet (3) die Planung der jeweiligen Cost-Driver-Mengen bzw. (4) die Zuordnung der (zumeist analytisch) geplanten Kostenarten auf die einzelnen Teilprozesse mit anschließender Ermittlung der variablen Prozeßkostensätze statt.

3.1. Durchführung der Tätigkeitsanalyse

Die Analyse von Auftragsabwicklungstätigkeiten bzw. -prozessen auf ihre Kostenwirksamkeit ist unabdingbare Voraussetzung für den Aufbau einer Prozeßkostenrechnung; sie ist der erste und gleichzeitig der zeitaufwendigste Schritt bei der Einführung.[56]

Dabei wird auf Basis von Interviews und in enger Zusammenarbeit zwischen Spezialisten der betreffenden Logistiksegmente, dem Logistik-Management und evt. den Rechnungswesen-Spezialisten (Controllern) abgeklärt, welche definierbaren Tätigkeiten in den Logistiksegmenten ablaufen und wie dieselben erfaßt bzw. quantifiziert werden können.[57] Die Tätigkeitsanalyse bezieht sich also auf Fragen, wie etwa: 'Welche Tätigkeiten werden in der Untersuchungsperiode im Segment durchgeführt?', 'Wie groß ist der dafür notwendige Zeitbedarf?' oder 'Welche Ressourcen werden bei der Prozeßdurchführung in Anspruch genommen?'.[58]

Die Tätigkeitsanalyse bezweckt aber nicht allein, die kostentreibenden Prozesse innerhalb der Aufgabenbereiche zu identifizieren, sondern beabsichtigt auch, segmentübergreifende Prozesse aufzuführen, die zur Erfüllung einer logistischen Gesamtleistung notwendig sind. Deswegen orientiert sie sich zuerst an der gesamten logistischen Wertschöpfungskette und zerlegt dann *schrittweise* und segmentbezogen die identifizierten Leistungserstellungsprozesse *top down* in mehrere Teilprozesse ("Decomposing").[59]

Als Hilfsmittel der Prozeßidentifikation stehen verschiedene Methoden und Instrumente zur Verfügung, wie z.B.:[60]

* Sekundäranalysen,[61] d.h. Auswertungen von vorhandenen Stellenbeschreibungen, Berichten, Protokollen, Statistiken etc.,

---

56 Vgl. Horváth, Renner 1990, S.102.

57 Das Analyseteam sollte auf keinen Fall allein aus Controllern bestehen, da eine Untersuchung allein durch abteilungsfremde Mitarbeiter noch stärkere psychologische Widerstände bei den Bereichsverantwortlichen erzeugt, als sie schon aufgrund der Tätigkeitsanalyse zu erwarten sind; zudem kann man davon ausgehen, daß die verantwortlichen Mitarbeiter in den Logistiksegmenten am besten Art und Umfang der stellenspezifischen Prozesse beurteilen können; vgl. Johnson, Kaplan 1987, S.26; Dudick 1987, S.104f.; O'Guin 1990, S.38; Berlant, Browning, Foster 1990, S.180.

58 Vgl. z.B. das Interviewbeispiel in Cooper, Kaplan 1988, S.99; zu möglichen Inhalten einer logistischen Tätigkeitsanalyse vgl. Slomka 1990, S.240ff..

59 Vgl. Eversheim, Caesar 1990, S.102; Reichling, Köberle 1992, S.492.

60 Vgl. Strecker 1991, S.36f.; Löffler 1991, S.189.

61 Zu Verfahren der Sekundäranalyse und den Durchführungsproblemen in der Logistik vgl. Gast 1985, S.50f.

* Fremdbeobachtung, z.B. Arbeitsablaufstudien, Messungen, Zeitrichtwerte,
* Selbstbeobachtung durch Selbstaufschreibung,
* Befragung[62] durch Interviews und/oder Fragebogen.

Der mit der Tätigkeitsanalyse verbundene Erfassungsaufwand darf zwar nicht unterschätzt werden, jedoch hat sich in der Praxis mehrfach gezeigt, daß bereits vor der Implementierung der Prozeßkostenrechnung die Entdeckung von unwirtschaftlichen bzw. redundanten Prozessen ("non-value-added activities") Einsparungspotentiale freideckte und zu einer deutlichen Effizienzsteigerung führen konnte.[63] Zudem liegen in vielen Unternehmungen bereits derartige Informationen vor, die im Rahmen von Gemeinkostenwertanalysen, des Zero-Base Budgeting oder im Rahmen von Funktionsbeschreibungen und Ablaufplänen erfaßt worden sind.[64]

Nach der Auflistung der in den Segmenten vollzogenen Prozesse sind diese daraufhin zu untersuchen, ob sie in einem quantifizierbaren Verhältnis zur Leistungserstellung stehen, oder ob sie unabhängig davon und generell anfallen. Entsprechend sind sie (auch wenn - wie oben bereits festgestellt - die Abgrenzung wegen der fließenden Übergänge nicht vollkommen trennscharf erfolgen kann) in *"leistungsmengeninduzierte"* und *"leistungsmengenneutrale"* *Auftragsabwicklungsprozesse* zu unterscheiden.[65]

Die Identifizierung leistungsmengeninduzierter Auftragsabwicklungsprozesse, von denen man annimmt, daß diese hauptverantwortlich für den Anfall variabler Kosten in den Logistiksegmenten sind, ist sehr aufwendig. Denn viele dort zu vollziehender Prozesse (insbesondere Transferprozesse) sind, anders als die aufgrund produktionstechnischer Eigenschaften häufig determinierten Transformationsprozesse, kaum standardisierbar und erfordern eine Differenzierung bzw. ein "Decomposing" nach verschiedenen Merkmalen.

Eine alleinige Differenzierung in verschiedene *Typen* operativer und administrativer Auftragsabwicklungsprozesse, wie sie oben bereits vollzogen wurde[66], wäre viel zu grob. Vielmehr wirken auf die Auftragsabwicklungsprozesse verschiedene Einflußfaktoren, die die *Art* der jeweiligen Prozeßtypen und deren *Merkmale* wie etwa Dauer, Intensität, räumliche oder zeitliche Lage etc. determinieren. Die verschie-

---

62 Zu Methoden der Primärdatenerhebung in Materialflußsystemen vgl. Bahke 1987, S.77ff.
63 Vgl. u.a. Renner 1991, S.102; MacArthur 1993, S.45ff.
64 Vgl. Horváth, Mayer 1989, S.216; Pfohl, Stölzle 1991, S.1290.
65 Wäscher differenziert entsprechend in einen "repetitiven Teil" und einen "Grundlast-Teil" logistischer Aktivitäten; vgl. Wäscher 1987, S.314.
66 Vgl. Kap. D.2.1.

denen Ausprägungen dieser Einflußfaktoren (Cost-Driver) sind wiederum ein Bestimmungsfaktor für die unterschiedliche Inanspruchnahme von Produktionsfaktoren und damit für den Anfall von Kosten (vgl. Abb. 31).

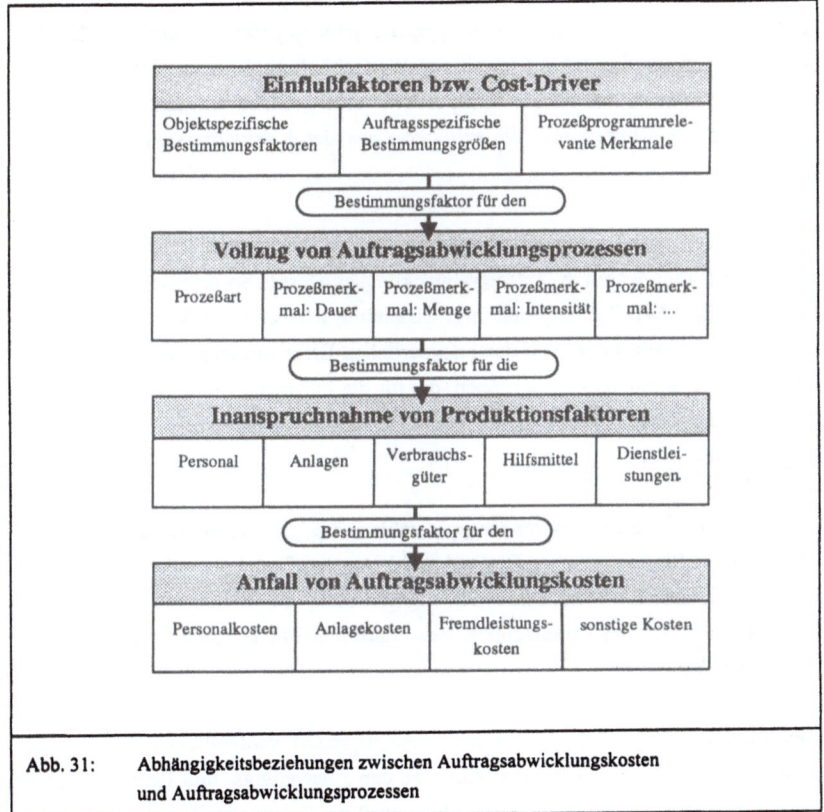

Abb. 31:   Abhängigkeitsbeziehungen zwischen Auftragsabwicklungskosten und Auftragsabwicklungsprozessen

Die Vielzahl möglicher logistischer Cost-Driver läßt sich auf drei Einflußfaktor-Gruppen zurückführen:[67]

(1) Zur ersten Einflußfaktor-Gruppe zählen *objektspezifische Bestimmungsgrößen* wie etwa die Teile- bzw. Komponentenvielfalt, das Volumen, das Gewicht, der Aggregatzustand, der Empfindlichkeitsgrad etc. der logistischen Objekte, deren Systemzustand durch den Vollzug einzelner Transfer- oder Transformationsprozesse verändert wird.

---

67   In Anlehnung an Weber 1987, S.164.

So erfordern z.B. sperrige, schwere Stückgüter längere Umschlagsprozesse oder Güter mit hoher Teilevielfalt längere Fertigungs- oder Montageprozesse; sie beeinflussen demnach die *Dauer* der Wertschöpfungsprozesse. Flüssigkeiten können anders als Stückgüter nur in Tanks gelagert und in Tanklastwagen transportiert werden, Präzisionsteile nur in entsprechenden Spezialmaschinen gefertigt werde; sie determinieren demzufolge die *Art* der jeweiligen Wertschöpfungsprozesse. Bestimmte Gefahrengüter können nur nachts transportiert, andere Güter nur tagsüber gefertigt werden; sie beeinflussen also die *zeitliche Lage* der Leistungserstellungsprozesse, etc.

Ebenso wirken prozeßspezifische Merkmale der logistischen Objektfaktoren kostentreibend auf administrative Auftragsabwicklungsprozesse. So erfordern z.B. strategisch wichtige "A-Teile" aufgrund ihrer Bedeutung wöchentliche Bestandskontrollen und "treiben" somit die *Anzahl* der erforderlichen Erfassungsprozesse, währenddessen z.B. hochkomplizierte Baugruppen, die für die Fertigung fremdbezogen wurden, zeitaufwendige Bestandsaufnahmen und Qualitätsprüfungsprozesse im Wareneingang erfordern.

(2) Zur zweiten Einflußfaktor-Gruppe zählen die *auftragsspezifischen Bestimmungsgrößen*. Sie bestimmen z.B. die Anzahl, Art und Dauer aber auch die *Qualität* der zu vollziehenden Auftragsabwicklungsprozesse und induzieren einen unterschiedlichen Bedarf an Einsatzgütern bzw. unterschiedliche Anforderungen an die Ressourcenausstattung.

Dies kann man sich z.B. an einem Transportprozeß verdeutlichen. Hierbei determinieren die (in- oder externen) Aufträge den Absendungs- und Bestimmungsort des gewünschten Transportprozesses, die jeweilige Transportzeit und -entfernung, währenddessen typisch lieferservicebedingte Bestimmungsgrößen wie z.B. eine vorgegebene Höchsttransportzeit, eine Transportzuverlässigkeitsquote, Kundenextrawünsche etc. Anforderungen an die Art des Transportprozesses (z.B. Luft- oder Bahnfracht) oder an dessen Intensität (z.B. Eiltransport, Expresszustellung) und damit an die Qualität, Anzahl und Größe der erforderlichen Transportkapazitäten stellen.[68]

(3) Als dritte Gruppe von Einflußfaktoren wirken die *prozeßprogrammrelevanten Merkmale eines aus vielen Aufträgen bestehenden Auftragsprogramms*, die anders

---

[68] Analog kann man wiederum bei administrativen Auftragsabwicklungsprozessen argumentieren, wie z.B. bei der unterschiedlichen Auftragsbearbeitungsdauer, je nach Vorlage eines "Klein-" oder eines "Großauftrages".

als die Merkmale der jeweiligen Objektfaktoren oder der jeweiligen Einzelaufträge nicht den einzelnen Teilprozeß bzw. den einzelnen Auftragszyklus, sondern eine Gesamtheit von Zyklen bzw. Auftragsabwicklungsprozeßketten beeinflussen.

So werden etwa die logistischen Prozesse im Bereich des Wareneingangs hinsichtlich ihrer Prozeßintensität vom unterschiedlichen Sendungsaufkommen während des Tages beeinflußt (Stichwort: "Chaos am Morgen, Flaute am Nachmittag"[69]), was wiederum Einfluß auf die vorzuhaltenden personalen Kapazitäten ausübt; oder Transportprozesse werden statt der Einzelbelieferung zu Sammeltouren verkettet, somit hinsichtlich Transportdauer und -entfernung beeinflußt.

Genauso wirken die unterschiedlichen Dispositionsprinzipien bzw. Ablaufstrategien ("Pull" bzw. "Push") der Logistiksegmente als prozeßprogrammrelevante Einflußfaktoren, da aufgrund der Existenz bzw. Nicht-Existenz von Puffern unterschiedliche Anforderungen an die Zeit und Intensität der Abwicklung von Prozeßabfolgen, vor allem aber unterschiedliche Anforderungen an die Quantität und Qualität der vorzuhaltenden Kapazitäten gestellt werden.[70]

Auf die Kosten, die bei der Prozeßdurchführung oder bei der Herstellung einer Prozeßbereitschaft entstehen, wirken also verschiedene Einflußfaktoren bzw. Cost-Driver in unterschiedlichen Kombinationen, so daß eine Analyse bzw. Planung der Prozeßkosten eine *Differenzierung* ("*Decomposing*") der Auftragsabwicklungsprozesse hinsichtlich der Art der Auftragsabwicklungsprozesse, einzelner Prozeßmerkmale und ggf. hinsichtlich einzelprozeßrelevanter Merkmale von logistischen Objektfaktoren erforderlich machen kann.[71]

Demnach versteht man unter einer "Prozeßdifferenzierung" einen primär *abrechnungstechnischen Vorgang*, bei dem für die Zwecke der Prozeßkostenrechnung ein Auftragsabwicklungsprozeß mit zusätzlichen beschreibenden Merkmalen versehen, also *differenziert* wird; dieser Prozeß wird somit zu einer quasi "Verrechnungseinheit"[72], für die eine oder einige wenige Prozeßbezugsgrößen definiert werden und auf die die variablen Kosten bezogen werden.

Anschließend werden zu diesem spezifizierten Auftragsabwicklungsprozeß im Rahmen der Budgetierung alle solche Tätigkeiten zusammengefaßt bzw. *klassifiziert*, deren mengenmäßiger Anfall bzw. deren Kostenausprägung letztlich von dem- oder denselben Kostentreiber(n) abhängt. "An activity is a homogenous grouping of costs

---

69 Vgl. Danckwerts 1991, S.145.
70 Vgl. dazu die Ausführungen in Kap. B.2.3.2.
71 Vgl. zu den Überlegungen hinsichtlich der Dekomposition bzw. Aggregation von Prozessen Brimson 1991, S.93ff.
72 Vgl. Strecker 1991, S.33.

because resources are assigned to produce a specific output. Homogeneity means that variation in an activity is explined by a single activity measure. As long as the output ... is not changed, the necessary resources will vary in proportion to the activity measure."[73]

Die Frage schließt sich nun an, bis zu welchem Grade man sinnvoller Weise die Prozeßdifferenzierung durchführen soll, also wieviele bzw. wiewenige unterschiedliche Tätigkeiten mit ähnlichem Kostenverhalten unter einen spezifizierten Auftragsabwicklungsprozeß zusammengefaßt werden sollen.

3.2. Identifizierung der kostentreibenden Auftragsabwicklungsprozesse und Wahl der Cost-Driver

Auftragsabwicklungsprozesse sollen soweit differenziert werden, daß für sie zumindestens eine Prozeßbezugsgröße (Cost-Driver) ermittelt werden kann, mittels derer die Häufigkeit der erforderlichen Anzahl von Prozessen (Prozeßmenge) in der Budgetperiode quantifiziert werden kann und mittels derer die unterschiedlichen Ausprägungen der Prozeßkosten mit vertretbarem Aufwand planbar und kontrollierbar sind.[74]

Der Erfassungsaufwand und die Präzision bei der logistischen Budgetierung hängen insbesondere von der Ausgestaltung zweier Aspekte ab, und zwar (1) von der Anzahl der berücksichtigten Auftragsabwicklungsprozesse einerseits und (2) der Festlegung zu berücksichtigender Cost-Driver andererseits.

3.2.1. Anzahl der zu berücksichtigenden Prozesse

Auf die Gestaltungsfragen hinsichtlich der im Rahmen der Budgetierung zu berücksichtigenden Auftragsabwicklungsprozesse wirken unterschiedliche Einflußfaktoren; sie sollen im folgenden aus dem Blickwinkel (1) der Realisierbarkeit, (2)

---

[73] Brimson 1991, S.109f.
[74] Vgl. u.a. Siegwart, Raas 1991, S.232.

der Zweckmäßigkeit und (3) der Notwendigkeit einer Prozeßunterscheidung diskutiert werden:

(1) Eine Grenze setzt die *Realisierbarkeit* der Kostenplanung, -erfassung und -kon-
trolle.

So muß für jeden logistischen Wertschöpfungsprozeß ein eigener Kostenbetrag feststellbar sein. Wenn sich also in keiner einzigen Ressourcenart ein spezifischer Einsatz für einen Prozeß isolieren läßt, ist eine Definition dieses Prozesses nicht sinnvoll.[75] "If at least one input and one output for each activity cannot be defined, then
the definition of the activity must be refined."[76]
Die Grenzen der Realisierbarkeit werden demnach mitbestimmt durch den Status
Quo der bestehenden Kostenartenrechnung; erst wenn hier eine differenzierte Erfassung einzelner Kostenartenelemente erfolgt, wie z.B. die oben beschriebene Differenzierung einzelner Personalentlohnungs- und Fahrzeugkostenbestandteile, ist auch
eine differenzierte Zurechnung zu unterschiedlichen Prozessen, wie z.B. zu Gefah-
ren-, Nacht- oder Nahverkehrstransporten oder zu PKW-, LKW-, oder Schwertrans-
porten möglich.[77]

Desweiteren sollten die Auftragsabwicklungsprozesse nur soweit differenziert werden, wie die zugehörigen Prozeßbezugsgrößen aus den verfügbaren Informa-
tionsquellen erfaßt werden können. "Die Prozeßmengen müssen im Ist eindeutig und
mit vertretbarem Aufwand erfaßbar sein."[78]

(2) Neben der Frage der Realisierbarkeit kommt auch der *Zweckmäßigkeit* einer zusätzlichen Prozeßdifferenzierung eine wichtige Rolle zu. "A cost managment system
must be only as complex as to achieve the required benefits but not so simple that it
fails to provide information to support enterprise excellence. To paraphrase Albert
Einstein: 'A cost management system should be as simple as possible, but no simp-
ler!'"[79]

Denn schlußendlich verfolgt die Definition eines Prozesses den primären Zweck, die
durch ihn verursachten bzw. die auf ihn zurechenbaren Kosten in der Budgetperiode
präzise planen zu können.

---

75 Vgl. Troßmann 1992, S.524.
76 Brimson 1991, S.95.
77 Vgl. dazu die Ausführungen in Kap. D.2.2.
78 Siegwart, Raas 1991, S.232.
79 Brimson 1991, S.73.

-248-

Ist also der Kostenbetrag für einen Prozeß vergleichsweise niedrig, weil er ein geringes Maß an Potentialen zur Aufrechterhaltung einer Prozeßbereitschaft bindet bzw. weil er geringe variable Kosten bei der Prozeßabwicklung verursacht, und ist gleichzeitig die erforderliche Prozeßmenge pro Budgetierungsperiode gering, bleibt seine relative Relevanz unterhalb eines Mindestmaßes. Der Planungsaufwand der logistischen Budgetierung würde den gegenüberstehenden Nutzen überschreiten.[80]

(3) Ein dritter Aspekt betrifft die *Notwendigkeit einer Unterscheidung* mehrerer Auftragsabwicklungsprozesse.

So ist in einigen Fällen diese Notwendigkeit gar nicht gegeben, wenn die Prozesse in den Segmenten zwar gedanklich unterscheidbar sind, diese jedoch in den betrieblichen Abläufen in nahezu gleicher Abfolge oder Kombination auftreten und von der gleichen Kosteneinflußgröße getrieben werden, wenn also *deterministische Prozeßstrukturen* innerhalb definierter Bereiche vorliegen.[81]

Bspw. kann bei einem Logistiksegment die Abwicklung einer homogenen Gruppe von Aufträgen aus einer 'logistics mission' stets mit einer gleichen und standardisierten Abfolge von Auftragsannahme-, Auftragsprüfungs- und Auftragsdispositionstätigkeiten verbunden sein, so daß sich eine getrennte Kostenberechnung dieser administrativen Prozesse nicht lohnt. Gleiches kann für Abfolgen physischer Auftragsabwicklungsprozesse gelten, wie bspw. bei der physischen Abwicklung von innerbetrieblichen Aufträgen zwischen zwei Logistiksegmenten, die von weitgehend gleicher Größe und Zusammensetzung und von gleicher Anforderung an das Lieferserviceniveau, die also weitgehend standardisiert und automatisiert sind.

Es gilt demnach, die Prozeßstruktur in den betrachteten Bereichen konsequent daraufhin zu untersuchen, ob "*Korrelationen von Prozeßhäufigkeiten*"[82] bzw. "*Interdependenzen als Bezugsgrößenbeziehungen gemäß den jeweiligen empirischen Prozeßbedingungen*"[83] vorliegen, wobei eng korrelierte Prozeßkombinationen bzw. -ketten innerhalb einer deterministischen Prozeßstruktur als ein einziger Prozeß definiert werden können, andererseits aber bei Nichvorliegen einer strengen Proportionalität

---

80 Vgl. allgemein Troßmann 1992, S.525.
81 Zum Begriff der deterministischen Prozeßstruktur vgl. Renner 1991, S.134.
82 Vgl. Troßmann 1992, S.525.
83 Vgl. Kloock 1992b, S.242.

zwischen den Teilprozessen auf eine Prozeßverkettung bzw. -verdichtung verzichtet wird.[84]

Dieses Vorgehen führt zu einer Reduzierung der Anzahl zu berücksichtigender Teilprozesse und damit - neben den Vorteilen eines geringeren Erfassungsaufwandes - zu einer verbesserten Übersichtlichkeit der Budgetberichte.

Ähnliche Überlegungen kann man anstellen bei der Fragestellung, ob verwandte Prozesse innerhalb eines Segmentes, die zwar nicht vollkommen identische Kostenstrukturen aufweisen, die sich aber auf die gleichen Prozeßbezugsgrößen beziehen, wirklich unterschieden werden müssen, oder ob nicht eine Bildung von Prozeßklassen, also eine *Prozeßklassifizierung* zu rechtfertigen ist. "Several activities might be aggregated into a surrogate activity measure in which no activities are significant enough on their own to warrant seperate management."[85]

Hierzu einige Beispiele (vgl. Abb. 32):

Will man etwa die transportentfernungsbedingten, also die von der Zahl der gefahrenen Kilometer getriebenen Prozeßkosten des Fuhrparks erfassen, und umfaßt der Fuhrpark eine Vielzahl unterschiedlich dimensionierter Transportmittel mit unterschiedlichem Ressourcenverbrauch bzw. unterschiedlicher Ressourcenbindung, kann man statt der Differenzierung der Transportprozesse für alle Transportprozeßarten ("Transport mit Transportmittel T_1", "Transportieren mit Transportmittel T_2", etc.) Prozeßklassen wie etwa "Transport durch LKW", "Transport durch Kleintransporter" oder "Transport durch Schwertransporter" etc. bilden, wenn die einzelnen Transportmittel innerhalb der Prozeßklasse vergleichbar hohe variable Kosten (Treibstoff, Schmierstoffe, gebrauchsbedingte Abschreibung, gebrauchsbedingte Instandhaltung etc.) verursachen und etwa gleich häufig zum Einsatz kommen. Denn dann kann man die gesamte Laufleistung dieser Fuhrparkgruppe periodisch erfassen und einen für die Transportprozeßklasse repräsentativen Durchschnittsprozeßkostensatz[86] zugrundelegen, während die fixen Kosten der Transportkapazitäten und deren Gesamtlaufleistung in die Überlegungen zu möglichen Kapazitätsanpassungsmaßnahmen einfließen.[87]

---

84 Dies entspricht den Anforderungen Kloocks an die Auswertungs- und Prozeßflexibilität einer flexiblen Prozeßkostenrechnung; vgl. Kloock 1992b, S.240ff.

85 Brimson 1991, S.146.

86 Bei stark unterschiedlicher Laufleistung der einzelnen Fahrzeuge wäre der Durchschnittsprozeßkostensatz weniger repräsentativ, weil die Standardabweichung um den Mittelwert innerhalb der Prozeßklasse zu hoch wäre.

87 Vgl. dazu die Ausführungen im folgenden Kap.; insbesondere die Forderung (2).

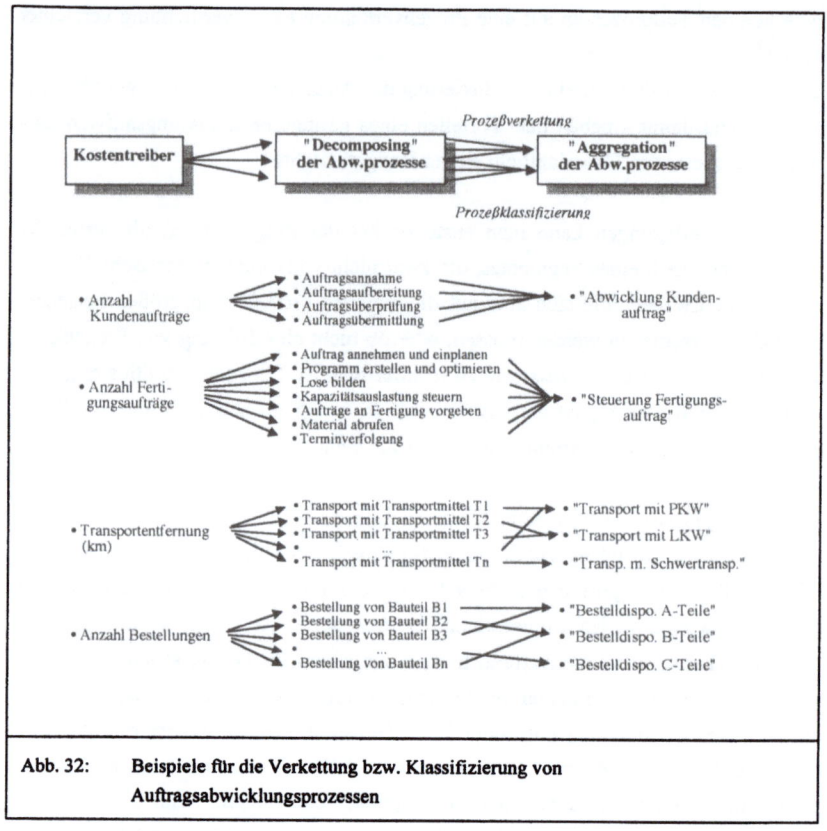

Abb. 32: Beispiele für die Verkettung bzw. Klassifizierung von Auftragsabwicklungsprozessen

Analog kann man vorgehen, wenn man die Kosten administrativer Auftragsabwicklungsprozesse, die vorwiegend von "zeittreibenden" Faktoren beeinflußt werden, erfassen will. So kann man bspw. bei der Erfassung der Prozeßkosten "Bestelldisposition von Bauteilen" statt der Differenzierung der Bestellvorgänge für alle Bauteile und der Messung der jeweiligen Bearbeitungsdauer Prozeßklassen für A-, B- und C-Bauteile bilden, die vergleichbar lange Bearbeitungszeiten erfordern. "A-Teile" sind etwa solche Bauteile, die, weil sie besonders wichtig für die Produktion sind, wöchentliche Bestandskontrollen, exakte Liefertermiüberwachungen, "trouble shooting" bei Fehlmengensituationen etc. und damit zeitaufwendige Dispositionsprozesse erfordern, während "C-Teile" standardisierte und sehr kurze Bestellvorgänge bedingen.

Auch in der Literatur wird die Klassifizierung verwandter Tätigkeiten diskutiert, wobei man zumeist auf eine Differenzierung nach unterschiedlichen "*Komplexitäts-*

graden" abstellt (z.B. einfache, normale und schwere "Kundenauftragseingabe in den PC" oder "stichprobenweise", "genaue" oder "permanente Termineinhaltungskontrollen"), um den unterschiedlichen Zeitbedarf von einzelnen (zumeist administrativen) Prozessen zu erfassen.[88]

Mittels des Einsatzes von Komplexitätsziffern wird demnach die prinzipielle Möglichkeit geschaffen, die Vergleichbarkeit ähnlicher logistischer Wertschöpfungsaktivitäten, die sich nur durch unterschiedliche Lieferservicestrategien bzw. durch eine Auftragsinitiierung aus unterschiedlichen 'logistics missions' unterscheiden, zu erhalten, ohne auf die Unterscheidung der unterschiedlichen Inanspruchnahme von Ressourcen zu verzichten.

Mit der Bildung von Prozeßklassen wird zwar bewußt in Kauf genommen, daß manche innerhalb einer Klasse erfaßten Prozesse kostenmäßig unterbewertet, andere hingegen überbewertet werden; auch mag man dagegen einwenden, daß mittels einer solchen Klassenbildung die Verursachung einzelner Kostenarten verzerrt dargestellt würde, daß z.B. der Treibstoffverbrauch oder der gebrauchsmäßige Verschleiß bei einzelnen LKW-Transportprozessen höher sei als der bei anderen innerhalb der gleichen Gruppe.

Eine solche Argumentation verkennt allerdings den Hauptzweck der Differenzierung von Auftragsabwicklungsprozessen und der Bildung von Prozeßbezugsgrößen im Rahmen der logistischen Budgetierung. Mit ihrer Hilfe soll eine Aussage darüber getroffen werden, wovon die Prozeßmenge und der damit verbundene Ressourcenverbrauch eines Logistiksegmentes maßgeblich abhängt; betrachtet wird dabei nicht der Einzelfall, sondern das gesamte Prozeßvolumen in der Periode.[89] Somit wird man über alle Prozesse innerhalb dieser Klasse von einem stabilen Mittelwert ausgehen können, und genau dieser Mittelwert wird für Budgetplanungsprozesse benötigt.[90]

Allerdings sind dann im Rahmen der Budgetkontrolle gesonderte Überprüfungen hinsichtlich der bei der Klassifizierung und Durchschnittsbildung zugrundegelegten Annahmen durchzuführen, insbesondere dann, wenn es um die Analyse der Soll-Ist-Abweichungen und um die Frage geht, ob der Budgetverantwortliche die

---

88   Vgl. u.a. Renner 1991, S.136; Lohmann 1992, S.138.
89   Vgl. Cooper 1990b, S.277.
90   Vgl. dazu die ähnlichen Überlegungen bei Weber 1991a, S.84; Lohmann 1992a, S.138.

festgestellten Abweichungen zu vertreten hat; hierauf wird später noch eingegangen.[91]

Zusammenfassend läßt sich also festhalten, daß im Rahmen der logistischen Budgetierung aufgrund *rechentechnischer Restriktionen* bzw. aufgrund von *Wirtschaftlichkeitsüberlegungen* die Anzahl zu budgetierender Auftragsabwicklungsprozesse zu begrenzen ist. Das damit begründete Trade-Off-Problem mit dem Ziel der Erfassungs- bzw. Budgetierungsgenauigkeit läßt sich lösen, wenn Prozesse, deren Kosten von der gleichen Einflußgröße getrieben werden, zusammengefaßt werden, sei es durch *Verkettung von Auftragsabwicklungsprozessen* oder sei es durch Zusammenfassung verwandter Prozesse bzw. Tätigkeiten mit ähnlichem Kostenverhalten zu *Prozeßklassen*.

3.2.2. Anforderungen an die Cost-Driver-Kandidaten

Prozeßbezugsgrößen bzw. Cost-Driver stellen im System der prozeßorientierten Budgetierung als Plan- und Ist-Werte die Bezugsgrößen dar, auf deren Basis die Plan- oder Sollprozeßkosten funktional ermittelt werden. Für deren Auswahl gelten ähnliche Überlegungen wie bei der Anzahl zu unterscheidender Auftragsabwicklungsprozesse.

Auch hier sind die *Realisierbarkeit* der Kostenberechnung, die *Relevanz* des diskutierten Kostenbetrages, die Eignung als *Maßstab zur Darstellung der logistischen Leistung und Kostenverursachung* und insbesondere die *Korrelation zwischen den verschiedenen Cost-Driver-Kandidaten* von Bedeutung.[92]
Folgende Anforderungen sollen deswegen die zur Budgetplanung und -kontrolle herangezogenen Prozeßbezugsgrößen erfüllen:

(1) Sie sollen ein *Maßstab der Segmentleistung* und damit der *Kostenverursachung* darstellen, zu denen die variablen Prozeßkosten in proportionaler Abhängigkeit stehen.[93] Dadurch erlauben sie auch bei Prozeßmengenschwankungen in der Budgetierungsperiode eine differenzierte Analyse der Ergebnisursachen und ermöglichen ein ursachengerechtes, also ein z.B. an den Verbrauchsabweichungen ansetzendes Gegensteuern.

---

91 Siehe Kap. D.4.1.1.
92 Vgl. Troßmann 1992, S.525; Miller 1992, S.47f.
93 "There must be a direct relationship between changes in the volume of an activity measure and the factors of production." (Brimson 1991, S.120).

Hierbei muß man sich durchaus nicht nur auf eine Prozeßbezugsgröße pro Prozeß beschränken, sondern kann auch mehrere wählen, wenn dadurch eine wesentlich genauere Zuordnung der heterogenen variablen Kostenarten auf den betrachteten Prozeß erreicht werden kann.[94]

So kann es bspw. zur Budgetierung der variablen Kosten eines Transportprozesses sinnvoll sein, sowohl die "gefahrenen Kilometer" als auch die "Anzahl transportierter Transporteinheiten" und die "Anzahl ausgelieferter Sendungen" als Prozeßbezugsgrößen auszuwählen, um somit nicht nur die transportentfernungsbedingten Kosten (Treibstoff, gebrauchsbedingter Verschleiß des Fahrzeugs, fahrtzeitabhängige Personalkosten etc.) sondern auch die sendungsspezifischen Transportkosten (z.B. Personalkosten für sendungsspezifische administrative Tätigkeiten wie "Formular ausfüllen", "Reklamationen entgegennehmen" etc. bzw. für sendungsspezifische Stillstandszeiten) oder die transportvolumenbedingten Transportkosten (z.B. Personalkosten für be- und entladezeitabhängige operative Tätigkeiten) planen zu können.

Die einzelnen Prozeßbezugsgrößen mit den jeweils auf sie anfallenden variablen Kostenbeträgen erfassen somit unterschiedliche (in sich homogene) Kostenteilblöcke, welche - *additiv miteinander verknüpft* - den gesamten (heterogenen) Block der einem Prozeß zurechenbaren variablen Kosten darstellen.

Auch in der Praxis wächst die Erkenntnis, daß man von dem Prinzip "one cost driver for one cost unit" bei fortschreitender Anwendung einer prozeßorientierten Kostenrechnung abweichen muß,[95] denn zu verschieden sind die unterschiedlichen Ausprägungen der Wertschöpfungsaktivitäten und zu komplex die Abhängigkeitsbeziehungen des Kostenanfalls; dies haben ERNST & WHINNEY bei ihrer Konzeption für ein "Transport Accounting System" bereits sehr früh erkannt: "It is important to note that within classifications ... a combination of two or more output measures may provide the most meaningful measures of transportation activity and cost incurrence."[96]

Die Grenzen bei der Festlegung zusätzlicher Prozeßbezugsgrößen werden sicherlich durch die *Relevanz* des zusätzlich erfaßten Kostenbetrages festgesetzt.[97] Zwar wäre es durch eine große Anzahl von Prozeßbezugsgrößen theoretisch möglich, sämtliche

94   Vgl. Wäscher 1992, S.173.
95   Vgl. dazu allgemein Johnson, Kaplan 1987, S.229; Cooper 1990b, S.274ff.; am Beispiel mehrfacher Prozeßbezugsgrößen für administrative Dienstleistungsbereiche; vgl. Troßmann 1992, S.528.
96   Ernst & Whinney 1983, S.65.
97   Vgl. Cooper 1990b, S.275f.

relevanten Kosteneinflußgrößen zu erfassen, die nahezu 100% der Variation variabler Kosten auf Prozeßmengenänderungen erklären; doch die Prozeßkostenrechnung auf Teilkostenbasis soll (in Anlehnung an KILGER) "nicht nur ein kostentheoretisches System (sein; Anm. d. Verf.), sondern ein Verfahren der Kostenrechnung, das in der Praxis funktionieren muß."[98]

Der Trend zu einer stärkeren Berücksichtigung von unterschiedlichen Cost-Drivern wird sich jedoch, so belegen es bspw. empirische Untersuchungen von COOPER, TURNEY, noch weiter fortsetzen.[99]

(2) Daneben sollte(n) die Prozeßbezugsgröße(n) *Einblicke in die Auslastung der eingesetzten Kapazitäten* gewähren, um - bei Beachtung der unterschiedlichen Bindungsfristen - Ansatzpunkte zur prozeßorientierten Kapazitätsanpassung an veränderte Beschäftigungssituationen zu liefern.

Dies wird dann möglich, wenn die Prozeßbezugsgrößen an den Kapazitätsmerkmalen der Potentialfaktoren ansetzen, also wenn die Dimensionen, in denen sie dargestellt werden, übereinstimmen mit denen, die sich zur Beschreibung der (quantitativen) Kapazitätsarten heranziehen lassen.[100] In Abb. 33 werden beispielhaft einige typische Kapazitätsmerkmale von Potentialfaktoren und deren Darstellbarkeit in unterschiedlich dimensionierten Leistungsgrößen, so wie sie in der Literatur diskutiert werden, aufgeführt.[101]

---

98 Kilger 1988, S.325; in die gleiche Kerbe schlägt das von vielen Prozeßkostenrechnern vertretene Motto: "Lieber ungefähr richtig als haargenau falsch!"; vgl. u.a. Lohmann 1992, S.142.
99 Vgl. Cooper, Turney 1990, S.294f.
100 Vgl. dazu die Ausführungen von Warnick 1993, S.26ff.
101 Zu ausführlichen Analysen der Einflußfaktoren auf die Bereithaltung qunatitativer und qualitativer logistischer Kapazitäten vgl. für den Transportbereich u.a. Delfmann 1978, z.B. S.69; Lützenkirchen 1982, S.260f.; Maus 1984, S.92ff.; Reutersberg 1985, S.124f.; Kett 1988; Weber 1991a, S.74; zur Analyse der Einflußfaktoren auf die Bereithaltung Lagerkapazitäten vgl. u.a. Eggenstein, Herbst, Jansen 1981, S.167ff.; Jassmann, Bodenstein 1983, S.15f.; Countryman, Busher, Tyndall 1984, S.121; Greim, Brinkmann 1986, S.7ff.; Brink 1988; Hui 1988, S.26f.; zur Analyse der Einflußfaktoren auf die Bereithaltung von Umschlags- und insbesondere Personalkapazitäten vgl. u.a. Borries 1975; Schwarting 1985; Fehr 1987, S.42ff.; Weber 1991a, S.75ff.

Kapazitätsart	Kapazitätsmerkmal	Kapazitätsleistungseinheit
Transportkapazität	Nutzlast	t
	Ladefläche	qm
	Transportraum	ccm
	Anzahl Transporteinheiten pro Monat	n
	Anzahl Sendungen pro Monat	n
	durchschn. Laufleistung pro Monat	km
	Transportleistung	t•km
	dynamische Transportleistung	t•km/Anzahl Sendungen
	...	...
Lagerkapazität	Lagerfläche (verfügbar)	qm
	Lagergewicht (verfügbar)	t
	Lagerraum (verfügbar)	ccm, hl
	Anzahl Stellplätze	n
	Stundenleistung der Förderkapazitäten	n/h
	...	...
Umschlagskapazität	Lagerdurchsatz	n
	Arbeitsgeschwindigkeit	m/sec
	Stundenleistung der Fahrzeuge	n/h
	...	...
Personalkapazität	geleistete Personalstunde	h
	Anwesenheitsquote	%
	Zahl ein/ausgelagerter Lagereinheiten	n
	Zahl be/entladener Transporteinheiten	n
	Zahl erfaßter Aufträge	n
	geleistete Ein/Auslagerungstätigkeiten	h
	geleistete Be/Entladetätigkeiten	h
	geleistete Auftragserfassungstätigkeiten	h
	...	...
Fertigungskapazität	Anzahl Produkte pro Monat	n
	Stundenleistung	n/h
	Zahl produzierter Varianten	n
	...	...
...		

Abb. 33: Kapazitätsbezogene Kenngrößen für Potentialfaktoren

So kann man z.B. die Auslastung von Lagerkapazitäten überprüfen, indem man die verfügbare Lagerfläche oder den verfügbaren Lagerraum der Menge der pro Zeiteinheit gelagerten "Kapazitätsleistungseinheiten" bzw. Prozeßbezugsgrößen, gemessen in m^2, m^3 oder hl, gegenüberstellt.[102]

Auch hier muß man sich ebenfalls nicht auf eine Prozeßbezugsgröße beschränken, sondern kann mehrere zur Erfassung und Planung der Kapazitäten hinzuziehen, indem man sie bspw. multiplikativ miteinander verknüpft.

---

[102] Vgl. dazu u.a. Greim, Brinkmann 1986, S.59ff.; Lochthowe 1990, S.263.

So wird z.B. in der Praxis häufig die *"dynamische Transportleistung"* als verknüpfte Prozeßbezugsgröße aus dem Produkt des in der Planungsperiode transportierten Gütervolumens (m^3 oder t) mit der zurückgelegten Transportentfernung (km), dividiert durch die Anzahl der Sendungen, auf die *"dynamische Transportkapazität"*, verstanden als Produkt aus Transportvolumen und durchschnittlicher Kilometerzahl pro Periode, bezogen und somit ein wirkungsvoller Ansatz geschaffen, auf Basis mehrerer kostentreibender Einflußfaktoren die Wirkung auf die Kapazitätsauslastung abzuschätzen.[103]

(3) Desweiteren muß von allen Cost-Drivern die geplante bzw. vermutete Ausprägung, sei es in den Dimensionen "Menge", "Anzahl", "Höhe", "Ausmaß" etc., bekannt bzw. im *Ist eindeutig erfaßbar* sein.

Bestehen dazu nur vage, etwa auf Plausibilitätsüberlegungen basierende Vorstellungen, die sich innerhalb oder am Ende der Budgetperiode nicht durch entsprechende Kontrollen validieren lassen, ist die Gefahr einer falschen bzw. ineffizienten Ressourcenallokation besonders groß, insbesondere weil solche, häufig auf subjektiven Einschätzungen basierende, Prozeßbezugsgrößen klassische Ansatzpunkte zur Bildung von Budgetslacks bilden.[104]

Als Beispiele für inexakte und vage erfaß- bzw. planbare Prozeßbezugsgrößen sind solche anzusehen, deren quantitative Ausprägung nicht gemessen, sondern lediglich retrograd aus anderen Ist- bzw. Planwerten abgeleitet wird, wobei aber ein festes Verhältnis zwischen den Bezugsgrößen nicht besteht.[105]

In diesen Fällen sollte auf andere, empirisch erfaßbare Cost-Driver-Größen zurückgegriffen werden, da ansonsten der Gefahr einer zu hoch angesetzten Plan-Beschäftigung (etwa durch ein bewußt niedriges Ansetzen des Quotienten aus "Basisbezugsgröße" und "retrograd abgeleiteter Planbezugsgröße" seitens der Segment-Manager) und damit der Gefahr einer zu hohen bzw. zu bequemen logistischen Budgetvorgabe Tür und Tor geöffnet wird.

(4) Zielten die bisherigen Anforderungen an die Cost-Driver-Kandidaten tendenziell auf eine höhere Budgetierungspräzision und -genauigkeit ab, bezieht sich die vierte Anforderung auf eine *schnelle und wirtschaftliche Durchführbarkeit* der Soll-Ist-Erfassung von Prozeßbezugsgrößenmengen.[106] "The ideal activity measure is simple

103 Vgl. u.a. Fiege 1988, S.299.
104 Vgl. dazu die Ausführungen in Kap. C.4.1.1.2.
105 Wie z.B. eine nicht empirisch erfaßte Bezugsgröße "Anzahl der bearbeiteten Auftragspositionen", welche retrograd abgeleitet wird aus einer Basisgröße "Anzahl Aufträge", oder eine Größe "Anzahl Transporteinheiten" abgeleitet aus der Basisgröße "Anzahl abgefertigter Sendungen" etc.
106 Vgl. u.a. Horváth, Renner 1990, S.102; Siegwart, Raas 1991, S.232; Löffler 1991, S.191; Wäscher 1992, S.173.

to understand, easy to measure, easy to extract from existing data sources, and directly related to the activity's factor of production. It is critical that an activity measure be economically and practically available."[107]

Für Logistiksegmente sind solche für die Soll-Ist-Erfassung relevanten Informationen häufig bereits vorhanden, da die Durchführung von Prozessen in vielen Fällen von Dokumenten begleitet wird und die Cost-Driver-Mengen somit relativ einfach DV-mäßig verwaltet werden können.[108]

Sie gilt es ausfindig zu machen, da sich durch ihre Nutzung die mit der Kostenrechnung verbundenen Erfassungskosten reduzieren lassen.

So lassen sich viele Informationen bezüglich physischer Auftragsabwicklungs-prozesse aus den Leitständen *logistischer Prozeßrechner*, wie etwa aus denen vorhandener *Fertigungsplanungs- und Fertigungssteuerungs-Systeme*, entnehmen, die das prozeßorientierte Kostenrechnungssystem ohne zusätzlichen Aufwand nutzen kann.[109]

Da die Steuerungsparameter dieser Prozeßrechner bzw. Steuerungssysteme mengen- und zeitorientiert sind, können aus diesen eine Vielzahl von relevanten Informationen in die Budgetplanung fließen, wie bspw. Lagermengen und Lagerorte, Bewegungszeiten und Fertigungszeiten der Güter, transportgutspezifische Transportmengen, -dauern, -termine, -strecken und -mittel etc.[110]

Auch aus den *Informations-Systemen administrativer logistischer Bereiche*, z.B. aus *Bürokommunikationssystemen*, lassen sich eine Vielzahl relevanter Informationen extrahieren, sei es aus den erfaßten Bestelldispositionen oder Eingangsrechnungen, welche Daten über die Arten, Mengen, Bestell- und Eingangszeitpunkte der beschafften Güter bereithalten, oder sei es aus externen Auftragsabwicklungssystemen, welche - zum Teil in Verbindung mit der Fakturierung - eine Vielzahl prozeßrelevanter Informationen festhalten, wie etwa Versandmengen, Kunden, Lieferorte, Versandarten, in Anspruch genommene Transportmittel oder (in informationstechnisch weit fortgeschrittenen Systemen) Transportdauern.[111]

Diese Möglichkeiten werden durch die immer stärker werdende DV-technische Durchdringung der Verwaltungsbereiche größer, so daß es in Zukunft keine Seltenheit mehr sein wird, einzelne teil- oder gar vollautomatisiert gesteuerte

---

107 Brimson 1991, S.120.
108 Vgl. u.a. Borries 1980, S.189; Vgl. Mertens 1982, S.128 bzw. Mertens 1985, S.83ff. und die dort referierte Literatur. Ellermeier 1983, S.40f.; Cooper 1990b, S.271.
109 Vgl. Scheer 1988a, S.15.; Siegwart, Raas 1991, S.124f.
110 Vgl. u.a. Wäscher 1990, S.214ff.; Weber 1991a, S.90ff.
111 Vgl. ausführlich Delfmann, Waldmann 1987, S.84ff.; Scheer 1988b, S.5ff.; Darr 1992, S.174ff.

Administrations-Prozeßschritte hinsichtlich ihrer Anzahl und ihres Zeitbedarfes ohne zusätzlichen Erfassungsaufwand zu kontrollieren und zu dokumentieren.[112]

Eine weitere, vom technologischen Status Quo des bestehenden Informationssystems weitgehend unabhängige, Möglichkeit zur Reduzierung der Erfassungskosten im Rahmen der Budgetierung ist die *Verwendung indirekter Bezugsgrößen*, wenn diese sich trotz der fehlenden unmittelbaren Beziehung zum mengenmäßigen Anfall von Prozessen hinreichend am Verursachungsprinzip orientieren.[113]
Z.B. kann die direkte Bezugsgröße "Kontrollstunde" (bei der Wareneingangs-kontrolle oder bei der Qualitätsprüfung in der Fertigung) ersetzt werden durch die Prozeßbezugsgröße "Anzahl der Kontrollen", wenn die Zeitdauer der Kontrollen pro Objekt ungefähr gleich ist; oder es läßt sich die direkte Prozeßbezugsgröße "Transportfahrtstunde" durch die indirekte Maßgröße "gefahrenen Kilometer" reprä-sentieren, wenn man von einer vergleichbaren Durchschnittsgeschwindigkeit ausge-hen kann.

Die Verwendung von Prozeßbezugsgrößen, die anstelle der *Zeitdauer* die *Anzahl der Prozesse* erfassen, ist eine bedeutende Technik der Prozeßkostenrechnung zur Redu-zierung der Erfassungskosten, die besonders im personalintensiven Bereich admini-strativer Tätigkeiten vielfältige Anwendungsmöglichkeiten finden kann. Hierbei sind Prozeßbezugsgrößen solche, die die Anzahl der Prozesse erfassen, bspw. die Anzahl der Aufträge, der Lieferscheine, der Rechnungen, der Kontrollen etc..

(5) Die fünfte Anforderung gilt der systematischen Suche nach Korrelationen zwi-schen den Cost-Driver-Kandidaten, um die Zahl zu erfassender Prozeßbezugsgrößen zu reduzieren und um die Darstellung segmentübergreifender Kostentreiber zu er-möglichen.[114]
"Stehen zwei oder mehr Kostentreiber in fester Relation zueinander, dann können natürlich die Kosten der betreffenden Aktivität(en) auf der Basis jedes beliebigen dieser Kostentreiber zugeschlagen werden."[115]

Man wird dann diejenigen Prozeßbezugsgrößen bevorzugen,
* die möglichst viele der oben formulierten Anforderungen erfüllen,[116]

---

112 Vgl. auch die Ausführungen zur "aktionsorientierten Datenverarbeitung" bei Hofmann 1990, S.10ff.; ebenso Mertens, Back-Hock 1991, S.543. Zur Analyse der damit verbundenen Veränderung der Erfassungs- bzw. Informati-onverarbeitungskosten vgl. Reichwald 1992, S.344ff.
113 Vgl. Cooper 1990b, S.277.
114 Vgl. dazu auch die Überlegungen von Kloock 1992b, S.241f. und Troßmann 1992, S.525f.
115 Reichling, Köberle 1992, S.497; vgl. ebenso Cooper 1988, S.48; Troßmann 1992, S.526.
116 Wobei Anforderung (3) zwingend ist, während Anforderungen (1), (2) und (4) "gegeneinander aufzurechnen" sind.

* die zudem als *unbeeinflußbarer Kostenbestimmungsfaktor* erfaßbar sind (wie z.B. prognostizierter Kundenauftragseingang oder Anteil an "pull-gesteuerten" internen Aufträgen, prognostizierte Anzahl an Sendungen etc.) und die somit direkte Anwendung im Rahmen einer auf Beschäftigungsänderungen reagierenden flexiblen Budgetanpassung finden können,[117] oder

* die unmittelbar als (Verhaltens-)Steuerungsgröße und damit als *"Initiator positiver Verhaltenseffekte"* in der Budgetperiode anwendbar sind. "Bei der Auswahl der Kostentreiber müssen ebenfalls die Effekte auf die Mitarbeiter berücksichtigt werden. Im allgemeinen hat ein Kostentreiber dann einen Einfluß auf das Verhalten eines Mitarbeiters, wenn dieser glaubt, daß sein Verhalten auf Basis der Kosten pro Aktivität oder der Aktivitätsmenge beurteilt wird. Die Bedeutung der Verhaltenseffekte sollte nicht unterschätzt werden."[118] Versucht beispielsweise das Logistik-Management bei einem Logistiksegment die Anzahl der Eiltouren zu redu-zieren, die aufgrund von Fehldispositionen in der Ablaufplanung notwendig geworden sind (also nicht die, die gewollt sind, bspw. zur Erfüllung von Kunden-Extrawünschen!), so kann es die Kosten dieser nicht erwünschten Eiltouren statt über die Prozeßbezugsgröße "Anzahl Eiltouren" über den voll korrelierten Cost-Driver "Anzahl der Fehlmengensituationen im Trans-portbereich" auf das Logistiksegment verrechnen;

* die möglichst eine *Verknüpfung mit dem Leistungscontrolling* erlauben, aus denen also Rückschlüsse auf die quantitative und vor allem die qualitative Leistung der Logistiksegmente gezogen werden können. "A key output of the new cost management system is the measurement of performance at the activity and business process level."[119] So stellen etwa die gerade aufgeführten Prozeßbezugsgrößen "Anzahl der Fehlmengensituationen im Transportbereich" und "Anzahl gewollter Eiltouren"[120] ebenfalls geeignete Leistungsbezugsgrößen bzw. "Service Performance Indicators" dar, so daß durch die Planung der Bezugsgrößenmengen den vorgegebenen Inputs, also den Kostenbudgets, gleichzeitig die mit diesen Inputs zu erstellenden Outputs, also die logistischen Leistungsziele, gegenübergestellt werden und damit die oben geforderte "Zweidimensionalität" der logistischen Segmentplanung gewährleistet wird.[121]

---

117 In diesem Zusammenhang wurde die Forderung aufgestellt, daß nur bei unbeeinflußbaren Abweichungsursachen eine Revision von Logistik-Budgets zur Diskussion stehen kann, da ansonsten sämtliche Arten potentieller Dysfunktionalitäten und Unwirtschaftlichkeiten in den Anpassungsprozeß einfließen; vgl. dazu die Ausführungen in Kap. C.4.3.2.

118 Cooper 1990b, S.278.

119 Miller 1992, S.43.

120 Ermittelbar als Differenz von "Anzahl Eiltouren" und "Anzahl der Fehlmengensituationen im Transportbereich".

121 Vgl. dazu die Ausführungen in Kap. C.4.1.2.3.

3.3. Planung der Cost-Driver-Mengen

Mit der Festlegung der zu budgetierenden Auftragsabwicklungsprozesse und der jeweiligen Cost-Driver für alle Logistiksegmente ist das *formale Gerüst* des logistischen Budgetsystems errichtet.
Dieses wird nun durch die Planung der Cost-Driver-Mengen und anschließend durch die Planung der beschäftigungsabhängigen und -unabhängigen Kosten *materiell ausgefüllt.*

Im Rahmen der *logistischen Gegenstrombudgetierung* erfolgt die Mengen- und Kostenplanung zunächst *dezentral* auf Segmentebene.[122] Anschließend (bzw. begleitet von mehrmaligen Rückkopplungsprozessen) wird *zentral* ein segmentübergreifender Abgleich der Teilpläne vollzogen, der an dessen Ende in die Vorgabe autorisierter Segmentbudgets mündet.[123]

Unter der Planung der Cost-Driver-Menge versteht man die für die Budgetierungsperiode vermutete numerische Ausprägung einer Prozeßbezugsgröße, sei es in den Dimensionen "Menge", "Anzahl", "Höhe" etc., die als Grundlage der Budgetierung der variablen Prozeßkosten bzw. die als Grundlage der Planung der vorzuhaltenden logistischen Kapazitäten dienen soll.
Sie darf hierbei nicht als zufällige Ist-Zahl übernommen werden, sondern sollte vielmehr analytisch unter Berücksichtigung der prognostizierten bzw. geplanten in- und externen Auftragslage bei Zugrundelegung einer unter Normalverhältnissen ablaufenden betrieblichen Leistungserstellung ermittelt werden.[124]

In dieser dezentral erfolgenden Planung werden mehrere Informationen zur Bestimmung des mengenmäßigen Prozeßanfalls entlang der Logistikkette herangezogen:

Dies sind zunächst Prognosewerte hinsichtlich der quantitativen und qualitativen Ausprägung externer Kundenaufträge, welche im Rahmen pull-gesteuerter logistischer Leistungserstellung den *"Minimumsektor der Planung"* darstellen.[125] Auf deren Basis werden in den Segmenten jenseits des (bzw. der) order-penetration-point(s) entsprechend der dort wahrzunehmenden Funktionen einzelne Transfer- oder

---

122 Vgl. dazu die Ausführungen in Kap. C.4.1.1.2.
123 Auf diesen, trotz des Einsatzes einer analytischen Budgetierungstechnik, weiterhin politischen Abgleichprozeß (Budgetknetphase) kommen wir in Kap. D.4.3.
124 Vgl. u.a. Wäscher 1992, S.176.
125 Von diesem "Minimumsektor" bzw. "Engpaß" aus erfolgt eine retrograde Planung der interdependenten Teilpläne; vgl. zum Engpaßgesetz der Planung Gutenberg 1958, S.163ff.

Transformationsmaßnahmenpläne (Transport-, Bestands-, Kommissionier-, Produktionspläne etc.) erstellt und die Planprozeßmengen retrograd abgeleitet.[126]

Im Falle einer über den (bzw. die) order-penetration-point(s) hinausreichenden reaktiven logistischen Leistungserstellung bilden die Zeit-/Mengenparameter der nachfragenden Logistiksegmente (die dann als interne Kunden im logistischen System auftreten) wiederum die informatorische Grundlage für die Maßnahmenplanung der leistungsanbietenden vorgelagerten Logistiksegmente. Erst bei deren Vorliegen können die betreffenden Cost-Driver für die Budgetplanung abgeleitet bzw. - aufgrund der Vagheit der Auftragsprognosen - grob abgeschätzt werden.[127]
Folgt hingegen die Leistungserstellung dem Push-Prinzip, lassen sich die für die Planung der Cost-Driver-Mengen relevanten Informationen aus den vorliegenden und nach Güterarten und -mengen bzw. nach Leistungsstellen gegliederten Materialflußplänen rechnerisch und "quasi-autonom", d.h. ohne Berücksichtigung aktueller Bedarfspläne verbundener Kunden bzw. Segmente, ableiten.

Ein geeignetes Instrument zur segmentübergreifenden Zusammenfassung dieser Informationen stellt die *Mengenflußmatrix* dar.[128] Sie führt - bezogen auf die jeweilige Planungsteilperiode - die Güterströme (genauer: die Ströme logistischer Objektfaktoren, da diese durchaus nicht die einzelnen Güter, sondern logistische Einheiten wie Teile, Baugruppen, Endprodukte, Kartons, Paletten, Gitterboxen etc. sein können) zwischen den einzelnen Liefer- und Empfangspunkten entlang der Prozeßkette mengenmäßig auf und erlaubt somit eine auf diesem Mengengerüst aufbauende differenzierte Prognose der einzelnen Cost-Driver-Mengen pro Budgetteilperiode.
Wird sie darüber hinaus um die Angaben von Minimum- und Maximumwerten (pro Tag, Woche oder Monat) ergänzt, liefert sie Anhaltspunkte über die vorzuhaltenden Personal- und Sachmittelkapazitäten bzw. über den erforderlichen Anteil fremdzuvergebender logistischer Leistungen.

---

126 "The sales forecast specifies the types of customer and the products to be sold, which are the bases for determing the specific level of order selection and shipping activities. For example, certain customers request special pallet configurations that may necessitate repalletizing a load before it is shipped." (Ernst & Whinney 1985, S.129). Vgl. ebenso Ernst & Whinney 1983, S.53ff.; Countryman, Miller, Busher 1984, S.114ff.; Ploos van Amstel 1987, S.71.

127 Kilger verweist in diesem Zusammenhang - er stützt seine Aussage allerdings auf den Vergleich zwischen der Fertigung von standardisierten Erzeugnissen bei gleichzeitigem Vorliegen einer detaillierten Absatzplanung mit der Auftrags- bzw. Einzelfertigung - auf die Notwendigkeit, bei der Festlegung der Planbezugsgrößen "Näherungsverfahren" anzuwenden, bei der die durchschnittlichen Ist-Cost-Driver-Mengen des Vorjahres oder die vergleichbarer Teilperioden durch prozentuale Zu- oder Abschläge an die prognostizierte Nachfrage angepaßt werden; vgl. Kilger 1988, S.348ff.

128 Vgl. Karp 1980, S.206f.

Mengenflußmatrix

Gütergruppe: .... (1000 St.) Berichtsmonat: .....

nach → / von ↓		Seg 1	Seg 2	Seg 3	...	Seg n	Summe
Seg 1	1						
	2						
	3						
Seg 2	1						
	2						
	3						
Seg 3	1						
	2						
	3						
...	1						
	2						
	3						
Seg n	1						
	2						
	3						
Summe	1						
	2						
	3						

Legende: 1 Durchschnittswert
2 Minimumwert
3 Maximumwert

Abb. 34: Mengenflußmatrix

In Abb. 34 ist beispielhaft eine Mengenflußmatrix für eine bestimmte logistische Gütergruppe dargestellt. Sie verzeichnet die Güterströme zwischen den Logistiksegmenten, wobei die stofflichen Eigenschaften der betreffenden Güter durchaus verändert werden und trotzdem in einer Matrix aufgeführt werden können. So kann bspw. im Feld "Seg 1 -> Seg 2" die Menge der Zwischenprodukte aufgeführt werden, die vom Logistiksegment 1 zur Endmontage transportiert und danach von Logistiksegment 2 eingelagert werden, während im Feld "Seg 2 -> Seg 3" die Menge der kommissionierten Endprodukte und im Feld "Seg 3 -> Seg n" die Menge der Transporteinheiten, die in die betreffenden 'logistics missions' gelangen, aufgezeichnet werden.

Die Funktion einer solchen Mengenflußmatrix muß aber nicht allein darauf beschränkt sein, die quantifizierten Mengeninformationen aus den einzelnen Logistiksegmenten lediglich zusammenzufassen und auf einem Berichtsblatt komprimiert darzustellen.

Vielmehr läßt sich die Mengenflußmatrix hervorragend als *Instrument zur Effizienzsteigerung der logistischen Gegenstrombudgetierung* einsetzen; diese will in ihrem Ergebnis zwar einen der prozeßorientierten ganzheitlichen Perspektive der Logistik entsprechenden Abgleich der Budgetanträge zwischen den um die knappen Mittel konkurrierenden Budgetparteien schaffen, stellt aber schlußendlich ein sehr aufwendiges Verfahren, dar.

Mit Hilfe der Mengenflußmatrix können Prozesse, zwischen den enge Verknüpfungen bzw. Trade-Off-Beziehungen bestehen (bspw. zwischen Transport- bzw. Fertigungsprozessen des vorgelagerten Segmentes und Einlagerungs - bzw. Lagerungsprozessen des nachgelagerten Segmentes), hinsichtlich ihrer Mengenrelationen einfach und übersichtlich überprüft und auf unplanmäßige Kennwerte ggf. unter Rückgriff auf Kennzahlen vergangener Budgetperioden hin analysiert werden. Auf diese Analysen hin lasssen sich alternative Maßnahmenplanungen, Umverteilungen von Aufgaben, veränderte Abstimmungsregelungen an den Segmentschnittstellen, Kapazitätsneuplanungen etc. zentral oder dezentral anregen und anhand der Mengenflußmatrix "durchgespielen". Hierdurch entfällt die Notwendigkeit, für jede einzelne Gestaltungsoption umfangreiche und zeitaufwendige Kostenbewertungen durchzuführen, welche ansonsten die Phase des Ringens um die Segmentbudgets zeitlich ausufern lassen würden. Denn gesamtlogistisch suboptimale Optionen lassen sich häufig bereits durch das Aufzeigen ihrer Auswirkungen auf die "Beschäftigungskonstellationen" im Gesamtsystem erkennen und von vornherein aus dem Verhandlungsprozeß zwischen den Budgetbeteiligten ausklammern.

Lediglich die (vermeintlich) wirtschaftlichste (oder die vermeintlich wirtschaftlichsten) Planalternative(n) mit ihren spezifischen Auswirkungen auf die Cost-Driver-Mengen muß (müssen) dann einer eingehenden prozeßbezogenen Kostenbewertung unterzogen werden.
Wie diese Bewertung im Rahmen einer auf Teilkosten basierenden Budgetierungstechnik durchgeführt werden kann, soll im folgenden beschrieben werden.

3.4. Planung der Kosten je Teilprozeß

Bei der prozeßbezogenen Kostenzuordnung, also der Planung oder Ermittlung der Kosten je Teilprozeß je Segment, können zur Planung der wertmäßigen Höhe der einzelnen Kostenarten statistische oder analytische Verfahren zum Einsatz kommen, so wie sie auch aus der der Grenzplankostenrechnung bekannt sind.[129] Sie sollen im folgenden kurz skizziert werden; die Vorgehensweise der Zurechnung dieser Kostenwerte auf Auftragsabwicklungsprozesse wird anschließend dargestellt.

3.4.1. Statistische oder analytische Verfahren der Kostenplanung

(1) Bei der Anwendung von *statistischen Verfahren* werden die auf die Prozesse verrechneten Kosten als Ergebnis von Vorjahres- oder Budgetwerten retrograd abgeleitet, wobei die Soll-Werte sich z.B. mittels Regressionsanalysen oder Streupunktdiagrammen ermitteln lassen.[130]

Zwar erfreuen sich diese Verfahren in der Praxis großer Beliebtheit, weil keine detaillierte Planung von Verbrauchsmengen und Arbeitszeiten erforderlich ist und somit der Zeitbedarf geringer als bei der analytischen Kostenplanung ist.[131]
Doch sind die Ist-Kosten aus den Vorperioden für die Bildung von Plankosten wenig geeignet, da damit Unwirtschaftlichkeiten aus der Vergangenheit in die Budgetplanung übernommen werden und somit die Gefahr einer *Fortschreibungsbudgetierung* hervorgerufen wird. Außerdem ist im Hinblick auf die sich rasch verändernden technischen Leistungserstellungserfordernisse der Logistiksegmente davon auszugehen, daß häufig die Arbeitsumgebung der vergangenen Perioden mit jener der Planperiode nicht mehr übereinstimmt.[132]

Deswegen sollten die Segment-Manager im Rahmen der Budgetplanung statistische Verfahren allenfalls begrenzt einsetzen und auf Kostenarten von *geringer Bedeutung* (bspw. Büromaterialkosten) oder von *geringer Variabilität* (bspw. Kosten für typisch leistungsmengenneutrale Prozesse wie etwa Kosten des Verwaltungsgebäudes oder Energiekosten einer Kühleinrichtung, die unabhängig von der Lagermenge eine gleiche Temperatur halten muß) beschränken.

Bei der Einführung einer Prozeßplankostenrechnung auf Teilkostenbasis ist aber auf jeden Fall die Durchführung einer analytischen Kostenplanung erforderlich, da ansonsten sämtliche potentielle Unwirtschaftlichkeiten der Logistiksegmente in die Budgets mit einfließen würden.[133]

---

129 Vgl. Kilger 1988, S.352ff.; Pfohl, Stölzle 1991, S.1291.
130 Vgl. Kilger 1988, S.353f.
131 Vgl. u.a. Ernst & Whinney 1985, S.151f.
132 Vgl. u.a. Egger 1991, S.97f.
133 So konstatiert Kilger zu Recht, daß bei der statistischen Kostenplanung "die Ist-Kosten in vielen Fällen die Einflüsse struktureller Unwirtschaftlichkeiten enthalten, die sich bei der Bereinigung nicht erkennen lassen." (Kilger 1988, S.357).

(2) Eine *analytische Planung* der Prozeßkosten heißt, auf Basis der Cost-Driver-Mengen alle Kostenarten mit Hilfe technisch-wirtschaftlicher Analysen originär zu planen.[134]

Hierbei können die Segment-Manager diverse Methoden einsetzen:[135]

* So lassen sich Kostenarten durch *Berechnung* oder *Messung* planen, wenn der Faktorverbrauch aus technisch determinierten funktionalen Zusammenhängen resultiert, wie z.B. beim Energieverbrauch von Stetigförderzeugen oder beim Verbrauch von Verpackungsmaterialien.

* *Funktionsanalysen* können insbesondere bei Planung des Personaleinsatzes angewendet werden.[136]

* Bei Kostenarten, die größeren Zufallsschwankungen ausgesetzt sind, muß man allerdings häufig auf *Erfahrungswerte* oder *Schätzungen* zurückgreifen. Dies ist z.B. bei Reparatur- und Instandhaltungskosten, dem Verbrauch an Treibstoffen, Schmiermitteln und Ölen oder auch bei Werkstoffkosten der Fall. Hier bietet sich bei der Budgetplanung an, auf externe Richtzahlen zurückzugreifen, die bspw. von Fachzeitschriften, Unternehmensberatungen oder Fachverbänden oder sonstigen Institutionen (wie z.B. dem ADAC) publiziert werden.[137]

Auf keinen Fall sollten die Segment-Manager sich aber - so wie es einige "Prozeßkostenrechner" propagieren[138] - auf die analytische Planung *einer* dominanten Kostenart (z.B. Personalkosten) beschränken, um die anderen Kostenarten (z.B. Raum-, Energie- oder Büromaterialkosten etc.) auf diese proportional zu verteilen.[139]

---

134 Vgl. u.a. Mayer 1991, S.90.
135 Vgl. im Überblick Kilger 1988, S.358f. und die dort angegebene Literatur.
136 Vgl. u.a. Hemmers 1986, S.52ff.
137 Vgl. dazu die Publikationen etwa von Unternehmensberatung Spedition und Lagerei GmbH 1978, Rubrik 08100; Lastauto 1987; Juchum, Weich, Wichote 1987; ADAC; etc.; im Überblick vgl. Teichmann 1989, S.86ff.
138 Vgl. u.a. Horváth, Renner 1990, S.103.
139 Vgl. dazu die Kritik von Kloock 1992a, S.187f.

3.4.2. Die bei der prozeßbezogenen Kostenplanung zum Einsatz kommenden Kostenzurechnungprinzipien

Im folgenden soll die *methodische Vorgehensweise* der prozeßbezogenen Kosten-zurechnung dargestellt und die dabei zum Einsatz kommenden *Kostenzurech-nungsprinzipien* analysiert werden (vgl. dazu Abb. 35).[140]

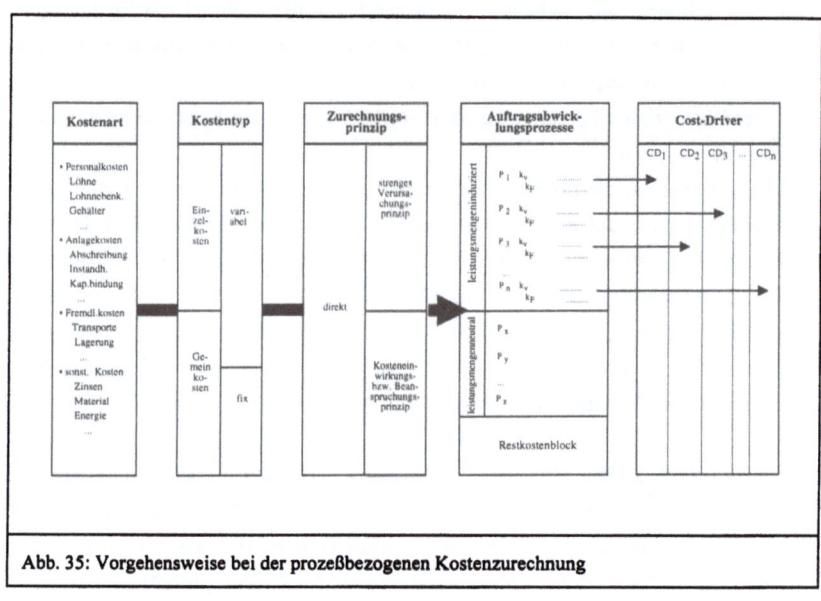

Abb. 35: Vorgehensweise bei der prozeßbezogenen Kostenzurechnung

Das Wissen um die einzelnen Verfahrensschritte und Prinzipien des Kostenzu-rechnungsprocedere, aber auch das Wissen um die in der Budgetplanung einge-flossenen Prämissen (hinsichtlich des Mengen- und Wertegerüstes) ist unabdingbare Voraussetzung für den sich anschließenden Budgetabgleich zwischen den Logistik-segmenten und vor allem für die der Budgetplanung nachgelagerte Budgetkontrolle, will jene über den reinen Soll-Ist-Vergleich hinaus die tatsächlichen Ursachen für die realisierten Handlungsergebnisse analysieren.

(1) Ausgehend von den (analytisch oder statistisch ermittelten) Kostenplänen werden zunächst die Beträge der einzelnen Kostenarten erfaßt, deren Bezeichnung anhand der Feingliederung nach Kostenarten-Elementen erfolgt, so wie sie im Zusammen-

---

140   Vgl. dazu analoge Überlegungen von Greim, Brinkmann 1986, S.38ff.

hang mit der Festlegung des *Differenzierungsgrades der Kostenartenrechnung* gestaltet wurde.[141]

(2) Aus den Informationen zu Kostenarten und den Orten ihrer Verursachung ergibt sich der jeweilige *Kostentyp der Kostenzurechnung*:

Hier ist zunächst festzulegen, ob der betrachtete Kostenbetrag abhängig oder unabhängig von der Variation der Prozeßbezugsgrößenmenge anfällt, also ob er (in Bezug auf die jeweilige Prozeßbezugsgröße) *fix* oder *variabel* ist. Dies hängt insbesondere von der Festlegung des Fristigkeitsgrades der Kostenplanung ab, wie es oben skizziert wurde.[142]

Hinsichtlich der Orte der Kostenverusachung unterscheidet man (Segment-) Einzelkosten und (Segment-)Gemeinkosten.

(Segment-)Einzelkosten lassen sich *direkt* auf die Budgetbereiche verrechnen (wie z.B. Kosten der ausschließlich von ihnen genutzten Leistungserstellungs-Potentiale); für sie ist eine spätere prozeßbezogene Kostenzurechnung zu prüfen.

(Segment-)Gemeinkosten lassen sich lediglich *indirekt* im Wege einer Umlage auf die betroffenen Verantwortungsbereiche verrechnen. Eine spätere prozeßbezogene Kostenzurechnung ist allerdings nicht möglich, ohne das Verursachungsprinzip zu verletzen; hier ist nur eine Überführung in den Restkostenblock sinnvoll. Die indirekte Verrechnung erfolgt mit Hilfe von mengen- oder wertbezogenen Schlüsseln (vgl. die Übersicht in Abb. 36). Deren Festlegung sollte möglichst längerfristig gelten, um eine Rechnungskontinuität und eine Rechnungsvergleichbarkeit zwischen den Budgetteilperioden zu gewährleisten.

---

141 Vgl. dazu die Ausführungen in Kap. D.2.2.
142 Vgl. dazu die Ausführungen in Kap. D.2.3.

Art des Verrech-nungsschlüssels	Beispiele
Mengenschlüssel	
• Zählgrößen • Zeitgrößen • Entfernungsgrößen • Raumgrößen • Gewichtsgrößen • techn. Maßgrößen	• Anzahl Mitarbeiter, Aufträge, Buchungen, etc. • Arbeits-, Fahrt-, Maschinenzeitgrößen • m, km • qm, ccm, hl • Ladegwichte, Transportgewichte, t • Heiz-, Kühlwerte, installierte KW
Wertschlüssel	
• Bestandsgrößen • Kostengrößen • Verrechnungsgrößen • Einstandsgrößen • Absatzgrößen	• Warenvorräte, Umlauf-, Anlagevermögen • Löhne, Gehälter, Materialkosten, kalkul. Zinsen • Preise der log. Objektfaktoren, Verrechnungspreise für Raumwerte • Wareneinkauf, Wareneingang • Umsätze von "logistics missions"

Abb. 36: Übersicht über Kostenstellen-Verrechnungsschlüssel

(3) Die eigentliche prozeßbezogene Kostenverrechnung erfolgt durch eine *direkte Zuordnung* aller solcher Kostenbeträge, bei denen - wie in Abb. 31 dargestellt - ein sachlogischer Zusammenhang zwischen dem jeweiligen Auftragsabwicklungsprozeß und den dafür in Anspruch genommenen Produktionsfaktoren besteht.

Verbleibende Kostenbeträge, bei denen ein solcher Zusammenhang allerdings nicht herstellbar ist, sollen nicht auf Prozesse verrechnet werden. Sie werden - wie gleich noch genauer zu analysieren ist - in einen sogenannten *Restkostenblock* überführt.[143]

Bei der prozeßbezogenen Kostenverrechnung können verschiedene *Zuordnungsprinzipien* angewendet werden:

Eine *direkte Zuordnung* zu einzelnen Auftragsabwicklungsprozessen ist zum einen dann möglich, wenn der Ressourcenverzehr durch die Abwicklung der jeweiligen Auftragsabwicklungsprozesse *ursächlich hervorgerufen* wird.

---

[143] Die Einführung eines Restkostenblocks wird u.a. von solchen Autoren gefordert, die sich im Zusammenhang mit dem Modell der Direkten-Produkt-Rentabilität (DPR) um eine Verrechnung der logistischen Kosten auf die Handelswaren bemühen; vgl u.a. Behrends 1988, S.206ff.; Ihde, Femerling, Kemmler 1990, S.177ff.; Jediss 1991, S.249f.; Hartmann, Niederhäuser 1992, S.242f.

Hierbei handelt es sich um die Kosten der in den Leistungserstellungsprozeß eingehenden Verbrauchsgüter wie z.B. Treibstoffkosten, Energiekosten der Fertigungskapazitäten, Kosten für Verpackungsmaterial, Kosten für einzelne inan-
spruchgenommene Dienstleistungen etc., welche nach dem *strengen Kostenverursachungsprinzip*[144] zurechenbar sind.

Desweiteren ist eine direkte Kostenzuordnung je einzelnen Prozeß dann möglich,
wenn die Kosten auf Entscheidungen zur Schaffung von Potentialen zurückgehen,
welche lediglich zur Durchführung des betrachteten Auftragsabwicklungsprozesses
genutzt werden, wenn diese Kosten also direkt auf den Vollzug der Prozesse *einge-
wirkt* haben.

Hierbei handelt es sich um die Kosten von Potentialfaktoren, die - wie z.B. der Reifenverschleiß eines LKW-Transporters, der nur für Nahverkehrstouren eingesetzt
wird, oder die Kosten eines Qualitätskontrollers, der lediglich für die Qualitätsüberprüfung bestimmter Fertigungserzeugnisse zuständig ist, oder die Kosten des
Segment-Managers - mit Hilfe des *Kosteneinwirkungsprinzips*[145] entweder den variablen oder den fixen Kosten des betrachteten Auftragsabwicklungsprozesses (z.B.
"LKW-Transport Nahverkehr" bzw. "Qualitätskontrolle des Erzeugnisses E_x" bzw.
"Logistiksegment leiten") zugerechnet werden.

"Werden die Kosten unmittelbar durch einen solchen Prozeß hervorgerufen - gleich-
gültig ob durch seine effektive Abwicklung oder durch die Leistungsbereitschaft für
diesen Prozeß -, so gelten sie als ... (direkt; Anm. d. Verf.) zurechenbar und werden
entsprechend verrechnet."[146]

Eine direkte Zuordnung ist allerdings nicht möglich, wenn die betreffenden Nut-
zungspotentiale für eine unterschiedliche Anzahl von Prozessen eingesetzt werden,
wenn es sich also, bezogen auf das jeweilige Bezugsobjekt "Auftrags-abwicklungs-
prozeß", um *Gemeinkosten* handelt.[147]

Eine prozeßbezogene Zuordnung dieser (Prozeß-)Gemeinkosten würde allenfalls der
Anwendung des Kostentragfähigkeitsprinzips[148] entsprechen und damit eindeutig

---

144 Zum Kostenverursachungsprinzip vgl. Kloock, Sieben, Schildbach 1993, S.50.

145 Zum Kosteneinwirkungsprinzip vgl. Kloock, Sieben, Schildbach 1993, S.51.

146 Behrends 1988, S.200.

147 "Conversely, indirect costs cannot be associated with a specific activity although they relate to the overall provision of
warehouse services." (Ernst & Whinney 1985, S.145); vgl. analog für den Transportbereich Ernst & Whinney 1983,
S.59.

148 Zum Kostentragfähigkeitsprinzip vgl. Kloock, Sieben, Schildbach 1993, S.55.

gegen das Verursachungsprinzip verstoßen.[149] Diese Kosten sind in einen segmentbezogenen Restkostenblock zu überführen.

(4) Nachdem die fixen und die variablen Kosten blockweise den verschiedenen Prozessen zugeordnet bzw. in den Restkostenblock überführt worden sind, stellt die
konkrete Zuordnung der variablen bzw. bezugsgrößenabhängigen Prozeßkosten zu
den für sie relevanten Cost-Drivern den nächsten Schritt der Kostenzurechnung dar.
Sie dient der Ermittlung der Kosten pro Cost-Driver-Einheit und damit der Planung
von logistischen Budgets bei alternativen Beschäftigungssituationen.

Ausgangspunkt sind hierbei die Beträge der einzelnen variablen Kostenarten für die
verschiedenen leistungsmengeninduzierten Auftragsabwicklungsprozesse, deren
wertmäßige Höhe im Wege der oben beschriebenen analytischen oder statistischen
Kostenplanungsverfahren ermittelt wurde.

Diese werden zu 100% einer einzigen Prozeßbezugsgröße zugerechnet, wenn sie
vollständig mit der Variation dieses Kosteneinflußfaktoren korrelieren. Werden die
einzelnen Kostenartenbeträge hingegen (wie z.B. ein großer Teil der variablen Personalkosten) von der mengenmäßigen Ausprägung unterschiedlicher Einflußfaktoren
getrieben, verteilt man sie - wie es auch gleich an einigen Beispielen illustrieren wird
- auf die verschiedenen Cost-Driver gemäß der mengenmäßigen Ausprägung je Cost-
Driver-Einheit.

Somit lassen sich die einzelnen Kostenartenbeträge komponentenweise zu cost-driver-bezogenen Kostensummen zusammenstellen, von denen ausgehend man anschließend die konkreten Kosten pro Cost-Driver-Einheit, also die *variablen Prozeßkostensätze*, ermitteln kann.

Die Berechnungsweise nach dieser Zuordnungsmethode zeigt die folgende Abb. 37
am Beispiel der Prozesse "LKW-Transport/Make bzw. -/Buy", "Kommissionierung
von Klein-, Groß- oder Spezialaufträgen", "Lagerung von Massengütern, Einzelteilen und Sondergütern" und "Qualitätsprüfung von Standardprüfteilen bzw. von Sondergütern".

---

149   Vgl. dazu Kloock 1992a, S.189.

		COST - DRIVER											
		gefahrene Kilometer				Anzahl Transporteinheiten				Anzahl Sendungen			
Kostenart	K.summe	abh. %	Betrag	CD-Menge	PKS	abh. %	Betrag	CD-Menge	PKS	abh. %	Betrag	CD-Menge	PKS
Nahverkehrstransport mit LKW / "Make"													
Treibstoff	30.000	100%	30.000	100.000	0,3								
Schmierstoff	10.000	100%	10.000	100.000	0,1								
Reifen	1.000	100%	1.000	100.000	0,01								
AfA	20.000	100%	20.000	100.000	0,2								
Reparatur	5.000	100%	5.000	100.000	0,05								
Instandhaltung	5.000	100%	5.000	100.000	0,05								
Personal	150.000	50%	75.000	100000	0,75	30%	45.000	90.000	0,5	20%	30.000	1.000	30
Summe	**221.000**		**146.000**	**100.000**	**1,46**		**45.000**	**90.000**	**0,5**		**30.000**	**1.000**	**30**
Nahverkehrstransport/ "Buy" Gebühren	60.000						20.000	20.000	1		40.000	1.000	40
Summe	**60.000**						**20.000**	**20.000**	**1**		**40.000**	**1.000**	**40**

		COST - DRIVER							
		Anzahl Positionen				Anzahl Kommissionieraufträge			
Kostenart	Kostensumme	abh. %	Betrag	CD-Menge	PKS	abh. %	Betrag	CD-Menge	PKS
Kommissionierung von Kleinaufträgen									
Verpackung	12.000					100%	12.000	4000	3
Personal	90.000	55%	50.000	20.000	2,5	45%	40.000	4.000	10
Summe	**102.000**		**50.000**	**20.000**	**2,5**		**52.000**	**4.000**	**13**
Kommissionierung von Großaufträgen									
Verpackung	12.500					100%	12.500	500	25
Personal	100.000	90%	90.000	15.000	6	10%	10.000	500	20
Summe	**112.500**		**90.000**	**15.000**	**6**		**22.500**	**500**	**45**
Kommissionierung von Spezialaufträgen									
Verpackung	10.000					100%	10.000	200	50
Personal	60.000					100%	60.000	200	300
Summe	**70.000**						**70.000**	**200**	**350**

		COST - DRIVER							
		durchschn. Wert des Lagerbestandes				durchschn. Volumen des Lagerbestandes			
Kostenart	Kostensumme	abh. %	Betrag	CD-Menge	PKS	abh. %	Betrag	CD-Menge	PKS
Lagern von Massengütern									
Zinsen	40.000	100%	40.000	5.000	80				
Steuern	10.000	100%	10.000	5.000	20				
AfA	150.000					100%	150.000	30.000	5
Summe	**200.000**		**50.000**	**5.000**	**100**		**150.000**	**30.000**	**5**
Lagern von Einzelteilen									
Zinsen	16.000	100%	16.000	200	80				
Steuern	4.000	100%	4.000	200	20				
AfA	80.000					100%	80.000	10.000	8
Summe	**100.000**		**20.000**	**200**	**100**		**80.000**	**10.000**	**8**
Lagern von Spezialgütern									
Zinsen	6.400	100%	6.400	800	80				
Steuern	1.600	100%	1.600	800	20				
Summe	**8.000**		**8.000**	**800**	**100**				

		COST-DRIVER			
		Anzahl Güter			
Kostenart	Kostensumme	abh. %	Betrag	CD-Menge	PKS
Qualitätskontrolle von Kleinmotoren Personal	84.000	100%	84.000	12.000	7
Summe	**84.000**		**84.000**	**12.000**	**7**
Qualitätskontrolle von Ersatzteilen Personal	1.950	100%	1.950	1.000	1.95
Summe	**1.950**		**1.950**	**1000**	**1,95**

Abb. 37:   Beispiel für die Berechnung variabler Prozeßkosten

Hierbei führt die analytische Kostenplanung der Budgetperiode für den *Transportprozeß* (unter der Annahme, daß 100.000 km bzw. 1.000 Sendungen selber gefahren und 90.000 Transporteinheiten vom Transportpersonal be- und entladen werden, bzw. daß 20.000 Transporteinheiten bzw. 1.000 Sendungen "fremdvergeben" werden) zur Ermittlung der in der zweiten Spalte aufgeführten variablen Kostenarten.

Während sich die rein transportentfernungsabhängigen Kosten wie die Treibstoff- und die Schmierstoffkosten bzw. die gebrauchsbedingten kalkulatorischen Abschreibungs-, Reparatur- und Instandhaltungskosten zu 100% der Prozeßbezugsgröße "gefahrene Kilometer" zuordnen lassen, müssen die variablen Personalkosten auf mehrere Cost-Driver verteilt werden.[150]

Dies erfolgt nach Maßgabe prognostizierter Durchschnittszeiten (Durchschnittszeit pro gefahrenem Kilometer, pro be- oder entladener Transporteinheit, pro abgelieferter Sendung) und prognostizierter Prozeßbezugsgrößenmengen.[151]

Typisch systembedingte und damit nicht kostentreiberabhängige Personalfehlzeiten (*sachliche und persönliche Verteilzeiten*) wie bspw. tariflich festgesetzte Urlaubs-, Feiertags- oder Pausenregelungen, durchschnittliche Krankheitstage etc. können ebenso wie die Berücksichtigung von *Personalreserven* entweder als prozentuale Zuschläge den analytisch ermittelten Durchschnittszeiten zugeführt[152] oder wertmäßig in die Spalte "nicht kostentreiberabhängig" kontiert werden.[153]

Aus Gründen der Übersichtlichkeit und des Erfassungsaufwandes sollte allerdings die erste Alternative, also die Bildung kostentreiberspezifischer Zuschlagssätze, vorgezogen werden. Dies verstärkt zwar das Problem der oben beschriebenen Kostenremanenz, weil bei einem Rückgang der Cost-Driver-Mengen nicht automatisch mit einer Reduzierung der Personalfehlzeiten oder -reserven gerechnet werden kann; es gewährleistet aber eine deutlich vereinfachte Planung und vor allem eine erleichterte Erfassung der Soll-Werte, weil die Fehlzeiten und Personalreserven nicht gesondert erfaßt werden müssen.[154]

---

150 Zu einer ausführlichen Analyse der Kostenantriebskräfte im Transportbereich bzw. im Fuhrpark vgl u.a. Dumke 1974; Queissner 1978; Teichmann 1989, S.33ff.

151 Zur analytischen Planung des Personalbestandes vgl u.a. Kilger 1988, S.378ff.; Brimson 1991, S.136ff.

152 So schlagen es bspw. Ernst & Whinney 1985, S.154f. explizit und ein Großteil der "Prozeßkostenrechner" implizit vor; vgl. u.a. Brimson 1991, S.136ff.; Renner 1991, S.124f.

153 Diese zweite Alternative propagiert Troßmann 1992, S.526; ebenso argumentieren die Verfechter des DPR-Modells, indem sie die erbrachten logistischen Leistungen nicht mit den Kosten des gesamten möglichen Leistungspotentials belasten, sondern nur die Kosten effektiv genutzter Kapazitäten verrechnen; vgl. u.a. Behrends 1988, S.206.

154 Ebenso arbeitet Kilger mit prozentualen Zuschlagssätzen bei der Ermittlung von Personalkosten; vgl. Kilger 1988, S.380f.

Die Kosten der fremdvergebenen Transportprozesse werden nach Maßgabe der in Rechnung gestellten Gebührenmodi auf die Cost-Driver verteilt. In unserem Beispiel berechnet die in Anspruch genommene Spedition ihre Dienstleistungen lediglich nach Anzahl der gefahrenen Transporteinheiten bei gleichzeitiger Pauschalgebühr pro abgefertigter Sendung und Zugrundelegung eines kilometerunabhängigen, pauschalen Tarifes, so daß die Verteilung dieser Kosten lediglich auf die Prozeßbezugsgrößen "Anzahl der Transporteinheiten" und "Anzahl Sendungen" zu erfolgen hat.[155]

Die Zuordnung der variablen (Personal- und Verpackungs-) Kosten zu den drei manuell durchgeführten *Kommissionierprozessen* erfolgt in analoger Weise:

Da je Kommissionierauftrag die Zahl der kommissionierten Artikel und Positionen in spezifischen Versandverpackungen zusammengestellt werden - bei Kleinaufträgen[156] in Kartons, bei Großaufträgen[157] auf folienverschweißten Paletten und bei Spezialaufträgen[158] in speziellen kollisions- und feuchtigkeitsgeschützten Behältnissen -, können die jeweiligen Verpackungskosten (unter der Annahme, daß für jeden Auftragstyp ein repräsentativer Verpackungsmaterialverbrauch besteht) zu 100% der Prozeßbezugsgröße "Anzahl der Kommissionieraufträge" zugeordnet werden.

Die Personalkosten werden hingegen nicht nur von der Anzahl kommissionierter Aufträge getrieben - so erfordert jede Abwicklung eines (Klein-, Groß- oder Spezial-) Kommissionierauftrages eine bestimmte Zeitdauer für die Entgegennahme, das Kontrollieren, das Ausfüllen der Papiere und das Verpacken etc. -, sondern auch von der Anzahl der kommissionierten Positionen, denn hierdurch wird die Wegzeit innerhalb des Kommissionierlagers und die Greifzeit an den einzelnen Lagerplätzen determiniert.[159]

---

155 Zu einem Überblick der Gebühren- und Tarifsysteme im deutschen Güterverkehr vgl. u.a. Aberle 1976, S.1ff.; Weber 1987, S.148f.; für Amerika vgl. u.a. Ballou 1985, S.209ff.

156 Kleinaufträge sind in unserem Beipsiel dadurch gekennzeichnet, daß sie einen bestimmten Auftragswert nicht überschreiten und daß sie im Vergleich zu Großaufträgen weniger bestellte Teile pro Position und weniger Positionen pro Auftrag enthalten; die unterschiedlichen Relationen schlagen sich in den unterschiedlichen Kostensätzen pro Position und pro Kommissionierauftrag nieder (siehe Abbildung).

157 Siehe obige Fußnote analog.

158 Spezialaufträge sind in unserem Beispiel dadurch gekennzeichnet, daß hochkomplexe Baugruppenteile zuerst umfangreich kontrolliert und dann - vor dem eigentlichen Verpacken - zum Endprodukt montiert werden; da pro "Spezialauftrag" i.d.R. nur ein Endprodukt bestellt wird, entfällt der Cost-Driver "Anzahl Positionen"; die lange Kontroll- und Montagedauer, die zur Kommissionierdauer zusammengefaßt wird, schlägt sich nieder in den entsprechend hohen Kostensätzen pro Kommissionierauftrag.

159 Vgl. dazu die ausführlichen Analysen von Gudehus 1973; Borries 1975; Halasz 1976, S.18ff.

Die Verteilung der Personalkosten auf die beiden Prozeßbezugsgrößen erfolgt also nach Maßgabe prognostizierter Durchschnittszeiten pro (Klein-, Groß- und Spezial-) Kommissionierauftrag und pro jeweiliger Position.

Systembedingte Verteilzeiten, aber auch sonstige unproduktive und nicht kostentreiberabhängige Zeiten, wie z.B. die Zeiten für die Reinigung und Wartung der Kommissionierräume und -fahrzeuge, können ebenso wie die eingeräumten Personalreserven wiederum wertmäßig in die Spalte "nicht kostentreiberabhängig" kontiert, oder - wie in unserem Beispiel - als Zuschläge den analytisch ermittelten Durchschnittszeiten zugeführt werden.

Bei der Lagerung[160] von Massengütern, Einzelteilen und Spezialgütern fallen als variable Prozeßkosten *bestandswertabhängige* Zinskosten und *bestandsvolumenabhängige* Einrichtungskosten an.[161]

Während die bestandswertabhängigen Prozeßkosten relativ einfach aus den Bestandsführungsstatistiken mit den jeweiligen Mengen- und Wertdaten erfaßbar bzw. planbar sind, erfordert die Planung der bestandsvolumenabhängigen Einrichtungskosten die Kenntnis des durchschnittlichen Bestandes der jeweiligen Lagergüter und die des jeweiligen Flächen- bzw. Raumbedarfs (der nicht nur die Volumeneigenschaft und die Stapelfähigkeit eines Gutes widerspiegelt, sondern der auch einen "utilization-adjustment-factor" als Faktor für die ungenutzte Lagereinrichtungsfläche/-raum beinhaltet).[162]

Im Beispiel wird zwischen Massengütern und Einzelteilen unterschieden, da sie nicht nur unterschiedliche teure Lagereinrichtungen erfordern,[163] sondern auch einen unterschiedlichen Flächen- bzw. Raumbedarf aufweisen. Unsere Spezialgüter erfordern spezielle Lagereinrichtungen, die nur schwer abbaubar und nicht austauschbar oder substitutiv anpaßbar sind; deren bestandsvolumenabhängigen Prozeßkosten sind demzufolge fixe Kosten und werden nicht zur Berechnung von Prozeßkostensätzen herangezogen.

Im Rahmen von Qualitätsprüfungsaktivitäten fallen im Beispiel (Montage von Kleinmotoren) als variable Kosten lediglich Personalkosten an. Sie setzen sich zusammen aus Lohnkosten von Hilfsarbeitern, die in dem hier vorliegenden Be-

---

160 Hierbei ist lediglich der Zeitüberbrückungsprozeß angesprochen; Ein-, Um- oder Auslagerungsprozesse müssen gesondert berücksichtigt werden.

161 Zur Analyse der Lagerkosten vgl. die umfangreichen Ausführungen von Ernst & Whinney 1985, S.115ff.; Weber 1987, S.203ff; Teichmann 1989, S.53ff.; Roth, Sims 1991, S.42ff.

162 Zur Berechnung bestandsvolumenabhängiger Lagerkosten u.a. Countryman, Miller, Busher 1984, S.121f.

163 So werden die Massengüter in Paletten-Hochregallagern aufbewahrt, während die Einzelteile in Fachregalen gelagert werden.

trachtungsfall lediglich stichprobenweise Qualitätsprüfungsvorgänge (bspw. Abmessen, Wiegen etc.) an den einzelnen Motorteilen vornehmen, und aus den Lohnkosten von qualifizierten Angestellten, die eine umfangreiche Qualitätsüberprüfung am Endprodukt vornehmen (z.B. Probelauf der Motoren, Belastungstest, Geräuschmessung etc.). Letztere Kosten zählen deswegen zu den variablen Kosten, weil im Beispiel das Qualitätsprüfungsfachpersonal für mehrere Logistiksegmente gleichzeitig tätig ist und seine Arbeitskraft substitutiv an unterschiedliche Arbeitsvolumina in den jeweiligen Segmenten anpassen kann.

Bei der Qualitätskontrolle von Ersatzteilen, die neben den Kleinmotoren zusätzlich verkauft werden, entfällt allerdings die Qualitätskontrolle durch das Fachpersal. Dieser Tätigkeit werden nur die variablen Kosten des Hilfspersonals zugeordnet.

(5) Den Abschluß der prozeßbezogenen Planung variabler Auftragsabwicklungskosten bildet die Berechnung der Prozeßkostensätze. Sie werden durch die komponentenweise Zusammenstellung der cost-driver-bezogenen Kostenartenbeträge und der anschließenden Division durch die jeweils prognostizierte Prozeßbezugsgrößenmenge ermittelt.

Im Beispiel sind dies für den eigenabgewickelten Transportprozeß also 1,46 DM pro gefahrenen Kilometer, 0,50 DM pro be- und entladene Transporteinheit und 30 DM pro gefahrene Sendung, bzw. für fremdvergebene Transporte 1 DM pro versendete Transporteinheit und 40 DM pro verschickte Sendung. Die variablen Prozeßkostensätze für die drei Kommissionierprozesse betragen 13 DM, 45 DM und 350 DM pro Kommissionierauftrag bzw. 2,5 DM und 6 DM pro kommissionierter Position, während die Lagerkostensätze für die drei Lagerprozesse sich auf 100 DM pro TDM Bestandswert bzw. auf 5 DM pro Lagereinheit belaufen.

Die Kosten pro Qualitätsprüfungsvorgang betragen für Kleinmotoren 7 DM und für Ersatzteile 1,95 DM.

Die im Beispiel fettgedruckten bzw. in grauschraffierten Summenzeilen addierten Zahlenwerte sind die Werte, die in den Budgetplan bzw. Budgetantrag, so wie er in Abb. 26 dargestellt ist, zur Planung der variablen Prozeßkosten eingehen. Dort werden sie zusammen mit den verrechneten fixen Prozeßkosten aufgeführt und bilden in ihrer Summe zusammen mit dem Wert des Rest(plan)kostenblocks die Gesamtsumme des beantragen Budgets.

Diese Budgetanträge werden im Rahmen der *Gegenstrombudgetierung* an das Logistik-Management weitergeleitet und setzen den Koordinations- bzw. Abgleichsprozeß der Teilbudgets in Gang.

3.5. Segmentübergreifender Abgleich der Teilbudgets mit Hilfe der Budget-Trade-Off-Matrix

Ziel der Phase des Abgleichs der beantragten Teilbudgets, die wegen der häufig kontrovers ausgetragenen Abstimmungsprozesse zuweilen zur "Budgetknetphase" wird, ist die Verabschiedung von Budgets, die nicht nur jeweils effektiv sind, sondern die vor allem in ihrer Summe zu einem *(Plan)kostenminimum* der gesamten logistischen Wertschöpfungskette führen.

Eine analytische und auf Leistungen bzw. auf Prozessen aufbauende dezentrale Planung der Teilbudgets allein kann diese Zielsetzung nicht vollständig gewährleisten. Vielmehr ist darüber hinaus aus einer segmentübergreifenden Perspektive zu überprüfen, wie in den Budgetplänen die Lösung der Kosten-Trade-Offs an den Schnittstellen zwischen den Segmenten vorgesehen ist.

Diese Überprüfung wäre möglich, wenn man Prozesse, zwischen denen solche Trade-off-Relationen bestehen, zu einem Hauptprozeß verdichten und die jeweiligen (variablen) Prozeßkosten durch Addition zu Hauptprozeßkosten aggregieren könnte. Dadurch ließen sich nicht nur alternative Maßnahmenpläne durchspielen und Entscheidungen zugunsten der Alternative mit dem *niedrigsten Hauptprozeßkostensatz*[164] treffen. Ebenfalls könnten die Budgetverantwortlichen nach Verabschiedung der Budgets auf die Einhaltung segmentübergreifender Hauptprozeßkosten verpflichtet und somit auf *übergeordnete Kostenziele* ausgerichtet werden.

Ihnen würde also ein "mehrdimensionales" Budget vorgegeben, einmal mit Plankosten für Prozesse, die lediglich in ihrem Segment abgewickelt werden, und einmal mit Plankosten für Hauptprozesse, für deren Einhaltung die Hauptprozeßbeteiligten gemeinschaftlich verantwortlich sind.

Allerdings ist dieses Vorgehen nur dann exakt möglich, wenn die aggregierten Teilprozesse die gleiche Kostenverursachung in Form identischer bzw. zueinander streng proportionaler Kostentreiber aufweisen.[165] Bestehen hier keine (nahezu) 100%igen Korrelationen, führt die Budgetierung von Hauptprozeßkosten zu Verzerrungen und Fehlallokationen, weil dem einen Segment bei der Veränderung der Haupt-Cost-Driver-Menge evtl. zu hohe, dem anderen zu niedrige Kosten zugestanden werden.

---

164 Dieser ergibt sich als Division der aggregierten Prozeßkosten durch die Menge der Einheiten des jeweiligen Haupt-Cost-Driver.
165 Vgl. dazu die Ausführungen in Kap. C.6.1.3.3. und die dort referierte Literatur.

Ein kurzes Beispiel verdeutlicht dieses Problem:

Die Anzahl der produktmängelbezogenen Reklamationen eines Key-Account sei als ein Haupt-Cost-Driver identifiziert, der nicht nur die Kosten des produktfertigenden Segmentes treibt (welches Maßnahmen zur Fehlerbeseitigung des Produktes einleiten muß) sondern auch die Kosten des reklamationsabwickelnden Segmentes (welches die Reklamationen entgegennimmt, weiterleitet und für den Rücktransport der reklamierten Ware von und zum Key Account verantwortlich ist).

Beabsichtigt das fertigende Segment, Kostensenkungen im Bereich der Qualitätskontrolle (bspw. durch eine Halbierung der Stichprobenkontrollen) durchzusetzen, wird eine höhere Produktfehlerrate und damit ein Anstieg der Reklamationen seitens des Key-Account wahrscheinlich sein. Der dadurch bedingte Anstieg der Plan-Cost-Driver-Menge (in unserem Beispiel wird von einer Verdopplung der Reklamationen ausgegegangen) ist entsprechend zunächst im Budgetplan des fertigenden Segmentes "einzuarbeiten".

Auch wenn dort in der Summe eine Budgetsenkung für das Segment ausgewiesen wird (weil die Verdopplung der "Fehlerbeseitigungskosten" durch die Qualitätskostensenkungen überkompensiert werden), kann die endgültige Budgetverabschiedung erst nach dem Abgleich mit dem Teilbudget des reklamationsabwickelnden Segments erfolgen; denn es muß in der Gesamtsumme beider Segmentbudgets eine Kostensenkung ausgewiesen werden.

Hier zeigt sich dann die entscheidende Schwäche eines Hauptprozeßkostensatzes, wenn die jeweiligen Teilprozeßkosten in den Segmenten nicht vollständig korrelieren. Denn anders als beim fertigenden Segment verdoppeln sich in unserem Beispielsfall die reklamationsgetriebenen Kosten des anderen Segments nicht; vielmehr wird dieses in der Planperiode überproportional hohe Transportressourcen in Anspruch nehmen müssen, weil durch den unplanmäßigen Anstieg der Reklamationen die gesamte Tourenplanung umgestellt und die Zuhilfenahme eines externen Dienstleisters notwendig ist.

Durch die Planung und Ausweisung eines in Wirklichkeit zu niedrigen Haupt-Prozeßkostensatzes wird das Fehlverhalten des produktmängelhervorrufenden Segmentes kaschiert. Die vorgesehenen Maßnahmen werden genehmigt, wenn die Qualitätskontrollkostensenkungen größer sind als der Anstieg der Hauptprozeßkosten für die Reklamationen. In diesem Fall wird ein Gesamtbudget verabschiedet, für dessen zwangsläufige Überschreitung man am Ende der Budgetierungsperiode mittels der

Hauptprozeßkostenanalyse keine Erklärung findet; lediglich das segmentabwickelnde Segment wird für die Budgetüberschreitung zur Verantwortung gezogen, denn die Hauptprozeßkosten, für deren Einhaltung beide Segmente verantwortlich sind, sind nicht gestiegen.

Der offensichtliche Trade-Off, der zwischen den beiden Budgetbereichen besteht, wird also durch die Anwendung einer auf Hauptprozeßkosten aufbauenden Budgetierungstechnik nicht gelöst.

Ein Verzicht auf die segmentübergreifende Verdichtung einzelner Prozesse zu Hauptprozessen soll aber nicht bedeuten, im Rahmen der Budgetplanung die Interdependenzen zwischen den Teilbudgets, respektive den Prozessen und Cost-Drivern, deswegen zu vernachlässigen.
Die Interdependenzen bzw. Trade-offs können sehr wohl Objekte einer prozeßübergreifenden, logistischen Budgetierung sein, auch wenn man von einer Transformation der Plankostenwerte in *eine* Zielgröße absieht.

Ein in diesem Zusammenhang hervoragend anzuwendendes Planungsunterstützungsinstrument stellt die Aufstellung und Anwendung einer *Budget-Trade-Off-Matrix* dar. Sie ist aufgrund ihrer verhältnismäßig einfachen Nutzbarkeit und der Informationstransparenz ein für den Einsatz durch das übergeordnete Management sehr taugliches Planungsinstrument.

Die abgebildete Budget-Trade-Off-Matrix verdeutlicht die unterschiedlichen, mehrdimensionalen Planungs- und (später noch eingehend aufzuführenden[166]) Kontrollmöglichkeiten (vgl. Abb. 38):[167]

---

166 Vgl. dazu die Ausführungen in Kap. D.4.2.
167 Konzeptionelle Ursprünge dieses Instrumentes finden sich in der Trade-Off-Matrix von Fey, bei der es um die (primär qualitative) Dekomposition von strategischen Programmen ("Mainstreams") auf Bereiche geht; Fey 1989, S.234f.

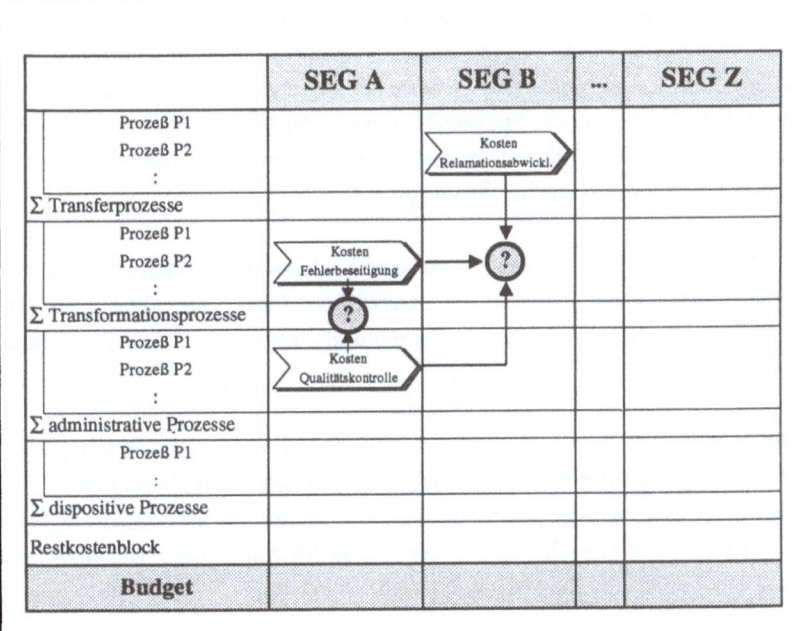

	SEG A	SEG B	...	SEG Z
Prozeß P1 / Prozeß P2 / :		Kosten Reiamationsabwickl.		
Σ Transferprozesse				
Prozeß P1 / Prozeß P2 / :	Kosten Fehlerbeseitigung	?		
Σ Transformationsprozesse	?			
Prozeß P1 / Prozeß P2 / :	Kosten Qualitätskontrolle			
Σ administrative Prozesse				
Prozeß P1 / :				
Σ dispositive Prozesse				
Restkostenblock				
Budget				

Abb. 38: Segmentübergreifender Budgetabgleich mit Hilfe der Budget-Trade-Off-Matrix

In ihren Spalten gibt sie die von den Segment-Managern jeweils dezentral ermittelten Prozeßplankosten wieder, und zwar getrennt nach fixen und variablen Prozeßkosten. In den Zeilen werden die jeweiligen in den Segmenten unterschiedenen Transfer-, Transformations-, administrativen und dispositiven Prozesse aufgeführt. In unserem Beispiel wird zur Verringerung der Zeilenanzahl auf eine namentliche Bezeichnung der einzelnen Auftragsabwicklungsprozesse und Cost-Driver verzichtet und nur eine Unterscheidung nach Prozeßnummern vorgenommen (z.B bedeutet die Bezeichnung "Prozeß P$_2$", daß dieser der jeweils als zweiter erfaßte Auftragsabwicklungsprozeß in den Segmentbudgets darstellt).

Allerdings können bei einer überschaubaren Anzahl unterschiedener Prozesse diese namentlich aufgeführt werden. Dies vergrößert zwar die Budget-Trade-Off-Matrix um eine Anzahl von Zeilen, erspart aber die Aufstellung einer Legende, die erklärt, welcher konkrete Auftragsabwicklungsprozeß unter welchen Prozeßnummern aufgeführt wird.

Mittels der Budget-Trade-Off-Matrix können in der Budgetplanungsphase zunächst *segmentintern*, d.h. der Spalte folgend, einzelne beantragte Budgetpositionen auf Plausibilitäten oder auf signifikante Abweichungen hin untersucht werden. So lassen sich Prozeßkosten auf Abweichungen zum Vorjahres-Ist oder auf Abweichungen im Vergleich zu Kosten verknüpfter Prozesse hin untersuchen und vermitteln somit erste Anhaltspunkte, wie die Segment-Manager in der betrachteten Periode segmentintern Kosten-Trade-Offs zu lösen gedenken bzw. welche alternativen Formen der Auftragsabwicklungsgestaltung sie wählen wollen.

Im Beispiel der beiden von den Key-Account-Reklamationen beeinflußten Segmente müßte dies bspw. durch die Gegenüberstellung der Plankosten für "Fehlerbeseitigung" und "Qualitätsüberprüfung", respektive der Kostenveränderungen zum Vorjahres-Ist geschehen.

Die anschließende *segmentübergreifende* Trade-Off-Analyse erfolgt mittels des *horizontalen, prozeßkettenorientierten* Vergleichs von geplanten Prozeßkosten. "The very nature of integrated logistics management requires that we now reverse the lines of accounting within the firm by examing the horizontal cost ... structures rather than concentrating on the vertical, functional structures."[168] Hier zeigt sich in der Addition von Kosten verflochtener Prozesse und deren Gegenüberstellung zu den Kosten alternativer Abläufe die kostengünstigste Gestaltung der Prozeßkette.

Mit dieser Form der an den Trade-Offs zwischen den Segmenten ansetzenden Budgetplanung ist zwar ein erheblicher Planungsaufwand und eine hohe Planungskomplexität im Rahmen der logistischen Gegenstrombudgetierung verbunden, die noch weitaus höher sein dürfte, als es unser vereinfachtes Beispiel widerspiegelt. Doch läßt sich diese mit DV-technischer Unterstützung, wie z.B. mittels des Einsatzes von *dialogorientierter Kostenrechnungs-Software*[169], *Wissensbasierten Systemen* oder *Expertensystemen,*[170] sicherlich reduzieren. So können bspw. IF-THEN-Regeln programmiert werden, die auf der Basis alternativer Ausgangssituationen (Antezedenz-Prozesse) auf die jeweiligen Implikationen entlang der logistischen Prozeßkette (Konklusions-Prozesse) hinweisen, diese in den betreffenden

---

168 Gattorna 1988, S.25.

169 Vgl. hierzu z.B. die Ausführungen von Kagermann zu den Möglichkeiten und Anwendungsperspektiven der SAP-Standardsoftware, die als entscheidungsorientiertes und aus verschiedenen integrierten Rechnungsmodulen bestehendes Cost-Managementsystem bereits in mehr als 800 Unternehmungen auf Kompakt- und Großrechnern im produktiven Einsatz ist; vgl. Kagermann 1991, S.157ff.

170 Diese haben in den letzten Jahren immer stärkeren Einsatz für logistische Planungs- und Kontrollaufgaben gefunden; vgl. u.a. Helferich, Espel, Taylor 1988, S.154ff.; Borkowski 1991, S.193ff.. Zum Einfluß der Informations- und Wissensverarbeitung auf die Kostenrechnung allgemein vgl. Kraemer, Spang 1989, S.77ff.; Mertens, Back-Hock, Fiedler 1991, S.44ff.; Seidlmeier 1991.

Zellen der Budget-Trade-Off-Matrix hervorheben und anschließend eine Gesamtko-
stenrechnung durchführen.[171]
Damit ist auch ein standardmäßiger Einsatz für das zentrale (und zeitlich häufig
überlastete) Logistik-Management zu rechtfertigen.

Zusammenfassend läßt sich also festhalten, daß die Budget-Trade-Off-Matrix durch
die Erfassung der Kostensummen einzelner sowie verflochtener Auftragsabwicklungsprozesse und -bereiche in ihren Matrixfeldern, -spalten und -zeilen
vielfältige Möglichkeiten bietet, Kosten-Trade-Offs zwischen den Logistiksegmenten darzustellen. Mit Hilfe dieser Informationen läßt sich im Rahmen der
Gegenstrombudgetierung ein der logistischen Perspektive folgender Abgleich der
Teilbudgets bewerkstelligen und ein minimaler und dennoch effektiver Ressourcenverzehr für die Logistiksegmente planen und entsprechend vorgeben.

Werden anschließend den einzelnen Segmenten im *Budgetanhang* (vgl. Abb. 26) neben den Plankosten für eigene Auftragsabwicklungsprozesse auch die Plankosten für
die Plankosten solcher Prozesse vorgegeben, die jeweils ein Glied der gemeinsamen
logistischen Prozeßkette bilden, richtet man die Budgetbeteiligten auf segmentübergreifende Kostenziele aus und verpflichtet sie auf die *gemeinsame* und kostengünstigste Lösung der Trade-Offs an den Segmentschnittstellen.
Somit wird durch diesen prozeßorientierten und ganzheitlichen Budgetierungsansatz
der Enstehung von Bereichspartikularismus und Abteilungsdenken entgegengewirkt
und ein Auseinanderdriften der Budgetbereiche bereits in der Budgetplanungsphase
durch entsprechende Zielvorgaben verhindert.

4. Möglichkeiten der prozeßbezogenen Budgetkontrolle

Wie bereits im Zusammenhang der konzeptionellen Gestaltungsüberlegungen zur logistischen Budgetierung im Teil C ausführlich erörtert wurde, übernimmt die logistische Budgetkontrolle wichtige Steuerungsfunktionen im Rahmen der Segmentplanung. Sie beschränkt sich keineswegs auf die Feststellung von Soll-Ist-Kostenabwei-
chungen, sondern umfaßt darüber hinaus die Analyse segmentübergreifender Zusammenhänge und die Überprüfung der erbrachten quantitativen und qualitativen
Leistungen in den einzelnen Logistiksegmenten.[172]

---

171 Vgl. ähnliche Überlegungen bei Seidlmeier 1991, S.76ff.
172 Vgl. dazu die Ausführungen in Kap. C.4.2.

Die hier vorgeschlagene logistische Budgetierungstechnik auf Basis einer Prozeßplankostenrechnung auf Teilkostenbasis bietet dazu aufgrund ihres *Prozeß-
bezuges* vielfältige Ansatzpunkte, die nicht nur für segmentbezogene Kosten- und
Leistungskontrollen sondern auch für segmentübergreifende Analysen Anwendung
finden können. Diese Ansatzpunkte bzw. der Prozeßbezug und dessen Übertragbarkeit auf bereits in der Literatur diskutierte (und in Kapitel C.4.2. kurz skizzierte)
Methoden und Verfahren der Kostenkontrolle sollen im folgenden dargelegt werden.

4.1. Segmentinterne Kontrollen

(1) Der Vergleich der Soll- und Ist-Kosten mit anschließender Abweichungsanalyse
ist die klassische Aufgabe der Budgetkontrolle. Hierbei geht es primär um die Zerlegung der festgestellten Abweichungen in aussagefähige Teilabweichungen, die auf
Unwirtschaftlichkeiten in den Segmenten hinweisen und eine klare Verantwortung
erkennen lassen. (2) Zusätzlich kann eine in definierten Zeitabständen vorzunehmende Überprüfung der Wirtschaftlichkeit der jahresbezogen fixen Prozeßkosten erfolgen.

4.1.1. Soll-Ist-Kostenvergleiche und Abweichungsanalysen

Die Durchführung des Soll-Ist-Vergleiches im Rahmen der Budgetkontrolle erfordert verschiedene Arbeitsschritte, die heute in fast allen Unternehmungen durch
die EDV vollzogen werden,[173] und zwar (1) die *Ist-Kostenerfassung*, (2) die Erfassung der *Ist-Cost-Driver-Mengen* und (3) die nach Prozessen und Prozeßbezugsgrößen differenzierten Errechnung der *Soll-Kosten*[174]; (4) mit Hilfe der
Ursachenanalyse sollen insbesondere alle größeren und im Zeitablauf wie-
derkehrenden *Kostenabweichungen* auf ihre Ursachen zurückgeführt werden.

(1) Die nach Kostenarten und Verantwortungsbereichen differenzierte Ist-Kostenerfassung erfolgt in der prozeßorientierten Budgetierung auf Teilkostenbasis
ganz ähnlich wie bei den traditionellen Verfahren der Kostenarten- und -stellenrech-
nung, wobei die *originäre Kostenerfassung* über Kostenbelege wie Rechnungen,
Lohnscheine, Speditionsverträge, Daten der Buchhaltung etc. ein zwar aufwendiges,
dafür aber um so genaueres Erfassungsverfahren ist.[175]

173 Vgl. dazu Kilger 1988, S.541; Kagermann 1991, S.155ff.
174 Soll-Kosten sind hier definiert als der zu Soll-Preisen bewertete Gütereinsatz bei Soll-Beschäftigung.
175 Vgl. u.a. Greim, Brinkmann 1986, S.32ff.

Zudem läßt sich der Erfassungsaufwand dadurch reduzieren, daß man im Hinblick auf die Häufigkeit der Ist-Erfassung von Kontrollobjekten - wie bereits oben eingehend erörtert[176]- eine Differenzierung nach Maßgabe der sich daraus ergebenden *Gegensteuerungsmöglichkeiten und Gegensteuerungsnotwendigkeiten* vornimmt, also die Kontrollobjekte nach dem Grad ihrer Variabilität und Beeinflußbarkeit einerseits sowie deren Bedeutung für die Erreichung von Kostenzielen andererseits unterschiedlich häufig zum Vergleich heranzieht.

Während die Ermittlung der Ist-Kosten pro Budgetbereich unproblematisch ist, lassen sich die Ist-Kosten pro Teilprozeß nicht immer durch direkte Kontierung erfassen.[177] Hier muß auf flexible Verteilungsschlüssel zurückgegriffen werden,[178] um die Ist-Kosten der Budgetbereiche den Teilprozessen zuzurechnen. Dadurch haben Abweichungen auf dieser Ebene zwar nur eine eingeschränkte Aussagekraft, doch zeigen sie recht deutlich, wie sich die Effizienz der Teilprozesse entwickelt hat, wenn in die Analyse die Ist-Cost-Driver-Mengen entsprechend hinzugenommen werden.

(2) Die Erfassung der Ist-Cost-Driver-Mengen wiederum ist eine notwendige Voraussetzung zur Berechnung der variablen Soll-Kosten.
Hierbei muß eine nach Prozeßbezugsgrößenarten differenzierte Erfassung der Ist-Cost-Driver-Mengen erfolgen, bei denen - wie unsere Ausführungen in Kap. D.3.2.2. gezeigt haben - direkte und indirekte Prozeßbezugsgrößen zu unterscheiden sind.[179]

Bei der Verwendung *direkter Prozeßbezugsgrößen* können die Ist-Cost-Driver-Mengen entweder durch die *retrograde Erfassung*, also durch Ableitung aus der Anzahl der erstellten "logistischen Leistungseinheiten" (Produktmengen, Paletten, Kartons, Transporteinheiten etc.), z.B. mittels Rückgriff auf Statistiken der Teile liefernden und empfangenden Logistiksegmente ermittelt, oder durch *direkte Messung* erfaßt werden.
Die letztere Kontrollform setzt allerdings voraus, daß die Segmente über genaue Zeit- und Mengendaten des Güterflusses verfügen und Bestände und Bewegungen z.B. mittels automatischer Erfassungseinrichtungen getrennt nach Objektfaktoren

---

176   Vgl. dazu die Ausführungen in Kap. C.4.2.1.3.
177   Vgl. u.a. Kagermann 1991, S.167.
178   Und zwar auf jene, die bei der prozeßbezogenen Kostenzurechnung im Rahmen der Budgetplanung eingesetzt wurden; vgl. dazu die Ausführungen in Kap. D.3.4.2. insb. Unterpunkt (3).
179   Vgl. Cooper 1990b, S.277.

und nach Leistungsträgern (Personal, Sachmittel) aufzeichnen;[180] ein solch umfassendes Bestandscontrolling wird in der Praxis wohl derzeit noch die Ausnahme bilden bzw. nur auf einzelne Leistungseinheiten beschränkt sein.[181]

Bei der Verwendung *indirekter Prozeßbezugsgrößen*, die sich trotz der fehlenden unmittelbaren Beziehung zum mengenmäßigen Anfall von Auftragsabwicklungsprozessen hinreichend am Verursachungsprinzip orientieren, wie z.B. bei den indirekten Maßgrößen "gefahrene Kilometer" oder "Anzahl Standardaufträge" oder beim Rückgriff auf voll korrelierte Prozeßbezugsgrößen anderer Segmente, lassen sich ebenfalls direkte und retrograde Erfassungsmethoden unterscheiden. Hier wird der Anteil direkt gemessener Ist-Werte überwiegen, zumal diese insbesondere unter dem Aspekt einfacher Erfaßbarkeit ausgewählt worden sind.

(3) Liegen die Ist-Cost-Driver-Mengen der Segmente fest, so besteht der nächste Schritt der prozeßbezogenen Budgetkontrolle in der nach Prozessen und Prozeßbezugsgrößen differenzierten *Errechnung der variablen Soll-Kosten.*
Hierbei werden die variablen Kosten pro Cost-Driver-Einheit (*variable Prozeßkostensätze*) mit den zugehörigen Cost-Driver-Mengen multipliziert[182] und gegebenenfalls, wenn mehrere Cost-Driver festgelegt worden sind, komponentenweise, d.h. additiv, zu variablen Kosten pro Prozeß zusammengefaßt.

(4) Die nach Logistiksegmenten und nach Auftragsabwicklungsprozessen differenzierten *Budgetabweichungen* erhält man, indem man die variablen Soll-Kosten und die jahresbezogen fixen Prozeßkosten[183] von den zugehörigen Ist-Kosten subtrahiert.

Grundsätzlich können Budgetabweichungen als absolute Beträge ausgewiesen und zugleich prozentual auf die gesamten (variablen oder gesamten) Prozeßkosten bezogen werden. Darüber hinaus können auch die aufgelaufenen Abweichungen des "year-to-date budget" ausgewiesen werden, um zu erkennen, bei welchen Auftragsabwicklungsprozessen permanente (schwankungsbereinigte) Abweichungen auftreten und bei welchen sie sich im Zeitablauf ausgleichen.[184]

---

180 Dazu zählen z.B. mit Hilfe von Scanning-Verfahren arbeitende Betriebsdatenerfassungssysteme; vgl. Wellenreuther 1984, S.413ff.; Jünemann 1989a, S.153ff.
181 Vgl. u.a. Weber 1987, S.206.
182 Vgl. analog Mayer 1991, S.96.
183 Zur gesonderten Analyse der jahresbezogen fixen Prozeßkosten vgl. die Ausführungen in Kap. D.4.1.3.
184 Vgl. dazu beispielhaft die Übersicht eines flexiblen, monatlichen Logistik-Budget bei Pfohl, Hoffmann 1984, S.48.

Wie bereits im Rahmen der konzeptionellen Überlegungen zu einer logistischen Budgetkontrolle dargelegt wurde, darf sich der Soll-Ist-Kostenvergleich nicht auf eine rechnerische Ermittlung von Kostenabweichungen beschränken.[185]

Vielmehr muß die rein *ergebnisbezogene Kostenkontrolle* ergänzt werden um *Ursachenanalysen*, die eine Überprüfung der zugrundegelegten *Prämissen* und angewandten *Verfahren* vornehmen und die auf das Aufdecken und Beseitigen von Unwirtschaftlichkeiten in den Budgetbereichen abzielen, und um *komplementäre Leistungskontrollen*, die überprüfen, ob den verbrauchten "Inputs" auch die im Rahmen der Budgets zu erzielenden quantitativen und qualitativen "Outputs" gegenüberstehen.

Die hier vorgestellte logistische Teilkostenrechnung als zum Einsatz kommende Budgetierungstechnik erleichtert diese Aufgaben erheblich, da sie durch ihren prozeßorientierten Aufbau und durch die konsequente und funktionale Berücksichtigung von Cost-Drivern vielfältige Ansätze zu einem auf Aktivitäten basierenden Leistungs-Controlling liefert und dazu beiträgt, einzelne Bestimmungsfaktoren der Ist-Kosten in ihrer mengenmäßigen Art und Abweichung, aber auch in der Größenordnung, in der sie die Kostenhöhe beeinflussen, darzustellen und zu analysieren, ohne daß umfangreiche Umrechnungsschritte notwendig sind.

Grundsätzlich besteht die Aufgaben der Kostenabweichungsanalyse "in der verursachungsgerechten Zuordnung von festgelegten Änderungen der Kostenbestimmungsfaktoren auf die dadurch bewirkten Kostenabweichungen."[186] Ziel dieser Ursachenforschung ist also die Zerlegung der festgestellten Abweichungen in aussagefähige *Teilabweichungen*, die auf Unwirtschaftlichkeiten oder Dysfunktionalitäten in den Bereichen hinweisen und eine klare Verantwortung erkennen lassen.

Im folgenden sollen kurz drei verschiedene Methoden der Abweichungsanalyse vorgestellt werden, die auch bei einer Prozeßkostenrechnung auf Teilkostenbasis Anwendung finden können, und zwar die "alternative Abweichungsanalyse"[187], die "kumulative Abweichungsanalyse"[188] und die "differenziert-kumulative Abweichungsanalyse"[189]. Zur rechnerischen Ermittlung der Einzelabweichungen wird auf die Kostenrechnungsliteratur verwiesen.[190]

---

185 Vgl. dazu die Ausführungen in Kap. C.4.2.1.2.
186 Schulz 1991, S.13.
187 Vgl. zu dieser Methode Glaser 1986, S.145f.; Kilger 1988, S.171ff.
188 Vgl. Kilger 1988, S.173ff.
189 Vgl. zu dieser Methode u.a. Kloock, Bommes 1982, S.229; Kloock 1988, S.431f.
190 Vgl. u.a. Blume 1981; Kloock, Bommes 1982, S.226ff.; Kilger 1988, S.169ff.; Kloock 1990, S.8ff.; Kloock, Sieben, Schildbach 1993, S.214ff.

Bei der Methode der *alternativen Abweichungsanalyse* geht man so vor, daß man von den Soll-Kosten alternativ theoretisch errechnete Ist-Kosten subtrahiert, die jeweils dann hätten entstehen müssen, wenn unabhängig von den Ist-Werten aller übrigen Kostenbestimmungsfaktoren der zu kontrollierende Kostenbestimmungsfaktor genau seinen Sollwert eingehalten hätte.[191] Daraus ergibt sich für jeden Kostenbestimmungsfaktor eine spezifische Abweichung, die nicht entstanden wäre, wenn die Kosten wie geplant angefallen wären.[192]

So könnte es sich bei einer Abweichung z.B. um eine Kostendifferenz aufgrund einer Verteuerung von Treibstoffpreisen (externe Prämissenänderung) handeln, während eine andere Abweichung auf Beschäftigungsänderungen, z.B. infolge kleinerer aber häufiger eingegangener Kundenaufträge (interne Prämissenänderung), oder auf Verfahrensänderungen, z.B. infolge geänderter Tourenplanungen, zurückzuführen ist.

Die alternative Abweichungsanalyse hat allerdings den großen Nachteil, daß bei Zusammenwirken mehrerer gleichzeitig variierter Einflußgrößen die Summe der so errechneten Teilabweichungen ungleich der Gesamtabweichung ist, weil aufgrund der *Abweichungsinterdependenzen* jede Teilabweichung auch den Teil der Mehr- oder Minderkosten enthält, der durch die Abweichung der übrigen Kostenbestimmungsfaktoren von ihrem ursprünglich geplanten Wert entstanden ist.[193]

Wegen dieser Form der Doppelerfassung von Teilabweichungen und der hierdurch ausgelösten Gefahr falscher Lenkungs- und Korrekturinformationen ist die alternative Abweichungsanalyse im Rahmen einer logistischen Budgetkontrolle deshalb nicht zu empfehlen.[194]

Bei der Methode der *kumulativen Abweichungsanalyse* geht man auch zunächst so vor, daß man von den Soll-Kosten die Ist-Kosten subtrahiert, die entstanden wären, wenn alle anderen Kostenbestimmungsfaktoren wie in den Ist-Kosten wirksam geworden wären, der zuerst kontrollierte Kostenbestimmungsfaktor aber seinen Planwert eingehalten hätte. Im Gegensatz zur alternativen Abweichungsanalyse allerdings schaltet man zur Ermittlung der nächsten zu überprüfenden Abweichung die planmäßige Wirkung der ersten Einflußgröße nicht wieder aus. Dies führt dazu, daß Abweichungsinterdependenzen stets in voller Höhe in die zuerst ermittelten

---

191 Der Soll-Ist-Ansatz, also die Subtraktion der Ist- von den Soll-Kosten, hat den Vorteil, daß Kostenerhöhungen mit negativem Vorzeichen und Kostensenkungen mit positivem Vorzeichen ausgewiesen werden; vgl. Klock 1990, S.10.

192 Vgl. Kilger 1988, S.171.

193 Vgl. Kloock, Bommes 1982, S.227.

194 Vgl. ebenso Kilger 1988, S.173; Schulz 1991, S.23f.

Abweichungen eingehen und somit die Höhe der einzelnen Teilabweichung von der Reihenfolge abhängig wird, in der sie errechnet werden.

Aus diesem Grunde beginnt man in der Unternehmungspraxis im allgemeinen mit den weniger bedeutsamen Kostenbestimmungsfaktoren und zwar den *Preisabweichungen*, da sie aus der Sicht der Unternehmung als weitgehend unbeeinflußbarere Bestimmungsgrößen anzusehen sind; zuletzt werden die wichtigsten Kostenbestimmungsfaktoren abgespaltet. Nach der Eliminierung aller relevanten Einflußfaktoren gibt die *Verbrauchsabweichung* einen Einblick in die Wirtschaftlichkeit des analysierten Budgetbereiches. Sie stellt die wichtigste Information der *segmentbezogenen* Kostenkontrolle dar und kann als Maßstab für die Kosteneffizienz eines Segment-Managers Eingang finden in die personenbezogene Leistungsbeurteilung.[195]

Der Vorteil der kumulativen Methode liegt darin begründet, daß viele Kostenbestimmungsfaktoren in der Abweichungsanalyse explizit behandelt werden können und daß damit die Analysegenauigkeit hinsichtlich der als Verbrauchsabweichung ausgewiesenen innerbetrieblichen Unwirtschaftlichkeiten steigt, ohne daß die Summe der durch sie ausgewiesenen Teilabweichungen die tatsächliche Gesamtabweichung übersteigt. Doch ist ihre Verwendung aufgrund der Zuweisung der Abweichungen höherer Ordnung an die zuletzt erfaßte Abweichung für die Klärung der Wirtschaftlichkeit sehr problematisch, da z.B. hierdurch die einem Verantwortlichen zuzurechnenden Teilabweichungen willkürlich durch Abweichungen anderer, nicht seinem Einfluß unterliegender Einflußgrößen beeinflußt wird.[196]

Aus diesem Grunde verzichtet die *differenziert-kumulative Abweichungsanalyse* auf die Verrechnung der Abweichungen höherer Odrnung. Vielmehr werden diese im Rahmen der Budgetkontrolle gesondert ausgewiesen und keinem einzelnen Budgetbereich angelastet. Sie stellen nach Auffassung von KLOOCK, BOMMES Kostenabweichungen dar, die häufig durch das gemeinsame Handeln mehrerer Bereichsverantwortlicher entstehen und die dann höchstens als Kostenabweichungen zusammengefaßter Stellen auszuweisen sind.[197]

Die differenzierte, d.h. die Abweichungen höheren Grades getrennt ausweisende, kumulative Abweichungsanalyse hat zur Folge, daß alle anderen ausgewiesenen Teilabweichungen, wie z.B. Preisabweichungen oder Mengenabweichungen einzelner Prozeßbezugsgrößen, in ihrer Höhe nicht durch andere Einflußgrößen beeinflußt

---

195 Daß dieser Maßstab nur *einen* neben vielen Leistungsmaßstäben darstellen sollte haben wir bereits in Kap. C.4.2.2. dargelegt.
196 Vgl. u.a. Kloock 1988, S.427.
197 Vgl. Kloock, Bommes 1982, S.234; Kloock 1990, S.16ff.

oder "manipuliert" werden, die möglicherweise außerhalb des Einflußbereiches des Kontrollierten liegen.

Die Methode der differenziert-kumulativen Abweichungsanalyse stellt also sicher, "daß bis auf die jeweils zu kontrollierende Einflußgröße selbst die Abweichungshöhe von keinem kontrollierten Verantwortlichen manipuliert bzw. beeinflußt werden kann; Abweichungen, deren Höhe von realisierten Einflußgrößen, also Isteinfluß-größen, anderer Verantwortlicher abhängt, würden in der Regel von den Kontrollierten nicht akzeptiert werden."[198]

Da entlang der logistischen Wertschöpfungskette aufgrund der vielfältigen innerbetrieblichen Leistungsverflechtungen zu den vor- und nachgelagerten Logistiksegmenten der Grad sogenannter "fremdbeeinflußter" Kostenbestimmungsfaktoren sehr hoch sein wird - wir werden darauf im Zusammenhang mit der segmentübergreifenden Kostenkontrolle in Kap. D.4.2. eingehen -, ist dieses Verfahren für die Analyse von Kostenabweichungen in Logistiksegmenten das zweckmäßigste, zumal es auch hinsichtlich der Praktikabilität und des Erfassungsaufwandes keine nennenswerten Unterschiede zu den anderen Analysemethoden aufweist.[199]

4.1.2. Wirtschaftlichkeitsanalyse der jahresbezogenen fixen Prozeßkosten

Auch im Rahmen einer auf Teilkostenbasis aufbauenden logistischen Budgetierungstechnik besteht das Bedürfnis, die Wirtschaftlichkeit des jahresbezogen fixen Faktoreinsatzes zu analysieren und zu überwachen. Die Bedeutung der Wirtschaftlichkeitskontrolle der fixen Prozeßkosten nimmt sogar stetig zu, denn vor dem Hintergrund eines sich für die Zukunft abzeichnenden Trends zur Automatisierung und Robotorisierung logistischer (operativer und administrativer) Leistungserstellungsprozesse kommt es verstärkt zu einer Substitution von personenbezogenen variablen Prozeßkosten durch anlagenbezogene fixe Prozeßkosten.[200]

Für die Wirtschaftlichkeitskontrolle der fixen Prozeßkosten lassen sich insbesondere zwei Verfahren einsetzen, denen allerdings unterschiedliche Bedeutung beizumessen ist. Hierbei handelt es sich (1) um Fixkosten-Abweichungsanalysen und (2) um Auslastungsanalysen.[201]

---

198   198   Kloock 1988, S.431.
199   Vgl. Kloock, Bommes 1982, S.232.
200   Vgl. u.a. Weber 1987, S.169ff.; Siegwart, Raas 1991, S.194ff.
201   Vgl. u.a. Zimmermann 1990, S.350ff.

(1) Für die *Abweichungsermittlung* und *-analyse*, die im übrigen auch für die Wirtschaftlichkeitsanalyse des Restkostenblocks angewendet werden kann, kommt nur ein Plan-Ist-Kostenvergleich in Frage, weil Fixkosten definitionsgemäß nicht an die Ist-Beschäftigung einer Budgetteilperiode angepaßt werden können bzw. sollen und unabhängig von ihr anfallen.

Die Aussagefähigkeit solcher Plan-Ist-Kostenvergleiche sind im Rahmen einer segmentbezogenen Budgetkontrolle[202] jedoch von vorneherein enge Grenzen gesetzt.[203]

Denn zum einen entstehen Mengenabweichungen bei den Fixkosten recht selten, und zwar nur dann, wenn planmäßige Änderungen des Bestandes an Potentialfaktoren im Ist anders durchgeführt werden als vorgesehen, etwa durch die Anschaffung höherwertigerer Prozeßkapazitäten, oder wenn ungeplante Änderungen dieser Kapazitäten vorgenommen werden.[204] Ähnliches gilt auch für die Preisabweichungen (z.B. Tarifabweichungen bei den Gehältern), da diese zumeist ex-ante bei der Preisplanung bzw. Preisprognose berücksichtigt werden können.
Zum anderen bedeutet umgekehrt die Einhaltung der geplanten Fixkostenbeträge durch die Logistiksegmente noch keineswegs die Garantie eines wirtschaftlichen Einsatzes der Prozeßkapazitäten.

Für die Wirtschaftlichkeitskontrolle der jahresbezogenen fixen Prozeßkosten ist daher die Frage viel bedeutender, ob der Umfang der bereitgestellten Kapazitäten dem *tatsächlichen Ist-Bedarf* in der Budgetperiode entsprochen hat und damit, ob die Prozeßkapazitäten möglichst effizient eingesetzt worden sind. Diese Frage ist entscheidend für die Planung der vorzuhaltenden Kapazitäten in kommenden Budgetperioden.

(2) Im Hinblick auf das Analyseziel "Aufdeckung von Effizienzreserven" in den logistischen Budgetbereichen ist die wichtigste Kennzahl der Nutzungsgrad der bereitgestellten Kapazität bzw. der *Kapazitätsauslastungsgrad*.[205] Dieser kann für kapitalintensive Prozeßkapazitäten in den Segmenten ermittelt werden und wird dann im Budgetanhang, so wie wir ihn in Abb. 26 dargestellt haben, standardmäßig aufgeführt.

---

202 Zur Aussagefähigkeit des Plan-Ist-Fixkostenvergleich im Rahmen einer segmentübergreifenden Kostenkontrolle kommen wir in Kap. D.4.2.
203 Vgl. u.a. Kleiner 1991, S.255f.
204 Vgl. Haberstock 1986, S.359.
205 Vgl. zur Messung industrieller Fertigungskapazitäten und ihrer Ausnutzung Kern 1962.

Der Kapazitätsauslastungsgrad gibt allgemein das Verhältnis von *effektiv genutzter Leistung* und *installierter* bzw. *bereitgestellter Leistung eines Potentialfaktoren* (Leistungsträgers) *pro Zeiteinheit* wieder.[206]

Diese Kennzahl ist allgemeingültig und kann für jeden Leistungträger bzw. für jede Kapazitätseinheit spezifisch gebildet werden. Welche Leistungsdimension man nun bei der Ermittlung des Kapazitätsauslastungsgrades verwendet, hängt wiederum vom Verwendungszweck der Kennzahlen ab, wobei allerdings das Hauptaugenmerk auf die bereits mengenmäßig erfaßten Prozeßbezugsgrößen zu richten ist, da hierdurch der zusätzliche Erfassungsaufwand erheblich reduziert wird. Unter Umständen kann es sogar sinnvoll sein, mehrere Leistungsdimensionen nebeneinander zu verwenden und entsprechend unterschiedliche oder verknüpfte Arten von Kapazitätsauslastungsgraden zu ermitteln.[207]

So kann bspw. die Auslastung von Transportkapazitäten überprüft werden, indem man die verfügbare Transportfläche bzw. den verfügbaren Transportraum als Maßstab für die installierte Leistung von Transportmitteln heranzieht und sie der Menge der in der Budgetteilperiode transportierten logistischen Einheiten, gemessen in Flächen- oder Raumgrößen, gegenüberstellt. Man kann aber auch - wie im Zusammenhang mit den Anforderungen an die Cost-Driver-Kandidaten bereits dargestellt[208] - zur Erfassung der Kapazitätauslastung mehrere miteinander verknüpfte Maßgrößen heranziehen, wie z.B. bei der Darstellung der dynamischen Transportleistung bzw. -kapazität.[209]

Wichtig ist, daß man sich stets darüber im klaren ist, welcher Kapazitätsbegriff der jeweiligen Kennzahl zugrunde liegt, da die ermittelte Höhe des Kapazitätauslastungsgrades (dargestellt in Prozent) stark von der Art und der Dimension der hinzugezogenen Leistungseinheit(en) oder Prozeßbezugsgröße(n) beeinflußt werden kann und somit die Möglichkeit der Vergleichbarkeit mit anderen Kennziffern stark einschränkt.

Während die installierte Leistung verhältnismäßig einfach ermittelt werden kann (vgl. dazu die Abb. 33), läßt sich die effektiv genutzte Leistung eines logistischen Potentialfaktoren vielfach nur durch Beobachtungen über einen längeren, repräsentativen Zeitraum hinweg feststellen. So wird z.B. zur Auslastungsermittlung eines

206 Vgl. Greim, Brinkmann 1986, S.59.
207 Vgl. Zimmermann 1990, S.355f.
208 Vgl. dazu die Ausführungen in Kap. D.3.2.2.
209 Vgl. Fiege 1988, S.299.

Transportmittels, das zur Durchführung eines bestimmten Transportprozesses bereit-
gehalten wird, eine Zeitreihenanalyse mittels Häufigkeitsverteilung über die Einsatz-
zeitpunkte, -zeiträume und -orte zweckmäßig sein. Solche Häufigkeitsverteilungen
vermitteln dann Aufschlüsse über die minimale, maximale und durchschnittliche
Auslastungsgrade, aus denen sich dann im Vergleich mit der installierten Leistung
Rückschlüsse auf gegebenenfalls *nutzbare Leistungsreserven* bzw. *Kapazitätspuffer*
ziehen lassen.[210]

In Abb. 39 ist beispielhaft das Ergebnis einer entsprechenden Auslastungsunter-
suchung einer Lagerkapazität dargestellt, bei der die drei Funktionen den Verlauf (a)
der *Beschäftigung* eines Güterumschlages in einem Logistiksegment in der Budgetierungsperiode, sowie (b) der aufgrund von Anpassungsentscheidungen (für kommende Budgetperioden) *veränderbaren* und (c) der generell *unveränderbaren Kapazität* darstellen.[211] Um die effektiv genutzte und die installierte Leistung dimensio-
nal vergleichbar zu machen, werden diese auf die Meßzahl "Tonne pro Zeiteinheit"
umgerechnet, die auch gleichzeitig als Prozeßbezugsgröße für die Erfassung variabler Umschlagsprozeßkosten Anwendung gefunden hat. Die abbaufähigen Über-
kapazitäten sind schraffiert und die Unterkapazitäten gepunktet dargestellt. Im Un-
tersuchungszeitraum ist der Häufigkeitsverteilung des Güterumschlages zufolge das
Angebot an technischen Kapazitäten zu durchschnittlich 75% genutzt, während die
minimale bzw. maximale Auslastung 50% bzw. 100% beträgt. Die theoretisch nutzbare Leistungsreserve ergibt sich damit zu durchschnittlich 25%.[212]

---

210 Vgl. Greim, Brinkmann 1986, S.59f.
211 Vgl. Fiege 1988, S.292.
212 Unter der Annahme, daß bei Überauslastung der Kapazitäten die zu vollziehenden Güterumschlagsprozesse fremdvergeben werden können; ansonsten ergibt sich eine geringere Leistungsreserve.

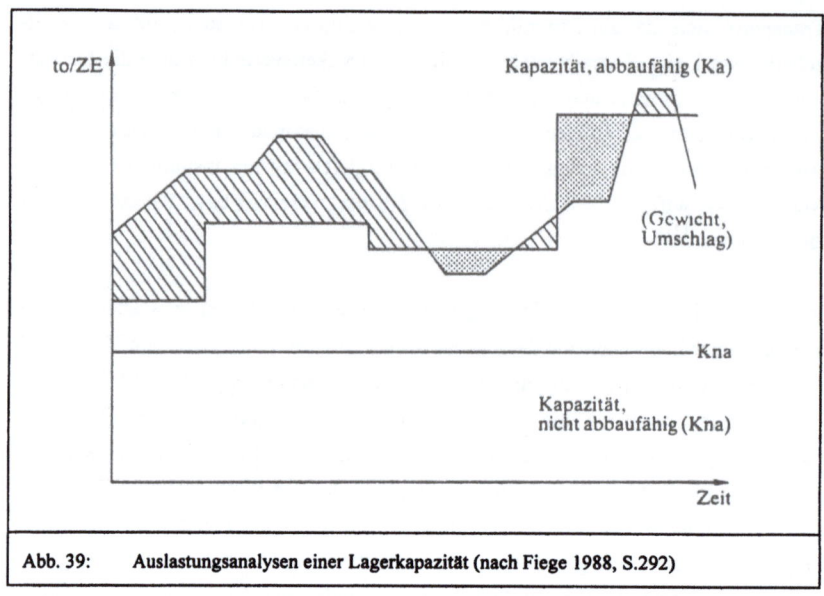

Abb. 39:   Auslastungsanalysen einer Lagerkapazität (nach Fiege 1988, S.292)

Der Ausweis eines niedrigen Kapazitätsauslastungsgrades in einem Budgetbereich muß aber nicht bedeuten, daß automatisch eine entsprechende Anpassung der einge-setzten Potentiale eingeleitet werden sollte, um die Kapazitätsauslastung durch Ver-ringerung der Kapazität zu erhöhen; es muß auch nicht unbedingt auf einen unwirt-schaftlichen und vom jeweiligen Segment-Manager zu verantwortenden Ressourcen-einsatz hinweisen.[213]

Denn oft ist aufgrund der mangelnden Teilbarkeit von Potentialfaktoren ein Ausein-anderklaffen von installierter und genutzter Leistung gar nicht zu verhindern.[214] Desweiteren bedarf die Anpassung fixer Potentiale immer langfristiger und mehrpe-riodischer Entscheidungen, die sich auf die in der näheren und weiteren Zukunft er-warteten Entwicklungen stützen müssen (insbesondere auf Entwicklungen in den 'logistics missions', von denen aus vielfach der Trigger auf die gesamte Leistungser-stellung im logistischen Wertschöpfungssystem ausgeht).
Vor allem aber sind solche Entscheidungen nur im Kontext der jeweils verfolgten Lieferservice-Strategie und unter Berücksichtigung ihrer Auswirkung auf andere lo-gistische Subsysteme zu fällen. Denn mit einer bestimmten Kapazitätsvorhaltung ist

---

213   Allerdings ist dann eine Überprüfung unterbeschäftigter Kapazitäten angezeigt, wenn der Kapazitätsauslastungsgrad unter den Wert fällt, der bei der ursprünglichen Investitionsentscheidung für das Investitionsobjekt erwartet wurde oder der gar als Schwellenwert für ein Investitionsvorhaben galt, bei dessen Unterschreitung das Investitionsobjekt als nicht mehr vorteilhaft zu betrachten war; vgl. dazu auch Reichmann 1990, S.262f.

214   Vgl. Zimmermann 1990, S.356f.

auch die Garantie eines bestimmten *Lieferbereitschaftsgrades* verbunden, der in seiner Höhe von Logistiksegment zu Logistiksegment variieren kann und damit unterschiedlich hohe Kapazitätsreserven erfordert. So kann z.B. in einem auf externe Kunden ausgerichteten Logistiksegment die Erfüllung eines 100%igen Lieferbereitschaftsgrades ein zentraler Bestandteil der Lieferservice-Strategie sein, so daß eine Kapazitätsvorhaltung notwendig ist, die zu jeder Zeit die Bewältigung des eingehenden Kundenauftragsvolumens garantiert; in einem anderen (intern ausgerichteten) Logistiksegment hingegen können häufig aufgrund der Zeitpuffer innerhalb der Prozeßabläufe, die eine Verteilung der "Nachfragespitzen" auf die gesamte Periode erlauben, die installierten Kapazitäten viel stärker an den durchschnittlichen Kapazitätsbedarf herangeführt werden.[215]

Entscheidend bei der Kontrolle der jahresbezogen fixen Kosten der Prozeßkapazitäten ist es allerdings, daraus sich ergebende mögliche Kapazitätsanpassungsentscheidungen stets unter Berücksichtigung ihrer Auswirkung auf die gesamte logistische Prozeßkette zu fällen. Denn rein segmentbezogene Kapazitätsauslastungsanalysen stellen lediglich *vertikale Kontrollgrößen* dar, die nur auf die Überprüfung von Bereichseffizienzen ausgerichtet sind, die aber die Fülle der sachlogischen Beziehungen auf einer Kontrollebene unberücksichtigt lassen.[216]

Deswegen ist die segmentbezogene Fixkostenkontrolle ebenso wie die Kontrolle der variablen Prozeßkosten und die der in den Budgetbereichen erbrachten Logistikleistungen um den Aspekt der *segmentübergreifenden Budgetkontrolle* zu ergänzen.

4.2. Segmentübergreifende Kontrollen mittels der Budget-Trade-Off-Matrix

Bedingt durch den oben begründeten Verzicht auf eine generelle *Verdichtung* von Prozessen zu *Hauptprozessen*[217] sind die Möglichkeiten einer segmentübergreifenden Kontrolle auf Basis von Wertgrößen insofern eingeschränkt, als daß ein vereinfachter Soll-Ist-Vergleich der Prozeßkosten durch Bezugnahme auf eine (oder einige wenige) segmentübergreifende Hauptprozeßgröße(n) wegen der vielfach fehlenden Proportionalität zumeist nicht möglich ist, ohne gleichzeitig fundamental das Kostenverursachungsprinzip zu verletzen.

---

215 Vgl. dazu die Ausführungen in Kap. B.4.2.
216 Vgl. dazu die Ausführungen in Kap. B.5.3. und D.3.5.
217 Als Hauptgrund wurde die zumeist fehlende Proportionalität der Prozeßbezugsgrößenbeziehungen aufgeführt; vgl. dazu die Ausführungen in Kap. C.6.3.3.2. und Kap. D.3.5.

Man ist vielmehr darauf angewiesen, statt der aggregierten Betrachtungsweise signifikante Abweichungen an den einzelnen Teilprozeß- und Budgetbereichskosten oder an einzelnen prozeßbezogenen Leistungsparametern zu untersuchen und diese als *Indikatoren* für eventuelle suboptimale oder unplanmäßige Abläufe zwischen den Logistiksegmenten heranzuziehen.

Diese Möglichkeiten sollen im folgenden anhand der oben vorgestellten *Budget-Trade-Off-Matrix* zusammen mit segmentübergreifenden Cost-Driver-Mengenanalysen diskutiert werden.

Zur Gegenüberstellung der geplanten und der tatsächlich realisierten Kostenwerte sind in den einzelnen Matrixfeldern die Ist-Kosten ihren *Soll-Kosten* gegenüberzustellen und ggf. um die Angabe ihrer prozentualen Abweichung zu ergänzen. Hierdurch gehen in die jeweiligen Soll-Ist-Differenzen die Kosten ein, die aufgrund einer veränderten Beschäftigungssituation angefallen sind und führen bei der Analyse zu der logistisch wichtigen Frage, *warum* es zu der unplanmäßigen Beschäftigung gekommen ist bzw. *wo* die Gründe dafür zu suchen sind.

Diese Frage ist deswegen so bedeutend, weil ein Vielzahl von Cost-Drivern in der Budgetierungsperiode zwar aus der Sicht des einzelnen Segment-Managers nicht zu beeinflussen ist, sehr wohl aber durch Entscheidungen in interdependent verflochtenen Verantwortungsbereichen.
So kann bspw. ein Segment-Manager, der für die Abwicklung von Kundenaufträgen aus einem dezentralen Regionallager zuständig ist, durch Bestandssenkungsmaßnahmen seine Lagerprozeßkosten[218] reduziert, gleichzeitig aber durch eine Verkürzung der Bestellfrequenzen und eine Verringerung der durchschnittlichen Bestellmenge die sendungsanzahl- und kilometergetriebenen Transportprozeßkosten eines ihn beliefernden Logistiksegmentes erhöht haben.
Ebenso kann ein Budgetverantwortlicher durch Konsolidierungsmaßnahmen in seinem Segment (etwa durch größere Fertigungslose, durch Bündelung von Einzelaufträgen zu Auftragspaketen, durch Inkaufnahme von Lieferungsverzögerungen etc.) die Anzahl der von ihm repetitiv zu vollziehenden Prozesse reduziert, gleichzeitig aber die Anzahl außerplanmäßiger "Eilprozesse" in einem nachgelagerten Logistiksegment erhöht haben, wie z.B. die Anzahl "Eiltouren", "trouble-shooting-Meldungen", "fremdvergebene Kuriertransporte" etc..

---

218 Hier ist wiederum lediglich der reine Zeitüberbrückungsprozeß gemeint.

Werden also signifikante Abweichungen in einzelnen Matrixfeldern festgestellt, die sich auf eine entsprechende Veränderung der Cost-Driver-Mengen der betrachteten Auftragsabwicklungsprozesse zurückführen lassen, sind diese - der *horizontalen Richtung folgend* - den Abweichungen in denjenigen Matrixfeldern gegenüberzustellen, in denen die Kosten verflochtener Auftragsabwicklungsprozesse aufgeführt werden; dies sind die Prozesse, die zusammen mit dem betrachteten Auftragsabwicklungsprozeß eine *logistische Prozeßkette* bilden, die also fester Bestandteil eines in seiner Abfolge weitgehend determinierten Prozeßabwicklungszyklus sind, die aber in einem anderen Verantwortungsbereich vollzogen werden.

Die hieraus ermittelte *konsolidierte Abweichung* vermittelt dann Anhaltspunkte dafür, wie erfolgreich in der Budgetierungseriode das Problem der spezifischen Kosten-Interdependenzen bzw. Trade-Offs zwischen den Verantwortungsbereichen gehandhabt worden ist.

Hierzu ein Zahlenbeispiel anhand der in Abb. 40 dargestellten *Budget-Trade-Off-Matrix* (zur Vereinfachung werden in diesem Beispiel lediglich physische Auftragsabwicklungsprozesse einer Trade-Off-Analyse unterzogen):[219]

---

219 Die hier aufgeführten Zahlenwerte repräsentieren lediglich die variablen Plan- bzw. Ist-Kosten. Von der Möglichkeit von Preisschwankungen wird im folgenden zur Vereinfachung abstrahiert.

	Seg A			Seg B			...	Seg C			Seg D			Summe		
	Plan	Ist	Abw.	Plan	Ist	Abw.	...	Plan	Ist	Abw.	Plan	Ist	Abw.	Plan	Ist	Abw.
Transferprozeß P 1	98.000	98.000	0,0%	200.000	300.000	50,0%	...	100.000	100.000	0,0%	112.000	112.000	0,0%			
Transferprozeß P 2	150.000	100.000	-33,0%	40.000	40.000	0,0%	...	40.000	50.000	25,0%	100.000	100.000	0,0%			
Transferprozeß P 3	-	-		-	-		...	-	-		20.000	140.000	700,0%			
...	-	-		-	-		...	-	-		-	-				
Transferprozeß P n	40.000	40.000	0,0%	60.000	90.000	50,0%	...	-	-		-	-				
Zwischensumme	478.000	428.000	-10,0%	500.000	630.000	26,0%	...	140.000	150.000	7,0%	232.000	352.000	51,0%	1.670.000	1.880.000	12,5%
Transform.prozeß P 1	-	-		-	-		...	100.000	75.000	-25,0%	350.000	350.000	0,0%			
Transform.prozeß P 2	-	-		-	-		...	80.000	80.000	0,0%	580.000	580.000	0,0%			
...	-	-		-	-		...	-	-		-	-				
Transform.prozeß P q	-	-		-	-		...	20.000	20.000	0,0%	112.000	112.000	0,0%			
Zwischensumme	-	-		-	-		...	250.000	225.000	-10,0%	1.262.000	1.262.000	0,0%	4.300.000	4.275.000	-1,0%
Budget	478.000	428.000	-10,0%	500.000	630.000	26,0%	...	390.000	375.000	-4,0%	1.494.000	1.614.000	8,0%	5.970.000	6.155.000	3,0%

Abb. 40: Beispiele für segmentübergreifende Budgetkontrollen mittels der Budget-Trade-Off-Matrix

Der Manager des Logistiksegmentes Seg A hat in der Budgetierungsperiode die Kosten des Prozesses "Lagern von Handelswaren" (Transferprozeß P_2) durch Bestandssenkungsmaßnahmen um 33% von 150.000 DM auf 100.000 DM gesenkt. Ein Blick in die benachbarte Spalte der Budget-Trade-Off-Matrix bzw. in die "verflochtenen" Matrixfelder zeigt, daß dadurch im Seg B, welches für die Zulieferung der Handelswaren an Seg A zuständig ist, die kilometerbedingten bzw. die sendungsbedingten Transportprozeßkosten (Transferprozeß P_1 und Transferprozeß P_n) um 50% von 200.000 DM auf 300.000 DM bzw. von 60.000 DM auf 90.000 DM gestiegen sind. Der 10%igen Budgetunterschreitung in Seg A steht also eine 26%ige Budgetüberschreitung in Seg B gegenüber bzw. eine *konsolidierte Abweichung* von + 80.000 DM.

Im Seg C hingegen hat der verantwortliche Segment-Manager durch eine Verlängerung der Bestellfrequenzen bzw. durch eine Erhöhung der durchschnittlichen Bestellmenge die Einkaufskosten des von ihm geführten Beschaffungsbereichs, dargestellt durch den Prozeß "Einkauf von Zulieferteilen" (Transformationsprozeß P_1), um 25% von 100.000 DM auf 75.000 DM gesenkt und dafür einen Lagerprozeßkostenanstieg (Transferprozeß P_2) um 25% bzw. um 10.000 DM in Kauf genommen; er hat also *seinen* segmentbezogenen Kosten-Trade-Off segmentoptimal gelöst und *sein* Budget um 4% von 390.000 DM auf 375.000 DM unterschritten. Diesem steht allerdings ein überproportionaler Kostenanstieg in Seg D gegenüber, der darauf zurückzuführen ist, daß der Segment-Manager, der für die Endmontage der Zulieferteile und die Distribution der dann fertigen Erzeugnisse in eine bestimmte 'logistics mission' zuständig ist, aufgrund der nun periodisch auftretenden Fehlmengen bei den Zulieferteilen die Einhaltung zugestandener Lieferzeiten nur dann gewährleisten kann, wenn er statt des Versandes über die Schiene oder statt des Eigentransportes teurere, aber dafür schnellere Expreßtransporte fremdvergibt.[220] Dies schlägt sich nieder im Prozeß Transferprozeß P_n "Fremdvergabe von Eiltransporten", dessen Kosten um 700% von 20.000 DM auf 140.000 DM ansteigen. Der 4%igen Budgetunterschreitung in Seg C steht also eine 8%ige Budgetüberschreitung in Seg D gegenüber bzw. eine konsolidierte Abweichung von + 105.000 DM.

---

220 Die Möglichkeit der Lieferzeitverkürzung durch eine Beschleunigung der Montageprozesse entfällt, da in unserem Beispiel keinerlei Zeitpuffer im Fertigungssegment bestehen; deswegen bleiben hier die Kosten der Transformationsprozesse T_1 bis T_q des Logistiksegmentes SegD unverändert.

Die Werte der hier beispielhaft aufgeführten Budget-Trade-Off-Matrix geben lediglich die variablen Prozeß-Ist- bzw. Plan-Kosten wieder, die im Kontext veränderter Beschäftigungssituationen einem Vergleich unterzogen werden.[221]

Die segmentübergreifende Kostenkontrolle muß sich allerdings nicht auf deren Kontrolle allein beschränken. Denn auch fixe Kosten können während der Budgetierungsperiode in ihrer Höhe und Struktur von Dispositionen in verflochtenen Bereichen betroffen sein. Ihre positiven bzw. negativen Plan-Ist-Abweichungen sind dann nur bedingt von den jeweiligen Segment-Managern zu *vertreten*, die zwar die Kapazitätsaufstockungs- bzw. Kapazitätsabbauentscheidungen getroffen haben (und damit streng genommen die betreffenden Kosten *beeinflußt* haben), die aber aufgrund der von anderen Segmenten zu vertretenen Beschäftigungsänderungen dazu gezwungen waren.[222]

So kann bspw. der oben aufgeführte Manager des Logistiksegmentes Seg D zu einer Aufstockung des eigenen Fuhrparks zur Sicherung der zugestandenen Lieferzeit gezwungen sein, wenn ansonsten die Fremdvergabe von Eiltransporten aufgrund der Unzuverlässigkeit externer Logistikdienstleister eine Gefährdung der verfolgten Logistikstrategie bedeuten würde. Das gleiche kann für Seg A gelten, wenn die 50%ige Steigerung des Transportaufkommens nicht mehr mit der vorhandenen Fahrzeugkapazität erbracht werden kann.

Der segmentübergreifende Kosten-Trade-Off hat sich also in diesen Fällen dann in einer Substitution variabler Prozeßkosten des Seg C (bzw. Seg B) durch fixe Prozeßkosten des Seg D (Seg A) ausgewirkt und läßt sich nur durch ein entsprechendes Hinzufügen von zusätzlichen Matrixzeilen, die diese Fixkosten gesondert aufführen, darstellen.

Auch hier läßt sich die trade-off-gerichtete Budgetkontrolle mittels dialogorientierter Kontroll-Software oder wissensbasierter Systeme effizienter bzw. handhabbarer machen. So können mittels solcher Programme und Systeme Abweichungen einzelner Teilprozeßkosten identifiziert und gleichzeitig "Trade-Off-Checks" mit verflochtenen Teilprozessen der gleichen logistischen Prozeßkette automatisch oder in Dialogform durchgeführt werden. Damit können routinisierbare Analyseschritte von der EDV übernommen oder zumindestens begleitet werden, so daß die systematische Suche nach der Abweichungsursache für die Kosten des jeweils betrachteten

---

221 Von möglichen Preisabweichungen und von Verbrauchsabweichungen wird hier im Beispiel abstrahiert, die bei ihrem Auftreten von den beschäftigungsbedingten Abweichungen zu trennen wären.

222 Zur Problematik beeinflußbarer und unbeeinflußbarer Kosten bzw. zu vertretender und nicht zu vertretender Abweichungen vgl. die Ausführungen in Kap. C.4.2.2.

Teilprozesses erheblich erleichtert wird und ein rechtzeitiges Gegensteuern auf fest-gestelltes Fehlververhalten möglich bleibt.[223]

Zwar besitzen solche Soll- bzw. Plan-Ist-Vergleiche nur eine Indikatoreneignung, denn die Budget-Trade-Off-Matrix faßt lediglich die sachlichen Kostenin-terdependenzen in der Wertschöpfungskette rechnerisch zusammen; sie nimmt aber die Konsolidierung einzelner Budgetwerte nur zeitpunktbezogen vor und zerschnei-det somit zeitliche Interdependenzen zwischen Budgetwerten verschiedener Peri-oden, wie sie häufig bei der Substitution variabler und fixen Prozeßkosten anzutref-fen sind. Die Aussagefähigkeit der Abweichungsinformationen muß dann folglich durch die *Hinzunahme mehrperiodiger Kostenkontrolldaten* validiert werden.

Desweiteren erlaubt sie aufgrund ihrer rein wertmäßigen Dimensionierung noch keine Aussagen darüber, ob in der Budgetierungsperiode mit den zugestandenen Mitteln auch die erforderlichen, vor allem qualitativen Leistungen erbracht worden sind. Dies ist die Aufgabe einer komplementären logistischen Leistungskontrolle, die begleitend zur Überprüfung der Budgetwerte einen Vergleich der segmentinternen und -übergreifenden Soll-Ist-Leistungen vornimmt und somit die Integration der Budgetierung in eine übergeordnete kosten- *und* leistungsorientierte Segmentpla-nung unterstützt.
Die Möglichkeiten einer prozeßorientierten Leistungskontrolle sollen im folgenden dargelegt werden.

4.3. Komplementäre Leistungs-Kontrollen

Die im Rahmen der Budgetierung standardmäßig erfaßten Auftragsabwick-lungsprozesse und Prozeßbezugsgrößen können auch vielfältige Anwendung finden für ein in den Logistiksegmenten ansetzendes *Leistungs-Controlling*. "A key output of the new Cost Management System is the measurement of performance at the acti-vity and business process level."[224]

So lassen sich die meisten Prozeßbezugsgrößen direkt zur *Messung der quantitativen Leistung* der Leistungsbereiche heranziehen, wie z.B. die "Anzahl produzierter Gü-ter", "Anzahl abgefertigter Sendungen", "Anzahl verpackter Transporteinheiten", "transportierte Tonnage" etc., weil diese Größen vielfach gleichermaßen Cost-Driver

---

223 Zum Aspekt der "Zeit" im Rahmen der Logistikkontrolle vgl. Plossl 1985, S.321ff.; Novack 1989, S.13f. und die Ausführungen in Kap. C.4.2.1.3.
224 Miller 1992, S.43.

sind, als auch geeignete Standards bzw. Normen zur Darstellung der jeweiligen quantitativen Leistung darstellen.[225]

Häufig erweist sich hierbei die Verknüpfung dieser Leistungsbezugsgrößen zu *Kennzahlen* als ein geeignetes Mittel, die Vielzahl der Leistungs-Informationen problemspezifisch zu Kennwerten zu verdichten.[226] Diese können dann Aufschlüsse vermitteln über die Leistungsstruktur bzw. das Leistungsprogramm in den Logistiksegmenten, die durch eine allein wertmäßige Darstellung in Kostengrößen nicht möglich wäre, wie etwa durch Aussagen über

* *prozeßspezifische Leistungsgrade*, die für unterschiedliche Leistungsarten das Verhältnis von Ist- und Soll-Leistung wiedergeben, wie z.B. die Ist-Anzahl aufgefüllter Behälter dividiert durch die Soll-Anzahl x 100%,

* *prozeßspezifische Leistungsanteile* an der Gesamtleistung des Logistiksegmentes, wie z.B. die zurückgelegte Transportentfernung eines Transportmittels bezogen auf die gesamte Laufleistung des Fuhrparks des Segmentes oder die Produktionsmenge einer einzelnen Fertigungskapazität bezogen auf die Gesamt-Segmentproduktion,[227]

* *Beziehungszusammenhänge* zwischen verschiedenen Leistungsarten, wie z.B. durchschnittliches Gewicht bzw. Entfernung pro Sendung, durchschnittliche Anzahl der Auftragspositionen pro abgewickelten Kundenauftrag oder Anzahl Mischpaletten bezogen auf die Gesamtanzahl der Paletten etc.,[228]

* *Austauschrelationen* zwischen verflochtenen (physischen, administrativen bzw. physischen und administrativen) Leistungsarten, wie z.B. die Anzahl der Auslagerungsvorgänge bezogen auf die Zahl der Einlagerungen, oder die Anzahl der Überwachungsaktivitäten pro Fertgungsauftragssteuerung, oder die Zahl der Rückmeldungen an die Zentrale pro Transportauftrag etc.

Ähnliche Möglichkeiten der Bezugnahme auf die in der Kostenplanung aufgeführten Auftragsabwicklungsprozesse ergeben sich für die Messung der *qualitativen Leistung* in den einzelnen Logistiksegmenten.[229] Diese läßt sich als Erfüllungsgrad bestimmter Anforderungen an die Qualität der logistischen Aktivitäten verstehen und ist demzufolge auf Basis spezifischer, *operationalisierter Anforderungsprofile* als

225 Vgl. Weber 1991a, S.63ff.; Lock 1992, S.121f.
226 Vgl. Dycke 1992, S.107.
227 Zur Unterscheidung von Leistungsgraden und -anteilen im Zusammenhang logistischer Kennzahlen vgl. Weber 1991a, S.217f.
228 Vgl. z.B. Jassmann, Bodenstein 1983, S.11ff.; Fiege 1988, S.299.
229 Vgl. u.a. Bowersox, Closs, Helferich 1986, S.275f.; Novack 1989, S.28ff.; Klapper spricht in diesem Zusammenhang von der "Beurteilung der Prozeßqualität"; vgl. Klapper 1993, S.97ff.

Maßgröße oder als Kennzahl definierbar und damit kontrollierbar.[230] "Quality in customer service can be achieved through the development of standards and tolerance limits to meet the customer's needs. ... In order to exercise control, measurements must be made at a basic activity level to ensure quality in customer service ... each activity must be broken into its basic elements for measurement and control, and these elements must be representative of the firm's customer service requirements."[231]

So lassen sich bspw.

* *Fehlerquoten* (error ratios) bestimmen, die den Grad der Mengenabweichungen von Auftragsabwicklungsprozessen erfassen, wie z.B. die Anzahl Fehllieferungen einer internen Transportstelle bezogen auf die Gesamtanzahl der internen Lieferungen oder die Anzahl von Fehlmengenmeldungen pro Versandauftrag,

* *Lieferverzögerungsquoten* ermitteln, die den Grad verspäteter Leistungserstellungsprozesse (ggf. differenziert nach Verzögerungszeiträumen) messen, wie z.B. die Anzahl der eintägig, dreitägig oder einwöchentlich verspäteten Kommissionierungsvorgänge bezogen auf deren Gesamtzahl, oder

* *Lieferbeanstandungsquoten* erfassen, die den Anteil der beanstandeten Leistungen an der jeweiligen Gesamtleistung aufführen, wie z.B. die Anzahl (bzw. der Wert) beschädigter Fertigprodukte bezogen auf deren Gesamtanzahl (bzw. deren Gesamtwert).[232]

Eine weitere für die Qualität logistischer Leistungen wesentliche Facette ist die der Schnelligkeit der Leistungserstellungsprozesse, die mittels der *Durchlaufzeiten* gemessen und abgebildet werden kann. Hierbei kommt es weniger auf die Ausführungsschnelligkeit eines einzelnen Auftragsabwicklungsprozesses an (obwohl auch diese durchaus ein wesentlicher Ansatzpunkt von Leistungskontrollen sein kann[233]) als vielmehr auf die aggregierte Durchlaufzeit von (operativen und administrativen) Prozeßabfolgen, wie z.B. auf die Abwicklungszeit für externe Kundenaufträge, auf die Durchschleusdauer von Fertigungsaufträgen, auf die Durchlaufzeit von Gütern, die mehrere Logistiksegmente durchlaufen etc..[234]

---

230 Vgl. dazu auch Reichmann o.J., S.117, der *Planbezugsgrößen* logistischer Aktivitäten als Maßgrößen zur Messung der Logistikkosten und die *Ergebnisse* logistischer Aktivitäten als Maßgröße zur Messung der Logistikleistung heranzieht. Ähnlich Miller (1992, S.43): "Quality has many meanings in the new manufacturing environment, but its meaning can be narrowed by the new Cost Management System to conformance to specification for an activity."

231 Novack 1989, S.12.

232 Vgl. u.a. Siegwart, Raas 1991, S.201f.; Schulte 1991, S.290, der in diesem Zusammenhang von "Qualitätskennzahlen" spricht.

233 Dies zeigen z.B. Götz, Möser am Beispiel des Prozesses "Wareneingangskontrolle" auf, die bei komplizierten und hochqualitativen Baugruppen zum Teil bis zu einen Monat andauern kann; vgl. Götz, Möser 1989, S.111.

234 Vgl. u.a. Hautz 1988, S.6f.; Helfrich 1989, S.71f.; Weber 1991a, S.223f.; Miller 1992, S.43f.

Kennzahlen in diesem Zusammenhang informieren bspw. über

* das *Zugangs-/Abgangsverhalten* an den verschiedenen Schnittstellen entlang der logistischen Wertschöpfungskette[235],
* den Fortschritt einer Auftragsabwicklung (*Fortschrittszahlenkonzept*)[236],
* die Wertschöpfung eines Gutes entlang der Zeitachse (*Wertzuwachs-kurven*)[237],
* die *Wiederbeschaffungszeiten* nicht vorhandener Materialien, z.B. als Durchschnittszeit für Bestellauslösung, Bestellabwicklung, Lieferung, Prüfung, Einlagerung und Bereitstellung etc.[238]

und bieten damit nicht nur Möglichkeiten einer segmentinternen Leistungskontrolle, sondern auch die einer schnittstellenübergreifenden, auf Gesamtdurchlaufzeiten ausgerichteten, Leistungskontrolle.

Es läßt sich also festhalten, daß im Rahmen der Budgetkontrolle auf der Basis der erfaßten Auftragsabwicklungsprozesse und Prozeßbezugsgrößen vielfältige Möglichkeiten einer komplementären logistischen Leistungskontrolle bestehen.
Die erfaßten Leistungsinformationen stellen das Äquivalent zu den Wertgrößen der Budgets dar bzw. validieren den Aussagewert der vorliegenden Kosteninformationen.

Deswegen sollen sie (bzw. eine nach den jeweiligen, für die Segmente unterschiedlichen, Analyseschwerpunkten vorgenommene Auswahl[239]) standardmäßig neben den begleitenden Prozeßkapazitätsanalysen[240] und den Trade-Off-Kennziffern[241] im *Budgetanhang* aufgeführt werden (vgl. Abb. 28).
Dort können sie auch über die "Service Performance" segmentübergreifender Prozeßketten berichten, sei es durch das Herstellen von Beziehungsrelationen zwischen verflochtenen Prozessen und Prozeßbezugsgrößen, durch die Messung von Durchlaufzeiten gesamter, segmentübergreifender Prozeßketten, oder sei es durch die

---

235 Vgl. Bäck 1989, S.956.
236 Vgl. Helfrich 1989, S.71.
237 Vgl. Förderkreis Betriebswirtschaft an der Universität Stuttgart e.V. 1988, S.349ff.
238 Vgl. Schulte 1991, S.290.
239 Wie bereits in Kap. C.4.2.1.2. dargestellt, wird der Kontrollumfang nach Maßgabe der jeweiligen Bedeutung der Kontrollobjekte bestimmt. So ist bspw. für die Überprüfung direkt am Markt anbietender Logistiksegmente die eingehende Kontrolle der Einhaltung der verschiedenen Lieferservice-Dimensionen von strategischer Bedeutung bzw. Priorität, während bei der Kontrolle interner Logistiksegmente häufig die Überprüfung der eingehaltenen Zeit-/Mengenvorgaben überwiegt.
240 Vgl. dazu die Ausführungen in Kap. D.4.1.3.
241 Vgl. dazu die Ausführungen in Kap. D.3.5.

Ermittlung der "Customer Satisfaction" der für die jeweiligen Segmente relevanten in- und externen Kunden entlang der Prozeßkette.

Damit unterstützt die in der prozeßorientierten Budgetierung vollzogenen Verdichtung der Prozesse und Prozeßbezugsgrößen zu sowohl kosten- als auch leistungsbezogenen Kennziffern nachhaltig das Ziel einer Integration des logistischen Budgetierungssystems in ein übergeordnetes System logistischer Segmentplanung und -kontrolle.

Die prozeßorientierte Budgetierung wird somit zu einem Führunginstrument, das über das klassische Kostenmanagement weit hinausreicht.

Teil E: Anwendungsperspektiven des vorgestellten Instrumentariums und Schlußbemerkungen

1. Die Entwicklung eines logistischen Budgetierungssystems als schrittweiser Prozeß

Die Ausführungen in Teil D haben gezeigt, daß die entwickelte logistische Prozeßplankostenrechnung auf Teilkostenbasis relevante Kosten- und Leistungsinformationen für die logistische Segmentplanung und -kontrolle bereitstellen kann. Sie macht den Einsatz der Budgetierung gemäß den in Teil C entwickelten Gestaltungsanforderungen möglich und stellt dem Management damit ein Führungsinstrument zur Verfügung, mittels dessen die Sicherung einer ganzheitlich integrierten und zielgerichteten Steuerung der Logistiksegmente entlang der Wertschöpfungskette nachhaltig unterstützt wird.

Abschließend stellt sich die Frage, (1) welche *Einführungsstrategien* für einen praxisorientierten Einsatz geführt werden sollten und (2) welche *Anwendungs- bzw. Weiterentwicklungsperspektiven* in der Praxis bestehen.

(1) Die prozeßorientierte Budgetierung ist eine neue Methode, für die das Management und die Mitarbeiter erst noch motiviert werden müssen.

Dies dürfte zumindestens für das Logistik-Management nicht schwer sein angesichts der hohen logistischen Kostenbedeutung, der vielfach noch unausgeschöpften Rationalisierungspotentiale und angesichts der strategischen Gefahr von Lieferservicezielverletzungen durch fehlalloziierte und leistungsungebundene Budgets.

Doch auch wenn die Führungsspitze für den Einsatz einer prozeßorientierten Budgetierung motiviert ist, bleibt es ein Muß, daß sie von allen Budgetbeteiligten gewollt ist und daß der Nutzen ihrer Anwendung bekannt ist.[1]
Erfahrungsgemäß stößt allerdings bereits der erste Schritt der Einführung, die Tätigkeitsanalyse, auf psychologische Widerstände bei der Belegschaft und dem Betriebsrat, welche wegen der potentiell negativen Auswirkungen eines "gläsernen Arbeitsplatzes" besorgt sind.[2] Zudem ist zu erwarten, daß (entgegen der Aussage des Eingangszitates in Teil A) ein nicht unerheblicher Teil der Budgetverantwortlichen eine

---

[1] "Management commitment is a prerequisite to implementing a new CMS (Cost Management System; Anm. d. Verf.)." (Miller 1992, S.48).

[2] Vgl. Horváth, Renner 1990, S.100; Pfohl, Stölzle 1991, S.1293; Olshagen 1991, S.93f.

verbesserte Kosten- und Leistungstransparenz fürchtet und auf die Verteidigung alter Besitzstände und Pfründe ausgerichtet sein wird.[3]

Deswegen muß es ein Hauptanliegen der Implementierung sein, die *Akzeptanz* der neuen Budgetierung bei den Budgetempfängern zu fördern.

In jedem Fall sollten die Planungs- und Kontrollverfahren nicht allein von Controllern, externen Beratern oder Software-Spezialisten eingeführt, sondern die betroffenen Bereiche von Anfang an in die Entwicklung einbezogen werden.[4] Dies kann zwar dazu führen, daß die Einführung sichtbar gebremst wird, hat jedoch den entscheidenden Vorteil, daß dadurch das Commitment bei den Mitarbeitern wesentlich gesteigert wird und die Budgetverantwortlichen dieses Instrument selber aktiv nutzen lernen. Auch erkennen sie schnell, daß ein derartiges Rechnungssystem die Probleme in den relevanten Systemen objektiviert und sie damit in die Lage versetzt, nachzuweisen, daß viele Probleme, für die sie in der Vergangenheit verantwortlich gemacht wurden, tatsächlich in anderen Bereichen verursacht wurden.[5]

Neben der Berücksichtigung der Verhaltensimplikationen bei der Einführung einer prozeßorientierten, logistischen Budgetierung wird eine weitere Restriktion durch den Status Quo bestehender Rechnungs- und Budgetierungssysteme in der Unternehmung auferlegt. Vielfach muß das Mengen- und Wertegerüst in der erforderlichen Form erst aufgebaut werden. Auch liegen Aufgliederungen nach den wichtigsten Cost-Drivern zunächst nicht vor, so daß Prognosegrundlagen fehlen. Dies zwingt zu einer behutsamen Einführung.

Daher ist es sinnvoll, die zu budgetierenden Prozesse *sukzessive* in den einzelnen Logistiksegmenten einzuführen, am besten beginnend mit den variablen Kosten solcher Prozesse, deren Bezugsgrößen bereits in den herkömmlichen Rechnungssystemen erfaßt werden, wie etwa Kosten logistischer Fremdleistungen, entfernungsbedingte Transportkosten, bestandswertabhängige Lagerkosten, produktbezogene Fertigungskosten etc.. Der *Restkostenblock* (der später nur noch solche Kosten aufführt, für die eine prozeßorientierte Zuordnung auch theoretisch nicht zu rechtfertigen ist) kann hierbei als "Medium" fungieren, von dem aus schrittweise eine Umbuchung auf neu erfaßte Prozesse und Prozeßbezugsgrößen erfolgt. Somit bleibt die Funktionsfä-

---

3 Dies bestätigen auch empirische Befragungen durch Witt, Kerin 1991, S.222f.; ebenso Ziegler 1993, S.9.
4 "Die höchste Akzeptanz des Modells erreicht man, wenn der Process Owner (der Bereichsverantwortliche; Anm. d. Verf.) die Maßgrößen seines Bereiches selbst definiert." (Löffler 1991, S.200); vgl. ebenso Lohmann 1992, S.141.
5 Vgl. Barth 1992, S.234f.

higkeit bisheriger auf Kostenarten basierender Budgets gewahrt, und eine stufenlose Verfeinerung des Instrumentariums wird möglich.

Die Budgetierung soll wichtige Funktionen der Zielvorgabe, der Analyse der dezentralen Verantwortungsbereiche und der personenbezogenen Leistungsbeurteilung übernehmen. Erfassungsfehler oder auch nur Ungenauigkeiten und Unzweckmäßigkeiten können daher erheblich demotivierend wirken und dysfunktionale Verhaltensweisen hervorrufen.[6]
Deswegen ist anzuraten, das Rechensystem nicht zu früh auf eine feste Auswahl von Kostenzurechnungsobjekten DV-technisch zu fixieren. Vielmehr sollten die Möglichkeiten der Vornahme von Änderungen aufgrund veränderter Rahmendaten, festgestellter Planungsfehler, sonstiger Erkenntnisfortschritte etc. in der Rechnungssoftware offengehalten werden, um die Anpassungsfähigkeit bzw. *Systemflexibilität* des Budgetierungssystems zu wahren.[7]

(2) Sind mit der Einführung der prozeßorientierten Planung und Kontrolle der Auftragsabwicklungskosten die Voraussetzungen für einen erfolgversprechenden Einsatz des Instrumentariums geschaffen, so müssen systematisch die für die unternehmungsspezifischen Anwendungsfälle erforderlichen *Systemanpassungen* und *-erweiterungen* durchgeführt werden.
Angesichts der weiter zu erwartenden technologischen Innovationen und Entwicklungssprünge im Bereich der computerisierten Informationsverarbeitung wird dieses Vorgehen zu einer ständigen Ausschöpfung sich neu ergebender Anwendungspotentiale für das vorgestellte Controlling-Instrumentarium führen.[8]
Solche Systemanpassungen und -erweiterungen beinhalten insbesondere:

* Das weitere *Ausfindigmachen* von prozeßrelevanten Informationen in vorhandenen BDE-Systemen, welche im Zuge einer zunehmenden Automatisierung und Roboterisierung der betrieblichen Leistungserstellung im Zuge der Entwicklung umfassender logistischer Steuerungssysteme immer stärker aufgebaut werden.[9]
* Die systematische *Verknüpfung* der betriebswirtschaftlichen Informationssysteme mit den technischen Informationssystemen zur Verbesserung der In-

---

6   Vgl. Troßmann 1992, S.537f.
7   Zur Anforderung an die Systemflexibilität von Kostenrechnungssystemen vgl. Lackes 1990, S.330f.; Kloock 1992a, S.241f.
8   Wäscher spricht in diesem Zusammenhang von dem "lang ersehnten, aber nun zeitnahen *Computer Integrated Controlling*"; vgl. Wäscher 1991, S.221f.
9   Vgl. stellvertretend für viele Siegwart, Raas 1991, S.122ff.

formationsqualität und -aktualität der Budgetgrößen und ihrer komplementären Leistungsgrößen.[10]

* Die Weiterentwicklung der *Integration* der prozeß- bzw. segmentbezogenen Kosteninformationen zur besseren Verknüpfbarkeit von logistischen Budgetdaten und zur Vermeidung von Schnittstellenfehlern[11] zwischen den unterschiedlichen Budgetsubsystemen.

* *Einbeziehung* von Wissensbasierten Systemen oder Expertensystemen zur Unterstützung der Budgetplanung bei alternativen Rahmenbedingungen[12] oder zur Realisierung "intelligenterer Soll-Ist-Kostenvergleiche"[13].

Als Fazit kann daher festgehalten werden:

Das hier vorgestellte Instrumentarium erlaubt bei einer schrittweisen, sukzessiven Einführung bereits in der Anfangsphase der Implementierung eine funktionsfähige Anwendung, die angesichts des rasanten informationstechnologischen Fortschritts und der erhöhten Leistungsfähigkeit eine ständige Weiterentwicklung erfahren wird.

2. Zusammenfassung und Ausblick

Ausgangspunkt der Arbeit waren die typischen Probleme und Fragestellungen, die bei der Festsetzung und Anwendung von Budgets in der Praxis auftreten. Hier wurden insbesondere die nicht-analytische Vorgehensweisen bei der Budgetermittlung, die mangelnde Leistungsanbindung und die als "vertikale Sichtweise" apostrophierte Ausrichtung beim Einsatz einzelner Gestaltungselemente hervorgehoben.

Diese stehen diametral dem der Logistik zugrundeliegenden integrativen Gedanken gegenüber und gefährden bei ihrem Einsatz die Umsetzung der logistischen Führungskonzeption, die vielerorts bereits seit einigen Jahren zur Generierung von Wettbewerbsstrategien, zur organisatorischen Restrukturierung der Unternehmung

---

10 Scheer ist der Auffassung, daß betriebswirtschaftliche und technische Informationssysteme in Zukunft immer stärker zusammenwachsen werden, was besonders auch für die Kostenrechnung gelte; vgl. Scheer 1988a, S.15f.; vgl. ebenso die detaillierten Beschreibungen von bereits in der Praxis angewandten "integrierten Softwareprodukten" in den Tagungsbänden der Saarbrückener Arbeitstagungen; (Scheer (Hrsg.) 1988b).

11 Durch Datenredundanzen, mangelnde Darstellbarkeit von Trade-Off-Relationen, Änderungs- und Abstimmungsprobleme etc.

12 So werden bspw. schon heute in der Ablaufplanung von Produktionsprozessen wissensbasierte bzw. Expertensysteme zur Entscheidungsfindung bei Trade-Off-Situationen herangezogen; vgl. hierzu die empirischen Untersuchungen von Krallmann 1990, S.351ff.; ebenso Seidlmeier 1991, S.76ff. Eine Übertragung der dort integrierten IF-THEN-Algorithmen auf Fragestellungen der logistischen Jahresplanung erscheint dem Verfasser in Zukunft durchaus möglich.

13 Vgl. Kraemer, Spang 1989, S.77ff.

oder zur materialflußbezogenen Steuerung der physischen Wertschöpfungsprozesse eingenommen wird.

Die Zielsetzung der Arbeit bestand darin, für die Budgetierung Einsatzvoraussetzungen und Gestaltungsanforderungen auf der Basis eines *prozeßorientierten und ganzheitlichen Führungsverständnisses* zu konzeptualisieren und konkrete Gestaltungsvorschläge zu entwickeln.

Bei der Konzeption einer logistischen Budgetierungstechnik wurde mit der *prozeßorientierten und teilkostenbezogenen Betrachtungsweise* von Abläufen und Kosten bewußt ein neuer Weg beschritten. Dieser soll einerseits der Inputorientierung klassischer Plankostenrechnungen begegnen, bei denen aufgrund der Kostenartengliederung lediglich ein indirekter Bezug zwischen den Budgets und den bereichsinternen wie -übergreifenden Abläufen herstellbar ist; andererseits soll er der für die Budgetierung (angesichts der Umweltdynamik) weiterhin notwendigen Unterscheidung beschäftigungsabhängiger und -unabhängiger Auftragsabwicklungskosten folgen.

Mit der Darstellung der *Logistiksegmente* als prozeß- und kundenauftragorientierte Ausprägungsformen interner logistischer Organisationsstrukturierung wurde dargelegt, welchen unterschiedlichen Interdependenzarten und -intensitäten die logistische Budgetierung bei der strukturellen Gestaltung des Budgetsystems gegenübersteht. Zudem wurde nachgewiesen, daß hinsichtlich des Einsatzes und der Ausgestaltung der einzelnen Elemente des Budgetierungsprozesses je nach Einfluß spezifischer Kontextfaktoren durchaus unterschiedliche Empfehlungen abzuleiten sind. Somit wurde die Frage der Ausgestaltung der logistischen Budgetierung in Abhängigkeit von unterschiedlichen situativen Bedingungen in den Blickpunkt der konzeptionellen Analyse gerückt.

Durch die integrative Betrachtung einer sowohl *sachlogischen* als auch *verhaltensbezogenen* bzw. *sozio-psychologischen* Dimension bei der Formulierung konzeptioneller Gestaltungsvorschläge wurde dem Umstand Rechnung getragen, daß die Budgetierung ihren sachlogischen Zweck - nämlich die Unterstützung der zielbezogenen und zukunftsgerichteten Steuerung der budgetierten Logistiksegmente sowie der für sie verantwortlichen Handlungsträger - nur dann erreicht, wenn bei ihrem Einsatz gleichzeitig die damit verbundenen Verhaltenswirkungen berücksichtigt werden; genauso wie intendierte Verhaltenswirkungen der Budgetierung erst dann bewertbar sind, wenn sie im Kontext ihrer sachlogischen Implikationen betrachtet werden.

Schlußendlich gelang mit der Entwicklung einer logistischen Prozeßkostenrechnung auf Teilkostenbasis, der Darstellung der Kostenplanungsmethodik und der sich daraus ergebenden vielfältigen Kontrollmöglichkeiten der Nachweis, daß deren Einsatz als Budgetierungstechnik möglich ist und zu einer deutlich verbesserten Handhabung traditioneller Budgetierungsprobleme führt.

Angesichts des weiter zu erwartenden informationstechnologischen Fortschritts werden sich auch in Zukunft ständig neue Anwendungspotentiale für das vorgestellte Instrumentarium aufmachen, die es im Sinne eines "*continuous improvement*" systematisch auszuschöpfen gilt.

Hierbei muß der Gedanke der logistischen Budgetierung nicht vor den eigenen Unternehmungsgrenzen halt machen. Vielmehr ermöglicht die prozeßorientierte und schnittstellenübergreifende Struktur dieses Führungsinstrumentes eine über die Unternehmungsgrenzen weit hinausreichende aktive Gestaltung des gesamten *Wertschöpfungs- bzw. Prozeßnetzwerkes* zwischen der Unternehmung, ihren Zulieferern und ihren Kunden.[14]

Hier ist es denkbar, die neu- bzw. umverteilten Aufgaben, die sich durch die verstärkte vertikale Desintegration der einzelnen Unternehmungen ergeben, entsprechend zu budgetieren. Dadurch wird ein Instrument geschaffen, dessen Bedeutung weit darüber hinausreicht, lediglich die durch die strategische Kooperationen ausschöpfbaren Synergie- und Kostensenkungspotentiale zu quantifizieren und den Nutzen bzw. Nutzenanteil für die Beteiligten transparent zu machen. Vielmehr können durch eine unternehmungsübergreifende Budgetierung von Wertschöpfungs- bzw. Prozeßnetzwerken und eine entsprechende Etablierung von Kontroll- und Anreizmechanismen die Ziele der einzelnen Unternehmungen auf das Ziel des Netzwerkoptimums ausgerichtet werden. Dies stärkt nicht nur den Kooperationserfolg nachhaltig sondern auch die Stabilität der strategischen Kooperationen.

---

14 Delfmann spricht in diesem Zusammenhang von "strategischen Allianzen" bzw. "strategischen Netzwerken"; vgl. Delfmann 1989a, S.108ff.

Literaturverzeichnis

Aberle, G.: (1976) Basisprobleme, Entwicklungstrends und Probleme der Preisbildung im nationalen Güterverkehr; in: Deutsche Verkehrswissenschaftliche
Gesellschaft (Hrsg.): Tarifbildung und Preispolitik im nationalen Güterverkehr
der BRD; Köln 1976, S.1-13

Agthe, K.: (1959) Stufenweise Fixkostenrechnung im System des Direct Costing; in:
ZfB; 29 (1959), S.404ff.

Agthe, K.: (1963) Kostenplanung und -kontrolle im Industriebetrieb; Baden-Baden
1963

Amberger, P.: (1985) Mob. Erfahrungen aus der Übernahme logistischer Funktionen; in: Bundesvereinigung für Logistik (BVL) e.V. (Hrsg.): Wachstum und
Rationalisierung durch Logistik. Lösungen für die Praxis; 2 Bände, München
1985

Anandarajan, A.; Christopher, M.: (1987) A Mission Approach to Customer Profita-
bility Analysis; in: International Journal of Physical Distribution and Materials
Management; 17 (1987) 7, S. 55-68

Ansari, S.L.: (1979) Towards an Open System Approach to Budgeting; in: Accounting, Organization and Society; 2 (1977), S.101-112

Anthony, R.N.; Dearden, J.: (1980) Management Control Systems; Homewood, 4.
Auflage 1980

Argyris, C.: (1953) Human Problems with Budgets; in: Harvard Business Review;
31 (1953) 1, S.97-110

Arnold, U: (1988) Logistik; in: Gabler's Wirtschaftslexikon; 12. Aufl.; Bd.2; Wiesbaden 1988, Sp.170-174

Augustin, S.: (1986) Nur modernstes Produktions-Management sichert die Kon-
kurrenzfähigkeit; in: Industrielle Organisation; Management-Zeitschrift; 55
(1986) 11, S.455-490

Augustin, S.: (1990) Information als Wettbewerbsfaktor. Informationslogistik - Herausforderung an das Management; Zürich 1990

Bäck, H.: (1984) Erfolgsstrategie Logistik; München 1984

Bäck, H.: (1985) Logistik als Managementaufgabe; in: Harvard Manager; 7 (1985)
2, S.80-88

Bäck, H.: (1989) Daten, Programme und Kennzahlen. Arbeitserleichterungen für das
logistische Tagesgeschäft; in: Bundesvereinigung für Logistik (BVL) e.V.
(Hrsg.): Fundament der Zukunft; Berichtsband über den deutschen Logistik-
Kongreß '89; München 1989, S.951-961

Baecker, D.: (1992) Komplexität und Chaos im Betrieb; in: BddW v. 2.4.1992, S.1

Bahke, E.: (1987) Grundregeln und Praxisbeispiele integrierter Materialflußsysteme;
Teil 5: Materialflußaufnahme und rechnergestützte Darstellungsmethode; in:
Logistik im Unternehmen; (1987) 4; S.77-80

Ballou, R.H.: (1985) Business Logistics Management; Planning and Control; 2nd Ed.; Englewood Cliffs 1985

Ballou, R.H.: (1987) Basic Business Logistics: Transportation, Materials Management, Physical Distribution; 2nd Ed.; Englewood Cliffs 1987

Bamberger, I.: (1971) Budgetierungsprozesse in Organisationen; Mannheim 1971

Barber, J.D.: (1966) Power in Comittees; Chicago Ill. 1966

Barrett, T.: (1982a) The Modular Data Base System: An Appraisal of its Usefulness in Physical Distribution Costing; in: International Journal of Physical Distribution and Materials Management; 12 (1982) 3, S.92-103

Barrett, T.: (1982b) Mission Costing: A New Approach to Logistics Analysis; in: International Journal of Physical Distribution and Materials Management; 12 (1982) 7, S.3-27

Bartels, W.: (1993) Entwicklung einer Leistungsrechnung bei Carl Freudenberg; in: Weber, J. (Hrsg.): Praxis des Logistik-Controlling; Stuttgart 1993, S.109-120

Barth, R.: (1992) Permanente Leistungsmessung zur Verbesserung der Pla-nungs- und Steuerungsabläufe; in: Schulte, C. (Hrsg.): Effektives Kosten-Management. Methoden und Implementierung; Stuttgart 1992, S.229-241

Baumgarten, H.: (1992) Make-or-Buy-Entscheidungen der Manager; in: Bonny, C. (Hrsg.): Jahrbuch der Logistik 1992; Düsseldorf und Frankfurt am Main, S.57-63

Baumgarten, H.; Kornak, C.: (1990) Trends in der Logistik in den 90er Jahren. Basis für Unternehmensstrategien. Fachgebiet Materialflußtechnik und Logistik. TU Berlin 1990

Baumgarten, H.; Zibell, R.M.: (1988) Logistik in den 90er Jahren; in: Logistik im Unternehmen; 2 (1988) 1, S.24-26

Behrends, C.: (1988) DPR: Direkte-Produkt-Rentabilität - Neue Praxis der Direktkostenrechnung im Handel; in: Trommsdorf, V. (Hrsg.): Handelsforschung 1988; Heidelberg 1988, S.193-211

Behrends, C.: (1989) Direkte-Produkt-Rentabilität; Möglichkeiten und Grenzen der Nutzung des DPR-Modells in der Praxis; in: Markenartikel; (1989) 5, S.204-212

Behrendt, W.: (1977) Die Logistik der multinationalen Unternehmen: Eine systemorientierte und verhaltenswissenschaftliche Analyse; Berlin 1977

Bellmann, K.: (1991) Prozeßorientierte Organisationsgestaltung im Büro; in: ZfO; 60 (1991) 2, S.107-111

Bender, P.S.: (1983) Resource Management. An Alternative View of the Management Process; New York u.a. 1983

Benke, R.L.; O'Keefe, W.T.: (1980) Organizational Behaviour and Operating Budgets; in: Cost and Managment; 54 (1980) 7/8, S.21-27

Bentz, S.: (1983) Kennzahlensysteme zur Erfolgskontrolle des Verkaufs und der Marketing-Logistik; Entwicklung und Anwendung in der Konsumgüterindustrie; Frankfurt am Main, Bern, New York 1983.

Berg, C.C.: (1980) Zur Kosten- und Leistungsrechnung logistischer Prozesse in industriellen Unternehmen; in: krp; 24 (1980) 6, S.249-254

Berg, C.C.: (1982) Formeln und Kennzahlen der betriebswirtschaftlichen Beschaffung und Logistik; in: WiST; (1982) 8, S.377-381

Berg, C.C.: (1984) The Controlling of Integrated Production Systems by Logistics; in: Voss, C. (Hrsg.): Research in Production/ Operations Management; Gower House 1984, S.423-431

Bergeron, P.G.: (1980) Budgeting in Management, more than a Balancing Act; in: Controller-Magazin; 13 (1980) 1, S.46-50

Berlant, D.; Browning, R.; Forster, G.: (1990) How Hewlett Packard Gets Numbers It Can Trust; in: Harvard Business Review; 68 (1990) 1/2, S.178-182

Berthel, J.: (1984) Unternehmensführung im Wandel? Perspektiven für Theorie und Praxis; in: ZfO; 53 (1984), S.7-12

Blank, U.: (1980) Entwicklung eines Verfahrens zur Segmentierung von Warenverteilungssystemen; Aachen 1980

Blanning. R.W.: (1983) A Sensitivity Analysis of Variable Base Budgeting; in: Management Science; (1983) 1, S.65-76

Blechschmidt, H.: (1988) Qualitätskosten analysieren und optimieren; in: Integriertes Produktions- und Qualitätsmanagement; Tagungsbericht 6. Qualitätsleiterforum; München 1988, S.993-1019

Bleicher, K.: (1991) Das Konzept Integriertes Management; Frankfurt, New York 1991

Bleicher, K.; Meyer, E.: (1976) Führung in der Unternehmung; Reinbek bei Hamburg 1976

Bliesener, M.: (1984) Kostensenkung durch Beeinflussung von Lagerbeständen bei rückläufigen Umsätzen; in: RKW-Handbuch Logistik 1984; Rubrik 1630, S.1-18

Blohm, H.: (1970) Die Gestaltung des betrieblichen Rechnungswesens als Problem der Leistungsorganisation; Herne, Berlin 1970

Blume, E.: (1981) Kostenkontrollrechnung unter Berücksichtigung mehrstufiger Fertigungsprozesse; Frankfurt am Main 1981

Bochum, U.; Meißner, H.-R.: (1990) Logistik und industrielle Reorganisation. Neue Herausforderungen einer betrieblichen Interessenspolitik; Werkstattbericht Nr.39; Berlin 1990

Bonneval, D.: (1989) Bestimmung der Kostenparameter bei kostenoptimalen Verfahren in der statistischen Prozeßkontrolle; Fernuniversität Hagen; Diskussionsbeitrag Nr. 145; 1989

Bookbinder, J.H.; Ulengin, F.: (1991) Budget Allocation and Profit for Logistics and its Interfaces; in International Journal of Physical Distribution and Logistics Management; 21 (1991) 7, S.14-21

Borkowski, V.: (1991) Expertensysteme für Planungsaufgaben in der Logistik; in: Zeitschrift für Planung; (1991) 3, S.189-208

Born, W.: (1984) Aufbauorganisation der Logistik. Ergebnisbericht der Arbeitsgruppe Aufbauorganisation im Fachausschuß Logistik des betriebswirtschaftlichen Ausschusses der VLB; in: Lück, W. (Hrsg.): Logistik und Materialwirtschaft; Berlin 1984, S.141-150

Borries, R. von: (1975) Kennziffern zur Auswahl von Kommissioniersystemen für Stückgutlager des Handels und der Industrie; Berlin 1975

Borries, R. von: (1980) Logistikkosten als Steuerungsinstrument; in: Baumgarten, H. (Hrsg.): Logistik im Unternehmen. Schwachstellen, Lösungen, Perspektiven; Mainz 1980, S.183-198

Bowersox, D.J.: (1969) Distribution Logistics: The Forgotten Marketing Tool; in: Bowersox, D.J.; LaLonde, B.; Smykay, E. (Hrsg.): Readings in Physical Distribution Management; The Logistics of Marketing; London 1969, S.69-73

Bowersox, D.J.: (1978) Logistical Management; New York 1978

Bowersox, D.J.; Closs, D.J..; Helferich, O.K.: (1986) Logistical Management. A Systems Integration of Physical Distribution, Manufacturing Support and Materials Procurement; New York, London 1986

Bramsemann, R.: (1987) Handbuch Controlling; Methoden und Techniken; München, Wien 1987

Brändle, R.: (1983) Aktivierung von Produktivitätsreserven durch Logistik-Controlling-Systeme; in: Türks, M. (Hrsg.): Logistik-Controlling; Bremen 1983, S. 3-9

Brauer, K.; Krieger, W.: (1982) Betriebswirtschaftliche Logistik; Berlin 1982

Brimson, J.A.: (1991) Activity Accounting. An Activity-Based Costing Approach; New York u.a. 1991

Brink, A.: (1988) Operative Lager- und Bestellmengenplanung unter besonderer Berücksichtigung von Lagerkapazitätsrestriktionen; Köln 1988

Brownnell, P.: (1981) Participation in Budgeting; Focus of Control and Organizational Control; in: Accounting Review; 56 (1981), S.844-860

Buchbinder, F.: (1978) Budgetpolitik; Wiesbaden 1978

Buchner, M.: (1981) Controlling - ein Schlagwort? Eine kritische Analyse der betriebswirtschaftlichen Diskussion um die Controlling-Konzeption; Frankfurt am Main 1981

Buchner, R.: (1982) Budgetierung; in: PDR-Lexikon; Heft Nr.4; Gruppe 3/37 vom 15.9.1982, S.1-2

Buggert, W.: (1991) Dysfunktionale Verhaltenswirkungen von Budgetierungssystemen; in: Controller Magazin (1991), S.28-38

Bullinger, H.-J.; Wasserloos, G.: (1992) Innovative Unternehmensstrukturen - Paradigmen des schlanken Unternehmens; in: Office Management; 40 (1992) 1/2, S.6-14

Bunge, W.: (1968) Budgetierung - ein Managementinstrument zur Gewinnerzielung; München 1968

Busher, J. ; Tyndall, G. : (1987) Logistics Excellence; in: Management Accounting; 69 (1987) 2; 1987, S.32-39.

Busse von Colbe, W.: (1989) Budgetierung und Planung; in: Szyperski, N.; Winand, U. (Hrsg.): Handwörterbuch der Planung; Stuttgart 1989; Sp.176-182

Buxton, G.: (1975) Effective Marketing Logistics. The Analysis, Planning and Control of Distribution Operations; New York 1975

Camillus, J.C.: (1984) Budgeting for Profit: How to Exploit the Potential of Your Business; Radnon Pennsylvania 1984

Camillus, J.C.; Grant, J.: (1980) Operational Planning; The Integration of Programming and Budgeting; in: The Academy of Management Review; 5 (1980) 3, S.369-379

Campbell, J.; Nishi, M.: (1983) Logistics: Concepts and Applications; Shaker Heights 1983

Carroll, S.J.; Tosi, H.L.: (1970) Goal Characteristics and Personalitiy Factors in a Management by Objctives Programm; in: Administration Science Quarterly; (1970) 15, S.295-305

Cervellini, U.: (1991) Prozeßkostenrechnung im Vertriebsbereich der Porsche AG; in: IFUA Horváth & Partner (Hrsg.): Prozeßkosten-Management; München 1991, S.223-248

Chiemlewicz, K.: (1983) Entwicklungslinien der Kosten- und Leistungsrechnung; Stuttgart 1983

Christopher, M.: (1976) Marketing and Logistics - A New Area of Management Concerns -; in: Buytenen, P.M. v.; Christopher, M.; Wills, G.S. (Hrsg.): Business Logistics; The Hague 1976, S.35-50

Christopher, M.: (1983) Creating Effective Policies for Customer Service; Sonderheft von International Journal of Physical Distribution and Materials Management; 13 (1983) 2

Christopher, M: (1986) The Strategy of Distribution; London 1986

Churchill, N.C.: (1984) Budget Choice: Planning vs. Control; in: Harvard Business Review; 62 (1984), S.150-164

Clark, K.B.; Fujimoto, T.: (1991) Product Development Performance; Boston, Mass. 1991

CLM (Council of Logistics Management): (o.J.) What's all about; Oak Brook, Il.; o.J.

Coenenberg, A.; Baum, H.-G.: (1987) Strategisches Controlling; Grundfragen der strategischen Planung und Kontrolle; Stuttgart 1987

Coenenberg, A.; Fischer, T.M.: (1991) Prozeßkostenrechnung - Strategische Neuorientierung in der Kostenrechnung; in: DBW; 51 (1991) 1, S.21-38

Collard, F.M.: (1969) Budgetierung; in: Management-Enzyklopädie; Bd.1; München 1969, S.1262-1287

Conn, C.: (1981) Budgets: Planning and Control Devices?; in: Managerial Planning; 29 (1981) 1/2, S.36-38

Constantin, J.A.: (1985) Framework for Logistics Planning; in: Robeson, J.F., House, R.G. (Hrsg.): The Distribution Handbook; New York 1985, S.93-109

Cooper, R.: (1990a) Activity-Based Costing - Was ist ein Activity-Based Cost-System?; in: krp; 34 (1990) 4, S.210-220

Cooper, R.: (1990b) Activity-Based Costing - wann brauche ich ein Activity-Based Cost-System und welche Kostentreiber sind notwendig?; in: krp; 34 (1990) 4, S.271-279

Cooper, R.; Kaplan, R.S.: (1988) How Cost Accounting Distorts Product Costs; in: Management Accounting; 69 (1988) 4, S.20-27

Cooper, R.; Turney, P.B.: (1990) Internally Focused Activity-Based Cost Systems; in: Kaplan, R.S. (Hrsg.) Measures for Manufacturing Excellence; Boston, Mass. 1990, S.291-308

Countryman, J.; Miller, H.; Busher, J.: (1984) Planning and Budgeting Warehouse Operations; in: International Journal of Physical Distribution and Materials Management; 14 (1984), S.109-130

Coyle, J.J.; Bardi, E.J.: (1984) The Management of Business Logistics; 3rd Edition; St. Paul et al. 1984

Coyle, J.J.; Bardi, E.J.; Langley, J.: (1988) The Management of Business Logistics; 4th Ed.; St. Paul u.a. 1988

Cyert, R.M.; March, J.G.: (1963) A Behavioral Theory of the Firm; Englewood Cliffs, N.J. 1963

Dambrowski, J.: (1986) Budgetierungssysteme in der deutschen Unterneh-menspraxis; Darmstadt 1986

Danckwarts, D.: (1991) Logistik und Arbeit im Gütertransportsystem. Rahmenbedingungen, Verlaufsformen und soziale Folgen in Transport, Umschlag und Lagerei; Opladen 1991

Darr, W.: (1992) Integrierte Marketing-Logistik; Auftragsabwicklung als Element der marketinglogistischen Strukturplanung; Wiesbaden 1992

Delfmann, W.: (1978) Lieferzeitorientierte Distributionsplanung - Integrative Depot- und Transportoptimierung im Rahmen der Marketing-Logistik; Berlin 1978

Delfmann, W.: (1989a) Das Netzwerkprinzip als Grundlage integrierter Unternehmensführung; in: Delfmann, W. u.a. (Hrsg.): Der Integrationsgedanke in der Betriebswirtschaft; Helmut Koch zum 70. Geburtstag; Wiesbaden 1989, S.89-112

Delfmann, W.: (1989b) Pläne, Gestaltungsvarianten der; in: Szyperski, N.; Winand, U. (Hrsg.): Handwörterbuch der Planung; Stuttgart 1989; Sp.1370-1380

Delfmann, W.: (1990a) Strategie der 90er: Marketing und Logistik integrieren; in: Bonny, C. (Hrsg.): Jahrbuch der Logistik 1990; Düsseldorf, Frankfurt 1990, S.10-15

Delfmann, W.: (1990b) Logistik macht Marketing: Wechselwirkungen erkennen und nutzen; in: Bundesvereinigung für Logistik (BVL) e.V. (Hrsg.): Logistik verbindet; Berichtsband des Deutschen Logistik-Kongresses 1990 in Berlin; München 1990, S.154-186

Delfmann, W.: (1992) Logistik als zentraler Erfolgsfaktor von Wettbewerbsstrategien für den Europäischen Binnenmarkt; in: Sonderdruck aus Betriebswirtschaftliche Forschung und Praxis (BFuP); (1992) 3, S.185-200.

Delfmann, W.: (1993) Planungs- und Kontrollprozesse; in: Wittmann, W. (Hrsg.): Handwörterbuch der Betriebswirtschaft; Bd. 2; Stuttgart 1993, Sp.3232-3251

Delfmann, W.; Darr, W.; Simon, R.-P.: (1990) Grundlagen der Marketing-Logistik; Arbeitspapier Nr.85 des Seminars für Allgemeine Betriebswirtschaftslehre, Betriebswirtschaftliche Planung und Logistik der Universität zu Köln; Köln 1990

Delfmann, W.; Waldmann, J.: (1987) Distribution 2000. Informations- und Kommunikationsmanagement bestimmen die Positionen von Industrie und Handel in den Distributionssystemen der Zukunft; in: MTP e.V. (Hrsg.): Marketing 2000; Wiesbaden 1987, S.71-93

Dempsey, P. (1986): Breaking New Ground in JIT; in: Mortimer, J. ((Hrsg.): Just in Time. An Executive Briefing; Berlin u.a. 1986, S.179-184

Deyhle, A.: (1991) Controller's Aufgabenprofil im Prozeßmanagement; in: Witt, F.-J. (Hrsg.): Aktivitätscontrolling und Prozeßkostenmanagement; Stuttgart 1991, S.71-106

Dierdonck; R.van; Miller, J.: (1981) Designing Production Planning and Control Systems; in: Production and Inventory Management; (1981) 4, S.59-74

Dilger, F.: (1991) Budgetierung als Führungsinstrument; Budgetierungsysteme und ihre spezifischen Anwendungsgebiete; Köln 1991

Dohse, K.; Jürgens, U.; Malsch, T.: (1984) Vom Fordismus zum Toyotismus? Die Japan Diskussion in der Automobilbranche; WZB preprints II VG/pre 84-212

Dreger, W.: (1985) Wieweit ist die "Leistung von Führungskräften bewertbar?"; in: io Management-Zeitschrift; 54 (1985) 2, S.85-90

Drucker, P.F.: (1962) The Economy's Dark Continent; in: Fortune; (1962) 72, S.103 und S.265-270

Drucker, P.F.: (1970) Die Praxis des Managements. München, Zürich 1970

Dudick, T.S.: (1987) Gemeinkosten ertragsgetreu umlegen; in: Harvard Manager; 9 (1987) 3, S.104-107

Duerler, B.: (1990) Logistik als Teil der Unternehmungsstrategie: Die Entwicklung der betrieblichen Logistik in der Schweiz; Bern, Stuttgart 1990

Dumke, H.-P.: (1974) Kostenoptimaler Fuhrpark-Einsatz; Frankfurt am Main 1974

Dunk, A.S.: (1990) Budgetary Participation, Agreement on Evaluation Criteria and Managerial Performance: A Research Note; in: Accounting, Organizations and Society; 15 (1990) 3, S.171-178

Dycke, A.: (1992) Kostenstellen-Controlling im Servicebereich - Ein aktivitätsorientierter Ansatz - in: Schulte, C. (Hrsg.): Effektives Kosten-Management. Methoden und Implementierung; Stuttgart 1992, S.97-113

Ebeling, J.: (1991) Vom Managen der Qualität zum Total Quality Management; in: Wildemann, H. (Hrsg.): Just-In-Time in F&E, Produktion und Logistik. 10. Just-In-Time Kongreß. Tagungsbericht Bd. 2.; München 1991, S.489-506

Eccles, R.C.: (1991) Wider das Primat der Zahlen - die neuen Steuergrößen; in Harvard Manager; 13 (1991) 1, S.9-17

Eckardstein, D. von: (1986) Entlohnung im Wandel. Zur veränderten Rolle industrieller Entlohnung in personalpolitischen Strategien; in: ZfbF; 38 (1986) 4, S.247-269

Eggenstein, F.; Herbst, D.; Jansen, R.: (1981) Materialfluß und Steuerung; in: Volk, P. (Hrsg.): Betriebsleiter Handbuch; 5., völlig neu bearbeitete und erweiterte Auflage; Landsberg am Lech 1981, S.159-330

Egger, A.: (1991) Budgetierung in erwerbswirtschaftlichen Unternehmen; in: Seicht, G. (Hrsg.): Kostenrechnung und Controlling; Wien 1991, S.165-181

Eicke, H. von: (1992) Posteponement. Flexibilität in Beschaffung, Produktion, Distribution; in: Bonny, C. (Hrsg.): Jahrbuch der Logistik 1992; S.94-98

Eidenmüller, B.: (1987) Strukturwandel in der Logistik; in Baetge, J.; Lilienstern, R. v.; Schäfer, H. (Hrsg.): Logistik - Eine Aufgabe der Unternehmenspolitik: ein Round-table Gespräch; Berlin 1987, S.23-51

Eiff, W. von: (1992) Cost-Center-Management. Controlling von Leistungs-, Interdependenzs- und Entscheidungsprozessen nach dem Cost-Center-Prinzip; in: Schulte, Ch. (Hrsg.): Effektives Kosten-Management. Methoden und Implementierung; Stuttgart 1992, S.31-60

Eisenführ, F.: (1992) Budgetierung; in: Frese, E. (Hrsg.) Handwörterbuch der Organisation, 3. Auflage; Stuttgart 1992, Sp.363-373

Ellermeier, C.: (1983) Voraussetzungen des Logistik-Controlling: EDV-Konzeption; in: Türks, M. (Hrsg.): Logistik-Controlling; Bremen 1983, S. 38-49

Emmanuel, C.; Otley, D.: (1985) Accounting for Management Control; Molly Millars Lane u.a. 1985

Emmanuel, C.; Otley, D.; Merchant, K.: (1990) Management Accounting; 2nd Edition; Molly Millars Lane u.a. 1990

Endlicher, A.: (1981) Organisation der Logistik; in: Clever, P. u.a. (Hrsg.): Ökonomische Theorie und wirtschaftliche Praxis; Festschrift zum 65. Geburtstag von Rolf Hanschmann; Berlin 1981, S.349-368

Ericsson, D.: (1984) Management and Resource Administration; in: International Journal of Physical Distribution and Materials Management; 14 (1984) 1, S.21-32

Ernst & Whinney: (1983) Transportation Accounting and Control; Guidelines for Distribution and Financial Management; National Council of Physical Distribution Management & National Association of Accountants; Washington 1983

Ernst & Whinney: (1985) Warehouse Accounting and Control; Guidelines for Distribution and Financial Management; National Council of Physical Distribution Management & National Association of Accountants; Oak Brook 1985

Eversheim, W.; Caesar, C.: (1991) Produktionsnahe Kostenbewertung am Beispiel variantenreicher Serienprodukte; in: DBW; 51 (1991) 4, S.533-536

Ewing, D.W.: (1968) The Practice of Planning; New York u.a. 1968

Farmer, D.; Ploos van Amstel, R.: (1991) Effective Pipeline Management. How to manage integrated logistics; Brookfield 1991

Fawcett, P.; McLeish, R.; Ogden, I.: (1992) Logistics Management; London 1992

Fehr, G.: (1987) Die Kosten der Handelslogistik. Ihre Höhe, ihre Erfassung und ihre Verrechnung; 2. überarbeitete Auflage; Köln 1987

Feierabend, R.: (1987) Beitrag zur Abstimmung und Gestaltung unternehmens-übergreifender logistischer Schnittstellen; 2. Auflage; Bremen 1987

Feierabend, R.: (1988) Moderne Konzepte in der Logistik - gezeigt am Beispiel eines Herstellers technischer Gebrauchsgüter; in ZfbF; 40 (1988) 6, S.542-558

Felsner, J.: (1981) Kriterien zur Planung von Logistik-Konzeptionen in Industrieunternehmen; in: RKW-Handbuch der Logistik; Berlin 1981; 2. Lfg. VII/81; Rubrik 1120, S.1-21

Felsner, J.: (1987) Kriterien zur Planung und Realisierung von Logistik-Konzeptionen in Industrieunternehmen; 3. Aufl.; München 1987

Fey, P.: (1989) Logistik-Management und Integrierte Unternehmensplanung; München 1989

Fiege, H.: (1988) Kosten senken in der Transportkette mit Hilfe DV-gestützter Logistik-Informationssysteme; in: Reichmann, T. (Hrsg.): Controlling-Praxis; Erfolgsorientierte Unternehmenssteuerung; München 1988, S.286-308

Fieten, R.: (1992) Lean Management - Neue Herausforderung für Logistik und Controlling; in: Horváth, P. von (Hrsg.): Effektives und schlankes Controlling; Stuttgart 1992, S.309-326

Finke, H.: (1982) Automatisierung in der Materialflußkette. Entwicklungstendenzen der Automatisierung am Beispiel verschiedener Hauptsysteme der Materialflußkette; in: ZfL; 3 (1982), S.3-6

Fischer, T.M.: (1993) Kostenmanagement strategischer Erfolgsfaktoren; München 1993

Flatten, U.: (1986) Controlling in der Materialwirtschaft: eine explorative Untersuchung in der deutschen Automobilindustrie; Bergisch-Gladbach, Köln 1986

Foggin, J.H.: (1984) Improving Motor Carrier Productivity with Statistical Process Control Techniques; in: Transportation Journal; 24 (1984) 1, S.58-67

Foran, M.F.: (1976) Relating the Budget Process to the Organisation and its Managerial Members; in: Managerial Planning; 24 (1976) 6, S.8-12

Foran, M.F.; DeCoster, D.T.: (1974) An Experimental Study of the Effects of Participation, Authoritanism and Feedback on Cognitive Dissonance in a Standard Setting Situation; in: Accounting Review; 49 (1974), S.751-763

Förderkreis Betriebswirtschaft an der Universität Stuttgart e.V.: (1988) Budgetierung und Ergebniskontrolle logistischer Maßnahmen in der Fertigung. Ergebnisse eines Pilotversuches; in: DBW; 48 (1988) 3, S.347-357

Frank, J.: (1989) Controlling bei strategischen Logistikentscheidungen; in: Bundesvereinigung für Logistik (BVL) e.V. (Hrsg.): Fundament der Zukunft; Berichtsband über den deutschen Logistik-Kongreß '89; München 1989, S.963-1003

Franz, K.-P.: (1990a) Die Prozeßkostenrechnung im Vergleich mit der Grenzplankosten- und der Deckungsbeitragsrechnung; in: Horváth, P. von (Hrsg.): Strategieunterstützung durch das Controlling: Revolution im Rechnungswesen?; Stuttgart 1990, S.195-210

Franz, K.-P.: (1990b) Die Prozeßkostenrechung - Darstellung und Vergleich mit der Plankostenrechnung und der Deckungsbeitragsrechnung; in: Ahlert, D.; Franz, K.P.; Göppel, H. (Hrsg.): Festschrift für H. Vornbaum; Wiesbaden 1990, S.269-295

Franz, K.-P.: (1991) Prozeßkostenrechnung - Renaissance der Vollkostenidee?; in: DBW; 51 (1991) 4, S.536-540.

Frese, E.: (1968) Kontrolle und Unternehmensführung; Entscheidungs- und organisationstheoretische Grundlagen; Wiesbaden 1968

Frese, E.: (1969a) Kontrolle, Organisation der; in: Grochla, E.: Handwörterbuch der Organisation; Stuttgart 1969; Sp.873-881

Frese, E.: (1969b) Management-by-Exception; in: Grochla, E. (Hrsg.): Handwörterbuch der Organisation; Stuttgart 1969, Sp.956-959

Frese, E.: (1971) Ziele als Führungsinstrumente - Kritische Anmerkungen zum "Mbo"; in: ZfO; 40 (1971) 5, S.227-238

Frese, E.: (1980) Grundlagen der Organisation; 2. Aufl.; Wiesbaden 1980

Frese, E.: (1986); Studienbibliothek Unternehmensführung; Landsberg am Lech 1986

Frese, E.: (o.J.) Organisationstheoretische Anmerkungen zur Diskussion um "CIM-fähige" Unternehmen; in: Wildemann, H. (Hrsg.): Gestaltung CIM-fähiger Unternehmen; München o.J., S.161-184

Frese, E.; Heppner, K.: (1992) Organisatorische und informationstechnologische Gestaltung des Ersatzteilgeschäfts in mittelständischen Unternehmungen der Investitionsgüterindustrie - Annahmen und theoretische Grundlagen einer empirischen Untersuchung -; in: Scheer, A.-W. (Hrsg.): Simultane Produktentwicklung; München 1992, S.65-122

Fröhling, O.: (1989) Prozeßkostenrechnung - System mit Zukunft? in: io-Management Zeitschrift; 58 (1989), S.67-69

Fröhling, O.: (1992) Thesen zur Prozeßkostenrechnung; in: ZfB; 62 (1992) 7, S.723-741

Fröhling, O.; Krause, H.: (1990) Systematisches Gemeinkosten-Management durch integrierte DV-gestützte Prozeßkostenrechnung; in: krp; 34 (1990) 4, S.223-228

Fuhrberg-Baumann, J.; Müller, R.: (1992) Integrierte Organisation sichert kurze Lieferzeiten und hohe Termintreue; in: Handelsblatt Nr. 68 vom 6.4.1992, S.24

Gaitanides, M.: (1983) Prozeßorganisation: Entwicklung, Ansätze und Programme prozeßorientierter Organisationsgestaltung; München 1983

Gast, O.: (1985) Analyse und Grobprojektierung von Logistik-Informationssystemen; Berlin, Heidelberg, New York, Tokio 1985

Gattorna, J.; Day, A.: (1986) Strategic Issues in Logistics; in: Sonderheft vom International Journal of Physical Distribution and Materials Management; 16 (1986) 2

Gatttorna, J.: (1988) Effective Logistics Management; in: International Journal of Physical Distribution and Materials Management; 18 (1988) 1/2, S.3-92

Geiger, U.; Grebenc, H.; Klotz, A.; Maaßen, H.: (1990) Das Managementsystem der Investitionsplanung und -kontrolle; in: Kirsch, W.; Maaßen, H. (Hrsg.): Managementsysteme. Planung und Kontrolle; 2. Auflage; München 1990, S.245-286

Germain, R.: (1989) Output Standardization and Logistical Strategy, Structure and Performance; in: International Journal of Physical Distribution and Logistics Management; 19 (1989) 1, S.21-29

Gerstenberg, F.: (1987) Produktivität in der Logistik; Schriftenreihe der BVL; Bd. 16; München 1987

Giehl, H.: (1993) Weiterentwicklung des Logistik-Controlling zum Prozeßketten-Controlling in der BMW AG; in: Weber, J. (Hrsg.): Praxis des Logistik-Controlling; Stuttgart 1993, S.289-308

Gill, L.E.: (1985) Demand Forecasting: A Vital Tool in Logistics Management; in: Robeson, J.; House, R. (Hrsg.): The Distribution Handbook; New York 1985, S.441-470

Gilmour, P.: (1982) Customer Service: Differentiating by Market Segment; in: International Journal of Physical Distribution and Materials Management; 12 (1982) 3, S. 37-44

Glaser, H.: (1986) Zur Erfassung von Teilabweichungen und Abweichungsüberschneidungen bei der Kostenkontrolle; in: krp; 30 (1986) 4, S.145-149

Glaser, H.: (1990) Kritische Anmerkungen zur Prozeßkostenrechnung; in: Scheer, A.-W. (Hrsg.) Rechnungswesen und EDV; 11. Saarbrückener Arbeitstagung 1990, Saarbrücken 1990, S.1-19

Glaser, H.: (1991) Möglichkeiten und Grenzen der Prozeßkostenrechnung als Controlling-Instrument; in: Horváth, P. von (Hrsg.): Synergien durch Schnittstellen-Controlling; Stuttgart 1991, S.227-240

Glaser, H.: (1992) Prozeßkostenrechnung - Darstellung und Kritik; in: ZfbF; 44 (1992) 3, S.275-288

Göpfert, I.: (1993a) Budgetierung; in: Wittmann, W. (Hrsg.): Handwörterbuch der Betriebswirtschaft; Bd. 1; Stuttgart 1993, Sp.589-602

Göpfert, I.: (1993b) Bedeutung und Gestaltung von Logistik-Kennzahlen für das Logistik-Controlling; in: Weber, J. (Hrsg.): Praxis des Logistik-Controlling; Stuttgart 1993, S.223-232

Goronzy, F.: (1975) Praxis der Budgetierung, eine Einführung; Heidelberg 1975

Götz, K.; Möser, H.: (1989) Optimierte Material- und Informationsflüsse im Wareneingang und Warenausgang; in: Jehle, H. (Hrsg.): Wertanalyse optimierter Logistikprozesse; Köln 1989, S.103-116

Grebenc, H.: (1986) Die langfristige operative Planung; München 1986

Grebenc, H.; Geiger, U.; Klotz, A.; Maaßen, H.: (1990) Das Managementsystem der langfristigen operativen Planung und Kontrolle - Programme/Bereiche - in: Kirsch, W.; Maaßen, H. (Hrsg.): Managementsysteme. Planung und Kontrolle; 2. Auflage; München 1990, S.341-382

Greenwood, T.G.; Reeve, J.M.: (1992) Activity-Based Cost Management for Continuous Improvement: A Process Design Framework; in: Journal of Cost Management; 5 (1992) 4, S.22-40

Greim, H.-R.; Brinkmann, M.: (1986) Kostenerfassung und -analyse im Lagerbereich - Grundlagen, Methoden, Hilfsmittel -; München 1986

Grimmer, H.: (1980) Budgets als Führungsinstrument in der Unternehmung. Eine sach- und verhaltensorientierte Analyse; Frankfurt am Main 1980

Grochla, E.: (1972) Unternehmensorganisation; Reinbek bei Hamburg 1972

Grochla, E.: (1978) Grundlagen der Materialwirtschaft. Das materialwirtschaftliche Optimum im Betrieb; Wiesbaden 1978

Grochla, E.: (1989) Führung, Führungskonzepte und Planung; in: Szyperski, N.; Winand, U. (Hrsg.): Handwörterbuch der Planung; Stuttgart 1989; Sp.547-554

Gudehus, T.: (1973) "Grundlagen der Kommissioniertechnik"; Essen 1973

Gutenberg, E.: (1958) Einführung in die Betriebswirtschatslehre; 1. Auflage; Wiesbaden 1958

Gutenberg, E.: (1962) Unternehmungsführung; Wiesbaden 1962

Haase, K.D.: (1980) Zur Planungs- und Kontrollorganisation des Controlling; in: DB; 33 (1980), S.313-318 und S.364-367

Haberstock, L.: (1986) Kostenrechnung II. (Grenz-)Plankostenrechnung mit Fragen, Aufgaben und Lösungen; 7. durchgesehene Auflage; Hamburg 1986

Hahn, D.: (1974) Planungs- und Kontrollrechnung - PuK - Integrierte ergebnis- und liquiditätsorientierte Planungs- und Kontrollrechnung in Industrien mit Massen- und Sortenfertigung; Wiesbaden 1974

Halasz, I.: (1976) Kommissionierverfahren und -systeme; in: Lernprogramm Kommissionierung der Zeitschrift Materialfluß; München 1976, S.18ff.

Hall, R. W.: (1983) Zero-Inventories; Homewood, Ill. 1983

Harbert, L: (1982) Controlling-Begriffe und Controlling-Konzeptionen; Bochum 1982

Hargreaves, J.: (1989) Resource Allocation: Optimisation for Tommorrow's Demand; in: International Journal of Physical Distribution and Logistics Management; 19 (1989) 5, S.18-27

Hartmann, D.; Niederhäuser, D.M.: (1992) DPR - Kein Weg führt daran vorbei; in: Bonny, C. (Hrsg.): Jahrbuch der Logistik 1992; Düsseldorf und Frankfurt am Main S.242-243

Hartwig, W.: (1990) Logistik-Controlling; in: Bundesvereinigung für Logistik (BVL) e.V. (Hrsg.): Logistik verbindet; Berichtsband des Deutschen Logistik-Kongresses 1990 in Berlin; München 1990, S.188-209

Hauschildt, J.: (1980) Zielsysteme; in: Grochla, E. (Hrsg.): Handwörterbuch der Organisation; 2. Aufl.; Stuttgart 1980

Hautz, E.: (1988) Controlling im Logistik-Bereich - Instrumente, Methoden und Vorgehensweisen für ein integriertes Logistik-Controlling; in: Schmidt, J. v. (Hrsg.): Handbuch Logistik und Produktionsmanagement; Landsberg am Lech 1988

Hees, R.N. van: (1987) Organisatiestructur en integrale besturing als basis voor vooradsbeheersing; in: Monnemius, W. (Hrsg.): Logistiek Management; Kluwer, Duventer 1987, S.55-66

Heinen, E.: (1983) Betriebswirtschaftliche Kostenlehre: Kostentheorie und Kostenentscheidungen; 6. Aufl.; Wiesbaden 1983

Heinrich, L.J.; Fehlhofer, E.: (1984) Forschungsprojekt Logistik. Empirische Studie zum Istzustand Logistik; Institut für Wirtschaftsinformatik und Organisationsforschung der Universität Linz; Linz 1984

Heinrich, L.J.; Fehlhofer, E.: (1985) Empirische Befunde zur Gestaltung der Logistik-Organisation und Logistik-Informationssysteme in mitelständischen Industrieunternehmen; in: Journal für Betriebswirtschaft; 35 (1985) 2; S.62-78

Heiser, H.C.: (1964) Budgetierung - Grundsätze und Praxis der betriebswirtschaftlichen Planung; Berlin 1964

Helferich, O.K.; Espel, C.J.; Taylor, L.A.: (1988) Expert Systems: Logistics Applications in Support of Material Planning and Production; in: Oliff, M.D. (Hrsg.): Expert Systems and Intelligent Manufacturing; Amsterdam u.a., S.154-172

Helfrich, C.: (1989) Neue Kennzahlen für die Logistik; in: io-Managementzeitschrift; 58 (1989) 7/8, S.69-73

Hemmers, K.: (1986) Planung des Personalbestandes in indirekten Bereichen; Berlin, Heidelberg, New York, Tokyo 1986

Hennig, B.: (1981) Budgetierungssysteme als Controllinginstrumente in Mittelbetrieben - Aufbaustand, Schwachstellenanalyse und Gestaltungshinweise -; Stuttgart 1981

Hennings, F.: (1992) Die Ansätze der Prozeßkostenrechnung im Controlling von Unternehmen der Verkehrswirtschaft - utopisch oder realisierbar?; in: Bundesvereinigung für Logistik (BVL) e.V. (Hrsg.); Deutscher Logistik-Kongreß '92; München 1992, S.513-526

Henzler, H.: (1990) Der Controller der 90er Jahre; in: Horváth, P. von (Hrsg.): Strategieunterstützung durch das Controlling: Revolution im Rechnungswesen?; Stuttgart 1990, S.51-62

Herwig, K.: (1993) Konzeption einer Logistik-Leistungsrechnung; in: Weber, J. (Hrsg.): Praxis des Logistik-Controlling; Stuttgart 1993, S.85-108

Herzog, E.: (1988) Gemeinkostenwertanalyse als Instrument der Kostensenkung im administrativen Bereich; in: Scheer, A.-W. (Hrsg.) Rechnungswesen und EDV; 9. Saarbrückener Arbeitstagung 1988, S.317-336

Heskett, J.L.: (1985) Organizing for Effective Distribution Management; in: Robeson, J.F., House, R.G. (Hrsg.): The Distribution Handbook; New York 1985, S.817-836

Heskett, J.L.; Glaskowsky, N.A.; Ivie, R.M.: (1973) Business Logistics. Physical Distribution and Materials Management; 2nd Ed.; New York 1973

Hillenbrand, K.: (1983) Controlling als Führungsaufgabe in der Logistik; in: Türks, M. (Hrsg.): Logistik-Controlling; Bremen 1983, S. 10-16

Hinterhuber, H.: (1989) Strategische Unternehmensführung. I. Strategisches Denken: Vision, Unternehmungspolitik, Strategie; 4., völlig neu bearbeitete Auflage; Berlin 1989

Hinterhuber, H.: (1990) Die Objektivierung der Strategie als Voraussetzung für das strategische Controlling; in: Horváth, P. von (Hrsg.): Strategieunterstützung durch das Controlling: Revolution im Rechnungswesen?; Stuttgart 1990, S.91-122

Hiromoto, T.: (1991) Wie das Managment Accounting seine Bedeutung zurückgewinnt; in: IFUA Horváth & Partner (Hrsg.): Prozeßkosten-Management; München 1991, S.27-46

Hoekstra, R.; Romme, J.H.: (1987) Op weg naar integrale logistieke structuren; 2. Auflage Kluwer, Deventer 1987

Hoekstra, R.; Romme, J.H.: (1992) Integral Logistic Structures: Developing Customer-orientated Goods Flow; London 1992

Hofmann, J.: (1990) Aktionsorientierte Datenverarbeitung; in: Mertens, P. u.a. (Hrsg.): Wirtschaftsinformatik; 2. Auflage; Berlin u.a. 1990, S.10-39

Hofstede, G.: (1970) The Game of Budget Control; 2. Auflage Assen 1970

Hohmann, R.; Sokianos, N.: (1985) Materialmanagement im Wandel. Eine Herausforderung an Personal- und Organisationsentwicklung; in: ZfL; 6 (1985) 11/12, S.62-67

Höller, H.: (1978) Verhaltenswirkungen betrieblicher Planungs- und Kontrollsysteme; München 1978

Holst, J.: (1993) Gemeinkosten-Steuerung und Komplexitätsabbau durch Prozeßkostenrechnung; in: Tagungsunterlagen zu "Euroforum-Konferenz: Gemeinkosten Management"; Teil 9; Frankfurt am Main 1993, S.1-16

Holstrum, G.L.: (1971) The Effect of Budget Adaptiveness and Tightness on Managerial Decision Behaviour; in: Journal of Accounting Research; (1971) 9, S.268-277

Horváth, P. von: (1990) Controlling; 3. neubearbeitete Auflage; München 1990

Horváth, P. von: (1992) Effektives und schlankes Controlling - Herausforderungen an den Controller; in: Horváth, P. von (Hrsg.): Effektives und schlankes Controlling; Stuttgart 1992, S.1-10

Horváth, P. von; Dambrowski, J.; Hennig, B.: (1981) Budgetierungssysteme als Controllinginstrumente in Mittelbetrieben - Aufbaustand, Schwachstellenanalyse und Gestaltungshinweise -; Stuttgart 1981

Horváth, P. von; Dambrowski, J.; Jung, H.; Posselt, S.: (1985) Budgetierung in Planungs- und Kontrollsystemen; in: DBW; 43 (1985) 3; S.138-155

Horváth, P. von; Mayer, R.: (1989) Prozeßkostenrechung - Der neue Weg zu mehr Kostentransparenz und wirkungsvollerer Unternehmensstrategie; in: CONTROLLING; 1 (1989) 4, S.214-219

Horváth, P. von; Mayer, R.: (1991) Prozeßkostenrechnung; in: DBW; 51 (1991) 4, S.540-542

Horváth, P. von; Petsch, M.; Weihe, M.: (1986) Standard- und Anwendungssoftware für das Rechnungswesen; 2. Auflage; München 1986

Horváth, P. von; Renner, A.: (1990) Prozeßkostenrechnung - Konzept, Realisierungsschritte und erste Erfahrungen; in: FB/IE; 39 (1990) 3, S.100-107

Houlihan, J.: (1987) International Supply Chain Management; in: International Journal of Physical Distribution and Materials Management; 17 (1987) 2, S.51-66

Hoyer, R.; Schuster, W.: (1991) Steuerung des Produktivitätsergebnisses in Banken auf der Basis prozeßorientierter Standardstückkosten; in Witt, F.-J. (Hrsg.): Aktivitäts-Controlling und Prozeßkosten-Management; Stuttgart 1991, S.231-249

Hügler, G.: (1988) Controlling in Projektorganisationen; München 1988

Hui, W.Y.: (1988) A Mathematical Model for Optimum Storage Capacity; in: International Journal of Physical Distribution and Logistics Management; 18 (1988) 1, S.26-31

Hummel, S.: (1970) Zum Problem einer wirklichkeitsnahen Kostenerfassung; Frankfurt am Main 1970

IBM Deutschland: (1985) Fachausdrücke der Informationsverarbeitung; München 1985

Ihde, G.-B.: (1978) Distributionslogistik; Stuttgart, New York 1978

Ihde, G.-B.: (1980) Logistik, Organisation der; in: Grochla, E. (Hrsg.): Handwörterbuch der Organisation; 2., völlig neugestaltete Auflage; Stuttgart 1980; Sp.1224-1234

Ihde, G.-B.: (1984) Transport, Verkehr, Logistik: Gesamtwirtschaftliche Aspekte und einzelwirtschaftliche Handhabung; München 1984

Ihde, G.-B.: (1985) Die organisatorische Handhabung der Logistik; in: DBW; 45 (1985), S.725-727

Ihde, G.-B.: (1987) Stand und Entwicklung der Logistik; in: DBW; 47 (1987) 6, S. 703-716

Ihde, G.-B.: (1989) Logistikplanung; in: Szyperski, N.; Winand, U. (Hrsg.): Handwörterbuch der Planung; Stuttgart 1989; Sp.984-991

Ihde, G.-B.; Femerling, C.; Kemmler, M.: (1990) Das Modell der Direkten Produkt-Rentabilität als Instrument zur Unterstützung von Logistikentscheidungen im Konsumgüterhandel; in: Trommsdorf, V. (Hrsg.): Handelsforschung 1990. Internationalisierung im Handel; Wiesbaden 1990, S.173-193

Imai, M.: (1986) Kaizen - The Key to Japan's Competitive Success; New York 1986

Jacoby, J.; Zibell, R.M.: (1992) Leistung besser definieren; in: Bonny, C. (Hrsg.): Jahrbuch der Logistik 1992; Düsseldorf und Frankfurt am Main, S.193-195

Jassmann, H.; Bodenstein, W.: (1983) Steuerung und Kontrolle der Logistik; in: RKW-Handbuch Logistik 1983; Rubrik 1620, S.1-27

Jehle, E.: (1993) Wertanalyse; in Wittmann, W. (Hrsg.): Handwörterbuch der Betriebswirtschaft; Bd. 2; Stuttgart 1993, Sp.4647-4659

Jediss, H.: (1991) Ökonomisierung des Gesamtdistributionssystems durch DPR-Analysen; in: Zentes, J. (Hrsg.): Moderne Distributionskonzepte in der Konsumgüterwirtschaft; Stuttgart 191, S.243-247

Johnson, H.T.; Kaplan, R.S.: (1987) The Rise and Fall of Management Accounting; in: Management Accounting; (1987) 1, S.22-30

Jones, R.L.; Trentin, H.G.: (1971) Budgeting: Key to Planning and Control; Practical Guidelines for Managers; American Management Association Inc.; 1971

Juchum, G.; Weich, G.; Wichote, H.J.: (1987) Geschäftswagen - Kosten und Steuern 1987; München 1987

Jünemann, R.: (1989a) Materialfluß und Logistik. Systemtechnische Grundlagen und Praxisbeispiele; Berlin u.a. 1989

Jünemann, R.: (1989b) Logistik-Controlling; in: Männel, W. (Hrsg.): Vortragsreihe: Konzepte, Schwerpunkte und Aufgabenfelder des Controlling; Dortmund 1989, S.87-106

Jung, H.: (1985) Integration der Budgetierung in die Unternehmensplanung; Darmstadt 1985

Kagermann, H.: (1991) Realisierung prozeßorientierter Kostenrechnungssysteme mit SAP/RK. Gegenwärtiger Stand und Entwicklungstendenzen; in: IFUA Horváth & Partner (Hrsg.): Prozeßkosten-Management; München 1991, S.155-180

Kaplan, R.S.: (1983) Measuring Manufacturing Performance; in: Accounting Review; 3 (1983), S.686-704

Kaplan, R.S.: (1988) One Cost System isn't enough: in Harvard Business Review; 66 (1988) 1/2, S.61-66

Kaplan, R.S.: (1991) Das Vier-Stufen-Modell der Entwicklung von Kostenrechnungssystemen; in: IFUA Horváth & Partner (Hrsg.): Prozeßkosten-Management; München 1991, S.11--24

Kapoun, J.: (1981) Logistik. Ein moderner Begriff mit langer Geschichte; in: ZfL; 2 (1981) 3, S.123-127

Kapoun, J.: (1982) Vom Nachschubwesen zur Logistik; in: Wehrwissenschaftliche Rundschau; Nr.4; 1982, S.110-115

Karp, P.: (1980) Logistikkosten als Steuerungsinstrument; in: Baumgarten, H. (Hrsg.): Logistik im Unternehmen. Schwachstellen, Lösungen, Perspektiven; Mainz 1980, S.199-223

Kearney Management Consultants: (1981) Organizing Physical Distribution to Improve Bottom Line Results; in: National Council of Physical Distribution and Materials Management (Hrsg.): Proceedings of the 19th Annual Conference; Chicago Ill. 1981, S.1-14

Kearney Management Consultants: (1987) Logistics Productivity; The Competitive Edge in Europe; Chicago 1987

Kearney Management Consultants: (1991) Exploiting the Power of the Logistics Process; Chicago 1991

Kearney Management Consultants: (1992a) Logistics and Competitive Advantage; Chicago 1992

Kearney Management Consultants: (1992b) Produktivität & Qualität in der Logistik - Schlüsselfaktoren im europäischen Wettbewerb; Düsseldorf 1992

Kearney Management Consultants: (1992c) Total Quality Management: A Business Process Perspective; Chicago 1992

Kern, W.: (1962) Die Messung industrieller Fertigungskapazitäten und ihre Ausnutzung. Grundlagen und Verfahren; Köln und Opladen 1962

Kett, I.: (1988) Fuhrparkplanung als integratives Planungskonzept; Bergisch Gladbach, Köln 1988

Kiel, U.: (1988) Logistik. Ein strategischer Erfolgsfaktor für Versandunternehmen; in: Henzler; H. (Hrsg.): Handbuch Strategische Führung; Wiesbaden 1988, S.627-642

Kieninger, M.: (1991) Realisierung der Prozeßkostenrechnung mit dem PC-Pogamm PROKOS; in: IFUA Horváth & Partner (Hrsg.): Prozeßkosten-Management; München 1991, S.129-154

Kiesel, J.: (1987) Produktions-Controlling. Führungsinstrumente zur Erreichung der Unternehmensziele; in: Scheer, A.W.: (Hrsg.) Rechnungswesen und EDV 1987; 8. Saarbrückener Arbeitstagung; Heidelberg 1987, S.341-368

Kilger, W.: (1988) Flexible Plankostenrechnung und Deckungsbeitragsrechnung; 9. völlig neubearbeitete Auflage; Wiesbaden 1988

Kirsch, W.: (1984) Wissenschaftliche Unternehmungsführung oder Freiheit von der Wissenschaft?; 2 Halbbände; München 1984

Kirsch, W.: (1990) Planung - Kapitel einer Einführung; in: Kirsch, W.; Maaßen, H. (Hrsg.) Managementsysteme. Planung und Kontrolle; 2. Auflage; München 1990, S.23-126

Kirsch, W.; Bamberger, I.; Gabele, E.; Klein, K.-H.: (1973) Betriebswirtschaftliche Logistik. Systeme, Entscheidungen, Methoden; Wiesbaden 1973

Klapper, N.: (1993) Präventive Qualitätssicherung von Logistikleistungen in der Produktion: eine empirische Untersuchung; Berlin 1993

Klaus, P.: (1993) Diffusion und Implementation strategischer Logistikziele - durch "Target"-Costing; in: Männel, W.: (Hrsg.) Logistik-Controlling; Konzepte - Instrumente - Wirtschaftlichkeit; Wiesbaden 1993, S.59-72

Klee, J.; Türks, M.: (1970) Aufgaben und Organisation der Warenverteilung; in: Poth, L. (Hrsg.): Praxis der betrieblichen Warenverteilung; Düsseldorf 1970, S.65-89

Kleer, M.: (1991) Gestaltung von Kooperationen zwischen Industrie- und Logistikunternehmen: Ergebnisse theoretischer und empirischer Untersuchungen; Berlin 1991

Klein, G.: (1988) Kontrollinstanz Kostenrechnung; in: Logistik Heute; (1988) 3, S.30-32

Kleiner, F.: (1991) Kostenrechnung bei flexibler Automatisierung; München 1991

Klimecki, R.G.: (1987) Management flexibler Arbeitssysteme; in: Die Unternehmung; (1987) 5, S.341-352

Klimke, W.: (1983) Basisstrategien zur Ausrichtung der Logistik-Konzeption eines Unternehmens; in: Jünemann, R. (Hrsg.): Logistik - Herausforderung an die Zukunft; Dortmund 1983, S.215-218

Kloock, J.: (1980) Budgetsysteme; in: Grochla, E. (Hrsg.): Handwörterbuch der Organisation; 2. Auflage; Stuttgart 1980; Sp.379-386

Kloock, J.: (1981) Plankosten- und Planleistungsrechnung; in: Kosiol, E.; Chmielewicz, K.; Schweitzer, M. (Hrsg.): Handwörterbuch des Rechnungswesens; 2. Auflage; Stuttgart 1981; Sp. 1290-1309

Kloock, J.: (1988) Erfolgskontrolle mit der differenziert-kumulativen Abweichungsanalyse; in: ZfB; 58 (1988) 3; S.423-434

Kloock, J.: (1990) Kostenkontrolle auf der Basis kombinierter und lernorientierter Feedback-Feedforward-Prozesse. Diskussionsbeiträge zum Rechnungswesen; Beitrag Nr. 1; Köln 1990

Kloock, J.: (1992a) Prozeßkostenrechnung als Rückschritt und Fortschritt der Kostenrechnung (Teil 1); in: krp 36 (1992) 4, S.183-193

Kloock, J.: (1992b) Prozeßkostenrechnung als Rückschritt und Fortschritt der Kostenrechnung (Teil 2); in: krp 36 (1992) 5, S.237-245

Kloock, J.: (1993) Kostenrechnungssysteme; in: Wittmann, W. (Hrsg.): Handwörterbuch der Betriebswirtschaft; Bd. 2; Stuttgart 1993, Sp.2352-2367

Kloock, J.; Bommes, W.: (1982) Methoden der Kostenabweichungsanalyse; in: krp; 26 (1982) 5; S.238-235

Kloock, J.; Sieben, G.; Schildbach, T.: (1993) Kosten-Leistungsrechnung; 7. unveränderte Auflage; Düsseldorf 1990

Klöpper, H.J.: (1991) Logistikorientiertes strategisches Management. Erfolgspotential im Wettbewerb; Köln 1991

Klotz, A.: (1986) Anforderungen an eine operative Bereichsplanung; München 1986

Klotz, A.; Geiger, U.; Grebenc, H.; Maaßen, H.: (1990) Das Managementsystem der kurzfristigen operativen Bereichsplanung und -kontrolle; in: Kirsch, W.; Maaßen, H. (Hrsg.): Managementsysteme. Planung und Kontrolle; 2. Auflage München 1990, S.385-432

Knolmayer, G.: (1987) Materialflußorientierung statt Materialbestandsoptimierung. Ein Paradigmawechsel in der Theorie des Produktions-Management?; in: Baetge, J.; Lilienstein, R. von; Schäfer, H. (Hrsg.): Logistik - Eine Aufgabe der Unternehmenspolitik, ein Round-table-Gespräch; Berlin 1987, S.19-34

Koch, H.: (1963) Die Unternehmensplanung und ihre Bedeutung; in: Agthe, K.; Schnaufer, E. (Hrsg.) Unternehmensplanung; Baden-Baden 1963; S.3-22

Koch, H.: (1982) Integrierte Unternehmensplanung; Wiesbaden 1982

Köhler, R.: (1988) Beiträge zum Marketing-Management; Planung, Organisation, Controlling; Stuttgart 1988

Koreimann, D.S.: (1976) Methoden der Informationsbedarfsanalyse; Berlin, New York 1976

Kosiol, E.: (1961) Erkenntnisgegenstand und methodologischer Standort der Betriebswirtschaftslehre; in: ZfB; 31 (1961); S.129-136

Kowalski, M.: (1992) Qualität in der Logistik; in: Little, A.D. (Hrsg.): Management von Spitzenqualität; Wiesbaden 1992, S.118-136

Kraemer, W.; Spang, S.: (1989) Expertensysteme zum intelligenten Soll-Ist-Kostenvergleich; in: Handbuch der modernen Datenverarbeitung; 26 (1989) 147, S.77-94

Kremers, W.: (1983) Kosten-Service-Zielkonflikte in der Logistik; Möglichkeiten ihrer Messung und Steuerung durch Logistik-Controlling; in: Türks, M. (Hrsg.): Logistik-Controlling; Bremen 1983, S.50-61

Kromschröder, B.: (1988) Risk-Management im Just-In-Time Konzept; in: Wildemann, H. (Hrsg.): Just-In-Time Produktion und Zulieferung; Tagungsbericht Stuttgart 1988, S.243-272

Kronast, M.: (1989) Controlling; Notwendigkeit eines unternehmensspezifischen Selbstverständnisses; München 1989

Krönung, H.-D.: (1988) Kostenrechnung und Unsicherheit - Ein entscheidungstheo-
retischer Beitrag zu einer Theorie der Kostenrechnung; Wiesbaden 1988

Krulis-Randa, J.: (1977) Marketing Logistik; Band 21 der Schriftenreihe des In-
stitutes für betriebswirtschaftliche Forschung der Universität Zürich; Bern,
Stuttgart 1977

Krups, F.: (1986) Realisierung der Logistikkonzeption in einem Unternehmen der
Haushaltskleingeräte-Industrie; in: BME (Hrsg.): Erfolgreiches Materi-
almanagement. Einkauf und Logistik in der Praxis. Strategien im Wettbewerb;
Tagungsunterlagen; München 1986, S.197-216

Kummer, S.: (1992) Logistik im Mittelstand; Vallendar 1992

Kummer, S.: (1993) Bedeutung und Ablauf des strategischen Logistik-Controlling;
in: Weber, J. (Hrsg.): Praxis des Logistik-Controlling; Stuttgart 1993, S.11-28

Küpper, H.-U.: (1991a) Logistik-Controlling; in: HLo; 16 (1991) 5; Rubrik 1520,
S.1-31

Küpper, H.-U.: (1991b) Prozeßkostenrechnung - ein strategisch neuer Ansatz?; in:
DBW; 51 (1991) 4, S.388-391

Küpper, H.-U.: (1993) Entwicklungsprespektiven der Kostenrechnung; in: Tagungsunterlagen zu "Euroforum-Konferenz: Gemeinkosten Management"; Teil 8;
Frankfurt am Main 1993, S.1-26

Küpper, H.-U.; Hoffmann, H.: (1988) Ansätze und Entwicklungstendenzen des Lo-
gistik-Controllings in Unternehmen der Bundesrepublik Deutschland; in: DBW
48 (1988) 5, S.587-601

Küpper, H.-U.; Weber, J.; Zünd, A.: (1990) Zum Verständnis und Selbstverständnis
des Controlling; in: ZfB; 60 (1990) 3, S.281-293

Küting, K; Lorson, P.: (1991) Grenzplankostenrechnung versus Prozeßkostenrechnung; Quo vadis Kostenrechnung?; in: Betriebsberater; (1991) 21, S.1421-
1433

Lackes, R.: (1989) EDV-orientierte Kosteninformationssysteme; Flexible Plankostenrechnung und neue Technologien; Wiesbaden 1989

Lackes, R.: (1990) Herausforderungen an ein fortschrittliches Kosteninformationssy-
stem; in: krp; 34 (1990); S.327-331

LaLonde, B.J.: (1982) Integrated Logistics. Status Quo and Future Outlook; in:
Gottlieb Duttweiler-Institut (Hrsg.): Integrierte Logistik. Erfolgsschwerpunkt
für morgen; Rüschlikon/Zürich 1982, S.1-14

LaLonde, B.J.; Emmelhainz, L.W.: (1985) Carreer Patterns of Logistics Excecu-
tives: 1985; in: Council of Logistics Management: Proceedings of the 23rd
Annual Conference Vol. I; Oak Brook, Ill.; 1985, S.29-56

Lambert, D.M.: (1985) Distribution Cost, Productivity and Performance Analysis;
in: Robeson, J.F., House, R.G. (Hrsg.): The Distribution Handbook; New York
1985, S.275-318

Lambert, D.M.; Sharma, T.: (1990) Segmentation of Markets Based on Customer Service; in: International Journal of Physical Distribution and Logistics Management; 20 (1990) 7, S.19-27

Lambert, D.M.; Stock, J.: (1987) Strategic Physical Distribution Mangement; Homewood, Illinois 1987

Langley, C.J.: (1988) Information-based Decision Making in Logistics Management; in: International Journal of Physical Distribution and Materials Management; 18 (1988) 7, S.41-55

Lastauto: (1987) Omnibus Katalog 1987; Stuttgart 1987

Laventz, K.: (1992) Logistik im Wandel ds Marktes. Konsequenzen des Käufermarktes; in: Bonny, C. (Hrsg.): Jahrbuch der Logistik 1992; S.50-53

Layer, M.: (1976) Kapazität: Begriff, Arten und Messung; in: Kern, W. (Hrsg.): Handwörterbuch der Produktionswirtschaft; Stuttgart 1979; Sp.871-882

Lewis, R.J.; Erickson, L.G.: (1972) Distribution System Costing: An Overview; in: Grabner, J.R.; Sargent, W.S. (Hrsg.): Distribution System Costing: Concepts and Procedures; Columbo, Ohio 1972, S.15-21

Lewis, V.B.: (1968) Toward a Theory of Budgeting; in: Lyden, F.J. (Hrsg.): Planning, Programming, Budgeting: A Systems Approach to Management; Chicago, Ill. 1968, S.117ff.

Liebmann, H.P.: (1982) Logistik zwischen Wunsch und Wirklichkeit. Ergebnisse einer Umfrage zum Stand und Tendenzen der Logistik; in: Gottlieb-Duttweiler-Institut (Hrsg.): Integrierte Logistik. Erfolgsschwerpunkte für morgen; Rüschlikon/Zürich 1982, S.1-17

Lindner, O.: (1991) Industrielogistik 2000 - Herausforderungen, Trends, Visionen; in: Bundesvereinigung für Logistik (BVL) e.V. (Hrsg.): Logistik gewinnt; Berichtsband des Deutschen Logistik-Kongresses 1991 in Berlin; 2. Band; München 1991, S.828-847

Lindner, O.; Piringer, H.: (1990) Logistik-Controlling: Kritische Analyse, Zielsetzung und Strategiebeobachtung; in: Mayer, R.; Weber, J. (Hrsg.): Handbuch Controlling; München 1990, S.212-238

Lochthowe, R.: (1990) Logistik-Controlling. Entwicklung flexibilitätsorientierter Strukturen und Methoden zur ganzheitlichen Planung, Steuerung und Kontrolle der Unternehmenslogistik; Frankfurt am Main 1990

Lock, G.: (1992) Marktorientiertes Handeln erfordert schnelle Information; in: Schulte, C. (Hrsg.): Effektives Kosten-Management. Methoden und Implementierung; Stuttgart 1992, S.115-126

Locke, E.A. et al.: (1981) Goal Setting and Task Performance 1969-1980; in: Psychological Bulletin; 90 (1981), S.125-152

Löffler, J.: (1991) Prozeßkostenrechnung im Beschaffungs- und Logistikbereich bei Hewlett-Packard - Ziele, Umsetzung und Erfahrung -; in: IFUA Horváth & Partner (Hrsg.): Prozeßkosten-Management; München 1991, S.183-202

Lohmann, U.: (1991) Prozeßkostenrechnung bei der GARDENA Kress & Kastner GmbH; in: IFUA Horváth & Partner (Hrsg.): Prozeßkosten-Management; München 1991, S.249-270

Lohmann, U.: (1992a) Leistungsorientiertes und antizipatives Gemeinkosten-Controlling; in: Schulte, C. (Hrsg.): Effektives Kosten-Management. Methoden und Implementierung; Stuttgart 1992, S.127-162

Lohmann, U.: (1992b) Logistik-Controlling: Vom Blindflug zum beherrschten Chaos mit der Prozeßkostenrechnung; in: Bundesvereinigung für Logistik (BVL) e.V. (Hrsg.): Deutscher Logistik-Kongreß '92; München 1992, S.477-512

Lorange, P.: (1980) Corporate Planning. An Executive Viewpoint; Englewood Cliffs, New York 1980

Lowe, D.: (1983) Goods Vehicle Costing and Pricing Handbook 1983; London 1983

Loyden, J.: (1987) Nabisco Brands. Budgeting for the Distribution System; in: International Journal of Physical Distribution and Materials Management; 17 (1987) 10, S.637-642

Lück, W.: (1984) Logistik in der Managementlehre; in: Lück, W. (Hrsg.): Logistik und Materialwirtschaft; Schriftenreihe der betriebswirtschaftlichen Abteilung der VLB in Berlin; Berlin 1984, S.154-186

Lüder, K.: (1969) Investitionskontrolle - Die Kontrolle des wirtschaftlichen Ergebnisses von Investitionen; Wiesbaden 1969

Luhmann, N.: (1980) Komplexität; in: Grochla, E. (Hrsg.): Handwörterbuch der Organisation; 2. Auflage; Stuttgart 1980; Sp.1064-1070

Lützenkirchen, H.P.: (1982) Optimale Fuhrparksbestandsplanung; Frankfurt am Main, Bern 1982

Lynch, R.M.; Williamson, R.W.: (1976) Accounting for Management Planning and Control; New York 1976

MacArthur, J.: (1983) Alternative Forms of Budgeting; in: Fanning, D. (Hrsg.): Handbook of Management Accounting; Aldershot 1983, S.171-199

MacArthur, J.: (1993) Zero-Base Activity-Based Costing; in: Journal of Cost Management; 6 (1993) 4, S.45-49

Macintosh, N.: (1985) The Social Software of Accounting and Information Systems; Chichester u.a. 1985

Magee, J.F.; Copacino, W.C.; Rosenfield, D.B.: (1985) Modern Logistics Management; New York 1985

Maier-Scheubeck, N.: (1991) Prozeßkostenrechnung - Im Westen nichts Neues; in DBW; 51 (1991) 4, S.543-547.

Maier-Scheubeck, N.: (1992) Ansätze zur Weiterentwicklung der Kostenrechnung zu einem Controlling-Instrument; Frankfurt am Main u.a. 1992

Mann, R.: (1990) Strategisches Controlling; in: Mayer, E.; Weber, J. (Hrsg.): Handbuch Controlling; Stuttgart 1990, S. 91-116

Mann, R.: (o.J.) Die Praxis des Controlling, Instrumente - Einführung - Konflikte; München o.J.

Männel, W.: (1975) Moderne Fahrzeugkostenrechnung; in: krp; 20 (1976), S.197-204

Männel, W.: (1985) Kosten- und Leistungsrechnung für die Logistik. Stand der Entwicklung und Zukunftsperspektiven; in: Institut für Logistik der Deutschen Gesellschaft für Logistik e.V. (Hrsg.); Fachtagung: Informationssysteme in der Logistik. 25. April 1985; Darmstadt, S.29-51

Männel, W.: (1989) Logistik-Controlling im Sytem der Kosten- und Leistungs-rechnung; in: Bundesvereinigung für Logistik (BVL) e.V. (Hrsg.): Fundament der Zukunft; Berichtsband über den deutschen Logistik-Kongreß '89; München 1989, S.928-947

Marr, R.; Schuh, S.: (1984) Systemtheorie; in: Management-Enzyklopädie; Das Ma-nagement-Wissen unserer Zeit; Bd.8; 2. Auflage; Landsberg am Lech 1984, S.982-988

Martin, D.J.: (1983) DRP Distribution Resource Planning: Distribution Mana-gement's Most Powerful Tool; Englewood Cliffs 1983

Martin, H.: (1985) Beitrag zum Einfluß der Unternehmensstrategien auf die Struktur der Transport- und Lagersysteme; Berlin 1985

Matessich, R.: (1961) Budgeting Models and System Simulation; in: Accounting Review; 36 (1961), S.384-397

Maus, M.: (1984) Planung, Kontrolle und Steuerung der Marketing-Logistik mit Hilfe von Kennzahlen; Köln 1984

Mayer, E.: (1982) Führungskonzepte Controlling und Marketing; in: Goetzke, W.; Sieben, G. (Hrsg.): Marketing-Controlling; Köln 1982, S.115-124

Mayer, R.: (1990a) Prozeßkostenrechnung - Rückschritt oder neuer Weg? in: Con-trolling; 5 (1990) 9/10, S.274-275

Mayer, R.: (1990b) Prozeßkostenrechnung; in: krp; 34 (1990) 5, S.307-312

Mayer, R.: (1991) Prozeßkostenrechnung und Prozeßkostenmanagement: Methodik, Vorgehensweise und Einsatzmöglichkeiten; in: IFUA Horváth & Partner (Hrsg.): Prozeßkosten-Management; München 1991, S.73-100

Mayer, R.: (1992) Strategische Entscheidungen in der Logistik mit Hilfe der Prozeß-kostenrechnung; in: Bundesvereinigung für Logistik (BVL) e.V. (Hrsg.): Deut-scher Logistik-Kongreß '92; München 1992, S.453-476

Mellerowicz, K.: (1970) Planung und Plankostenrechnung; Bd.1: Betriebliche Pla-nung; 2. Auflage; Freiburg im Breisgau 1970

Mense, H.: (1987) Der Mensch in der Fabrik der Zukunft; in: Fortschrittliche Be-triebsführung / Industrial Engineering Nr. 3; (1984), S.461-465

Merchant, K.A.: (1985) Budgeting and the Propensity to Create Budgetary Slack; in: Accounting, Organization and Society; 10 (1985), S.201-210

Mertens, P.: (1982) Industrielle Datenverarbeitung. 1. Administrations- und Dispositionssysteme; 4. Auflage; Wiesbaden 1982

Mertens, P.: (1985) Industrielle Datenverarbeitung. 2. Zwischenbetriebliche Integration der EDV; in: Informatik-Spektrum; 8 (1985), S.81ff.

Mertens, P.; Back-Hock, A.: (1991) Prozeßkostenrechnung und EDV; in: DBW 51 (1991) 4, S.542-543

Mertens, P.; Back-Hock, A.; Fiedler, R.: (1991) Einfluß der computergestützten Informations- und Wissensveraarbeitung auf das Controlling; in: ZfB-Ergänzungsheft 3/91: Controlling. Selbstverständnis - Institutionen - Perspektiven, S.37-60

Meyer-Piening, B.: (1980) Zero-Base Budgeting (ZBB) als Planungs- und Führungsinstrument; in: Der Betrieb; 33 (1980), S.1277-1281

Milani, K.: (1975) The Relationship of Participation of Budget-Setting to Industrial Supervisors Performance Attitudes: A Field Study; in: Accounting Review; 50 (1975), S.274-284

Miller, J.A.: (1992) Designing and Implementing a New Cost Management System; in: Journal of Cost Management; 5 (1992) 4, S.41-53

Miller, J.G.; Vollmann, T.E.: (1986) Die verborgene Fabrik; in: Harvard Manager; 8 (1986) 1, S.84-89.

Mintzberg, H.: (1979) The Structuring of Organizations; Englewood Cliffs 1979

Mintzberg, H.: (1983) Structures in Fives: Designing Effective Organizations; Englewood Cliffs; New Jersey 1983

Muff, M.: (1991) Praktisches Prozeßmanagement in einem Unternehmen der chemisch-pharmazeutischen Industrie; in: Witt, F.-J. (Hrsg.): Aktivitäts-Controlling und Prozeßkosten-Management; Stuttgart 1991, S.171-190

Müller, Angela: (1988) Pufferbildung und Termineinhaltung im Rahmen der kurzfristigen Produktionsplanung bei Werkstattfertigung; in: ZfbF; 40 (1988) 5; S.422-446

Müller, Ansgard: (1984) Kosten- und Leistungsrechnung in der Logistik. Ergebnisbericht der Arbeitsgruppe Kosten- und Leistungsrechnung im Fachausschuß Logistik des Betriebswirtschaftlichen Ausschusses (BWA) der VLB - Bd.6; in: Lück, W. (Hrsg.): Logistik und Materialfluß; Berlin 1984, S.557-573

Müller, H.: (1991) Neue Entwicklungstendenzen in der prozeßorientierten Kosten- und Leistungsrechnung; in: Risak, J.; Deyle, A. (Hrsg.): Controlling: State of the Art und Entwicklungstendenzen; Wiesbaden 1991, S.327-359

Müller-Bölling, D.: (1979) Handlungsspielraum und Arbeitszufriedenheit von Organisationsmitgliedern; in: ZfO; 48 (1979) 6; S.303-308

National Council of Physical Distribution Management: (1978) Measuring Productivity in Physical Distribution. A 40 Billion Dollar Goldmine; Chicago Ill. 1978

NEVEM-Workgroup: (1989) Performance Indicators in Logistics. Approach and Coherence; Berlin, Heidelberg, New York, Tokyo 1989

Nordsiek, F.: (1972) Betriebsorganisation. Lehre und Technik; 2. Aufl.; Stuttgart 1972

Novack, R.A.: (1984) Transportation Standard Cost Budgeting; in: International Journal of Physical Distribution and Materials Management; 14 (1984), S.607-621

Novack, R.A.: (1989) Quality and Control in Logistics: A Process Model; in: International Journal of Physical Distribution and Logistics Management; 19 (1989) 11, S.1-44

Novack, R.A.; Dunn, S.; Young, R.: (1991) Logistics Optimizing and Operational Plans and Systems and their Role in the Achievement of Corporate Goals; Penn State University 1991, S.1-29

O'Guin, M.C.: (1990) Focus the Factory with Activity-Based Costing; in: Management Accounting; (1990) 2, S.36-41

O'Guinn, M.C.: (1991) The Complete Guide to Activity-Based Costing; Englewood Cliffs 1991

Olshagen, C.: (1991) Prozeßkostenrechnung - Aufbau und Einsatz; Wiesbaden 1991

Ostrenga, M.R.: (1990) Activities. The Focal Point of Total Cost Management; in: Management Accounting; 71 (1990) 2, S.42-49

Otley, D.T.: (1982) Budgets and Managerial Motivation; in: Journal of General Management; 8 (1982), S.27-42

Ouchi, W.G.: (1979) A Conceptual Framework for the Design of Organizational Control Mechanizing; in: Management Science; 25 (1979) 9, S.833-848

Pape, D.F.: (1992) Organisationsentwicklung durch Logistik; in: ZfL; 13 (1992) 5, S.8-11

Parker, T.; Lettes, T.: (1991) Is Accounting Standing in the Way of Flexible Computer-Integrated Manufacturing?; in: Management Accounting; 72 (1991) 1, S.34-38

Pawellek, G.: (1987) Logistikgerechte Erneuerungen der Fabriken scheitern oft noch am personellen Engpaß; in: Logistik im Unternehmen; 1 (1987) 3, S.10-16

Pawellek, G.; Polensky, W.: (1988) Integrierte Organisation. Neue Lösungsansätze und Konzeption für den logistikgerechten Neustrukturierungsprozeß; in: ZfL (1988) 9/10, S.53-56

Penno, M.: (1990) Accounting Systems, Participation in Budgeting and Performance Evaluation; in: The Accounting Review; 65 (1990) 2, S.303-314

Perraudin, M.: (1987) Logistiktrends und Innovation; in: Bundesvereinigung für Logistik (BVL) e.V. (Hrsg.): Logistik Band II; Berlin 1987, S.501-536

Petsch, M.: (1985) Budgetinformationssysteme - Computergestützte Erfolgsplanung und -kontrolle; Darmstadt 1985

Pfeiffer, W.; Weiß, E.: (1992) Lean Management. Grundlagen der Führung und Organisation industrieller Unternehmen; Berlin 1992

Pfohl, H.-C.: (1972) Marketing-Logistik; Gestaltung, Steuerung und Kontrolle des Warenflusses im modernen Markt; Mainz 1972

Pfohl, H.-C.: (1980) Aufbauorganisation der Logistik; in: ZfB; 50 (1980) 11/12, S.1201-1228

Pfohl, H.-C.: (1981) Planung und Kontrolle; Stuttgart, Berlin, Köln, Mainz 1981

Pfohl, H.-C.: (1987) Logistik und Unternehmensführung; in: Pfohl, H.-C. (Hrsg.): Logistiktrends; Fachtagung vom 19.3.1987 Darmstadt, S.140-172

Pfohl, H.-C.: (1990) Logistik-Systeme; 3. völlig neubearb. und erw. Auflage; Berlin, Heidelberg, New York, Tokyo 1985

Pfohl, H.-C.: (1991) Unternehmensentwicklung und Logistik; in: Pfohl, H.-C. (Hrsg.): Logistiktrends '91; Berlin 1991, S.1-34

Pfohl, H.-C.: (1992) Organisation der Logistik; in: Frese, E. (Hrsg.): Handwörterbuch der Organisation, 3. Auflage; Stuttgart 1992; Sp.1255-1270

Pfohl, H.-C.; Hoffmann, H.: (1984) Logistik-Controlling; in: ZfB-Ergänzungsheft 2/84, S.42-70

Pfohl, H.-C.; Kleer, M.: (1986) Kooperation zwischen Transport und Logistikunternehmen und der verladenden Wirtschaft. Arbeitspapiere zur Logistik; Nr.2; Institut für Betriebswirtschaftslehre II. Technische Hochschule Darmstadt; Darmstadt 1986

Pfohl, H.-C.; Stölzle, W.: (1991) Anwendungsbedingungen, Verfahren und Beurteilung der Prozeßkostenrechnung in industriellen Unternehmen; in: ZfB; 61 (1991) 11, S.1281-1305

Pfohl, H.-C.; Zettelmeyer, B.: (1987) Strategisches Controlling?; in: ZfB; 57 (1987) 2, S.145-175

Pick, H.: (1985) Kalkulatorische Probleme bei der Wahl zwischen Straßentransport und Huckepackverkehr. Schriftenreihe der Studiengesellschaft für Verkehrsbetriebswirtschaft und Logistik (GVB) e.V.; Heft 14; Frankfurt am Main 1985

Pladerer, H.C.: Die "logistische Kette" wird eine Management-Philosophie; in: Industrielle Organisation; Management-Zeitschrift; 54 (1985) 3, S.128-131

Ploos van Amstel, R.: (1987) Physical Distribution Cost Control; in: International Journal of Physical Distribution and Materials Management; 17 (1987) 2; S.67-78

Ploos van Amstel, R.; Farmer, D.: (1990) Controlling the Logistics Pipeline; in: International Journal of Physical Distribution and Logistics Management; 20 (1990) 1, S.19-27

Plossl, G.W.: (1985) Production and Inventory Control; Englewood Cliffs, N.J.; 1985

Poensgen, O.: (1973) Geschäftsbereichsorganisation; Opladen 1973

Poensgen, O.: (1980) Koordination; in: Grochla, E. (Hrsg.): Handwörterbuch der Organisation; 2. Auflage; Stutgart 1980; Sp.1130-1141

Pohle, K.: (1990) Unternehmensführung und Controlling; in: Küpper, H.; Mellwig, W.; Moxter, A.; Ordelheider, D. (Hrsg.): Unternehmensführung und Controlling; Wiesbaden 1990, S. 1-18

Porter, M.E.: (1983) Wettbewerbsstrategie; Frankfurt am Main 1986

Porter, M.E.: (1986) Wettbewerbsvorteile (Competitive Advantage); Spitzenleistungen erreichen und behaupten; Frankfurt am Main 1986

Posselt, S.: (1986) Budgetkontrolle als Instrument zur Unternehmenssteuerung; Darmstadt 1986

Pretzsch, H.-U.: (1992) BMW logistics: a step into the future; in: Christopher, M. (Hrsg.): Logistics. The strategic issues; London u.a. 1992, S.246-259

Priem, R.; Tillmann, H.: (1975) Grundlagen einer kritisch-rationalen Sozialwissenschaft; 2. Aufl.; Heidelberg 1975

Probst, G.; Gomez, P.: (1990) Vernetztes Denken - Die Methodik des vernetzten Denkens zur Lösung komplexer Probleme; in: Hahn, D. (Hrsg.): Strategische Unternehmungsplanung, Strategische Unternehmungsführung; Stand und Entwicklungstendenzen; 5. neu bearbeitete und erweiterte Auflage; Heidelberg 1990, S.903-921

Prümper, W.: (1983) System der Kosten- und Leistungsrechnung; in: Türks, M. (Hrsg.): Logistik-Controlling; Bremen 1983, S. 30-37

Pyhrr, P.A.: (1973) Zero-Base Budgeting. A Practical Management Tool for Evaluating Expenses; New York u.a. 1973

Queissner, E.: (1978) Kostentheoretische Grundlagen und Entscheidungsmodelle zur Gütertransportplanung; Frankfurt am Main 1978

Rachlin, R.: (1991) Total Business Budgeting. A Step-by-Step Guide with Forms; New York u.a. 1991

Radke, M.: (1989) Handbuch der Budgetierung; Landsberg am Lech 1989

Rau, H.-P.: (1992) Kostenmanagement im Bereich Fertigung und Informationswesen; in: Schulte, C. (Hrsg.): Effektives Kosten-Management. Methoden und Implementierung; Stuttgart 1992, S.61-82

Rehfeld, J.E.: (1991) Japan - Methoden, die Sie nicht kennen - ein Topmanager berichtet; in: Harvard Manager; 13 (1991) 3, S.81-92

Reichling, P.; Köberle, G.: (1992) Gemeinkosten-Controlling mit der Prozeßkostenrechnung; in: Spreman, K.; Zur, E. (Hrsg.): Controlling. Grundlagen - Informationssysteme - Anwendungen; Wiesbaden 1992, S.487-510

Reichmann, T.: (1985) Logistik-Controlling; in: krp; 29 (1985) 4, S.151-157 und krp; 29 (1985) 5, S.191-194

Reichmann, T.: (1990) Controlling mit Kennzahlen: Grundlagen einer systemgestützten Controlling-Konzeption; 2. Auflage; München 1990

Reichmann, T.: (o.J.) Controlling in der betrieblichen Logistik; München o.J.

Reichwald, R.: (1992) Simultane Produktentwicklung und Informationskosten - Ein kostentheoretischer Ansatz; in: Scheer, A.-W. (Hrsg.): Simultane Produktentwicklung; München 1992, S.335-368

Reimann, B.: (1993) Gemeinkosten-Controlling: Ein Erfahrungsbericht der AUDI AG; in: Tagungsunterlagen zu "Euroforum-Konferenz: Gemeinkosten Management"; Teil 11; Frankfurt am Main 1993, S.1-21

Renner, A.: (1991) Kostenorientierte Produktionssteuerung. Anwendung der Prozeßkostenrechnung und datenbankgestützter Modelle für flexibel automatisierte Produktionssysteme; München 1991

Reutersberg, B.: (1985) Logistik zur Steuerung der Marktleistungsfähigkeiten von Stahlhandlungen; Göttingen 1985

Riebel, P.: (1981) Eigen- oder Fremdtransport, die Antwort aus betriebswirtschaftlicher Sicht; in: Schriftenreihe der GVB; Heft 5; 2. Auflage; Frankfurt am Main 1981

Riebel, P.: (1985) Einzelkosten- und Deckungsbeitragsrechnung; 5. verbesserte und ergänzte Auflage; Wiesbaden 1985

Roell, J.S.: (1985) Das Informations- und Entscheidungssystem der Logistik. Eine empirische Untersuchung in der Investitionsgüterindustrie; Frankfurt am Main, New York 1985

Romano, P.L.: (1988) Activity Accounting; in: Management Accounting; 69 (1988) 5, S.73-74

Rose, W.: (1979) Logistics Management; Brown Dubuque, IA 1979

Rotch, W.: (1990) Activity-Based Costing in Service Industries; in: Journal of Cost Management; 4 (1990) 3, S.4-14

Roth, H.P.; Sims, L.T.: (1991) Costing for Warehousing and Distribution; in: Management Accounting; 72 (1991) 8, S.42-45

Rüegge, F.: (1974) Distributions-Logistik aus entscheidungs- und systemtheoretischer Sicht; St. Gallen 1974

Rühle von Lilienstern, H.: (1989) Logistik verändert Strukturen; in: Material-Management-Magazin; 3 (1989) 3, S.6ff.

Rupper, P.: (1987) Wahl des optimalen Lager- und Kommissioniersystems; in: Rupper, P. (Hrsg.): Unternehmenslogistik. Ein Handbuch für Einführung und Ausbau der Logistik im Unternehmen; Zürich 1987, S.147-162

Rupper, P.: (1991) Die Logistikorganisation verankert; in: Rupper, P. (Hrsg.): Unternehmenslogistik. Ein Handbuch für Einführung und Ausbau der Logistik in Untenehmen; 3. überarb. und erw. Auflage; Köln 1991, S.25-46

Rüth, D.: (1989) Planungssysteme in der Industrie; Einflußgrößen und Gestaltungsparameter; Wiesbaden 1989

Schaab, W.: (1982) Kosten- und Leistungskontrolle. Schrittweise Einführung in die Logistik des Unternehmens; in: ZfL; 3 (1982), S.91-96

Schäfer, D.: (1991) PC-gestützte Prozeßkostenrechnung; in: Witt, F.-J. (Hrsg.): Aktivitäts-Controlling und Prozeßkosten-Management; Stuttgart 1991, S.151-167

Schanz, G.: (1926) Das Budget; in: Handwörterbuch der Staatswissenschaften; Bd.3; 4. Auflage; Jena 1926

Schary, P.B.: (1984) Logistics Decisions. Text and Cases; Chicago et al. 1984

Schary, P.B.: (1985) A Strategic Problem in Logistics Control; in: International Journal of Physical Distribution and Materials Management; 15 (1985) 4, S. 36-50

Scheer, A.-W.: (1988a) CIM - Der computergesteuerte Industriebetrieb; 3. erw. Auflage; Berlin, Heidelberg u.a. 1988

Scheer, A.-W.: (1988b) Das Rechnungswesen in den Integrationstrends der Datenverarbeitung; in: Scheer, A.-W. (Hrsg.) Rechnungswesen und EDV; 9. Saarbrückener Arbeitstagung 1988; Saarbrücken 1988, S.3-23

Scheer, A.-W. (o.J.): Strategische Einflußfaktoren zur Bildung organisatorischer CIM-Szenarien aus der Sicht des Funktionsbereiches Konstruktion; in: Wildemann, H. (Hrsg.): Gestaltung CIM-fähiger Unternehmen; München o.J., S.123-160

Scheer, A.-W.; Keller, G.; Bartels, R.: (1989) Organisatorische Konsequenzen des Einsatzes von Computer Aided Design (CAD) im Rahmen von CIM; in: Scheer, A.-W. (Hrsg.): Veröffentlichungen des Instituts für Wirtschaftsinformatik; Heft 61; Stuttgart 1989, S.7-16

Schellhaas, K.-U.; Beinhauer, M.: (1992) Entscheidungsrelevanz in der Prozeßkostenrechnung; in krp; 36 (1992) 6, S.301-309

Schick, A.: (1968) The Road to PBB: The Stages of Budget Reform; in: Lyden, F.J. (Hrsg.): Planning, Programming, Budgeting: A Systems Approach to Management; Chicago, Ill. 1968, S.26ff.

Schimanck, C.: (1991) Prozeßkosten-Management in der Forschung und Entwicklung; in: IFUA Horváth & Partner (Hrsg.): Prozeßkosten-Management; München 1991, S.101-128

Schimank, C.: (1990) Strategische Entscheidungsunterstützung durch prozeßorientierte Kosteninformationen; in: Horváth, P. von (Hrsg.): Strategieunterstützung durch das Controlling: Revolution im Rechnungswesen?; Stuttgart 1990, S.227-248

Schleich, W.: (1987) Logistik-Controlling in der Praxis; in: krp; 31 (1987) 2, S.59-61

Schmidt, A.: (1986) Das Controlling als Instrument zur Koordination der Unternehmungsführung: eine Analyse der Koordinationsfunktion des Controlling unter entscheidungsorientierten Gesichtspunkten; Frankfurt am Main, New York 1986

Schmidt, K.-J.: (1988) Strategische Informationssysteme in der Logistik; in: Gottlieb Duttweiler Institut (Hrsg.): Logistik 2000 in Europa; Zürich 1988, S.127-144

Schmidt, K.: (1987) Die Einzelkosten- und Deckungsbeitragsrechnung als Instrument der Erfolgskontrolle und Fahrzeugseinsatzdisposition im Güterfernverkehr; Frankfurt am Main 1987

Schmidt, K.: (1992) Deckungsbudgets als Führungsinstrument im Güterverkehrsbetrieb; in: krp - Sonderheft 1 (1992), S.59-67

Schmidt, R.-B.: (1973) Wirtschaftslehre der Unternehmung; Bd. 2; Zielerreichung; Stuttgart 1973

Schneider, A.: (1989) DPP. Instrument der Rationalisierung oder des kreativen Merchandising; in: Thexis; 4 (1989) 1, S.33-39

Scholl, H.J.: (1983) Der Aufbau einer Logistikkostenrechnung als geschlossenes System; in: Reichmann, T. (Hrsg.): Beiträge zur Industrieforschung Nr.25; Dortmund 1983

Schonberger, R.J.: (1988) Fabriken in der Fabrik; in: Harvard Manager; 10 (1988) 2, S.24-30

Schott, K.: (1971) Deckungsbeitragsrechnung in der Spedition; Hamburg 1971

Schulte, B.: (1991) Der große Frust; in: Manager Magazin; (1991) 8, S.158-163

Schulte, C.: (1989) Produzieren Sie zu viele Varianten?; in: Harvard Manager; 11 (1989) 2, S.60-66

Schulte, C.: (1991) Logistik - Wege zur Optimierung des Material- und Informaionsflusses; München 1991

Schulz, E.: (1991) Kostenabweichungsanalysen unter dem Verantwortlichkeitsaspekt: der Informationswert von Abweichungen in mehrfach-flexiblen Plankostenrechnungen als Führungs- und Steuerungsinstrument; Wien 1991

Schutte, F.G.: (1980) Budgetary Control Systems for the Eighties; in: Journal of Management; 5 (1980) 3, S.3-18

Schwaninger, M.: (1989) Integrale Unternehmensplanung; Frankfurt am Main, New York 1989

Schwarting, C.: (1985) Optimierung der ablauforganisatorischen Gestaltung von Kommissioniersystemen; Berlin 1985

Seibel, J.: (1980) Zero-Base Budgeting; in: krp; 24 (1980), S.115-120

Seicht, G.: (1991) Zur Dynamisierung der Kostenrechnung; in: Seicht, G. (Hrsg.): Kostenrechnung und Controlling; Wien 1991, S.9-68

Seidlmeier, H.: (1991) Kostenrechnung und wissensbasierte Systeme. Theoretische Überlegungen und Entwicklung eines prototypischen Anwendungssystems; München 1991

Serfling, K.: (1983) Controlling; Stuttgart 1983

Servatius, H.: (1983) Vorraussetzungen des Logistik-Controlling. Aufbauorganisatorische Faktoren; in: Türks, M. (Hrsg.): Logistik-Controlling; Bremen 1983, S. 24-29

Shank, J.K.; Govindarajan, V.: (1988) The Perils of Cost Allocation Based on Production Volumes; in: Accounting Horizons; (1988) 12, S.71-79

Shapiro, R.D.; Heskett, J.L.: (1985) Logistics Strategy. Cases and Concepts; New York 1985

Sharman, G.: (1992) The rediscovery of logistics; in: Christopher, M. (Hrsg.): Logistics. The strategic issues; London u.a. 1992, S.1-16

Shillinglaw, G.: (1982) Managerial Cost Accounting; 5. Auflage; Homewood, Illinois 1982

Shirley, R.E.: (1977) Accounting Analysis of Distribution Activities. A Critique; in: International Journal of Physical Distribution and Materials Management; 7 (1977) 5, S.275-282

Siegwart, H.: (1987) Budgets als Führunginstrument; in: Kieser, A. u.a. (Hrsg.): Handwörterbuch der Führung; Stuttgart 1987; Sp.105-115

Siegwart, H.: (1993) Kontrollformen und Kontrollsysteme; in: Wittmann, W. (Hrsg.): Handwörterbuch der Betriebswirtschaft; Bd. 2; Stuttgart 1993, Sp.2255-2260

Siegwart, H.; Menzel, I.: (1978) Kontrolle als Führungsaufgabe. Führen durch Kontrolle von Verhalten und Prozessen; Bern, Stuttgart 1978

Siegwart, H.; Raas, F.: (1991) CIM-orientiertes Rechnungswesen; Stuttgart 1991

Simon, H.A.: (1978) Rationality as a Process and Product of Thought; in: The American Economic Review; 68 (1978) 2; S.1-16

Skinner, W.: (1985) Manufacturing. The Formidable Competitive Weapon; New York 1985

Slomka, U.: (1990) Methoden der Schwachstellen- und Ursachenanalyse in logistischen Systemen. Eine empirische Untersuchung; Bergisch-Gladbach, Köln 1990

Sohal, A.; Howard, K.: (1987) Trends in Materials Management; in: International Journal of Physical Distribution and Materials Management; 17 (1987) 5, S.3-41

Solaro, D.: (1991) Schnittstellen-Controlling; in: Horváth, P. von; Gassert, H.; Solaro, D. (Hrsg.): Controlling-Konzeptionen für die Zukunft; Trends und Visionen; Stuttgart 1991, S.91-110

Spiegel, H.: (1975) Das Budget als Instrument der Unternehmensführung; Würzburg 1975

Staab, G.: (1984) Die Anwendung der Einzelkosten- und Deckungsbeitragsrechnung in Lagerhaus- und Umschlagbetrieben; in: Schriftenreihe der Gesellschaft für Verkehrsbetriebswirtschaft und Logistik (GVB) e.V.; H.15; Frankfurt am Main 1984

Staehle, W.: (1980) Management; München 1985

Stark, H.: (1987) Beschaffungsplanung und Budgetierung; 2. Auflage Frankfurt am Main 1987

Staude, G.: (1987) The Physical Distribution Concept as a Philosophy of Business; in: International Journal of Physical Distribution and Materials Management; 17 (1987) 6, S. 32-37

Stedry, A.C.: (1960) Budget Control and Lost Behaviour; Englewood Cliffs, New York 1960

Steers, R.M.: (1975) Task - Goal Attributes, Achievement and Supervisory Performance; in: Organizational Behaviour and Human Performance; (1975) 12, S.392-403

Steiner, G.A.: (1971) Top-Management Planung; München 1971

Steiner, G.A.: (1975) Die Budgetierung ist ein wichtiges Integrationsinstrument; in: Wild, J. (Hrsg.): Unternehmenspolitik. Readers & Abstracts; Reinbek bei Hamburg 1975, S.329-355

Steinle, C.: (1978) Führung. Grundlagen, Prozesse und Modelle der Führung in der Unternehmung; Stuttgart 1978

Steward, W.; Wentworth, F.: (1970) The Total Distribution Concept; in: Wentworth, F. (Hrsg.): Physical Distribution Management; London 1970

Stock, J.R.; Lambert, D.M.: (1987) Strategic Logistics Management; 2nd Ed.; Homewood, Illinois 1987

Strecker, A.: (1991) Prozeßkostenrechnung in F&E; München 1991

Striening , H.-D.: (1989) Prozeßmanagement im indirekten Bereich; in: Controlling; 1 (1989) 6, S.324-331

Striening, H.-D.: (1991) Rationalisierungsanalysen und -maßnahmen im Gemeinkostenbereich; in: Witt, F.-J. (Hrsg.): Aktivitätscontrolling und Prozeßkostenmanagement; Stuttgart 1991, S.131-150

Stübig, H.: (1985) Logistikorientierte Unternehmensplanung bzw. Strategie. Chancen und Risiken für den Betrieb; in: Bundesvereinigung für Logistik (BVL) e.V. (Hrsg.): Wachstum und Rationalisierung durch Logistik; München 1985, S.574-611

Suzaki, K.: (1989) Modernes Management im Produktionsbetrieb; München, Wien 1989

Syson, R.: (1987) The Seven Keys to Just-in-Time; in: Toone, R.; Jackson, R. (Hrsg.): The Management of Manufacturing; The Competitive Edge; Berlin et al. 1987, S.75-80

Szyperski, N.; Winand, N.: (1980) Grundbegriffe der Unternehmensplanung; Stuttgart 1980

Teichmann, St.: (1989) Logistikkostenrechnung: Untersuchung zur Bedeutung und Methodik einer betriebswirtschaftlichen Logistikkostenrechnung mittelständischer Industrieunternehmen; Berlin 1989

Tersine, P.J.: (1988) Principles of Inventory and Materials Management; New York, Amsterdam, London 1988

Töpfer, A.: (1976) Planungs- und Kontrollsysteme industrieller Unternehmen. Betriebswirtschaftliche Forschungsergebnisse; Berlin 1976

Treuz, W.: (1974) Betriebliche Kontroll-Systeme. Struktur und Verhalten in der Betriebspraxis sowie ihre Bedeutung für die Unternehmungsführung; Berlin 1974

Troßmann, E.: (1992) Gemeinkosten-Budgetierung als Controlling-Instrument in Bank und Versicherung; in: Spreman, K.; Zur, E. (Hrsg.): Controlling. Grundlagen - Informationssysteme - Anwendungen; Wiesbaden 1992, S.511-540

Türk, K.: (1976) Grundlagen einer Pathologie der Organisation; Stuttgart 1976

Türks, M.: (1971) Auftragsabwicklung; in: Klee, J.; Wendt, P. (Hrsg.): Physical Distribution im modernen Management; München 1971, S.65-85

Türks, M.: (1983) Logistik-Controlling; Bremen 1983

Ulrich, H.: (1970) Die Unternehmung als produktives soziales System; Schriftenreihe "Unternehmung und Unternehmungsführung"; Bd.1; 2. Auflage; Bern 1970

Ulrich, H.: (1985) Controlling als Managementaufgabe; in: Probst, G.; Schmitz-Dräger, R. (Hrsg.): Controlling und Unternehmungsführung; Bern 1985, S.15-27

Ulrich, H.; Probst, G.: (1988) Anleitung ganzheitliches Denken und Handeln. Ein Brevier für Führungskräfte; Bern, Stuttgart 1988

Unternehmensberatung Spedition und Lagerei GmbH: (1978) Betriebswirtschaftliches Arbeitsbuch mit Erläuterungen für die Speditions-, Transport- und Lagereipraxis; Berlin 1978

Vastag, A.: (1992) Logistik-Controlling. Transparenz gefordert; in: Bonny, C. (Hrsg.): Jahrbuch der Logistik 1992; S.249-252

Veit, A.: (1974) Strategische Marketingplanung und Budgetierung: Entscheidungstheoretische, organisatorische und sozialpsychologische Aspekte einer Theorie der Marketingplanung und Budgetierung; Mannheim 1974

Vikas, K.: (1988a) Grenzplankostenrechnung im Dienstleistungsbereich; in: Scheer, A.-W. (Hrsg.): Grenzplankostenrechnung: Stand und aktuelle Probleme; Hans-Georg Plaut zum 70. Geburtstag; Wiesbaden 1988, S.229-261

Vikas, K.: (1988b) Weiterentwicklung controllingorientierter Plankostenrechnungssysteme; in: krp-Sonderheft 1988, S.35-40

Viscione, J.A.: (1984) Small Company Budgets: Targets are Key; in: Harvard Business Review; 62 (1984) 5/6, S.42-51

Volk, R.: (1980) Industrielle Logistik. Interdependenzen - Ziele - Entscheidungen; Freiburg im Breisgau 1980

Wagner, G.: (1978) Lieferzeitpolitik; 2. überarbeitete Auflage von "Die Lieferzeitpolitik der Unternehmen"; Wiesbaden 1978

Waldraff, A.: (1982) Das logistische Regelfeld: Absatz-Bestände-Fertigung. Operative Simultanplanung im dynamischen Modell einer konkreten Unternehmung; Frankfurt am Main; Bern 1982

Warnick, B.: (1993) Kosten- und Leistungsrechnung als Instrument des Leistungs- und Ressourcencontrolling; in: Becker, W.; Warnick, B. (Hrsg.): Kostenpolitik und Controlling; krp-Sonderheft 1/93, S.25-35

Wäscher, D.: (1987) Gemeinkosten-Management im Material- und Logistik-Bereich; in: ZfB; 57 (1987) 3, S.297-315

Wäscher, D.: (1990) Prozeßorientierteres Gemeinkostenmanagement; in: Horváth, P. von (Hrsg.): Strategieunterstützung durch das Controlling: Revolution im Rechnungswesen?; Stuttgart 1990, S.211-226

Wäscher, D.: (1992) Management der gemeinkostentreibenden Faktoren am Beispiel eines Maschinenbauunternehmens; in: Schulte, C. (Hrsg.): Effektives Kosten-Management. Methoden und Implementierung; Stuttgart 1992, S.163-194

Wassermann, O.: (1992) Schlanker in die Zukunft; in: Süddeutsche Zeitung vom 19. Februar 1992, S.36.

Weber, J.: (1987) Kostenrechnung in der Logistik; Berlin, Heidelberg, New York, London, Paris, Tokyo 1987

Weber, J.: (1988) Controlling - Möglichkeiten und Grenzen der Übertragung eines erwerbswirtschaftlichen Führungsinstrumentes auf öffentliche Institutionen; in: DBW; 48 (1988) 2, S.171-193

Weber, J.: (1990) Controlling der Kostenrechnung - Zur Notwendigkeit des Einsatzes von Controlling-Instrumenten zur strategischen und operativen Ausrichtung der Kostenrechnung; in: krp; 34 (1990) 4, S.203-208

Weber, J.: (1991a) Logistik-Controlling; 2. vollst. überarbeitete und erweiterte Auflage; Stuttgart 1991

Weber, J.: (1991b) Einführung in das Controlling. Teil 1: Konzeptionelle Grundlagen; 3. wesentlich veränderte und erweiterte Auflage; Stuttgart 1991

Weber, J.: (1991c) Einführung in das Controlling. Teil 2: Instrumente; 3. wesentlich veränderte und erweiterte Auflage; Stuttgart 1991

Weber, J.: (1992) Logistik als Koordinationsfunktion; in: ZfB; 62 (1992) 8, S.877-895

Weilemann, P.: (1962) Budgetierung und Standardkostenrechnung; Zürich 1962

Weilenmann, P.: (1993) Management-Accounting für das Logistik-Controlling; in: Männel, W.: (Hrsg.) Logistik-Controlling; Konzepte - Instrumente - Wirtschaftlichkeit; Wiesbaden 1993, S.73-86

Weiss, H.J.; Hartung, W.: (1991) o.T.; in: DBW; 51 (1991) 3, S.396-398.

Welge, M.: (1985) Unternehmensführung; Bd.1: Planung; Stuttgart 1985

Welge, M.: (1988) Unternehmensführung; Bd. 3: Controlling / unter Mitarbeit von H. Edelmann; Stuttgart 1988

Wellenreuther, H.: (1984) Scanning; in: WiST; 13 (1984), S.413-415

Welsch, G.H.: (1976) Budgetierung - Profit Planning and Control; 4th Ed.; Englewood Cliffs, New York 1976

Weyrauch, L.: (1992) Lean Controlling - Ein radikaler Ansatz zur Konzeption des Berichts- und Informationswesens im Betrieb; in: Controller Magazin; (1992) 3, S.132-133

Wild, J.: (1971) Management-Prozesse und Informationsverarbeitung; in: Datascope; (1971) 4, S.1-18

Wild, J.: (1974a) Führung als Prozeß der Informationsverarbeitung; in: Macharzino, K.; Rosenstiel, L. von (Hrsg.): Führungswandel in Unternehmung und Verwaltung; Wiesbaden 1974, S.153-174

Wild, J.: (1974b) Budgetierung; in: Marketing-Enzyklpädie; Bd.1; München 1974, S.325-340

Wild, J.: (1982) Grundlagen der Unternehmungsplanung; 4. Auflage; Opladen 1982

Wildemann, H.: (1984) Materialflußorientierte Logistik; in: ZfB-Ergänzungsheft 2/84, S. 71-90

Wildemann, H.: (1987) Auftragsabwicklung in einer computergestützten Fertigung (CIM); in: ZfB; 57 (1987) 1, S.6-31

Wildemann, H.: (1988) Die modulare Fabrik. Kundennahe Produktion durch Fertigungssegmentierung; München 1988

Wildemann, H.: (o.J.) Kundennahe computerintegrierte Produktion durch Fertigungssegmentierung; in: Wildemann, H. (Hrsg.): Gestaltung CIM-fähiger Unternehmen; München o.J., S.223-264

Wilfert, P.: (1992) Leistung und Gegenleistung in japanischen Industriebetrieben; in: Bundesreihe der Deutschen Arbeitgeberverbände (Hrsg.): Schriftenreihe Leistung und Lohn, Nr. 250/251; (1992) 3, S.8

Wingefeld, V.: (1987) Logistik-Controlling: Aufgaben und Instrumente; in: Controller Magazin; (1987) 6, S.301-305

Witt, F.-J.: (1991) Das Konzept des Prozeß-Management; in: Witt, F.-J. (Hrsg.): Aktivitäts-Controlling und Prozeßkosten-Management; Stuttgart 1991, S.3-38

Witt, K.: (1991) Consultant's Sicht im Prozeßmanagement; in: Witt, F.-J. (Hrsg.): Aktivitäts-Controlling und Prozeßkosten-Management; Stuttgart 1991, S.213-230

Witte, E.: (1976) Kraft und Gegenkraft im Erledigungsprozeß; in: ZfB; 46 (1976) 4/5, S.319-326

Woelfel, C.J.: (1987) Budgeting, Pricing & Cost Controls. A Desktop Encyclopedia; Chicago, Ill. 1987

Womack, J.; Jones, D.; Roos, D.: (1991) Die zweite Revolution in der Automobilindustrie; Frankfurt am Main, New York 1991

Zäpfel, G.: (1989a) Taktisches Produktions-Management; Berlin, New York 1989

Zäpfel, G.: (1989b) Strategisches Produktions-Management; Berlin, New York 1989

Zetersberg, U.: (1989) Ziele und Aufgaben des Logistik-Controlling; in: HLo; 15 (1989) 11; Rubrik 1540, S.1-20

Ziegenbein, K.: (1986) Controlling; 2. Auflage; Ludwigshafen 1986

Ziegler, H.: (1993) Prozeßorientierte Kostenrechnung im Hause Siemens; in: Tagungsunterlagen zu "Euroforum-Konferenz: Gemeinkosten Management"; Teil 4; Frankfurt am Main 1993, S.1-9

Ziener, M.: (1985) Controlling in multinationalen Unternehmungen; Landsberg am Lech 1985

Zimmermann, G.: (1987) PPS-Methoden auf dem Prüfstand - Was leisten sie, wann versagen sie? Landsberg am Lech 1987

Zimmermann, J.: (1990) Die flexible Plankostenrechnung und Deckungsbeitragsrechnung als entscheidungs- und kontrollorientiertes System der Kosten-Leistungsrechnung - Probleme und Entwicklungsmöglichkeiten; Würzburg 1990

If you have any concerns about our products,
you can contact us on
ProductSafety@springernature.com

In case Publisher is established outside the EU,
the EU authorized representative is:
Springer Nature Customer Service Center GmbH
Europaplatz 3, 69115 Heidelberg, Germany

Printed by Libri Plureos GmbH
in Hamburg, Germany